南京师范大学国家特色专业建设点小学教育专业建设教材
南京师范大学精品课程班主任专业概论建设教材

新编班主任工作技能训练

（第2版）

齐学红　袁子意　主编

华东师范大学出版社
·上海·

图书在版编目（CIP）数据

新编班主任工作技能训练/齐学红　袁子意主编. —上海：华东师范大学出版社，2007.3
高等师范院校教材
ISBN 978 - 7 - 5617 - 5299 - 9

Ⅰ.新…　Ⅱ.①齐…②袁…　Ⅲ.班主任-工作-师范大学-教材　Ⅳ.G451

中国版本图书馆 CIP 数据核字（2007）第 042365 号

新编班主任工作技能训练(第2版)

主　　编　齐学红　袁子意
责任编辑　朱建宝
项目编辑　孙小帆
审读编辑　冯　奕
责任校对　王　卫
封面设计　卢晓红

出版发行　华东师范大学出版社
社　　址　上海市中山北路 3663 号　邮编 200062
网　　址　www.ecnupress.com.cn
电　　话　021 - 60821666　行政传真 021 - 62572105
客服电话　021 - 62865537　门市（邮购）电话 021 - 62869887
地　　址　上海市中山北路 3663 号华东师范大学校内先锋路口
网　　店　http://hdsdcbs.tmall.com

印 刷 者　常熟高专印刷有限公司
开　　本　787 毫米 × 1092 毫米　1/16
印　　张　17.5
字　　数　469 千字
版　　次　2011 年 12 月第 2 版
印　　次　2025 年 7 月第 26 次
书　　号　ISBN 978 - 7 - 5617 - 5299 - 9/G · 3110
定　　价　39.00 元

出 版 人　王　焰

（如发现本版图书有印订质量问题，请寄回本社客服中心调换或电话 021 - 62865537 联系）

目　录

绪　论
班主任的生命
因学生而精彩

　　党的二十大报告中提出了办好人民满意的教育的理论构想,并强调:教育是国之大计、党之大计。培养什么人、怎样培养人、为谁培养人是教育的根本问题。育人的根本在于立德。要全面贯彻党的教育方针,落实立德树人根本任务,培养德智体美劳全面发展的社会主义建设者和接班人。

　　班主任作为教师队伍中的特殊群体,是落实立德树人根本任务、承担培养社会主义建设者和接班人的一支重要力量。目前,国内中小学班主任有500多万人,班主任队伍的整体素质直接关系到青少年在学校教育中的生活质量。班主任作为班级里的"主任级"教师,承担着对整个班级学生全面负责的重任,班主任既是班级教育和班集体的组织者、协调者,又是学生身心健康发展的培育者;他们既要面对学生个体,又要面对学生集体开展教育教学活动。因而,班主任的工作比一般任课教师更全面、具体、细致,在思想、学习、生活等方面给学生的影响也最直接。班主任的工作对象除了学生外,还包括其他任课教师、学生家长,以及相关的社会力量,是沟通家庭、学校、社会的联络员,是学校全面实施教育教学计划的得力助手。相对于一般任课教师而言,社会、学校、家长、学生对班主任有着特殊的要求。有人说,优秀的班主任一定是优秀的教师,而优秀的教师未必是优秀的班主任。这句话是很有道理的。班主任工作的特殊性,就是要把不同任课教师的影响力进行整合,形成教师集体的影响力,进而培养班集体,塑造学生的完整人格。班主任工作的意义和价值在于充分发挥班集体对学生生命成长的影响力。在班集体的建设和发展过程中,学生的生命和班主任的生命共同得到成长。

一、班主任的生命成长

　　"人的生命是一个双重生命的存在,是一个身心和谐的统一体。舍弃了价值生命,人就降低为只具本能的动物;舍弃了自然生命,人就异化为无所不能的神。"[①]班主任作为一个独特的生命存在,也是自然生命和价值生命的统一体,具有发展的全面性。在自然生命方面,班主任每天面对许多事务,工作虽然非常辛苦,但他的生命体验是最强的。面对各不相同的青春少年,感受他们的欢乐和忧伤,为他们排忧解难。这种和学生的共同生活,使得班主任的自然生命力十分旺盛。我们可以发现,幼儿教师或是中小学教师的语言、表情都非常生动活泼,其生命呈现出一种超出常人的年轻态。长期以来,人们对于教师,特别是班主任工作给予崇高的评价,如"人类灵魂的工程师"、"太阳底下最光辉的事业"等等。人们往往会赋予教育事业以神圣的内涵,而教育工作者似乎也具备这种神圣性。人们往往忽视班主任作为自然生命个体的存在状态,班主任在人们心目中常常被异化为只

---

①　冯建军著:《生命与教育》,教育科学出版社2006年版,第2页。

有奉献而无需求的单面人。这种认识上的误导,对班主任的生命成长造成了压力。为了教育事业的蓬勃展开,全社会不仅要关注学生的生命成长,也要关心教育工作者的生命成长。而一个内心世界丰满、生命价值得到彰显的班主任,往往更能赢得学生的信任和支持,其影响力也更容易被学生所接受。

班主任的工作富有生命意义,其价值生命在教育工作中达到真善美的融合、认知和情感的统一。班主任工作的真,不仅在于传授学生知识、技能,赋予学生日后生命发展最基本的生存工具,更重要的是用知识来启迪智慧,将智慧融入生命,提升生命的意义;班主任工作的善,是将情感投入到教育过程中,与学生达到共情,使学生的道德品质、性格养成及行为习惯得到很好的发展;班主任工作的美,在于他是用自己的灵魂去唤醒学生的灵魂,用自己的智慧去启迪学生的智慧。这是一个不断创新的过程,因循守旧只能导致教育工作的失败。可以说,班主任工作是最能获得成就感的事业。看着学生一天天地成长,时刻感受到自己工作的价值和意义,正是许多班主任能够长期坚守班主任工作岗位并取得骄人成绩的原因所在。

> 魏书生:我常想,人与本职工作有五种境界:无心大意、三心二意、半心半意、一心一意、舍身忘我。人的幸福快乐与否,取决于自己在哪一种境界。如果我们进入了一心一意、舍身忘我的教育教学境界,灵魂便不再流浪,精神便不再漂泊,思想便不再浮躁,感觉天天都在过教师节。
>
> 邱济隆:教师是非常清苦的,但是幸福的。教师能享受到别人享受不到的乐趣!
>
> 赵翠娟:只要我们不断地学习与创造,我们就能在教育孩子的过程中更新自己,丰富自己,成就自己。
>
> 张思明:身为一线教师,育人30年,我总是心存感激。教师的幸福应该是不断地被学生超越、又不断地超越自己,和学生一起战胜挑战的成长体验。这是教师所应追求的职业感受。
>
> 黄静华:做了34年的班主任,多年来,我和学生一起直面精彩纷呈的生活场景,我和学生一起关注社会的热点问题,将鲜活的社会内容带入课堂,把爱事业、爱祖国的深情传递给学生。我努力与学生一起在社会大课堂里学做真人。多年来,我和学生一样在学习中成长,学做真人。探求真知是终身的,我将与学生一起前行![1]

这是在第21个教师节之际,几位优秀教师的亲切寄语。他们以自己的切身体会诠释了教师生命所特有的幸福和快乐。这些优秀班主任在真实的生活情境中感悟事业和人生的意义,不断超越自我,提升自己的精神境界。从他们的感受中,我们可以体会到作为班主任的生命的崇高感。

二、班主任独特的生命体验

哲学家雅斯贝尔斯在《什么是教育》一书中写道:"所谓教育,不过是人对人的主体间

---

[1] 《写给教师》,《人民教育》2005年第17期,第14—15页。

的灵肉交流活动,包括知识内容的传授、生命内涵的领悟、意志行为的规范,并通过文化传递功能,将文化遗产教给年轻一代,使他们自由地生成,并启迪其自由天性。"教育作为一项关注人的灵魂的事业,必须通过生命体验这一最为直接的生命方式来把握生命。在现代社会中,班主任对于学生的教育不应仅限于"传道、授业、解惑",这仅仅是教育的工具价值的体现。那么,教育的真正意义体现在哪里呢?是走向生命的自由、独特和创造!班主任在学生生命成长过程中,其自身的生命也在成长着;不仅自然生命的需求得到满足,精神生命也不断得到升华。

教师因学生而改变

我非"偶像派"教师,空有 1.78 米的个头和"苗条"的身材。但是,学生不止一次地提到,他们喜欢看我咧嘴大笑的傻样,说那特别有感染力!看来,自己慢慢地从一个不更事的小伙子变得有"风度"了。

回味自己这两年多的变化,其实要归功于学生的"培养"。因为面对学生,我每天早上起来要把胡子刮干净,把头发梳理整齐。如果穿西装的话,要让老婆选一条比较协调的领带。衬衫虽然不是名牌,但保证每天一换,保证不让污渍出现在领口和袖口。天暖时,争取每天洗个澡,不让头皮屑落在肩膀上。我脚上的皮鞋,每天保持黑亮。这样,每天都有一个好形象出现在学生面前。因为我心里清楚,自己是一个班 56 个学生的"头"。我整天给他们讲要注意自己的行为规范,要注意个人修养,要树立君子风度,自己总得做个样子吧!

慢慢地,我发现自己的脾气变得不那么火暴了,发现自己也可以娓娓而谈了,发现自己站在那里不会东摇西晃了。无怪乎学生说,对刘老师既喜欢又怕,搞不懂是为什么。

想想自己最初的本意是要为人师表,为了不辜负学生的期待,为了不辱没教师的真正形象,结果却改变了自己!

(摘自刘国营:《教育随笔集》,《情到深处》)

学生是一个处于成长进行时的生命。值得庆幸的事,班主任能够亲历这样一个生命成长历程,并能够分享学生成长过程中的喜怒哀乐,从而不断丰富自己对人生、生命的理解与体验,这无疑是一笔巨大的精神财富。班主任会在学生生命发展的进程中感悟到:宽容是一种很好的品质,学会等待也是一种教育方式。以往的"小大人"的教育理念很大程度上遏制了学生生命的健康成长,让学生在本该享受青春年少的蓬勃生气时变得老气横秋。卢梭说:"大自然希望儿童在成人之前就要像儿童的样子。如果我们打乱了这个秩序,我们就会造就一些早熟的果实,它们长得既不丰满也不甜美,而且很快就会腐烂;儿童是有他们特有的看法、想法和感情的,如果想用我们的看法、想法和感情去代替他们的想法、看法和感情,那简直是愚蠢的事情。"[1]懂得宽容和等待,体会到这是成长的必然,他的生命会滤去很多浮躁而带来更多的心灵的宁静。学生的生命是具有多样性和独特性的,用心去寻找,班主任会在自己的班级里发现很多"天才"……学生生命的多样性丰富了班主任的生命体验和感悟,让人不由得产生对生命的敬畏之情。

---

① 卢梭著,李平沤译:《爱弥儿》,商务印书馆 1996 版,第 91 页。

学生是教师的一面镜子。在学生的眼里,班主任可以发现自己的影子。同时,教师也在学生期待的目光中,不断走向成熟和完善。从这个意义上可以说,班主任和学生互为对方的重要他人。班主任与学生是一对矛盾的共同体,他们之间相互依存,相辅相成。班主任的生命体验与学生的生命成长紧密相连。叶澜教授认为:教育具有鲜明的生命性,在一定意义上,教育是直面人的生命、通过人的生命、为了人的生命质量的提高而进行的社会活动,是以人为本的社会中最能体现生命关怀的一种事业。教育是最具生命力的事业,它应该关注学生生命发展的独特需要。学生是一个个鲜活的生命个体,又是未完成的生命体。班主任的事业就是引领学生生命成长,使个体生命的独特性得到彰显;在引领学生生命成长的事业中,班主任的生命才更加辉煌。班主任的教育生命因学生而精彩!

思考与训练

1. 你怎样理解班主任工作的意义和价值?
2. 回顾自己的学生经历,哪位班主任给你留下了深刻的印象并产生了深刻影响?
3. 你理想中的班主任是怎样的?

第一章

新时期班主任的
角色定位

案例 1-1

26个字母教你做好班主任①

A:awake(唤醒)——教育者的使命在于唤醒。

B:belief(信任)——信任后进生才能走进后进生的心灵,走进后进生的心灵才能真正达到转化后进生的目的。不信任后进生,经常用怀疑的口吻盘问后进生,这种做法只能导致师生关系紧张。所以,班主任应充分信任每一位学生,反之,则达不到教育目的。

C:care(关心)——"爱满天下"是当年陶行知先生倡导的一句座右铭。他曾告诫对学生滥施刑罚的人说:"你的鞭子下有瓦特,你的冷眼中有牛顿,你的讥笑中有爱迪生。"因此,班主任应树立正确的学生观,关心每一位学生,尤其关心后进生的成长,把关爱撒向每一位学生的心田。面向全体学生施教,让班主任的关心伴随学生走好每一步。

D:digest(理解)——理解是开启学生心灵的一把钥匙,作为一名成功的班主任,应通晓心理学、生理学的有关知识,对处于青春期学生的行为有足够的认识,想学生之所想,急学生之所急,学会换位思考,理解每一位学生。

E:enjoy(欣赏)——美国心理学家威廉·詹姆斯曾深刻指出:"人性中最深刻的禀赋是被赏识的渴望。"赏识可以激发学生的自尊心和上进心,是学生进取的不竭动力。一名优秀的班主任首先应该是善于赏识学生的"伯乐",对学生毫不吝惜自己的赏识。在日常生活与教学中,要善于欣赏、发掘每一位学生尤其是后进生的优点,让后进生扬起奋进的风帆。

F:feeling(情感)——教育心理学研究表明:情感作为一种潜在的动力机制,对人的言行具有激励、诱发和调节的重要功能。意大利著名教育家亚米契斯在《爱的教育》一书中指出:"教育上的水是什么? 就是情,就是爱。教育没有情爱,就成了无水之地,任你方形也罢,圆形也罢,总逃不了一个空虚。"因此,班主任必须注意以情育情,以情动人,充分发挥情感在班级管理中的感染、激励作用,使学生"亲其师,信其道"。

G:give(付出)——付出必定有收获。再调皮的学生,只要班主任把思想工作做到他的心坎上,总有日出云散之时。著名教育家乌申斯基说:"教师个人的范例,对于学生的心灵是任何东西都不能代替的最有用的阳光。"后进生的转化有一个渐进过程,只要班主任全身心地付出,后进生心头的"乌云"一定会被班主任热情的"阳光"所驱散。

H:help(帮助)——后进生的形成原因很多,或因学习方法不当,或因意志力薄弱,或因教师教育的失误。所以,作为一名班主任,首先应分析后进生的成因,然后针对后进生的具体情况对症下药,帮助学生重新树立自信心,鼓起勇气,这是转化后进生的重要途径。

I:ignite(点火)——一位优秀教师说:"所有难教育的孩子,都是失去自信心和自尊心的孩子,所

---

① http://www.teacherclub.com.cn/tresearch/blog/showArticle.jsp? ArticleCode=1&CID=00001.

有好教育的孩子，都是具有强烈自尊心和自信心的孩子。教育者要千方百计地保护孩子最宝贵的东西——自尊心和自信心。"基于此，班主任应帮助学生点燃自尊心、自信心之火。班会课的几句表扬、作业本上的一句评语、促膝谈心时的几声赞许……都可以让学生重新点燃希望之火，重新扬起奋进之帆。

J：justice（公正）——班主任是班级的"统帅"，其一言一行都对学生有着非常重大的影响。作为一名班主任，应"一碗水端平"，树立公正意识，公平对待每一位学生，切忌厚此薄彼，偏袒一方，尤其不能只偏爱少数优秀学生，更不能有意无意地冷落后进生。

K：knowledge（知识）——我国近代思想家黄宗羲曾说："业之未精，有惑而不能解，则非师矣。"所以，作为文化知识的传播者和学生思想的引路人，班主任应具备扎实的理论功底和业务能力，使自己的"一桶水"常满常新，在学生中树立一座"无形的丰碑"，充分发挥自己的非权力影响力。

L：love（爱心）——班主任工作是一门爱的艺术。欧洲著名教育家斐斯泰洛齐说："教育的全部技巧在于如何爱护儿童。"没有爱就没有教育。班主任应把"爱满天下"作为自己的座右铭，用爱心去滋润学生、感化后进生，使每一个学生都沐浴在师爱的光环下。

M：motivation（激励）——著名教育家第斯多惠说："教育的奥秘不在传授，而在激励、唤起和鼓舞。"哲人詹姆士也说："人的本质中最殷切的要求是渴望被肯定。"激励是唤起学生内驱力的重要手段，班主任要善于做"伯乐"，做后进生的知心人，要多用赏识教育，多激励，唤起后进生的自信，激励后进生实现自我超越。

N：natural（自然）——苏霍姆林斯基说："在自然而然的气氛中对学生施加教育影响，是使这种影响产生高度效果的条件之一。换句话说，学生不必在每个具体情况下都知道教师是在教育他，教育的意图要隐蔽在友好和无拘束的关系之中。"基于此，班主任应营造一种自然、和谐的气氛，把思想教育融化在学习生活的各个环节，如为激励学生高考，班主任可在教室悬挂"净、静、竞、进"的标语，让学生在思想上警钟长鸣，学习上常抓不懈。

O：observe（观察）——世界上没有两片完全相同的树叶，班级中没有完全一样的学生。教育心理学告诉我们：人的差异是绝对的，每个学生在认识、情感、意志、兴趣、需要等方面各有差别。班主任要做到对症下药，增强思想工作的针对性和实效性，必须仔细观察学生，认真了解学生，这是做好班主任工作的基础。

P：patience（耐心）——青少年正值成长期，思想、行为都不成熟。后进生的转变，不能幻想"毕其功于一役"。因此，班主任应有足够的耐心，做好打持久战的准备，反复抓、抓反复。班主任应坚信：没有真正的后进生，只要扭曲的心灵能得到矫正，身心潜能得到发挥，每个后进生都能成为好学生。

Q：quarter（宽大）——宽大是班主任应具备的胸怀。对学生的过错，班主任既应进行绵里藏针的含蓄批评，又应给学生改过自新的机会。否则，只会挫伤学生的上进心，使学生丧失改过的机会。

R：respect（尊重）——捷克教育家夸美纽斯曾指出："应该像尊敬上帝一样尊敬学生。"只有尊重学生，在人格上把学生置于完全平等的位置，才能建立新型的师生关系，为班级工作打下坚实的基础。一位教育家在论述教育的功能时说："教育成功的秘密在于尊重学生。"

S：smile（微笑）——在班级管理中，班主任不可居高临下，颐指气使，而应微笑着走进教室，微笑着走进学生的心田。一位教育家说："教师的微笑是阳光，可以融化学生心中的坚冰。"微笑在班级管理中的功能自不待言。

T：think/tolerance（思考/宽容）——善于思考是教育创新的前提；宽容是感化学生的良药。

U：unity（团结）——班主任是班级的主心骨，应团结所有的学生朝着预定的目标前进。"一个都不能少"，这应是每一位班主任孜孜以求的目标。

V：victory（成功）——成功是每一个学生尤其是后进生梦寐以求的目标。美国一位著名教育家曾指出："让大多数学生在每一门学科中都有少量的高峰体验，都享受到成功的快乐，这是转化差生的重要一环。"因此，班主任应用放大镜来看待学生的进步，让学生尤其是后进生积极认可自我价值，这是转化后进生的关键。

W:wrath(发怒)——班主任工作是一门艺术,遇到顽劣的学生,班主任的发怒也是迫使学生清醒的一记重拳,发怒也是一门艺术。称职的班主任应怒而有度、怒而有术、怒而有节,切忌不分场合乱发脾气,伤害学生幼稚的心灵。

X:x factor(未知因数)——班主任要善于发现学生身上的特长,并将它发挥出来,即发掘学生身上的未知因数。

Y:young/yes(朝气蓬勃/行)——要像青少年那样朝气蓬勃。班主任要常对学生说"你真行"、"你会成功",引导学生迎接挑战和具有一定的创新精神,这应是班主任的日常工作之一。

Z:zest(乐趣)——应视班主任工作为最大乐趣,把班主任工作做得完善一些,更好一些,努力耕耘,收获乐趣,这是优秀班主任的最高境界。

随着课程改革的逐步深入,各种新的理念、新的教学方式不断引入,我国长期以来形成的各种传统教学关系发生着深刻的变化:教师形象不再仅仅是蜡烛、园丁、灵魂工程师……而成为与学生平等的学习者、组织者、协调者、参与者和指导者;班主任也不再是单纯意义上的班级管理者与组织者,而被赋予了更多新的内涵。今天的班主任,面对的是网络时代成长起来的学生。与传统意义上的学生相比,他们的眼界更开阔,获取信息的渠道更广泛,学校、教师不再是他们唯一的信息源和影响源;他们大多不盲从教师、家长的权威,独立而有主见,叛逆而不顺从。作为新时期的班主任,要紧密结合时代特点,准确了解和把握今天中小学生出现的新特点、新情况,了解他们的所思所想,站在学生的角度思考和处理问题。这就需要班主任重新定位自己。那么,新时期的班主任应该如何把握好自己的角色定位问题呢?

第一节 学生全面成长的引路人

学生大部分时间是在学校度过的,而班主任和学生的相处时间最长,对学生的影响最大,因而成为影响学生成长的重要他人。作为班主任,要全面关心学生成长,不仅要关心学生的当前发展,还要关心学生的未来发展;不仅要关心学生的身体健康,还要关注学生的心理健康。班主任要成为学生全面成长的引路人。这是新时期赋予班主任的重要角色内涵。

一、全面关心学生的成长

(一) 关心学生的当前发展

关心学生的当前发展,就是要用全面的观点来看待学生。学生是一个完整的生命体。作为一个正在发展中的人,其发展并不是单方面的,而是整体的、协调的。不论是生理的还是心理的发展,是智力的还是非智力的发展,都是互相联系、互相影响的活动过程。班级教育工作必须体现学生作为发展主体的要求,实现学生身心全面和谐的发展。因此,在班级教育工作的各个环节、各个方面,都应当充分考虑学生发展的整体需要和教育目的的整体要求,为学生发展创造合适的环境和条件。教育活动的特殊性在于,教育的对象是人,是活生生的具有自我意识的能动的人。充分认识这一点,对于确立正确的学生观至关重要。在教育教学活动中,学生并非处于被动接受地位,而是真正意义上的教育活动主体。他们用自我独特的视角和情感方式去认识和理解世界,去发展自我。这是任何人无法替代的。他们对接受的教育影响并非原版刻录,而是一种心智活动的内化。苏霍姆林斯基曾经说过:"没有自我教育的教育,不是真正的教育。"成功的教育实践都是视学生为独立的个体,尊重学生的教育主体性,调动学生自我教育的主动性、能动性,使学生成为学习和自己行为的主人。

(二) 关心学生的未来发展

关心学生的未来发展,就是要用发展的观点来看待学生。首先,学生的身心发展是一个不断成长的过程,每一阶段都会呈现一定的规律性。在教学管理中,班主任要遵循学生的身心发展规律,制订适合学生身心发展需要的教育策略,这样才能收到很好的效果。其次,要认识学生是蕴涵着巨大发展潜力的个体。要用发展的观点看待和解决教育问题,创造各种条件开发和挖掘学生的潜能。学生来自不同的家庭环境,所受的教育程度及兴趣爱好不尽相同,因此其心智和个性的发展各具差异,比如有的善于学习,有的多才多艺,有的擅长体育……班主任必须充分了解并尊重学生的个体差异,帮助学生确定自己的发展方向和发展目标,使其个性得到充分的发展。

随着现代物质文明的不断进步以及网络、媒体的迅速发展,学生能通过各种不同的渠道获得许多书本以外的知识,并具备自己都并不认知的潜在能力,如熟练地操作电脑,进行动画制作,完成一些小发明、小创造,进行文学创作等等。班主任应该通过观察,帮助和引导学生相信自己的潜能,并付诸于行动,使其获得成功的体验,获得因潜能激发而带来的快乐。

二、学生成长的精神关怀者

(一) 学会"精神关怀"

"精神关怀"(pastoral care)这一术语来自英国,原指教区的牧师或主教给予教区内教民的关心与帮助。现在,"精神关怀"一词的使用超出了宗教范围,被英国、澳大利亚、新西兰、新加坡等国家用作精神教育的一个术语。对学生"精神关怀",是以人为本的教育本质的规定,是教育人性化的表现。它反映了班主任教育劳动的性质,即班主任所从事的是以心育心、以德育德、以人格育人格的精神劳动。

首先,班主任要学会精神关怀。南京师范大学博士生导师班华教授对于班主任作为学生的精神关怀者有专门的论述。他认为,班主任最根本的教育理念、最重要的教育品质就是对学生的精神关怀。精神关怀内容广泛,其中关心、理解、尊重、信任是关怀情感的基本表现,也是学生基本的精神需求。作为班主任,要学会关心、理解、尊重、信任学生。关心与理解是紧密联系的,在关心中获得理解,理解学生才能善待学生;关心以尊重为前提,也是尊重的表现;信任也是尊重的一种表现,对学生尊重、期待与信任会给他们带来愉快的体验。

其次,精神关怀是学生成长的需要。学生的成长过程是身体发育和精神发育的过程。学生的精神发育需要一个稳定的、适宜的、和谐的环境。学生成长过程中出现的心理偏差,需要精神关怀去发现和矫正;学生的心理创伤,需要精神关怀去抚平。目前,就家庭教育来说,存在着过分重视物质需要、对孩子学业期待过高和对学校教育过分依赖等现象;就社会教育而言,存在着成人追求多元化、成人社会教育意识缺失等问题。这些问题,给学生带来了难以回避的负面影响,对学校教育提出了更高的要求,学生对精神关怀的需求显得尤为突出。

再次,精神关怀是班主任专业化的需要。精神关怀不仅是班主任专业劳动的核心内容,更是班主任专业化的核心内容。从外在的、日常教育活动的层次看,班主任的工作是组织、教育、管理班级学生;从内在的深层次看,班主任是学生的精神关怀者。班主任要关心学生的全面发展,而关心学生的精神生活和精神发展是其核心部分。

(二) 从"知识关怀"到"精神关怀"

班主任要成为学生的精神关怀者,要从对学生的知识关怀转向精神关怀,从知识本位的教育转向人本本位的教育。班主任不仅要关心学生的学习成绩,关心他们的生活状况;更要关心学生的内心世界,关心他们的情感、情绪及其精神生活。

哲学家雅斯贝尔斯认为,"教育过程首先是一个精神成长过程"。确实,教育过程首先是一个精神成长过程,然后才成为科学获知过程的一部分。在应试教育还在顽固地影响人们的选择,学校的课程设置过分强调知识、技能的大环境下,我们尤其要倡导教育的精神关怀。这与基础教育课程改革所倡导的理念是一致的,即让学生在学习知识、技能的过程中,使其情感、态度、价值观得到协调发展。

每个学生都有自己的发展优势。从智力发展而言,教师应该据此提供合适的、具有差异的教育;从精神发展而言,教师应该给学生多一点鼓励,多一点期待,这对学生发展是极其重要的。研究表明,对学生持有良好的期望,会帮助学生克服心理和现实的种种障碍,取得令人吃惊的成绩;反之,以有色眼镜看学生,会对学生产生较强烈的"我不行"的心理暗示,从而影响学生身心的健康发展。在班主任的工作实践中有许多成功的做法和经验,如开展奖章评比活动,对暂时落后的学生"借一枚奖章给他"等等,这些起到了激发学生积极性、自觉性的效果。无论何时,我们应该树立这样一种信念:每个学生都具有发展的潜力,只要为他们提供合适的教育,每个人都会获得成功的人生体验。

案例 1－2

后黑板的改变

班上一名同学上课经常睡觉,学习完全找不到状态。有一次上课睡觉被我喊到办公室,谈到他对未来的一些想法,他说想学美术,但家长不支持,说他文化基础差,学什么都没用。我说,那你就在班上画一幅图,画得好,我来帮你说服你家人。这名同学就在后黑板上画了一幅画,取名"春天来了"。画好后,又发动同学捐钱买花,布置教室,组织男生将课桌全搬出去,用洗涤剂将地面、墙面全部清洗一遍。路过我班的老师、学生都感叹,你们班太美了,像花园一样。这些话给这位同学带来极大的自豪感,班级卫生也上了一个平台。

于是,我请他的父亲到校参观了班级环境,并告诉他是谁设计组织的,他的父亲都感到吃惊,这是我儿子干的吗? 我说,看来不是他不学,而是看不到希望。让他学习美术吧,会给你带来惊喜的。他的父亲当即表示支持。这位同学自从学了美术,像是变了一个人,学习状态也上来了,成绩突飞猛进,艺术考试也考得不错,和他谈心你会感受到他对理想的渴望:我要考南艺,一定要考上。一幅《春天来了》的绘画作品让一位后进生迎来了生命中的春天。

我班的黑板报在他和几位爱好美术的学生带领下,已经成为我班的一道风景。一律的水彩画:国庆,六根醒目的红色柱子,名曰"栋梁",我班是红色的海洋;世界杯,金黄色的世界杯,五颜六色的国旗,名曰"我爱世界杯",我班是欢乐的海洋;考试前,是蓝色的大海,平静的海面下波涛汹涌,名曰"成功",我班是拼搏的赛场。一幅幅画面,我们用心记录着青春,每次画好后我都给学生拍照留念。我想用一种无言的方式教育我的学生,这个世界上,只要自己有理想,只要能够坚持,成功是必然的,幸福是必然的。

当我班申报区良好班级时,所有专家对我班的后黑板给予了高度评价,也对班级环境给予了充分的肯定。当我把好消息告诉全班学生时,所有学生报以热烈的掌声,出黑板报的学生倍感自豪。班级的凝聚力提高了,干什么都很"给力"。后黑板已经成为我班班级文化中不可缺少的一部分。之后,我又和学生共同探讨,和专家研讨,最终形成了精品化、平台化、人文化,进而走向课程化的后黑板文化。每一期新的黑板报出来,都会让老师、领导驻足观赏,让别的班的同学羡慕,后黑板已经成为我班的"文化名片"。

(南京市建邺高级中学袁子意提供)

(三) 关心学生的心理健康

青少年正处于身心发展的重要时期。随着生理、心理的发育和发展,竞争压力的逐渐增大,社会阅历的扩展及思维方式的变化,他们在学习、生活、人际交往和自我意识等方面可能产生各种各样的心理问题。如果这些问题得不到及时解决,将会对学生产生不良的影响。因此,对学生进行心理健康教育,是班主任的重要任务之一。班主任要在日常生活和学习中关心学生的心理健康,为学生创设良好的心理氛围,维护学生的心理健康。

1. 做学生心灵的倾听者

教师要耐心倾听学生的心声,使学生感到你是可以信赖的人。这样,就能使他们主动地进入谈话的角色中。师生之间应当建立一种相互信赖、彼此坦诚的人际关系。这种互相信赖的关系,从第一次见面或谈话就要注意培养。谈话中,教师要表现出对学生所谈的问题感兴趣,注意听,而且听得懂,才能打开学生内心世界的钥匙。

案例 1-3

有你在身边真好

今天是新学期第一次班会,没有想象中那样成功,正因为有了这一次的失误,才让我们有了这次心灵交流的机会!首先老班读了两篇他自己的论文,是他带班的一些感悟。虽然他总说自己文采不好,但是,也许正因为他那朴实的语言才更感动人吧!其中最令我感动的是老班说到他去看望自己的学生,这让我想到了自己。当时老班带着几位同学来医院看我,我真的好感动。因为我真的没想到他们会来,当时离考试那么近了,大家都忙着复习,我当时真的很震撼。老班陪我在医院聊了一个下午,病房里的所有人都说:"哇,你的同学和老师都很好嘛,陪你聊了那么久。"当时,我真的很幸福,心里有满满的快乐就要溢出来了。受伤,住院,开刀,接踵而来,让我一时乱了阵脚;我一直认为我是坚强的,事实也证明了我的想法;我不曾想过会有那一天,会有那么一件事,把我震撼到失去语言表达能力……从手机中,我听到了从未听过的"天籁"。那一瞬间,我的眼睛生疼,那是种直达心灵的感动。再接着,我收到了两份礼物:一张照片,一盒千纸鹤。照片是我们的合照,每一个人都在上面,而那盒纸鹤是全班同学为我叠的;看着大大小小的纸鹤,想着大家在一起边学边叠的样子,那不大的盒子,让我觉得犹如千斤重;特别是肖云,他的手受伤了,却也和大家一样为我叠着纸鹤……千纸鹤代表着祝愿、祝福;而你们叠的纸鹤,则多了另一份含义:家人。分班前的那场聚会,我哭了! 其实,我很少哭,因为我认为,眼泪就意味着软弱、屈服;可那天我哭了,而且是在所有学生面前,可是我却并没有感到一丝的羞耻,那泪是我最真实的想法:我难过、不舍。那份家人与家人之间的联系却不会消失;它就像引力一样,紧紧联系着我们每一个人,不曾断开过……这个班让我拥有了同学之爱、朋友之爱、老师之爱,让我有勇气飞向广阔的天空;给了我一份割不断的情,带给我一个天堂……

这是我班文娱委员写的一些文字,我的很多梦想在她的手里变成了现实,由她和同学们共同策划主持的班会——"感恩父母",很多到场的家长都流泪了,说这是这么多年以来开家长会第一次如此感动,第一次和孩子一起开班会,看到孩子如此自信,能力如此强,远远超出了他们的想象。通过这次家长会,家长和孩子之间的鸿沟小了,孩子开始理解家长的艰辛,家长对孩子的教育方式也发生了变化,不少家长开始反省自己的教育,很多家长表示把孩子放在这样的班级他们放心,相信孩子的明天会更加美好。然而,不幸却降临到她的身上,一次晚自习后她骑车不小心,跌了下来,把锁骨跌断了。当我和学生到医院看望她时,她用微笑表达她的坚强,她用幸福表达她的感谢。那天,她爸爸正好有事,希望我能陪着她,于是她和我聊了一个下午。她对文学的热爱让我自愧不如,她对未来的憧憬、她对班级的建议与设想让我看到自己未来工作的方向。我就这样静静地听着,此刻她仿佛是我的老师,指引着我工作的方向。我也把自己的成长经历与她分享,虽然没有什么传奇,但我的世界足以让她好奇。

陪,耳朵直立着,嘴巴被置于下,耳立而嘴缄。意思是在陪与被陪的关系中,倾听重于倾诉。从陪者的角色看,倾听是主要的,倾诉是次要的,甚至是要被抑制的。因此,要履行好陪的职责,首先要处理好耳朵和嘴的关系,把握好两者的定位才行。当孩子渐渐成熟开始逐步摆脱家庭时,常常看到家长抱怨孩子有很强的逆反心理,而这恰恰是孩子的精神世界要独立、要摆脱父母,但此时他们的种种思想却又很矛盾,需要和人交流,需要倾诉,需要别人给予一些指导。特别是那些性格内向的孩子,更需要班主任的精神关怀,更需要班主任在人生的一些转折点上给予正确的指导。

(南京市建邺高级中学袁子意提供)

案例 1-4

陪伴是相互的鼓励

一位高三女生的家长突然打来电话,说孩子得了糖尿病,是一型的,当时他的语气相当着急,问高考怎么办? 我说你让我和孩子交流一下,当我打通孩子的电话时,电话的那边情绪还比较正常。"其实我和你一样,只不过你比我要优秀,我是二型的,你是一型的,为什么你要在这方面超过老班呢?"那边传来了她的笑声。"这个病,不要恐惧,但要重视,要管好自己的嘴,要坚持锻炼,要积极配合治疗。这个病最大的好处就是身材好,看看我,以后不要为身材担忧了。至于寿命吗,恐怕是要打些折扣了,所以我们要更加重视生命的质量,今后我们就是病友了,互相提醒吧。高考,我建议你不要放弃,适度地降低要求,合理地安排好学习时间与休息时间,应该是能考出一个自己满意的成绩的。"

她回来后,我组织了几期班会,讨论什么是最重要的,是 1 还是 0;高考我们吃什么;为什么我会远离健康,等等。总说班主任要关心学生成长,其实大多数时间我们在教育评价制度的压迫下关心的却只是分数。孩子的身体健康谁来指导,按道理说是家长,但很多家长是把钱交给孩子让他自己去买东西吃。孩子不懂什么叫合理膳食,只知道好吃就行。这难道不是我们的教育职责吗? 陪伴,当然要让他把路走得更远一些。让他们理解生命,理解身体健康的重要性,理解一些长而久远的东西。幸福是什么? 是孩子到了晚年,能够想起你曾经告诉过他要珍惜身体,珍爱生命,他会发现你给予他的是人生最重要的东西,此时的他会很幸福。

(南京市建邺高级中学袁子意提供)

以上两个案例,袁老师通过与孩子的沟通交流,走进孩子的内心世界,得到的是孩子的爱、孩子的信任与孩子的感激,这是班主任的幸福之源。

2. 对不良情绪进行调适

教师要善于对学生的不良情绪进行调适,使学生保持一种良好的心理状态。情绪就是几个小时、几天甚至几个星期持续地影响一个人的意向的体验。由于各种原因,学生会产生悲观、焦虑、愤怒等不良情绪。对待学生的不良情绪,最好的办法是让他发泄出来,然后因势利导,使之放松心情,尽快进入学习状态。

3. 用爱滋润学生的心灵

青少年有一种积极向上的心理状态。教师要有一颗爱学生的心,善于发现和把握他们心灵中闪光的东西,点燃他们自信心、自尊心的火种。每个人的身上既潜伏着自卑、虚荣、报复、破坏等恶的种子,也潜伏着宽容、理解、同情、关爱等善的元素。如果缺乏爱的滋养,学生身上所潜伏的恶的种子就会无节制地疯长。只有教师的爱,才能滋润学生的心灵。

案例 1 - 5

决不再对迟到的学生罚站^①

1999 年,李镇西老师出版了《爱心与教育》一书。这本书至今仍在中小学领域产生影响。翻开这本书,有一句话立刻跳出来:"常常有人问我,当一个好老师最基本的条件是什么?我总是不假思索地回答:拥有一颗爱学生的心!"这本书里有一则故事令人难以忘怀。

任安妮是初一下学期从外地转学到班上的。她身材瘦弱,脸色苍白,说话细声细气,学习较差,还常请病假。但是,给人留下最深印象的是她爱迟到。我曾把任安妮的母亲请来,问是不是有什么特殊困难。她母亲说,没什么,就是任安妮动作太慢。我多次找安妮谈心,要她养成雷厉风行的好习惯,但没有看到成效。

那天早晨,任安妮又迟到了,我让她站在外面。大约 5 分钟后,我怕校长看见,便让她进教室。进来后,她走到自己的座位想坐下。我说:"谁让你坐下?再站一会儿!"

她流泪了,但顺从地站在自己的座位前,并拿出书和大家一起读。

直到早读结束,她总共站了 15 分钟。

两节课后,任安妮来向我请假,说头昏,想回家休息。我很吃惊,问她是不是因为早晨站得久了。她说不是,平时就头昏,是老毛病了。我同意她回家休息。

第二天,安妮的母亲来学校请假,说安妮病了,需要一段时间的治疗和休息。这时,我开始感到自己做得有些过分:可能任安妮当时已经病了,可我竟罚她站了那么久。

过了两个星期,安妮的母亲来学校,说安妮的病情比较重,得休学治疗。我在吃惊的同时,内心深处暗暗庆幸自己总算甩掉了一个包袱!

半年之后,安妮返校复学,降到下一个年级学习。在校园遇到我时,她总是羞怯而有礼貌地和我打招呼,喊"李老师好"。

几个月后开始期中考试,那天刚考完最后一科,有学生来告诉我:"李老师,安妮今天早晨……死了……"

---

① 李镇西著:《爱心与教育》,四川少年儿童出版社 1999 年版。题目为编者所加。

我心里一颤,手中刚收上来的一叠试卷跌落在地上。20分钟以后,我和十几个学生赶到殡仪馆。安妮的母亲迎上来,用哭哑了声音对我说:"您这么忙还赶来,感谢您和同学们了!"

我心情沉重地说:"太突然了,根本没想到。"

安妮的母亲说:"安妮6岁就患上了白血病,当时医生说她最多能活三年。为了让她有个宁静美好的生活,我一直没有告诉她,也没有告诉任何人。在许多人的关心下,她奇迹般地活了八年。谢谢您啊,李老师! 安妮在最后几天,还在说她想念李老师,想念同学们。她复学后一直不喜欢新的班级,多次说她想回到原来的班级。可是,她就这么……"

这些话让我心如刀绞。在安妮纯真的心灵中,尚不知道她所想念的"李老师"曾为她降到另外一个班而暗暗高兴!

我忍不住哭起来。这是我参加教育工作至今,第一次也是唯一的一次因愧对学生而流泪。

当天晚上,我含泪写下一篇近五千字的文章《你永远14岁——写给安妮》。第二天,我含泪在班上为学生朗读,表达悲痛的哀思和沉重的负罪感。

从那以后,我发誓:决不再对迟到的学生罚站!

很多年过去了,每当听到周围的人称赞我"特别爱学生"、"从不伤学生的自尊心"时,我总是在心里感谢永远14岁的任安妮,因为她那一双怯怯的眼睛时时刻刻都在注视着我……剥夺了学生的尊严,就谈不上任何教育。

从李镇西的真心独白中,我们看到,爱心是教育事业的核心和灵魂。只要拥有一颗爱孩子的心,任何一个普通而平凡的教师,都可以做出一番不平凡的事业。

(四) 培养学生的关怀精神

班主任不仅要成为学生的精神关怀者,更要注意培养学生的关怀精神。因为现在的中学生大多是独生子女,他们时时刻刻被关注着、关怀着,这就有可能使他们形成以自我为中心,不会站在别人的角度考虑问题的习惯。所以,班主任要帮助学生走近他人的世界,学会关心他人。

1. 走近同学的世界

首先,要营造班级真诚对话的气氛。班主任要以一些特殊事件作为切入口,给学生之间创造真诚对话的机会。可以先让学生用写的方式表达自己的想法,这就减少了一味的相互抱怨,让学生学会心平气和地交流。还可以建立班级的网上家园,或是班级网页、班级博客,让每个人在网上家园中相互了解,相互帮助。

其次,通过开展班级活动,如班级讨论课、主题班会等,搭建真诚对话的平台。在讨论课上,教师要组织学生讨论遇到的一些事情,可以是刚刚发生的愉快的事,可以是同学之间发生的一些矛盾,可以是学习中遇到的困难等等,帮助学生相互理解,激励学生帮助别人。

再次,通过行动强化对话意识,比如走近同桌,了解他(她)的爱好、个性,学会和同桌相处。班主任可以布置任务:给周围的同学写评语,要求发现他人的优点;详细写下同学所做的让你感动的事;欣赏同学的书面作业;完成一些需要合作的工作或者作业等。

案例 1-6

其实我们是幸福的

每次我带的班级里总会有这样一些学生:他们身患重病,却用自己顽强的毅力坚持学习,他们承受着命运的不公,却从不放弃对理想的追求。其实他们是上天送给我们的礼物,他们用自己的痛苦让我们看到自己的幸福,用自己的刻苦让我们知道什么是对生命的珍惜,用自己的善良让我们变得无私,让我们的爱有了停泊的港湾。

"真的,我很佩服你,在如此的情况下,竟有这般韧性和毅力,使自己的学习成绩这样好,这样优秀!如果我猜的没错,你想回家的原因之一是因为身体吧!虽然我不了解你的病情,但我可以感受到你的痛苦。其实我也有一段令人伤感的往事:我的身体从颈部到脚部左半身都不方便,我也经历了孤单,经历过病魔对我的残害,以及给我带来的许多不便。我也自卑过,但我从未放弃,因为活着就拥有了一切。正面挑战病魔,就有机会战胜它,对吧!虽然我还未成功,但我仍在努力。上天是公平的,他在关上你的一扇门时,又为你开启了一扇窗。而那扇窗户就要靠你自己去观察,用心去观察,用心去体验……上体育课时,其他的人都在做操,唯独我俩站在旁边,有同学会说我们很幸运。其实不然,你我都在羡慕他们吧,他们才是幸福的。即使有再大的困难,我们都不应该放弃!振奋起来吧,回来吧,和我们大家一起学习,一起生活,不要感到有压力,不要感觉自己是弱者,因为你是强者!"

这是同学间一封信的内容,一位同学因患有脑瘤休学一年来到我们班。在班级里,他学习是最用功的,成绩是最好的。他的学习品质影响着他周围的所有人,但他的身体越来越承受不了他如此的学习状态,于是他要求退学,这件事极大地震撼着我们。他写了封信给班级里的所有同学,信中谈到了死,谈到了对父母的愧疚,谈到了友谊。信里充满了对生命的尊重,对父母的理解,对知识的渴望,对老师、同学、关心他的人的感激。信中的每句话都是那么真切感人,我要求所有的学生都能写一封信给他,请他回来。虽然我也知道这会增加他身体上的痛苦,如果让他回家,他将面临更多的精神上的孤单。在一次班会上,这位女生主动要求读出自己的心声:"我要告诉所有人,有他的陪伴,我们是幸福的。我也要告诉他,有我们的陪伴,他也会很幸福。"

高中阶段是学生脱离儿童期的关键期,让学生能够体验他人,甚至是人类经历的苦难,培养其同情心,正确而又自然地理解社会的不公平与人间的苦难,这样才能抵御文明社会的各种诱惑与伤害。作为班主任,应抓住孩子成长中那些理性的思考,帮助他们建立对生命、对社会、对他人的正确观念。班主任在陪伴这些孩子成长的过程中,自我的心灵也在一次次地被他们的善良所感动,变得更加宽容,也更有耐心去等待他们的成熟。陪伴学生成长本身也是一种幸福。幸福是对他人发自真心的关心与关怀,是用心在告诉别人你存在的价值与意义。

(南京市建邺高级中学袁子意提供)

2. 走近教师的世界

帮助学生走近教师的世界,让他们发现:教师和自己的父母一样是平凡的人,他(她)和蔼可亲,无需畏惧。帮助学生走近教师的世界,可以先从走近班主任开始。班主任和学生走得近一些,给学生讲述自己的家庭,讲述自己的喜怒哀乐,让他们看见教师生活中真实的一面。你会发现,学生的眼睛会亮起来……还要帮助学生走近任课教师的世界。班主任不妨透露一些任课教师的业余爱好以及与教学无关的个人特长,满足学生对老师的好奇心。

3. 走近父母的世界

帮助学生走近父母的世界,首先要让学生了解自己的父母:父母小时候是怎么玩的?父母最喜欢的色彩是什么?最喜欢吃的食物是什么?他们是什么时候结婚的?这是他们的初恋吗?妈妈怀你的时候有什么妊娠反应?妈妈生你的时候是顺产还是难产?……虽然父母是你最亲近最熟悉的人,但是你会发现父母身上有着你不知道的世界。

其次,要教会学生感谢父母。让学生不仅要把感激之情说出来,还要写出来、做出来。班主任可以安排学生完成一项特殊的作业:向爸爸妈妈说一声"我爱你"。不仅仅说一次,而且要经常表达,让父母知道你爱他们。这样,学生会对父母有新的认识,和父母的关系也会更加融洽。在母亲节、父亲节的时候,要提醒学生别忘了给父母写一封信,感谢父母的养育之恩;在父母生日的时候,班主任要提醒学生别忘了买枝鲜花、买张贺卡祝贺一下。班主任还可以布置一项长期的家庭作业:为父母分担一些家务,哪怕是为父母端茶送水。通过这些做法,帮助学生走近父母的世界,体味父母那份最深沉、最永恒的情感。要知道,一个能够感激父母、感恩父母的人,又怎能不热爱别人、热爱生活呢?

三、影响学生成长的重要他人

班主任是影响学生成长的"重要他人"。"重要他人"是社会学的基本概念。顾明远主编的《教育大词典(第6卷)》中是这样解释的:重要他人是"对个体的自我发展(尤其是在儿童时期)有重要影响的个人和群体,即对个人的品质、语言及思维方式的发展和对个人的行为习惯、生活方式及价值观的形成有重要影响的父母、教师、受崇拜的人物及同辈群体"。而非重要他人对学生的社会化则是一般性的影响因素。美国心理学家埃里克森把人生发展分为八个阶段,每个阶段都有影响其发展的"关键影响人",即"重要他人"。在学生成长的过程中有很多重要他人,如父母、长辈、亲属、同伴、老师等等,班主任是其中一个不可或缺的重要他人。班主任之所以成为影响其成长的重要他人,是由青少年所处的生活、学习环境和其年龄特点决定的。

我们知道,教育在人的生命成长中是最具影响力的因素,而基础教育阶段是一个人最关键的成长阶段,是人的一些重要品质形成的关键期。学生的生理、心理在这一阶段处于不断的发展之中,学生的大部分时间是在学校中度过的,而班主任是其主要的管理者。班主任与学生相处时间最长,了解学生的程度最深;而且由于学生所具有的向师心理,班主任的言行对学生的影响最大。班主任在很大程度上决定着班级的精神面貌,同时强有力地影响着班里每个学生的成长过程。

案例 1-7

一位班主任的真情告白

亲爱的孩子:

请允许我这么称呼你。从我接手这个班级开始,我就认识了你,并且看出了你和其他同学不太一样的气质。我也说不好,如果用一句简单的话,应该是:"我很看好你。"但我一直没有告诉你,直到今天。虽然那时的你,毫不出众——无论是表现还是成绩。你是否已经习惯了默默无闻?而你不知道,我一直在悄悄地注视着你。每个人都是可以优秀的,不在这一面就在那一面,但正如我们只能看见月亮明亮的一面一样,那躲藏在阴影里的另一面,我们却很少去关注。我始终在试图发现你们的另一面,我用语言,更用自己的行动让你们打消疑虑,敞开心扉。我试图引领你们能重新审视自己的另一面,找到优秀的地方,从一点开始放大,然后蔓延到生命的各个角落。我不愿意你们总是被忽视、被遗忘、被丢弃。然而,你可能也看到了,不是所有的人都能够在短期内理解我的教育。人是不能被改变的,一切的改变,源自于自己。通常的情况是:我教育我的,你们走你们的路。我的这个班,令我失望、绝望过多少次!为什么我还能支撑到现在?谁在支持着我?若不是有你,还有你的一些同学,我可能早已黯然离去。我如同一个搏杀在疆场的斗士,也总希望能有一批这样的斗士和我一起奋斗,通过自己的努力,改变命运。也许我们不能改变世界,但是我们可以改变自己,甚至可以影响到我们的周围。如果是这样，那也已经足够。大浪淘沙，经得住考验的，总会留下来并闪闪发光。在你不经意间，我已经把越来越多的事情交到你手上，而你，总是能圆满地完成，从没有让我失望。你的成绩在飞速地提升，过去我总是为你高兴，现在我才知道，你成绩的取得顶着多大的压力——原谅我过去对你的不够了解，如果不是偶然，你也许永远不会和我分享你的故事，当然，我也就不会为你分担烦恼。过去我只是凭直觉感觉到了你潜藏的优秀，误打误撞，我真的没有看错人。恕我直言，你并不属于那种很聪明的孩子，但正因为如此，你的进步才更令人感动！如同很多老师、很多成绩优秀的学生不能理解包括你在内的很多孩子一样，你的每一点进步的背后，都有更多的付出。在别人眼里轻而易举就能解出的试题，你往往需要花上更多的时间去理解。所以，你每一分的取得，都是比金子还要宝贵的。别人不懂你们，我太懂你们了。但是，你终将和那些优秀的学子站在同一个赛场上拼杀，在那样的一个战场上，谁还会因为你实力不济而礼让三分？然英雄不问出处，到那时，我希望你能不输给任何对手，骄傲地向所有人宣言：我也一样优秀！真正想和你说的不只是这些。当我无意间知道了你的一点点故事，也就是看到了一点点月亮的另一面，孩子，我想对你说：原来你比我想象的还要坚强，还要有志气！谁说女孩不如男，你是好样的。我能帮助你什么？我也不知道，但是我想我会尽我所能！一个平凡的女孩，但是你要知道在你妈妈心中你是最好的，现在在我心中也一样，知道你是最好的。上次家长会，我无意间和你妈妈说：你是我最好的学生！看来没有说错。昨天是父亲节，本来给你的信已经写了一半，但是因为实在太疲劳了，没有完成。我只是你的老班，为什么在父亲节的时候会想到你们？如天下的父母一样，心里总是装着孩子，而孩子的心里，永远只装着自己和朋友。这并没有什么不公平，只是每个人的视角不同而已。好几年前，在我的课上，有两个学生一直在笑着小声说话。我终于忍不住要他们站起来，问他们为什么，谁都不肯说。只是在周记里，一个同学写道：当时我们在说，我们的爸爸要是像你一样就好了。

　　一晃几年过去了，从带了你们之后，我头上的白发更多了，真的到了可以做你们父亲的年龄，因而，我对"父亲"一词，有了更确切的感受。世界上最辛苦的，可能就是父亲。背负最多责任，被子女责怪、误解最多的也是父亲。我作为一个老师，同时也是一个父亲，最能理解。有时，我知道那样的斥责并不能得到你们的理解，反而让你们对我更加疏远和误解。其实我斥责的不是你们，而是自己的无能。每天看着这群无所谓的学生和一片慵懒的目光，我实在是感到了一种悲哀，也确实感觉到了自己的苍老——我已经无法理解90后，至少我不能理解我身边的这一小片人群。这一小群人对于整个一代人来说，只是几粒细沙，微不足道到任何一阵风吹来就可以将他们彻底埋葬；但这一小片人群对于我来说却是全部，对于他们的家庭来说更是如此。还好，这一群人中间，有你。你是我为数不多的骄傲。如同一个沉默的父亲，我和你并无多少对话，但我确实一直看着你长大，我会为你扫清前进道路上的障碍，或者扶着你一起跨越。当你长大，我已老去，这就是父亲，这就是生命的轮回。我想你懂，孩子。现在我要你——活出个人样来，要让所有过去的、现在的那些瞧不起你的人看看，你是怎样地努力，你会怎样地成功！我无力助你太多，你必须要依靠自己的双手来改变命运——因为你实在没有什么可以依靠的。这话我和很多人都说过，可惜，只有很少的人能够听得进去，希望你是其中之一。有一大片种子埋在土壤里，它们拥有完全一样的空气和水分，但是我们发现，并不是所有的种子都能发芽，能长大成才的更是少之又少，因为你必须克服地心的引力拼命往上生长，一旦停止用力，你就会枯萎。这就是我能告诉你的。最后，请记住，无论我怎样斥责，都不能改变一颗爱你的心，只是，我的心要等到很久以后，你才会明白，也许，我的心也像月亮的背面，你们永远看不到……

像父亲一样的老班

2009 年 6 月 22 日

（南京市第六中学陈宇提供）

　　陈老师在和学生共处的三年里，给班上的孩子们写下了近两百万字的文章，照片、视频近千。以父亲的角色和孩子交流、沟通，像父亲一样关怀孩子，陪伴孩子成长。这样的

新编班主任工作技能训练（第2版）

胸怀,这样的毅力,感动着孩子,激励着孩子,并深深地影响着孩子。班主任作为影响学生成长的重要他人的角色,在陈老师这样一位优秀班主任身上得到了最好的诠释。

第二节　班级教育活动的协调者

班主任是班级的管理者和组织者,对班级负有全面责任。班主任需要协调好各种关系,如班主任与任课教师之间的关系、任课教师与学生之间的关系、学生与家长之间的关系等。

一、协调班主任与任课教师之间的关系

在日常教学工作中,班主任与任课教师之间的关系是否协调,直接影响到班级工作的顺利开展。两者关系协调,感情融洽,就会充分发挥全体任课教师的积极性,从而形成班级教育合力。在日常的班级管理中,班主任要注意以下几点:

第一,创造良好的教学环境。如创设整洁的室内环境、保持学生良好的精神风貌等,使任课教师心情愉快地投入教学工作中。要留心一些细节问题,比如在教室里或讲台上放一束花,保持教师讲台的整洁,这样会增加任课教师的愉悦感,以促进教学活动的顺利开展。

第二,经常向任课教师征求意见。班主任要经常向任课教师了解学生的各种情况,征求任课教师的意见,使任课教师感到自己是班级管理中的重要力量,从而激发起他们的积极性,使他们主动配合班主任的工作,以形成教育合力,共同做好班级的管理工作。

第三,请任课教师参与班级活动。要尽可能多地创造机会,让任课教师参与班级活动,为班级活动献计献策。例如,主动邀请任课教师参加主题班会、家长会和其他班级活动,使他们感受到被尊重与爱戴。

二、协调任课教师与学生之间的关系

一个班级学生成绩的好坏,素质提高的快慢,与任课教师的工作热情有直接的关系。如果班主任不能很好地协调任课教师与学生之间的关系,就会对任课教师的教学热情产生影响。因此,协调好任课教师与学生之间的关系,架起学生与任课教师沟通的桥梁,是班主任工作的重要内容。

1. 移情换位,激发情感

在协调任课教师与学生之间的关系方面,很重要的一点是加强尊师教育,让学生尊敬每一位教师,珍惜教师的劳动成果。一方面,班主任可以通过移情换位的方式激发学生的情感,比如让学生观察教师一天的工作和生活,加深对教师职业的了解,体验教师工作的辛苦,从而在情感上产生对教师的尊敬与爱戴;另一方面,多与任课教师沟通,使他们站在学生的立场上考虑问题,更多地关心学生的生活、情感和思想,使双方在情感上达到很好的交流。

2. 树立威信,增进了解

任课教师在学生心目中的威信,会直接影响其教学效果。通常情况下,学生往往会因

为喜欢某一位老师而喜欢上他（她）的课程，尤其是低年级的学生。如果学生从心底里喜欢老师，就会认真地听课，从而取得良好的学习效果。相反，对于没有威信的老师，学生会在内心产生一种抵触情绪，不认真听讲，不认真完成老师布置的作业，这样很难得到好的教学效果。因此，班主任要帮助任课教师树立威信。具体来说，可以经常向学生介绍任课教师的专业水平和成就，介绍任课教师的特长、爱好以及教学特色，由此增进学生对任课教师的了解，产生对任课教师的敬重和信任，缩短师生之间的心理距离。

3. 化解矛盾，融洽关系

学生与任课教师产生矛盾在所难免。有的是因为任课教师过于严厉，说话不留情面，学生很难接受；有的是因为任课教师管理太松，有不负责任之嫌；也有的是因为教师上课的方式和方法不切合学生的要求，枯燥乏味，学生产生抵触情绪，等等。无论哪种情况，如果班主任处理不当，就有可能造成师生之间的对立，不利于教学工作的正常进行。作为班主任，既要考虑学生的意见，采取积极有效的措施化解矛盾，使师生关系和睦融洽，又要尊重任课教师，保证教学工作的顺利开展。

班主任是班级组织的领导者和管理者，但班级组织的管理者并非仅班主任一个人，实际上存在着一个管理者的团队。这个团队是由班主任和同自己"搭班"的其他任课教师共同构成的。在班级管理中，班主任不仅直接领导与管理着整个班级，并且还通过对班级管理团队的领导进行班级管理。班主任在与任课教师之间关系的协调中，要了解任课教师的教学情况，为他们正常的教学提供支持。班主任与任课教师之间的支持是管理上的相互支持，因为学生的成长既是班主任的责任，也是任课教师的责任。

案例 1-8

巧解师生冲突

师生冲突的起因很多，但冲突扩大或者发展到不可调和的地步，根源只有一个，即师生之间的互相不了解与不理解。一个成熟的班主任应该做的是通过一些心理暗示，告诉孩子，老师的工作是为了他能健康地成长。我在接班时曾以近期报纸上刊登的一起师生因一件小事发生冲突，双方处理不当，最后导致孩子跳楼自杀的悲剧发生，家长到学校闹事，老师也背上了很重的心理负担，得了抑郁症的故事为背景，请了几个学生分别饰演学生、家长、老师、校长、同学等角色，和学生一起设计了不同的版本，起因都是小事，但学生、老师、同学、家长、校长各自的不同态度，处理问题的不同方法能够导致事态向不同的方向发展。表演结束后，请学生自己谈感受，不少学生能够站在老师的角度看待问题。作为班主任，我及时地表达了要从学生的角度考虑问题，要做好适度忍让与智慧地处理冲突的意愿，也希望学生平时能和老师多谈心、多交流，把我当个朋友，少些冲突，多些沟通。

当师生冲突已经发生，作为教师一定要保持冷静，切忌头脑发热，口不择言，导致冲突升级，学生产生过激举动。可以寻找缓冲人，比如有经验的任课教师、年级组长，及时将真实情况告知家长，多方努力先把学生的情绪稳定下来。我当班主任多年，和学生的冲突也不少，第一感觉就是预防是最好的方法。这里向大家推荐一种有效的方法——校园教育心理剧。它是基于心理剧的理论基础，通过学生扮演当事人或由当事人自己借助舞台来呈现他们各种典型的心理问题与教育热点问题，在老师和全体参与演出者以及观众的帮助下，学会如何应对和正确处理来自生活、学习、交往等多方面不易解决的困惑和心理问题，从而使全体学生受到教育启发的一种团体教育方法。校园教育心理剧是学生把自己实际生活中遇到的事件编写成剧本，然后按照剧本自己表演。表演者不完全是会表演的学生。根据剧情发展和观众表现，还可以随时邀请作为观众的学生上台表演剧中某一角色，让学生参与到剧中来，让他有更深的心理体验。因此，校园心理剧不是单纯的背台词，它是一个分享的过程，也是当事人和观众共同成长的过程。在心理剧演出之后，应该组织学生对心理剧所产生的问题进行讨论与辩论，从多角度看待问题，也可以让部分参演的学生谈谈心得体会，有些话从他们嘴里说出的效果远远强于老师的说教。

我在自己所带的班级中做了一些教育心理剧的研究与尝试，如"作弊的后果"、"职场应聘"等活动的开展，不仅锻炼了学生的表演才能，也培养了他们的组织能力、团队合作精神。通过学生的表演，一些本来严肃的问题以一种轻松的形式呈现在学生面前。他们看过表演后，从不同方向、不同立场提出他们的看法，虽然有些看法比较极端，但也有不少学生的看法恰恰是老师想要表达的，那些原本是老师说教式的语言通过他们表达出来，对学生的触动更大。作为教育心理剧，要带有一定的教育目的，班主任对过程的发展要有适当的控制，特别是刚刚接班的老师，对教育心理剧的演出以及学生评论的方向要加以指导，切不可任由学生发挥，否则会失去原有的教育作用。

校园教育心理剧有以下四个环节：

演。学生在演的时候，对剧本进行了再创造，融进了自己独到的见解、观点，并通过语言、表情、动作等，创造出一个个性鲜明、形象逼真的人物……他们在塑造人物的过程中，能够体验不同人的人生态度，提高自我认知以及对他人的认知。

看。"看"的过程中有学生积极的思维活动，学生在心理剧中找到了同伴和自己的影子。心理剧此时已不仅是一个故事，还是一面镜子，一个让学生释放情感、吐露心声的舞台。

论。每次看完心理剧我都要组织学生就剧中的现象进行一番评论。组织学生讨论、评议该剧所反映的心理现象以及处理方法，并联系学生的实际加以分析。"论"的过程应是学生各抒己见的过程，而不是教师的总结灌输。对于一些学生素质较好的班级，也可以让学生扮演家长、教师、学生三方进行辩论博弈，通过博弈三方如何学会相互妥协，也让学生体会民主的含义。

写。学生在写观后感时能对原来的认识进行梳理，并进行更为深刻的思考，使认识更具理性。这个过程能让学生有更充足的时间进行内省，进而提高学生的道德认知水平。

（南京市建邺高级中学袁子意提供）

本案例中，袁老师提供了一个有效且有趣的方法——校园教育心理剧，在丰富学生课余生活的同时，也很好地处理甚至是预处理了很多师生之间、家长与学生之间的矛盾与冲突。校园教育心理剧作为一种新的交流沟通的方法，值得广大一线班主任学习与借鉴。

三、协调学生与家长之间的关系

家庭教育是一切教育的基础，学生的健康成长离不开家庭教育的有效配合。但是，现在家长要么无暇教育孩子，要么只关心孩子成绩的好坏，忽视对于孩子成长期心理的教育和关注，致使学生与家长之间的关系冷漠乃至恶化，这对学生的成长是不利的。作为班主任，要在充分了解学生和家长心理需求的前提下做好协调工作，促进家庭教育和学校教育的和谐统一。

1. 营造"尊长辈、敬父母"的班级氛围

今天的学生，特别是中学生，他们对于新生事物充满好奇，追求新鲜刺激的东西，而这些想法在被传统思想禁锢的父母那里往往是行不通的。因此，学生普遍认为家长不理解他们，有的把家长的话当耳旁风，有的甚至完全和家长对立起来。面对这种情况，班主任要做学生的思想教育工作，通过各种班级活动，营造"尊长辈、敬父母"的班级氛围，发挥集体舆论的导向作用。

2. 为学生和家长搭建沟通的平台

教育是建立在教育者与被教育者之间充分沟通的基础之上的。现在，不少家长和孩子之间的沟通只是表面的，其关系并没有得到很好的改善。因此，班主任要通过各种方式为学生和家长搭建沟通的平台，让家长走进孩子的心灵，让孩子体会家长的关心。

3. 消除家长与学生的隔阂

在我们的教育实践中，经常会遇到这样的家长：因为缺乏教育学、心理学的理论知识，教育方式简单粗暴，非打即骂，做出一些违反教育规律的事来。这往往影响了家长与孩子的关系，严重的甚至会引起孩子的逆反心理，削弱学校教育的效果。这时，班主任应当主动关心，找出一些巧妙的方式化解和消除家长与学生之间的隔阂。

案例 1-9

和家长沟通时的"三个一"

"三个一"没有任何神奇的地方，即："一把椅子"、"一杯热水"、"一句寒暄"。

先说"一把椅子"。我们条件有限，接待家长就在办公室。办公室的椅子人手一把，没有多余的。来了家长，不管为什么来，是主动找上门来还是我们约请过来的，不管学生是优等生还是犯了天大的错误来解决问题的，老师要做的第一件事是找椅子让家长坐。谈了一半，椅子的主人回来了，再去找别的空椅子。有时一次谈话要"几易其椅"，但是无论怎样，始终要让家长坐着。

多数老师见家长来了无动于衷，原来该干什么还在干什么，家长来了，最多点个头，手上的活照旧。这情景有点像我们找有关责任部门办事，是门难进脸难看，有时面见领导也是这样，让你在那儿等着，我手上的事比你重要得多，等我忙完了再来搭理你。——这样做是缺乏职业道德和修养的表现。班主任和家长是什么关系？是合作者、朋友……从来不是领导和被领导的关系。班主任要有一点服务意识，家长来访，先放下手头的活计，让家长坐下，是一种起码的尊重。如果手头的事还没有处理完，和家长打个招呼，先把家长安顿好，再继续处理。更不能你坐着，让家长站着和你说话。如果手边实在没有多余的板凳或椅子，那就站起身来和家长说话。一把椅子体现了教师对家长应有的尊重。

我破旧的办公桌里常备一次性杯子，一是为了有时学生生病要吃药临时拿个杯子盛水，二是来了客人可以招待一下。家长也是客人，待客之道，人之常情。给家长倒杯水，家长一般都会拒绝，但是我们坚持要倒，特别是谈话时间比较长，更要如此。如果说，一把椅子体现了尊重，那么一杯热水就体现了一份关心。虽是一个细节，但是这个细节很重要，可以一下子加深你和家长之间的感情。所以，一杯热水体现了关心。

家长来了，不管你生孩子多大气，不管家长的素质如何，先打个招呼问个好，该有的礼仪还是要有的。前面两件事都办完了，开始和家长谈话了，我一般先不先直奔主题，而是先寒暄几句：怎么样，最近还好吗？还是那么忙吗？气色不错啊？……这些废话，看似和谈话的主题没有一点关系，但是既可以拉近和家长的距离，也可以缓解家长来找老师的紧张和不安。所以，一句寒暄，是一份温暖，让人如沐春风。

教育其实很简单，就是做好做人之道。感染，是在无形中的，不留痕迹的。整天把"教育"、"素质"挂在嘴边，不一定做得好教育。实实在在地去做，哪怕是再小的事。习惯成自然，自己不觉得别扭，别人不觉得虚假。人格魅力，就是这样一点一点培养起来的。

我们很多老师都会感慨，不仅现在的学生难教，家长也越来越难缠，素质低的家长也很多。我深有体会，我也曾接待过满嘴喷着酒气的家长，接待过无理取闹的家长，也接待过满腹牢骚的家长。这

新编班主任工作技能训练（第2版）

些家长,各有各的问题和苦衷,有的家长自己也是不成功教育的产物,的确素质不高。但是,人的情绪是可以互相传染的,人的精神是可以互相感染的,我们为家长创设一个文明礼貌的情境,让他不好意思露出丑态,让他的素质在一个良好的氛围中得到暂时的提升,这点还是可以做到的。如果你把上面三件事做到位了,我不知道有多少家长还会"素质低"。我们做教师的,就是要为人师表,我们教学生懂礼,自己要先懂礼。其实这不是大道理,而是待人接物的一般常识。多少年来我没有和家长红过脸。你是学生的老师,又不是家长的领导,就算是领导,端着个架子算哪一出?我也常听到一些有点身份地位的家长,因孩子不争气经常被老师"请"到学校去。事后我就会听到他们这样的感叹:别看我在单位呼风唤雨、说一不二的,到了学校照样像个龟孙子,给老师训了还点头哈腰。我也常听到老师很牛的说法:别看他家长是个人物,到了我这里,再大的官也得听我的。我在想:这是哪儿对哪儿呢?难道做教师的就在这里找成就感吗?特别是出了问题连孩子带家长一块儿教训的,更不应该。同时,我接待过一些自认为有点实力的家长,在老师面前很骄傲,指手画脚,恨不得教老师怎么做,或者总是说自己和某某领导关系怎样,我很反感。反过来说,我们也不应该对家长居高临下,大家的目的只有一个——更好地教育孩子,除此以外,不要有其他想法。所以,我的原则就是礼数尽到,提供帮助,做好服务,同时又不卑不亢。长期以来我养成了上述习惯,帮助我更好地和家长沟通。

(南京市第六中学陈宇提供)

思考与训练

一、名词解释

1. 精神关怀　　2. 重要他人

二、简答题

1. 新时期赋予班主任角色哪些新的内涵?

2. 面对今天的中学生,我们应当怎样做班主任?

三、实践操练

为自己设计一个班主任成长的规划表,列出自己的阶段目标。设想一下自己十年之后对班主任的角色认识。

【相关链接】

班主任必需经历的八个转变[①]

教育家陶行知先生说:千教万教,教人求真;千学万学,学做真人。时代的变迁不能改变教育的真谛。所以,改变的是方法而不是内涵。所谓"成为适应时代发展需要的班主任"应该是基于对教育的基本信条的坚守之下,不断更新、修正自己的教育手段、教育行动、教育思维,使之具有鲜明的时代特征。要达到这个目标,班主任朋友们需要经历八大转变。

第一:由经验型向科学型转变

经验是一名班主任带班的财富,但也可以是束缚班主任进一步发展的枷锁。如果仅

---

① 陈宇著:《你能做最好的班主任》,教育科学出版社 2011 年版,第 1 页。

仅停留在经验的积累,甚至只运用经验来带班的班主任是无法实现自我超越的。这就是为什么很多教师在做了十几年、几十年班主任之后仍然在原地踏步,甚至离时代越来越远的缘故。

注重经验的积累固然重要,但是要成为适应时代发展需要的班主任,必须由仅凭经验教育学生转变成运用一定科学的方法教育学生。德育尽管不同于学科教学,但是同样是有科学性的,既然有科学性,就一定有规律可循,不懂科学,教育的层次焉能得到提升?

其次,作为班主任工作的一项重要内容——班级管理,也非常讲究科学。当代的班主任,对管理科学的理论基础是否略知一二,甚或运用一二于班级管理中,可立即看出出手的高下,其效果与"跟着感觉走"是绝对不同的。拥有了这些科学武器的老班的自信与底气已不同于一般人等。

不少教师认为,管理科学知识是企业或学校的管理者应当关注的,而带班用不到这些,其实他们忘了,班主任自己就是一个管理者。班级虽小,意义很大,我们不能看轻了自己。

第二:由技巧型向智慧型转变

如果我们只注重带班实务中技巧的运用,甚至热衷于对技巧的追求,那么充其量可以做一名熟练的工匠而非人师。如果说得严重一些,如果我们将教育对象——我们的学生当做真正有血有肉有思想的活生生的人来对待,那么,一切技巧都可能是对真正的教育有害的东西。

班主任的教育智慧和操作层面上的技艺娴熟完全是两个概念。

过度追求技巧,有可能将学生和班主任之间的关系演变为敌我斗争的关系。将学生看做对手,寻求克敌制胜的方法,每天上演着警察与小偷、老鼠和猫的暗战游戏。一些班主任似乎对此乐此不疲,以打败学生为目的。这是与教育的最终目标相背离的。

到底是征服还是心灵的转向? 这是个问题。带班中确实需要技巧,但这不应该是班主任追求的终极目标。所有教育中的策略或技巧,如果离开了对学生成长的最真切的关注,将毫无价值可言。

小技巧永远不会像大智慧那样给学生带来更恰当的教育。

班主任从技巧型向智慧型转变,实际上是教育方法从战术向战略的转变。

在我看来,所谓班主任的智慧,源自于他与生俱来的那种能打动别人的力量,那种基于对学生的真正的关爱而不断创新教育方法,谋求达到最佳的教育效果的力量。当然,智慧也可以从不断的学习和实践中习得,前提是他必须善于思考并且对学生充满爱心。

这样的智慧,应当由以下几个方面构成:

其一,善于学习思考,可以迅速地找寻理论中能契合自己已经模糊形成的教育思想的精华,经过加工,拿来为自己所用,并且发挥理论的巨大指导作用,使其教育实践有很强的理论支撑。

这种在浩如烟海的众多教育理论中迅速搜索到适合自己的信息并迁移到自己具体工作中的能力,使班主任工作能始终高屋建瓴,出手不凡,而不是总停留在经验的习得、总结上。此为班主任专业化发展的前提,也是班主任智慧中的重要一环。一个善于在经典理论中寻找自己教育归属感的教师才可能成为一名智慧的班主任。

其二,教育手段不断创新,与时俱进。

所谓的"教育创新"，我的理解，首先应该是在大量的重复的常规工作基础之上，能制定一套适合学生发展的有战略意义的教育计划。这种教育计划，一定是富有个性化的设计，针对该生的个性特点量身定制，换到别人身上或另一个班级，可能就完全不起作用。

其次是针对某个具体情境或突发情况迅速而灵活地找到解决问题的办法，采取超乎常规的行动达到很好的教育效果，也就是说属于那种"灵光一现"的即兴发挥，完全不具备可复制性，但是却能在一个高明的班主任教育生涯中经常出现，偶然中包含着必然，那就是他更智慧。

他的想法总是与众不同，总是不按常理出牌，出乎意料之外，又在情理之中，常常能给学生带来惊喜，带领学生从成功走向下一个成功，让学生感觉到能在这样的班主任手下做学生是幸福的。永远不重复自己，永远在超越自己——而这一切，只有用心去思考才有可能做到。

其三，具备敏锐的洞察力和深邃的目光，可以不被表象迷惑，能透过现象看本质，一眼看穿学生的内心世界，迅速找到学生问题的关键所在，用最合适的方法一击中的。"最合适的方法"并非有现成的公式可套，一定是在特定情境下对这个特定教育对象采取的直击心灵的方法。

其四，善于调动和整合各方面的力量，善于做好和教育密切相关的人士包括家长的公关工作，形成教育合力，实现教育的多元化、立体化，在教育学生的工作上，起到事半功倍的效用。

第三：由专制型向民主型转变

从专制（可能这个用词有些严厉）走向民主，不仅是一种做法或策略的转变，更是一种教育理念的彻底变革。它不是停留在理论探讨上，而是要立即付诸行动，落实在班主任教育学生的各个方面。如果观念还停留在"我说你听"、"我要你做什么你就要做什么"上，仅凭教师职业赋予的权威来完成带班任务，那就是一个完全失败的班主任。

就我自己所带的班级而言，班级大会、班委例会这些制度已经深入人心，形成了一种习惯。班级大会有着实实在在的权力，有权决定班级的大事。在处理一些问题时，民意和班主任的想法相左，由于我们的学生还不能完全理解真正民主的内涵，或者说还没有真正民主的意识，这时，哪怕学生的决定是有缺陷的，班主任也不能通过说理的方式说服学生按照自己的意愿处理。因为教师的权威决定了教师的明示或暗示对于学生而言就是决定，所以，一旦放权就必须无条件遵守游戏规则，必须保护这种宝贵的民主意识萌芽，善加引导，让它更加健康地长大。我们会发现，只要假以时日和正确地引导，学生的决定并不会偏离大方向。作为一种调和，班主任需要权衡什么事情可以放手让学生去做，在什么事情上收回这种权力，而不是任何事情都由学生来决定，否则，就有可能走向另一个极端——放任自流。

第四：由单向输出型向双向互动型转变

学生是可以教育老师的。每个人的成长都是一本书，我们从学生的成长中学习到的东西并不比学生从教师身上学到的东西少。

事实上，传统的教师是不愿意承认这点的。因教师自认为学识、阅历、经验，包括观念的正确性都远胜于学生，所以教师内心有着下意识的优越感。被教育改造的，只能是学生，而教师自己，是不需要做什么改变的。教师的话，就是正确的，不仅因为上文提及的原因，还有教师和学生地位的差异，也是造成教师更愿意成为知识和观念的输出者。

而陶行知先生却说："人只晓得先生感化学生，锻炼学生，而不知学生彼此感化锻炼和感化锻炼先生力量之大。"①

教师向学生学习，不是因为教师的师德高尚，做到了蹲下去看孩子，而是教师需要发展的必须！

学生不仅可以教育教师，也可以成就教师。从这个意义上讲，教师应该对学生说一声"谢谢"！

我们要掌握或至少了解当代学生所想、所关心、所感兴趣的话题，学会试着理解，学会运用学生的思维来思考问题。对于学生中出现的流行思潮或说法、做法，不是出于一种本能的排斥，而是确信任何事物的产生或流行都有特定的背景和原因。我们要做的，首先是了解，然后是分析寻求解决方案。

第五：由封闭型向开放型转变

难以想象一个整天只坐在办公室、埋头于作业批改等事务性工作，用多年不变的方法来说教的班主任会不被时代所淘汰；也难以想象，用"两耳不闻窗外事，一心只读圣贤书"的观念"教育"出来的学生在今天这个时代还能生存得很好。从桃花源和象牙塔里中走出来的学生是如此的弱不禁风，追根溯源，原来他们的老师就是这样的人。

"跳出教育看教育"可以发现我们教育的很多问题，"跳出教育做教育"则可以让你的思路和视野豁然开朗。事实证明，有什么样思想的班主任就可以培养有什么样思想的学生。

我们教育的对象是人，是社会中的人，不是只能在书桌前读书解题的机器。对于这些未成年人，我们不仅有保护的责任，更有训练雏鹰的责任。

如何让我们的教育更有实效性、更有活力？闭门造车是肯定不行的。外面的世界很精彩，外面的世界也很无奈，我们必须让学生看到这两方面。这不仅仅是依靠有限的活动能做到的，关键还在于班主任自身的观念和做法。一个思想开放、视野广阔的班主任一定会带领学生摆脱思想的桎梏，从必然王国走向自由王国的彼岸。

第六：由老黄牛型向成功人士型转变

兢兢业业、爱岗敬业，是对一名合格的教师的很高评价，但绝不是对一名优秀教师的最高评价。时代的发展，也让我们对"优秀班主任"的评价标准发生了变化。

在传统观念看来，优秀的教师，一定是生活清苦、无欲无求的苦行僧，除了认真教书，不应该有任何物质、名利上的要求，对教师的人格要求上升到了"圣人"的标准，唯有长期营养不良、睡眠不足、晕倒在讲台上，或长期对学生隐瞒病情，坚持用生命谱写教育篇章的老师才是我们的楷模。

这样的教师虽然值得敬佩，却不一定是人人都可以模仿的。工作效率很高、生活富足、事业有成的班主任才是具有普遍推广意义的。什么时候教师能进入中产阶级，才真正是一个国家的幸事。所幸的是，这样的观念已经逐渐被社会各界所接受。

作为我们的教育对象——90后（甚至00后）的学生并不喜欢生活困顿、个性迂腐的教师形象，教师自身不成功使教育的说服力大打折扣。而生活方式现代、个性阳光的教师才是最能被学生认可的。

---

① 陶行知：《我之学校观》，《陶行知生活教育思想》，安徽工业大学出版社2009年版，第6页。

我们更愿意看到一个身体健康、富有生活情趣的班主任出现在学生面前,用自身的成功向学生传达着职业自豪感。

第七:由严师型向良师益友型转变

这也是一个传统与现代的观念相悖的概念。其实所谓"传统"的,未必是正确的,而对良师益友、亦师亦友的良好师生关系的描述古已有之。严格要求、不苟言笑的班主任固然很有权威,班主任工作面上的、短期的效果也一定明显,但绝不是最佳、最和谐的师生关系。

教师应该从教学业绩这样的功利性的目的中摆脱出来,向着更健康、更高尚的目标进发,支撑这种转变的动力,一是通过学习和反思,境界有所提高,二是看到了改善师生关系带来的成果。

换一个角度看问题,亦师亦友型的师生关系可以最大限度地调动学生积极向上的主观能动性,最终体现在学习、活动的主体意识增强,师生双方幸福感都得以提升。

第八:由专业化向个性化转变

班主任专业化发展的提法已经出现了好几年,各地对此课题的研究已经很深入,但是,不可否认,班主任专业化发展目前仍然较多地停留在研究层面,因为很多政策并不能提供班主任专业化发展的保障。

但是,尽管困难重重,我们的眼光似乎已经放得更远,那就是在班主任专业化发展业已完成的基础上,进一步向个性化发展。通过个人的奋斗和积累、领导的肯定与扶持,形成自己独特的教育个性,其教育风格带有明显的个人标签。在遵循基本教育规律和规范的前提下,鼓励教师形成具有自己特色的教育风格。这应该是更高一个层次的追求,也是真正能从班主任这个平凡的岗位上走出大家、名家的必由之路。

学生是具有鲜活的个性并且性格差异极大的个体,难以想象他们会被毫无生气、毫无个性的教师带成什么样子。学生在成长过程中或多或少会留有他们教育者的一些烙印,因此,一个教育工作者的个体人格魅力就显得尤其重要,其影响力远远超出了传授知识所能带给学生的影响。

正如我们应该赏识一些有思想、有能力但是又有比较鲜明个性的学生一样,对班主任个性化发展应该有更宽容的态度,提供更多的平台,鼓励和扶持应该是主要的姿态。过度压制班主任的个性往往会削弱其教育智慧,剥夺其教育热情,对教师自身的发展是极为不利的。从长远的角度看,在大家同样具备了专业知识、经验能力的基础上,可以说谁更有自己的风格,谁就能脱颖而出,甚至成为学校的品牌。

我们并不缺少专业知识丰富、爱岗敬业的好老师,我们缺少的是有思想、有个性、有特色的教师,这一点对于学校领导和学生是一样的。如果大家都墨守成规,教育的形式是千篇一律的,谁都不敢越雷池一步,那么班主任的人格魅力就无从谈起,那就是用机器训练机器。教育本身具有创新性,永不重复、不可复制才是它的魅力所在。我们需要有这样的教师,如沉闷的空气中吹来的一丝凉风。

所有这些转变,对于对自己的教育事业已经有一些成就感的教师而言,是有一定的考验的,甚至是有痛苦的,但是不经过这一切,就不能成为"适应时代发展需要的班主任"。有时候,不能战胜自己的内心恐惧,就不能获得继续前进的力量。破茧成蝶、浴火重生,这些形容虽然有些凝重,但这是新时代班主任生存和发展的必由之路,应该成为班主任们的一种下意识行动。

第二章
全面了解与深入研究学生

　　学生是班主任工作的对象。班主任的根本任务就是按照国家的培养目标,全面培养和正确引导学生,使之成为社会的合格人才。而培养和教育学生首先必须了解学生,因为每个学生都是活生生的个体,都有独特的内部世界和外部世界。而且,对学生仅作简单的了解是不够的,还需要进行深入研究。只有深入研究,才能对学生有比较全面的把握,有针对性地施加教育影响。因此,了解学生,研究学生,是做好班主任工作的根本前提和重要内容。

新编班主任工作技能训练(第2版)

第一节　全面了解学生的意义和内容

　　班主任要完成教育培养学生的任务,必须全面了解学生,不仅要了解影响学生成长的外部条件,还要了解影响学生成长的内部因素。只有了解学生,才能分析学生,根据学生的特点加以正确引导,进行有的放矢的教育。

案例 2 - 1

冲突源于不了解

　　"曹班长,你来带个队吧!"

　　"带什么鬼队啊!"

　　就是这两句对话,让喧闹的队伍霎时静了下来,班主任姜老师也静了下来。

　　"这是怎么了?"姜老师心里犯了嘀咕,"班长组织的活动,理当班长带队呀。"姜老师心里这么想,嘴上却没有说出来,因为这个"场面"自己还真没见过,一个"要冷静,要稳住"的念头在心里定定的。虽然老师嘴上不说,站得近的几位同学也能嗅出空气里的"焦糊味儿",有几个女生已经低下头,互相递着眼神,彼此在心底里猜测着将要发生的事情。曹班长当然也觉察到了这些。

　　"以前不都是体育委员带队的么?"曹班长自己出来讲话。

　　"那你就请体育委员带队。"姜老师顺水推舟,"到了清凉山,注意一下时间,也好推算返校的时间。"姜老师顺便安排了曹班长新的工作内容。

　　这是 2011 年 3 月初的一个阳光明媚的中午,姜老师的队伍去清凉山捡拾废弃物,还城市山林一片洁净,以实际行动学习雷锋精神。活动的倡议人是班长曹同学,姜老师本以为曹同学会像以往的活动组织者一样,冲锋在前,吃苦在前,但是没想到出门前却上演了这么一出,内心大为光火。但毕竟这是一个高歌猛进的主旋律活动,而且天气不错,又是新学期第一次户外班级活动,总不至于紧急刹车,打道回府,整顿整顿吧?

放学之后，照例是班务总结；班务总结之后，照例是姜老师说一席理论结合实际，虽然句句空，但是听来字字实的"临别赠言"，今天自然也不脱离实际，联系了中午的清凉山捡拾垃圾活动，表扬了所有应该表扬的人，也切中要害地点出个别同学存在的不足。一来鼓舞士气，二来鼓励后进。

　　一整天忙忙碌碌的，全班大多数同学都疲惫了。被表扬了的同学脸上笑一笑，被批评了的同学，在听过鼓励之后，脸上也笑一笑。在每个人笑一笑的时候，曹班长和姜老师也冲着不同的方向，笑一笑。

　　"好，认真打扫卫生之后，放学。"姜老师像播放录音带一样地结束了新的一天，大家各自行动起来，教室里一片人欢马叫，好不喧腾。

　　曹班长正在收拾书包，准备撤退，忽觉得后背上被人轻轻地拍了一下，于是头也不回地问了声"干吗"，因为一般这样拍的都是无关紧要的事情。在这一片喧闹里，没有人注意到这些，也没注意到是间隔了几秒钟，先前那只手（应该还是的）又拍了一下，还是轻轻的。

　　"干吗呀？"曹班长应该收拾得差不多了，但还是没有回头。

　　"咳……你出来一下。"声音很低，但是曹班长立刻明白了，中午的事还是有"续集"的。

　　站在教室门前宽阔的走廊上，曹班长眼看着姜老师背后美丽的夕阳，脸上带着一丝笑意。

　　"你中午这样说，让老师在那么多同学面前很不好处理。其实你可以换位思考一下，如果你问老师一个问题，老师回你一句，你问的什么鬼问题啊，你会怎么想？你会不会觉得不舒服呢？"

　　"不会啊，我觉得没什么啊……"曹班长又看看外头楼下的白玉兰花，还是笑笑。

　　"如果我在同学们面前这样讲你呢？你是不是能够心平气和地乐于接受？"姜老师心里想着要赶快回家，所以心里也没有什么新招数，还是老掉牙的"换位思考"。

　　"行啊，我觉得还好啊……"不紧不慢地，曹班长还是不为所动。

　　"那我明天就这么试试？你看怎么样？"姜老师这次用的是"情景体验法"，比刚才的"换位思考法"好使。

　　"那还是不要了吧。"曹班长的语气语调到现在也没有什么明显得能让人听出来的变化。

　　"你作为一个班长，怎么能这样和我这个班主任讲话呢？我们至少还是要合作的吧？"虽然话锋有了变化，但是姜老师的情绪控制得还是很好的，不过这句话里没有什么新的方法。

　　"（班长）又不是我要当的咯。"曹班长的语气平静得就像她是曹班长的代理人。

　　姜老师的脑海里立即迅速地回放了让曹同学连任班长时的一幕。

　　原来这个班级每个学期都进行一次学生干部的换届选举，但是从上个学期开始，大家都发现，其实有工作能力的就是那几个人，其他人虽然可能也有热情，但是却办不了什么正事，所以选来选去还是那几个人。姜老师也明白这一点，虽然他也知道学生干部是可以培养的，但是"行政成本"呢？再教一遍多么麻烦！还是算了吧。所以那时，姜老师就私下里和曹班长交流过，可不可以下学期继续担任班长一职，以便省去换届选举的时间。曹班长当时表示有困难，姜老师给她打气，鼓励她……时间过去这么久了，现在想起来，好像的确连姜老师都觉得，曹班长是被扶上马的，到底是不是喜欢这个鞍子，谁也没有真正地过问过。

　　"你说的也是，那这样吧，关于今天的这些问题，你不妨回家再想一想，老师也回家想一想。明天你找个时间，我们再交流一下，好吗？"姜老师看看天色已晚，打扫卫生的同学也走得差不多了，又施一招"暂停键法"。

　　"好。"曹班长倒也干脆。

　　"如果没有什么别的要和我说，那我们今天就先谈到这里。"姜老师干脆利落地结束了一天的工作。

　　"好。"曹班长也丝毫没有拖泥带水之意。

　　这个曹班长，心里到底是怎么想的呢？姜老师百思不得其解。虽然今天曹班长和姜老师的声调都不高，心跳都没有特别地加快，但是这场冷冷的冲突也的确大坏了姜老师的心情。

其实姜老师和千千万万个一线班主任一样，和学生发生了冲突，却不知道原因到底是什么，其实这个冲突的来源，正是我们班主任对学生的不了解。有一份不了解横亘在我们和学生之间，这班级工作从何入手？这良好的师生关系从何而来？

（南京市金陵中学尹湘江提供）

一、全面了解学生的意义

全面了解学生，对班主任做好班级工作、建立良好的师生关系，具有重要的意义。这是班主任工作的基石。一方面，班主任通过全面了解学生，掌握学生知、情、意、行的丰富素材，可以使自己工作计划的制订和实施获得及时的反馈；另一方面，班主任在了解学生的过程中向学生学习，不断丰富自己的教育经验和人生阅历。因此，全面了解学生的过程，也是班主任不断自我完善的过程。

（一）有效进行班级管理的基础

班级管理必须建立在对全班学生全面而深入的了解之上。如果班主任忽略了这一点，在进行班级管理时不能根据自己班级学生的特点采取适当的管理策略与方法，只盲目地套用别人的管理方法，就不可能取得预期的效果。因此，班主任要想对班级实施有效的管理，就必须全面而深入地了解学生，并根据了解到的学生信息，采取有针对性的管理策略与方法，使班级管理取得较好的效果。

（二）制订科学合理的班级教育目标的前提

班级教育目标的制订必须建立在对班级学生的准确认知和把握之上。只有根据学生实际情况制订的班级教育目标，才是有针对性的，才是科学合理的，也才能够最终得以实现。要做到这一点，离不开对学生全面与深入的了解。

（三）有效开展班级活动的需要

班主任组织开展的班级活动，必须根据学生的实际情况，并且要顾及学生的兴趣、爱好，发挥班里学生的特长。只有这样，学生才乐于参与到活动中来，活动才能够有效地展开，达到预期的目的。这就要求班主任全面而深入地了解学生的个性、兴趣、爱好、特长，以便更好地组织班级活动。

（四）对学生进行个别教育的必然要求

班主任要面对各种各样的学生，有性格外向的，有性格内向的；有学习好的，有学习不好的；有家庭条件优越的，有家庭条件困难的，等等。作为班主任，要对不同家庭背景的学生进行教育培养，离不开对学生进行全面与深入的了解。这是对学生进行个别教育的必然要求，也是对学生进行个别教育的基础与前提。

二、全面了解学生的内容

班主任了解、研究学生的内容是多方面的，既有广度，又有深度。苏霍姆林斯基说："没有也不可能有抽象的学生。"每个学生都是具体、生动的，都有待于班主任去了解、去研究。

（一）了解学生个人情况

乌申斯基说："教育者应该努力了解一个人，从他所有的弱点和伟大处来看，从他所有的日常琐细需要和伟大精神愿望来看，他实际上是怎样一个人。"班主任可以从以下几个方面了解学生的个人情况：

1. 学生的一般情况

包括学生个人的成长经历、生活习惯、消费情况等。生活习惯是一个人长期养成的、一时不容易改变的行为倾向。

了解学生的生活习惯，可以对学生的各种行为作出解释，并且提出有针对性的意见。这样，在实施教育行为时就能做到有的放矢。从学生的成长经历中把握其发展的脉络，以及了解家庭在他们身上留下的烙印，是教育学生最有价值的背景材料。它有利于我们采取切实可行的教育对策，保持教育的连续性。

2. 学生的个性特点

了解学生的兴趣爱好、特长、气质类型等，分析其显性特征，可以对学生的个性发展进行有针对性的引导，促进学生个性的良好发展。具体而言：了解学生的行为方式，可以使班主任与学生相处更为融洽，与学生建立良好的关系；知晓学生的思维方法，可以让班主任更好地把握学生的行为动向，避免不必要的冲突；了解学生的兴趣爱好，可以拉近班主任与学生之间的情感距离，对学生正确的兴趣爱好给予鼓励，不正确的兴趣爱好进行引导，并根据学生的兴趣爱好开展班级活动；了解学生的疑惑，可以对学生的疑惑之处给予正确的指导和帮助；了解学生的情感，可以针对学生不同的情感因势利导，从而达到一种心理上的认同；了解学生的人生目标，可以对他们的目标加以合理地引导，从而为促使其目标的实现进行有效的指导。

值得注意的是，班主任在了解学生的过程中，要善于寻找教育与学生需要的结合点，寻找学生尚未发掘的潜在动力和闪光点。这也是了解学生的重要内容。

3. 学生德、智、体等各方面发展情况

在德的方面：要了解学生对于国家大事的兴趣和认识；对劳动、社会活动和社会工作的热心程度；对人的态度；在公共场所的文明行为，等等。在学习方面：要了解学生对哪门学科最感兴趣或最头痛；学习的自觉性如何；学习的方法和习惯；独立提出、分析和解决问题的能力和习惯，等等。在身体方面：要了解学生身体发育情况、体质和健康水平；个人卫生情况；对体育锻炼的态度和习惯，等等。

（二）了解学生群体情况

除对学生个体的了解之外，还要了解学生群体，这也是班主任了解学生的重要方面。

对学生群体的了解，也就是对整个班级的了解，主要包括以下几个方面：

1. 班级的基本构成

作为一名班主任，接手一个班级之后，首先就要通过各种方法了解班级的基本构成情况，包括班级学生的总人数、男女生的人数比例；学生的来源，以前在学校中的表现；不同层次学生在班级中的结构和比例；家长的职业、文化程度，家庭经济条件，家庭结构，等等。了解班级的基本构成情况，对以后开展班级工作具有重要的意义。

2. 班风状况与舆论倾向

班级舆论作为班级意识现象和无形的班级力量，几乎存在于班集体生活的各个领域，体现了班级群体的综合素质。它不仅影响着班集体成员的思想、观念、情绪，而且对班集体成员的素质、行为形成某种约束和制衡力量。班级舆论与班风建设意义重大。如果班风不好，班级里没有正确的舆论氛围，就会对好学生造成压力，使一些意志薄弱者随波逐流。因此，班主任必须对本班的班风状况与舆论倾向有准确的了解与把握，并加以正确引导。这样，才能在班级中形成良好的班风和正确的舆论。

3. 学生干部情况

对学生干部的了解，也是班主任了解学生群体的一个重要方面。一般来说，学生干部是在学生自愿竞选的基础上由学生选出来的。班主任不仅要了解班干部的个人情况，还要了解他们的工作状况。根据每个班干部的情况，合理地安排班干部的职务，指导班干部有效地开展工作。

4. 班级中的非正式群体

班级中的非正式群体是指班级中没有经过班主任及学校其他组织任命的，学生根据兴趣、爱好、情感等因素自发形成的群体。它是相对于班委、团队、学习小组等正式群体而言的。非正式群体大多具有两面性：当班级正式群体凝聚力强、有威信、起积极主导作用时，他们会被吸引过来，帮助班级完成一些有益的工作，甚至起到班主任、班干部不能起到的作用；而其负面作用则是常常削弱正式群体的凝聚力，影响甚至破坏班级正常工作的开展。非正式群体核心人物的言行，往往能左右班级舆论，甚至造成群体成员心理和行为的偏离。尤其在非正式群体与正式群体利益发生冲突时，两者摩擦产生的内耗会给班级工作带来危害。因此，班主任必须加强对非正式群体的了解，以便进行正确的引导。对班级非正式群体的了解，包括非正式群体的数量、组成情况、活动方式以及形成的原因等。

（三）了解学生的成长环境

学生的成长环境包括：家庭环境、社会环境和学校环境。尽管三者都对学生的发展具有影响作用，但其影响力并不总是一致的。学校、家庭和社会对学生的影响如下图所示：图 A 所显示的情况，大致是小学低年级；图 B 所显示的情况，大致是小学中、高年级；图 C 所显示的情况，大致在初中阶段；图 D 所显示的情况，大致在高中阶段。研究并把握这种发展趋势，对教育工作者特别是班主任具有重要的意义。我们要"顺势"进行协调，让各种环境适时地发挥其积极的影响作用。

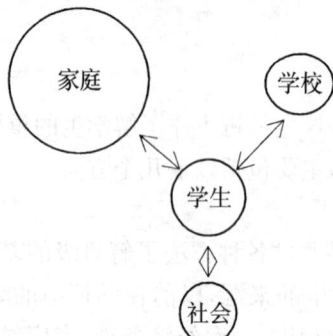

图 A

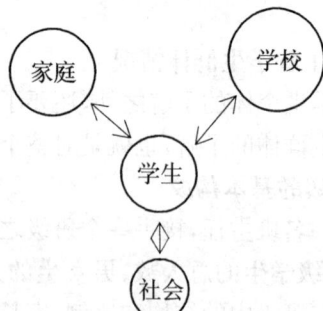

图 B

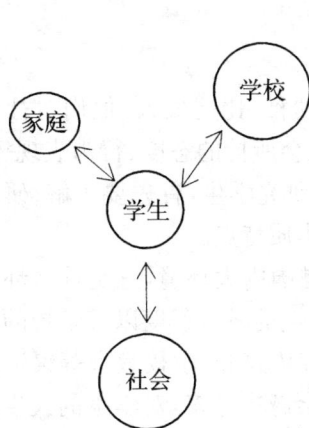

图 C

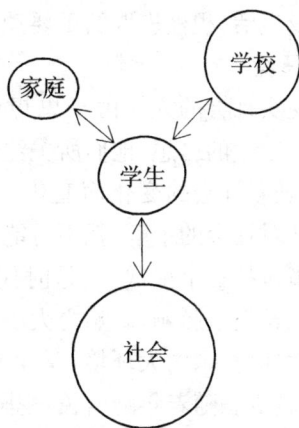

图 D

1. 家庭环境

家庭是一个人一生最重要的影响源,每个人身上都会深深地刻有家庭的烙印。了解学生的家庭情况,包括父母的教养方式、家庭的心理氛围、家庭的经济状况、家庭的结构等各个方面,这样就会找到学生行为产生的原因。班主任要对学生的第一成长环境——家庭作细致的研究,也就是要研究家庭的道德环境、智力环境、生活环境和特长环境等等。

家庭的道德环境 指家庭的道德风貌,包括家庭成员的政治态度、思想品德、人际关系、行为习惯等诸方面。孩子如果生长在一个道德风貌良好、民主和睦的家庭里,其品德、学习的发展都会比较好。据对 570 名中学生的调查发现,凡家庭道德风貌好或比较好的家庭的孩子,出现好学生的比率高。在 266 名好学生中,这两类家庭的孩子有 247 名,占好学生总数的 93%;道德风貌中等的家庭出现的好学生 19 名,占好学生总数的 7%;道德风貌较差和很差的家庭中,没有出现好学生。另据对 125 名工读学校学生的调查,其家庭道德风貌属于中等、较差和很差的有 110 名,占 88%。虽然中小学生已经接受学校的正面教育,但家庭从小给他们打下的烙印是不容易抹掉的,况且家庭还在继续影响着他们。

家庭的智力环境 指家长的文化素养和智能水平,以及在尊重知识、渴求知识方面表现出的积极态度和行动。家长的知识丰富,有较高的智能,会在言谈和行为中表现出来,这对孩子是很好的熏陶。如果家长能够有意识地开拓孩子的知识视野并培养孩子的技能,就为孩子的智力发展创造了有利的条件。需要指出的是,并非家长有高学历,智力环境就好,重要的是家长在尊重知识、渴求知识方面所表现出来的态度或倾向。

家庭的生活环境 指物质生活条件和环境气氛。一般地说,家庭生活比较富裕,能够使孩子比较安心地求知求学。不根据孩子的实际需要,大手大脚地搞"智力投资",并不是好的现象。许多事实证明,孩子的学业进展与家庭的经济投入不一定成正比关系。家庭经济困难,有时反而会激励孩子刻苦奋进。

家庭的特长环境 指家庭主要成员甚至全家共同拥有的爱好、特长,如音乐、绘画、体育、科技制作等。一个家庭健康的特长爱好,常常是家庭和睦相处的感情纽带,也是每个家庭成员热爱生活、积极进取的重要动力。

2. 社会环境

学生是现实社会的人。由于思想单纯和相对幼稚,比起成人,他们对社会的反映更"现实"一些。学生的思想、他们所关注的问题、对社会所持的态度、行为表现等,都是社会存在的反映,随着社会的变化而变化。所以,了解、研究学生,首先要了解、研究学生所处的社会。离开对社会的了解,就不可能把握学生的本质特点。

社会环境包括三个层次:一是时代大环境,二是国内大环境,三是社区环境。三者都会对学生的成长发生影响,影响之大小,跟学生与环境的融合程度以及学校的主导作用有关。对时代大环境、国内大环境,学生是通过大众宣传媒介、学校教育等渠道感受的。年龄越小,感受越少。随着年龄增长,视野扩大,感受会越来越多,对学生的人生观、价值观、世界观产生影响。现在的学生来源越来越广泛,受到的影响也越来越复杂。所以,班主任除了注意本校所在的社区特点之外,还要通过谈话、家访、社会调查等方式了解不同社区的情况,这对全面了解学生是有利的。

3. 学校环境

对学校环境的了解,主要是了解学校、年级、班级的环境与特点。学校的历史传统、设备情况、师资队伍、发展前景等,与学生的成长有密切的关系。不管是历史悠久的老学校,还是鲜为人知的普通学校,都应该把创造优良的学校环境放在第一位。

4. 人际环境

应该说,学生成长环境的核心还是人际关系。任何一个学生,他与其他人的接触、交往都会影响其自身的发展,与此同时,他也影响着别人。每一个学生的人际关系都不是固定的,而是不断变化的。班主任对学生的人际关系做"共时"和"历时"的考察十分重要,可以分析出学生在思想、道德、兴趣爱好、性格等方面所受的影响。为了学生的健康成长,班主任有必要引导和帮助学生建立良好的人际环境。

一个学生的人际关系表现为三种情况:第一种是直接联系、直接交往,这对学生的影响当然也是直接的。某位初中班主任曾调查过本班学生与他人交往的情况,其中交往密切的,平均每人交往25人,而交往对象最小的只有4岁,最大的50多岁。每个学生交往对象的情况、交往频率、交往内容都是了解认识学生的参照。第二种是间接交往联系,这是通过某种媒介进行的,有的是单向的,有的是双向的,例如通过书信。这种交往虽然不直接,但对学生的影响也不可忽视。如一个学生与另一个学生没有直接交往,但这个学生的个性特征、优良品行可能通过间接渠道对另一个学生产生影响。第三种是学生的内心交往,即所谓"神交"。一个人的头脑里有时会出现理想化的或丑化的"交往"对象,在他的主体意识里或对其崇敬、追求,或对其嫌恶、抗拒。严格说来,这不是现实的人际环境,但它是人际关系的一种折射,对人也发生着影响作用。

案例 2－2

班主任要做有心人

班主任工作也要"备课",一是"备"学生,要注意观察、了解每个学生的特点,包括学生家庭的教育一的班会课，由本周值周班长主持，上周值周班长宣布颁奖词，值周学生进行颁奖。获奖者则都会发表一下获奖感言。

面对学生刚开始对新班级不认同和缺乏归属感，在每周班级工作点评环节（班主任），我首先指出了同学们这种感觉的合理性，也对同学们恋旧心理进行必要的解释。然后提出了新班级的大致目标（后来，我们的目标被写入班级管理制度），后来建议班干部开展一些班级活动来增进同学们之间的熟悉感。

同学们按照流程分组提出了很多活动建议，比如郊游爬山、篮球赛、足球赛、拔河、演讲赛、辩论赛、才艺展示等。后来经过班干部会议审议确定第一项活动为拔河赛。我的考虑是，这项活动参考面广、危险性小、体现团队精神、对场地和人员素质要求不高、便于组织开展、时间占有少，而且师生、男女可以共同参加。方案确定后，由班干部制订实施方案，由我审议后交班级大会通过。一个课外活动时间，活动开展得出乎意料地好，尤其是五十多岁的生物老师也在拼命地拔河，让好多同学都很感动和激动，男队对男队，女队对女队，男女组合对男女组合，每一场次的变换都会让人感到集体的力量。活动结束后班干部的总结和我的点评则把活动的育人功能又向前推进了一步。

以后，我们班确定"每月一活动"作为班级的特色。后来曾相继开展过"辩论赛"、"班际篮球赛"、"演讲赛"、"才艺展示"等活动。作为班主任的我，既是这些活动的主要服务者（联系学校场地、协调学校活动），又是这些活动的点评者（有些活动也请一些科任老师进行参与和点评）。我的想法是，通过我的点评，把活动的意义深远化，同时也清楚地表扬自己班级的优点，让同学们都记住这个集体的优点和特点，这也是树立班级自信心和增强集体凝聚力的重要方式。

针对不同的年级，我分别提出不同的目标，高一、高二、高三分别用三句话来作为班级格言，同时时常对同学们进行必要的解释，让这些目标和个人目标结合起来，变成每个人的内在动力。事实证明，两年来，我班没有一个同学放弃学习（我特别感动的是排名最后的几名同学，她们每次模拟考试只有300分左右，但她们从未放弃，只是在英语和数学课上有睡觉情况，还时常表达着对老师的歉意。她们真的尽力了，我为有她们这样的学生而自豪！）或者自暴自弃，最后以非常优异的成绩毕业，达到了班级预期的目标。

（二）抓好自习课纪律、考试纪律

自习课是由学生自行进行预习、复习和完成作业的课，是学生提高自学能力的有效途径。一般由学生自己安排，必要时教师也可在班上辅导。自习课有早自习、晚自习和平时的自习课。自习时，要求学生保持安静，不得大声喧哗，不能随意走动。自习课也是课，要求学生遵守课堂纪律，并加强计划性，防止盲目性和随意性。

只有严格考试纪律，才能充分发挥考试检查教与学效果的作用，准确地了解、评定学生掌握知识、能力的程度和水平。无论是学校举行的阶段、期中、期末考试，还是省市、国家举行的升学考试，都强调学生（考生）要遵守考试纪律，不得用任何方式、手段作弊。因此，班主任必须加强考试管理，严明考试纪律，维护考试的严肃性。

学生考试作弊大体上分无意作弊和有意作弊两种。无意作弊，多为低年级学生所为，他们或出于好奇心，或出于好胜心，借机表现自己能"帮助"较差的同学。有意作弊，多为高年级的学生，他们往往是受错误意识支配，或为取得较高的分数，以获得父母的奖励；或为出人头地，满足自尊心和虚荣心；或为表现江湖义气，等等。班主任应当分析学生考试作弊的心理动机，有针对性地采取教育措施。具体如下：

重视思想教育，杜绝作弊根源。考试作弊干扰了学校正常的教学秩序，更为严重的是污染了一代人的纯洁心灵。学校和家庭应加强对学生的思想品德、学习目的性、学习态度情况;二是"备"细节,要事先考虑到每个教育教学环节可能给学生带来的负面影响。

每次中考结束后,我都要做一回"有心人",自费打声讯电话,在第一时间掌握全班每个学生的分数。这样做,不是为了排名,而是为了在第一时间知道哪些学生发挥失常,提前给予必要的关心和心理调节。

有一次,小明考砸了,我知道小明的父亲对孩子期望很高,而且性格比较冲动,考试结果很可能引起父子冲突。于是,我马上联系与小明一家关系比较好的同学和家长,请他们分别找小明和他的父亲做思想工作,引导他们理性地接受了考试结果。

(上海市闸北区青云中学教师、模范班主任童莹莹提供)

三、全面了解学生的途径

作为班主任,只有掌握科学合理的方法,才能全面而深入地了解学生,达到事半功倍的效果。

那么,全面深入了解学生有哪些途径呢? 一般来说,有以下几种途径:

(一) 通过学生入学档案初步了解学生

学生入学档案详细地记载着学生的家庭背景和前一个阶段德、智、体等方面的基本情况,反映出一个学生的基本面貌和发展趋势,这对班主任了解学生很有帮助。每年暑假期间,学校会把当年所招学生的档案交给班主任,以利于班主任对学生的前期了解。班主任要充分利用这些入学档案,做到"未见其人,先知其情",为开学以后进一步了解学生、开展班级工作打好基础。

(二) 通过学生的介绍进一步了解学生

通过入学档案初步了解学生的基本情况之后,班主任还可以通过学生的介绍进一步了解学生,这包括学生介绍自己、书写简历以及同桌介绍等。

1. 介绍自己

让学生介绍自己具有直接、快速等特点,可以在较短的时间里较快地了解学生。让学生介绍自己,可以采取灵活多变的形式,比如可以通过同学互猜的形式,让同学撰写介绍自己特征的短文,然后在班级里交流,让大家猜猜他是谁。这种做法不仅能够达到对学生的了解,而且有利于锻炼学生当众发表自己观点的能力,还可以从中发现学生的特长,为班级建设储备资源,可谓一举数得。

2. 书写简历

让学生书写简历,也是迅速、直接地了解学生的好方法,因为在和一个新班主任接触时,大多数学生还是愿意向班主任介绍自己的。比如有的学生就直接将自己的"简介"拟题为《老师,请你听我说……》、《你想了解我么》等等,这些同学渴望被了解的程度于此可见一斑。学生的简历交上来往往是五花八门:情感细腻的同学交上来的简历是散文式的、随笔式的;不善言辞的同学交上来的简历是简单的几个条目。借这个机会班主任可以完成多项工作,其中的关键在于时机的选择和简历项目的设定。可以没有任何要求地让学生自己填写简历,也可以让学生填写设定了项目的表格。

这里推荐一种简单条目式和散文随笔式的合成模式,我们简称其为"综合式"。

个人情况简介					
姓名:		性别:		毕业学校:	
生日:		民族:		电话:	照
家庭住址:		E-MAIL:			片
称谓	姓名	工作单位	职务	联系方式	
父亲					
母亲					
自我描述					

其中表格上半部的小型表格是供学生填写自然情况的,这些内容对于以后工作的开展大有裨益。

比如:了解到学生的生日,可以在全班范围内开展针对每一位同学的生日庆祝活动;了解到学生的家庭住址,有利于开展家访活动,同时也可对学生早晨迟到的情况作客观的分析;了解到学生的民族情况,在日后的班集体建设活动中,如果涉及到民族习惯问题,可以适当注意规避,这样可以避免一些不必要的麻烦(比如小猪的形象是十分可爱的,但是这依然会涉及到一些少数民族的民族习惯,所以还是细致了解、掌握情况,并给予充分的尊重比较好);了解到学生的联系电话,包括家长的联系电话,对于联系学生和家长是很有帮助的;了解到学生的电子信箱地址,就可以把一些群体性的文件往学生的电子信箱里批量发送、群体发送,这可以大大提高工作效率。

下半部分的自我描述,就是提倡或者要求学生用文学化的笔法,描述自己的个性特征。这样的内容设计可以使班主任迅速发现这个班级的文艺骨干,这对开展工作的帮助是不言而喻的。同时这个内容还可以使班主任了解到班级学生的书写水平。书写特别好的可以发展为班级宣传小组的骨干分子;书写成问题的,可以作为本班级"书法提高小组"的铁杆儿成员。

有的时候还会反映出一些问题来。比如有位学生在自我描述中写到了自己家庭的不幸给自己带来了巨大的压力,那么这样的学生就需要班主任格外照顾。还有的学生在自我描述中提到自己的视力不好,如果班主任在排座位时想起这一点,然后适当地作些合情合理的安排,我想这位学生肯定会干劲十足的。

在这个过程中,我们发现,一件事情本身可能并没有多少价值,但是如果班主任能够多角度地去思考问题,把一份材料、一个事件的内在价值充分发掘出来,那这份材料、这个事件的意义就被极大地扩充了。

书写简历如果只是走走形式,班主任对上面反映出来的情况熟视无睹、置若罔闻,那么这个了解学生的步骤必然适得其反,因为学生发现班主任其实只是走过场,并没有关注自己辛辛苦苦填写的材料,那么他有可能对班主任失去信心,就此养成"糊差使"的坏习惯。所以班主任乃至每一位任课教师对于自己的一言一行都不得不慎重。

（南京市金陵中学尹湘江提供）

3. 同桌介绍

在学生的日常生活和学习中,同桌之间的了解往往比较多。所以,班主任可以借助同桌的介绍,丰富自己对学生的了解。有两点需要注意:一是要明确时间,有些学生平时很喜欢注意同学的特点——说起来可能刹不住车,所以要限定时间,一般以 3 分钟为限,这也有利于训练学生简洁地表达自己的观点;二是要明确内容,要求优缺点并重,既赞美优点,又指出缺点,这有利于双方的共同进步。

（三）通过平时的观察不断了解学生

在平时的管理中观察学生的生活和学习,是班主任了解学生的基本途径。班主任应多下寝室,多进教室。下寝室可了解学生的生活条件、生活习惯和卫生习惯,仔细观察每个学生床上用品的摆放和床旁墙上的装饰,可以发现学生的审美情趣和某些个性特征;经常进教室观察每个学生的学习情况,可了解学生的学习习惯和学习方法;观察学生的课外活动,可以了解学生的兴趣爱好;观察学生的人际关系,可以了解学生的个性心理特征。

（四）通过开展集体活动多角度了解学生

班主任要积极组织各种有益的集体活动,如义务劳动、主题班会、联欢会、郊游,以及各类学习、文体比赛等,引导学生充分地表现自我、发现自我,从中了解学生的特点。比如:让学生自己组织新年晚会,可以发现有音乐和表演方面特长的学生,也可以发现有组织能力、协调能力的学生。更重要的是,某些所谓的"差生"往往能在集体活动中表现出闪光点;某些性格内向的学生能够在集体活动中一鸣惊人,从而增强自信心。

案例 2－4

小辉成绩不好,整天浑浑噩噩,大错不犯,小错不断,很让老师头疼。然而,在一次春游回来的路上,亮亮的自行车坏了。正当大家束手无策时,小辉自告奋勇地说:"大家别急,我会修!"可是,由于没有工具,他修了一会儿,没有修好。见天色已晚,小辉对班主任说:"老师,您先带同学们回去,我和亮亮慢慢地推回去。"班主任决定让班长带其他同学先骑车回去,自己和亮亮一起推车回去,而小辉却坚决要求陪亮亮一起走。这次春游,让老师发现了小辉乐于助人的可贵品质。

在春游活动中,小辉表现出乐于助人的一面,从此改变了班主任和同学们对他的认识。如果没有这次春游活动,可能小辉在班主任心目中一直是个"问题"孩子。由此可见,班主任通过组织班级活动,可以给学生一个全面展示自己的舞台,同时通过活动可以完善自己对学生的认识。

（五）通过与学生交谈直接了解学生

班主任要善于抓住时机,通过交谈去了解学生,可与学生闲谈、个别谈话,还可采用座谈会等方式,了解学生的思想,以弥补表象观察的不足。通过谈话了解学生,要根据学生不同的性格特点,选择合适的谈话地点和谈话时间,采取不同的谈话方式。对性格外向的学生,可以开门见山,直奔主题进行谈话;对性格内向的学生,则要先消除他的紧张情绪,通过诱导一步一步地引到谈话主题上来。在谈话的时候，一定要给学生表达的机会，不要不听学生解释而一味地批评学生。否则，不仅不能达到了解学生的目的，反而会给学生造成伤害。

案例 2-5

班主任王老师发现小丹最近上课经常发呆，作业完成得也不理想，不像以前那样努力学习了。王老师向其他任课老师了解情况，他们也是这种反映。

于是，王老师决定和小丹谈谈。小丹属于外向型的性格，有点大大咧咧的，因此王老师开门见山就问："最近作业完成得不好，怎么了？"

"上课没好好听，有的功课不会做！"

"哦，你也知道自己上课没好好听呀！"他点点头。

"那你在想什么心事？"

"我在编漫画书里的故事，我知道不对，可是我忍不住。"

王老师颇为吃惊："怎么编呢？"

"就是按我想的编，跟书上不一样。"

"你什么时候看漫画书呢？"

"在家看，我爸妈都在上海，外婆很少管我，只要看书就行了！"

"那跟我说说你编的故事么？"没想到，他编的故事都是关于孩子去找父母的。原来他父母这几年忙于工作，很少回来，小丹非常想念父母。外婆不懂教育方法，经常无缘无故地说他。

"你很想和父母在一起，是吗？"

他点点头，眼睛红了，说："如果他们老是在上海，不管我，我就去找他们。"

事后，王老师及时和他的外婆联系，告诉外婆小丹对父母的思念，建议他的父母能回来看看孩子。不久，小丹就恢复了常态，又能认真听课，努力完成作业了。[①]

在这个案例中，由于小丹性格外向，班主任采取了直奔主题的方法，并且给小丹充分表达的机会，而不是一听到他在编漫画就开始训斥与批评，从而了解到问题产生的真正原因，达到了解决问题的目的。

（六）通过任课教师广泛了解学生

在学习方面，任课教师比较熟悉学生的情况，如学习态度、学习成绩以及语言表达能力等。再则，由于任课教师不是学生直接的管理者，一些学生可能更愿意把自己的一些特殊情况告诉任课老师。因此，班主任要主动与任课教师联系，了解班级学生的情况。只有这样，才能更加广泛地了解学生，也才能发挥教师整体力量的作用。

（七）通过班、团干部深入了解学生

班、团干部对班级情况最熟悉，因为他们本身是学生，与同学接触密切，甚至知道许多同学间细小的事情。出于责任心，他们往往也会毫无保留地把自己知道的情况告诉班主任。这有利于班主任及时发现一些隐患，采取针对性措施及早解决。要注意的是，班主任通过班、团干部了解学生情况时，切忌只听一面之词，应该通过其他的途径对所反映的情

---

① 王宁主编：《今天，我们怎样做班主任（中学卷）》，华东师范大学出版社 2006 年版，第 14—15 页。

况加以核实,然后再采取相应的措施。

(八) 通过家访、家长会全面了解学生

学生的行为方式总是带有家庭的印记。家访是班主任了解学生成长背景的重要途径,也是班主任了解学生众多行为表现的重要途径。家访时,班主任可以了解家长的教养方式、待人接物的方式、家庭环境以及学生在家庭中的表现等。家访可以采取直接登门拜访的方式,也可以采用信函、电话等方式进行。家长会的一般做法是:班主任向学生家长汇报学生在学校中的表现,以及就家长如何配合学校对孩子进行教育提出一定的要求。现在的学生家长大多工作十分繁忙,极少有时间到学校向教师了解或反映自己孩子的情况。因此,班主任要抓住家长会这个与众多学生家长接触的机会,尽可能地从家长那里了解学生的情况,使家长会变成一个双向了解的平台。

案例 2－6

家 访 心 得

这是一个信息时代。许多信息通过电话、网络、报纸、书籍都可以获得,学校与家庭沟通也可以通过电话交流,那么,还有必要进行家访吗?寒假的家访,让我们体会到:只有身临其境,才会有所感触。

感悟一:了解学生,不可忽略对家庭环境的了解。

学生,作为丰富的个体,我们该从哪些方面去关注他们,怎样让他们更愿意接受老师的指导呢?家访是了解学生的途径之一。通过与学生密切相关的家人的交流,通过对学生生活环境的了解,我们获得了更多的与学生相关的素材。

感悟二:家庭教育对学生各种习惯的形成有着重要的导向作用。

家访中的两个学生习惯各异,一个爱整洁,自己的内务自己打理;一个需要父母帮助打理内务。长此以往,这种习惯延续到学习上,自己打理内务者,学习必然具有主动性;而父母帮助打理内务者,则学习主动性不够。对此,我们在家访时,可以与家长进行沟通,提出建议。

家访,开阔了我们观察学生的眼界,缩短了我们与学生的距离。家访不再应该成为信息时代的"奢侈品"。

通过这个案例,我们看到,家访对班主任了解学生有着十分重要的意义。从了解学生的角度来说,家访是其他方式所不能替代的。鉴于此,有的学校就制定了完备的家访制度。

案例 2－7

萝北县第二中学家访制度①

为进一步加强学校与家庭的联系,协调学校与家庭的教育步调,统一学校与家庭教育对学生的

———————————————

① http://wenku.baidu.com/view/e21b7f9851e79b896802266a.html。

要求,共同做好学生的教育工作,促进学生德智体美全面发展,特制定家访制度。

一、家访形式

1. 走访学生家庭。

2. 电子(电话、电子邮件)联系。

3. 请家长来校座谈。

二、家访内容

1. 了解学生家庭状况、成长环境及在家的思想状况与表现、学习习惯、生活习惯和个性特征。

2. 向家长反馈学生的学习情况及在校表现,指导家长转变教育观念,用科学的方法教育孩子,与家长共商促进学生发展的教育措施、方法和手段,帮助家长树立正确的人才观、质量观和价值观。

3. 宣传教育法律、法规和教育政策,对家长关心的热点问题做好宣传解释工作。

4. 双向沟通家校在教育过程中采用的方法、形式以及总结推荐其成功的经验,争取家长的理解与配合。

5. 协调学生与家长的关系。

6. 征求家长对学校及教育部门的意见和建议等。

三、家访原则

家访必须分层次进行,不得只进行后进生的家访,应包括中上等学生的家访。重点是学有潜力的学生、特长生、家庭经济困难学生、单亲家庭学生、学困学生、进城务工农民子女、有辍学倾向的学生、心理和情绪不稳定的学生等。

四、家访要求

1. 班主任每一学期到学生家中家访必须达到全班学生总数的1/3,科任老师、年级组长、行政干部应密切配合,每学期必须家访4—6人,各班每学年必须遍访学生家庭一次。

2. 学生病假、事假或有突出成绩,或发生问题,应及时家访。

3. 家访前,要做好充分准备,明确谈话中心。学生在校的学习、生活、纪律、品德等情况,必须实事求是地采用适当的方式告诉家长,让家长真正了解学生在校的表现。同时及时了解学生在家表现,注意保护学生的自尊心和积极性。

4. 家访时,谈话的态度要诚恳、耐心,形成和谐融洽的气氛,要使家长感到教师对学生的爱护和关怀。

5. 家访时要注意其家庭环境、家长心情、学生在场与否,酌情采取恰当的谈话方式。

6. 班主任(教师)和家长应互相留下联系电话,及时通报双方各自的情况。

7. 在规定的时间内走访学生家庭是硬性指标,必须保质保量地完成。

8. 做好家访记录,撰写家访日记,并做好访后分析。

五、家访注意事项

1. 家访中,应一切从实际出发,切忌片面孤立地看问题。

2. 家访时,学生、学生家长都应在场,个别问题可要求学生回避。

3. 注意交流的方式、方法,切忌告状式家访。

4. 尊重家长,抱着热诚欢迎的态度对待家长的意见,切忌与家长"斗气"。

5. 牢记安全第一,注意家访中的交通等方面的安全。

六、考核

1. 每学期由各年级组收齐家访记录,上报政教处,学校将组织有关部门对家访记录进行检查考评并通报。

2. 学校把教师家访情况作为教师师德情况的重要内容,家访日记存入教师本人师德档案,作为教师年度考核、评先、评优、岗位聘任、职评的重要依据。

（九）通过学生的周记、家校联系本了解学生

学生的性格是不一样的,有些人善于将自己的想法说出来,而有些人却善于写出来。因此,班主任还可采取让学生写周记的形式,让学生畅所欲言。周记不讲求形式,不规定篇幅长短,想写什么就写什么。通过周记,班主任可以了解学生近期的情绪和思想活动,随时与之沟通;学生也体会到班主任对他们的关心,时刻关注着他们的成长。

案例 2-8

我班有个女生在一次大考之后,心情郁闷,郁郁寡欢。她在周记中写道:"自从这次测试之后,我那颗想学好知识、努力上进的心被打倒了,因为我不管多么努力,到后来总是考得不好。这个学期以来,我每天晚上复习功课,不看电视,可这次考试的成绩使我倍受打击。老师,我怎样才能恢复自信心呢?我怎样提高我的学习成绩呢?"

面对学生的求教,我写下了这样的评语:"你首先要冷静下来,然后再找原因。本学期你其他各方面都很优秀,成绩不尽如人意原因有多方面……只要你不断努力,认真总结经验教训,一定会提高学习成绩的。老师相信,你肯定会成功的。"在老师的耐心教导下,加之同学的帮助和家庭的配合,她重新焕发起对学习的热情。

在这个案例中,班主任通过周记了解到学生的苦恼和困惑,并在周记中与她进行了交流,给予热情的鼓励,终于取得了良好的效果。

不过,任何一个人对自己的认识都是有限的。相传,刻在德尔斐阿波罗神庙的三句箴言中最有名的一句就是"认识你自己"(Know yourself)。传统上对这句话的阐释,是劝人要有自知。根据第欧根尼·拉尔修的记载,有人问泰勒斯:"何事最难为?"他应道:"认识你自己。"(见《名哲言行录》卷一)尼采在《道德的系谱》前言中,也针对"认识你自己"来大做文章,他说:"我们无可避免跟自己保持陌生,我们不明白自己,我们搞不清楚自己,我们的永恒判词是:'离每个人最远的,就是他自己。'——对于我们自己,我们不是'知者'……"

那么对于这一人生的哲学困境,我们该如何应对呢?唐朝的名相魏征给出了建议:"兼听则明,偏听则暗。"如果能够再从同学的一面或者家长的一面来了解学生,我们的认识就可以得到丰富。所以不少班主任都在借助家校联系本,丰富自己对学生的认识。家长那边传递来的信息有时会给我们不同的启示。

案例 2-9

小 蒋 的 眼 泪

小蒋同学是班上的明星,因为他和刘谦一样,都是魔术师。甭管是班级的文艺活动,还是学校的各种演出,只要有小蒋出场,一定是满堂彩。但是在这光鲜的外表之下,小蒋也有让我们担心的一面:他的作业老是不能按时完成。这可让班主任姜老师大伤脑筋。这不,英语老师邰老师又来告状了:

"小蒋今天的英语作业又是空白的,背书也没有准备。"邰老师一下就数出了小蒋的两项罪状。

"呃……那个……老师……我错了……"他态度倒是挺好,认错及时,毫不含糊,"我马上就背,明天一定背出来。"

"呵呵呵……"班级同学一阵哄笑,大家都已经习惯了,因为这早已是小蒋不完成作业的"挡箭牌"了。

"笑什么嘛?有那么好笑么?"姜老师忙帮小蒋打圆场,"明天人家就补上了,看你们还笑什么!是吧,小蒋?"

"嗯,是的!"小蒋脑瓜子伶俐,见台阶来了赶紧下。

邰老师拉着姜老师到僻静处,悄悄地诉了苦水。

"姜老师啊,这个小蒋的家长太不像话了,一点都不管孩子,我一和他们联系,他们就说孩子听我们的,交给我们是最放心的。这都是什么话嘛!"邰老师越说越激动,姜老师赶紧给邰老师宽心:"邰老师你别担心,要不我们把小蒋的家长约到学校来?"

"我约了,一约就说在外地出差,也不知是真是假。"邰老师对这件事情显然没有什么信心,"要不你来试试看吧。"

午间休息的时候,姜老师半开玩笑半认真地说:"小蒋啊,老师遇到点麻烦事,想请你爸爸帮个忙解决一下,你看能不能帮我带个话啊?"

"老师家长一相见,便胜却绝招无限",这是新时期中学生的伟大共识啊,小蒋心想,我就当给我面子吧,不过,"老师……那个,我那个爸……爸,他暂时……可能不在家……"瞎话就是瞎话,至少大中午的这么说,听着就不像真的。

姜老师也不急于"进逼","那……那也没关系,等回来再说嘛。"行,小蒋本想摇身摆脱的,结果反被蒋老师使了一招"以退为进",是啊,听见这话的都明白了,你小蒋同学的爸爸,总不至于一直都不回来吧?什么时候回来我们什么时候见面。同学们你看看我,我看看你,心里想,敢情这就是传说中的"守株待兔"啊,今天算见着现实版的了!

小蒋本想步步后退,结果现在已经是无路可退,果然第二天姜老师就在小蒋的家校联系本上见到了来自小蒋家长蒋先生的"留言":

尊敬的姜老师:

晚上好!

小蒋刚才告诉我,说你让我明天到学校去一趟。本来上周就想到学校与邰老师和你交流交流,只因工作需要,经常外出而没抽出时间,今天下午我又临时到淮安处理公司业务,只能回来后和你再约时间,十分抱歉!关于小蒋的学习,做家长的心里非常清楚,从进校时那么优秀的一个孩子,下落到今天这番地步,我们父母既痛心又感到非常无助和无奈。这个年龄段的他,比其他任何孩子都叛逆,家长的话几乎一句都听不进去,天天深更半夜搞电脑,事实上已有网瘾,手机你要求断网,可他就是不听,我几次想到校求助,他是死活不让,看得出来,对他唯一能起约束作用的就是学校和老师。我说这些,并非要推卸自己对孩子的责任,只是想求助你们,通过适当的方式引导他,期求你们不要放弃他。今天他给我通电话的时候,声泪俱下,说一定要好好改,戒掉网瘾。我想,正好要推迟几天见你,再看看他这几天的表现,是否这次他真的说到做到并有所改变?有关上面所说他在家的表现,期待姜老师暂且放在心里,你也更多地关注这几天他在学校的表现。

尊敬的姜老师,你在我心目中一直是最爱戴的老师,小蒋目前处于人生的十字路口,请你能原谅家长的无能和无奈,共同挽救挽救他。我虽做企业有些成就,但我始终意识到下一代培养是重中之重,只是头没有开好,中途出了问题,需亡羊补牢啊。姜老师,让你费心了!拜托你了!

盼复!

(南京市金陵中学尹湘江提供)

在这里,周记和家校联系本就已经成为班主任和学生、家长进行心灵沟通的桥梁。但是从上面的案例看出,家校沟通仅仅是做好小蒋工作的开始,班主任对学生的转化工作往往需要做大量耐心细致的工作。如果你是这位班主任,接下来你会怎么做?

(十) 通过班级博客、班级论坛等网络平台了解学生

现在,很多学校为班级和教师搭建了班级博客、班级论坛以及教师博客等网络平台。相对于面对面的交流来说,网络交流平台避免了谈论某些话题时的尴尬,学生也更愿意通过这种方式与教师进行交流,这就为班主任了解学生打开了一扇窗口。与此同时,班主任可以把自己想了解的内容挂在班级博客或论坛上,供同学们讨论;家长也可以利用这个平台,加强与班主任的交流。作为班主任,应该充分利用班级博客、班级论坛,以及自己开的博客等网络平台,及时了解学生的行为与思想,并进行恰当的反馈与指导。

有个班主任在总结博客对班级工作的作用时写道:学生通过班级博客中的"留言"敞开了自己的心扉,班主任则可以通过知名或不知名的留言洞察学生的心灵世界,并通过留言不断地给予学生心灵慰藉,使学生感受到老师的关心和爱。通过这种不见面的心灵交流,解除学生的思想疙瘩,把握学生的心理状况,帮助他们成为乐观向上的人。由此可见,利用好班级博客,对于班主任了解学生、对学生进行教育有着十分重要的作用。这是班主任了解学生的又一重要途径。

案例 2 - 10

"希望之班有约"博客

浙江博客网上有一个名叫"希望之班有约"的博客。这是一个特别的博客,因为它不代表一个人,而是代表一群人。

这群人是浙江某中学高一(18)班的同学们,耕耘这片土地的则是他们的班主任——高老师。日前,该"博客"获得浙江在线官方网站评选的"闪亮博客"荣誉称号。

从2006年10月建立班级博客以来,点击率已达5万多次,成了"老师、学生、家长"之间的互动空间。这5万多次的点击率,比起那些热门的博客来,也许不算高。但是,5个月中能和学生家长有5万多次的互动交流,这个数字是令人欣慰的。高老师兴奋地说:"以前,家长们对班级的动态不了解,也不习惯给我打电话,没想到博客解决了这个问题。"

打开博客,一场在博客上的家长会跃然眼前,有文字,有图片,有声音,甚至有视频。高老师说:"每次做完单元测试,我会将成绩放在上面,加上密码,然后把密码发给家长,让他们自己看。"高老师还有一个设想,在博客上建立一个"班级之星",把同学们的佳作、优秀事迹放上去。

现在,还只是高老师一个人在耕耘着这个博客,因为很多家长怕孩子分心,不让上网。其实,既然是班级博客,就应该交给同学们自己去管理。

班级博客网是班级对外展示自己的一个窗口,特别在目前强调家校合作的背景下建立班级博客网,更具有重要的意义。

班级博客作为一种新的途径,拓宽了班主任与家长的交流平台。更重要的是,这不仅是单向的传达,而且有利于家长之间的彼此沟通。这种透明化的形式有利于资源共享,互相借鉴。班主任因此有了更多为班级工作、为学生成长出谋划策的助手。

第二节 深入研究学生的方法

全面了解、深入研究学生是一门学问。班主任要创造性地运用各种科学研究的方法，在全面关心和了解学生上下功夫，从而不断提高班主任工作的科学化水平。行之有效的研究方法主要包括：

一、观察法

观察法是指通过对学生进行客观而全面的观察、分析来了解学生的一种方法。这是直接了解和研究学生最常用的方法。班主任要善于通过学生的言谈举止、行为动作、感情变化、意志性格，在日常的学习和集体生活中发现学生个性中最典型的品质，寻找学生思想发展变化的轨迹，以便把握学生的个性特点。观察大多是自然常态观察，它分随意不定向观察和定向跟踪观察，后者需要的时间比较长。可以对特定或随意挑选出来的对象进行观察，也可以通过各种活动对具有各种不同特点的学生进行观察。观察学生可以通过以下几个途径进行：

1. 自然观察

这是指不加控制的日常观察。这种观察方法看到的往往是学生较大的、特殊的行为，如为什么某个学生上课思想不容易集中，总是心不在焉？为什么某个学生成绩忽上忽下，极不稳定？班主任要以敏锐的观察力发现问题，以便抓住时机采取有效的方法，及时指导和教育学生。

2. 固定时间观察

这是指在固定时间内观察。这种观察方法可以进行比较细致的观察。如班主任可以在自己所任教学科的教学过程中对学生进行观察，从中了解学生的学习常规表现，了解学生学习的兴趣、态度，学习的自觉性、积极性，分析问题、解决问题的能力，以及解决学习中困难的意志品质等。

3. 特设情境观察

这是指在特定环境中观察，如班主任在各种活动中对学生进行广泛的观察。通过参加学生组织的班会、团队活动、郊游野炊等活动，班主任可以获得学生的许多重要信息。

案例 2-11

勤于观察的意外收获

一天下午，学生们告诉我班级出事了。我奔出办公室，看见一大帮人围在教学大楼东侧走廊，那架势就像是电影中帮派的"火拼"场面。远远地，我看见我班的小卢也在其中。

到了现场，我把这场尚未开始的"火拼"瓦解后，找到几个在场的学生了解事情的来龙去脉。据说，小卢是为了保护我班女生小颖不受其他班同学欺负，单枪匹马地去找另一个班学生"谈判"的。两边互不相让，造成了"火拼"的场面。

然而,我知道,事情并没有那么简单。据我观察,小卢与小颖之间有一种微妙的关系——现在看来属于青春期的萌动。几天前,放学已经一个多小时了,我看见他俩并肩走在路上。我上前询问为什么还没回家。小卢说,他想买一本参考书,但不知道在哪里能买到,请小颖带他去。小颖在旁边一言不发。从他们局促不安的神情中,我知道他们肯定有事瞒着我。

在掌握了所有情况后,我把小卢叫到会议室,和颜悦色地说:"现在我不是班主任,你可以把我当姐姐或是朋友。我想听你心里话,走出这扇门就当没说过,但必须是发自内心的。"我的态度诚恳而认真,小卢犹豫了片刻之后,终于把内心的想法毫无保留地讲了出来。在这期间,我只是静静地聆听,并不时用真诚的目光鼓励这个早熟的"男子汉"。

听完他的叙说,我坦诚地对他说:"你正派,讲义气,虽然成绩还不理想,但做人有原则,老师很喜欢你。一个人做事要三思,这次的事差一点造成严重的后果。男女同学之间的'喜欢',其实只是一种相互钦佩、仰慕,是对别人优点的一种认同。我也是从学生时代过来的,也有谈得来的男同学,但我们重在比学习,互相激励,我们现在还是好朋友,这才是真正的友谊。这一点,希望你能懂得。"听着我的话,他不住地点头。我想,他会逐渐明白的。

(张连芳)

法国著名科学家巴斯德说:"你们要给自己的热心找到一个不可分离的伴侣,这个伴侣就是严格的观察。"教育"万物之灵"的人,是一门"最辩证、最灵活、最复杂的科学"。班主任只有用敏锐的目光捕捉学生瞬息万变的外部特征,才能获悉学生的心灵秘密。

班主任要有效地运用观察法,需注意以下几点:

1. 坚持观察的客观性。观察要有实事求是的科学态度,尽量排除一切主观因素,不带任何偏见,不先入为主,不把主观臆测和客观事实相混淆。要如实记录,不遗漏,不挑选,并注意对观察材料的验证和分析。

2. 坚持观察的全面性和系统性。即对观察的对象进行周密地、全面地、系统地观察与分析。前文提到的当前教育研究中广泛使用的定向跟踪观察法,就是一种长期地、系统地全面研究对象发展过程的好方法。美国心理学家布鲁姆于1964年在《人类特性的稳定与变法》一书中提出的一些重要假设,就是通过对8000人从幼年时期到成年时期的跟踪观察中获得的系统资料作出的。

3. 坚持观察的目的性和计划性。学生在活动中的表现是十分复杂的,同样的思想可以通过不同的言行表现出来,同样的言行也可能反映出不同的思想。班主任要真正洞悉学生的内心世界,正确评价他们的言行,就必须进行有目的、有计划、长期而深入地观察,抓住真实可靠的材料,深入本质,绝不能根据一时一事的偶然现象轻率地下结论。

4. 要掌握观察技术,并随时做好观察记录。

下面一个案例就是班主任姜老师综合运用观察法的一个普通例子。

案例 2－12

董卿没来上早读

董卿同学是某校高三文科班的一名女篮运动员,周围的队友都已经择校成功了,她却迟迟没有得到消息……一天早晨,班主任姜老师发现董卿没有来上早读课,根据对她的长期观察和深入了解,姜老师做出了如下的分析与判断,认为董卿同学不来上早读应是内外因结合作用的结果。

外因可能是择校未果。择校未果又有几个方面的原因：一是竞争对手实力强,对于自身实力估计不足,心中萌生失落感、沮丧感。二是准备不足,个人、家庭重视不够。家长在董卿投报南财未果后,积极寻求投保南京大学,既有此念,为何不早作打算?

外因又有周围同学已经择校成功的压力。有的同学实力强一些,择校成功就早一些;有的同学实力弱一些,择校成功就晚一些。董卿练篮球本身就是因为身体不好,是奔着强身健体的目的去的。如今比别人弱一些也是正常的,但是争强好胜的心使董卿盲目攀比,结果又造成了心理压力,这使她的脾气也变得焦躁不安。这一外因,实则与内因紧密相关。

内因和自己的经历有关。在人民中学读初中时,董卿是全校的佼佼者,因而备受关注,但是来到这所学校,就变得成绩平平。这种心理落差三年来一直困扰着她。董卿在高二时曾在学习上积极追求过,并曾小有成果,而且准备去考"纯文化生"。大家也都称赞她,但是学习毕竟苦于训练,而且她的腿伤又时时折磨她,家庭对她的宠爱也销蚀着她的毅力。

再有一个外因,就是董卿对学习的认识是模糊的。以运动员的身份固然可以以 60% 的分数入学,但是前提是运动员录取的资格要得到确认,也即要找好"下家"。董卿在此事尚未确定之时,以已确定的思路对待学习,自习课不来上,课堂上也不听,作业也是由着自己的性子或做或不做,甚至自己决定什么可以写,什么不用写。这种与周围环境的不协调也容易使自己内心空虚不安。

最后,董卿对于学校常规的认识也是自由散漫的。此前就常有不请假就不来上课的情形,还有东西乱摆乱放的习惯。其实这些都是思想认识上松懈的表现。思想认识上的松懈在日常生活中似乎并无大碍,但是遇到紧急情况,就要出问题了。比如上次填写体检信息卡,本人不到场,别人不能代签,而身为住校生的董卿,本应该在第二天上午在学校,所以班主任就没有特别地通知,谁知她未请假就擅自回家,直到第二天早晨来了个先斩后奏。这使当时的情况陷入了被动。当日南京财经大学的测试也受了此事的影响,这件事情让董卿哭了一个上午,足见其心理之脆弱。

针对董卿同学的情况,学校和班主任可以携手来做一些工作:

首先,班主任以及任课老师应该在班级任课老师确定下来之后就收到学生在初中阶段的成绩单或者发展报告书。在入学初期测试后,就要着手做相关学生的心理疏导工作。这种疏导应包括悦纳现实和积极进取两个方面。一方面要在事情发生前做好心理疏导工作,另一方面也要创造历练身心的机会,比如开展面向全体学生的身心素质拓展训练,锤炼学生的心理承受能力。

以上是身心方面的工作。

其次,也要在家长学校上适时、适当、光明正大地告诉家长,学校是孩子人生路上的一段,只要不是违反政策、违背道德的方法,都是可以用来帮助孩子的方法。我们固然可以让孩子去接受锤炼,但是并非一定要等到孩子碰得头破血流时才可以出手相助。

如果可能的话,学校在人手宽裕的前提下,也可以抽调专门人员从事学生升学信息的搜集、整理和研究分析,以利于各项工作的顺利开展。

校者,校(jiào)也,相较而长也。学者,学习也。学校者,学而习为长处,学生的发展就是学校的旨归。社会的发展乃是学校的责任,教育的责任。如果我们都能够增强社会责任感,并把这种社会责任感用身心传递给学生,使承担这种责任所必需的技能为学生所掌握,我想,个人的、暂时的心理压力与外在的行为和环境的不协调就将越来越少了。

(南京市金陵中学尹湘江提供)

二、资料分析法

资料分析法是指班主任对学生有关的材料记载进行分析、比较、综合,从而找出原因或规律的一种方法。在接受一个新班时,班主任要查阅学生的有关资料,以便尽快地初步了解有关情况。记载学生情况的材料,包括学生自己书写的材料和别人书写的材料。学生自己书写的材料,包括填写的各种登记表格、作业、周记、作文等。他人书写的材料,包括每学期的学生成绩册,操行评语,受批评、处分、表扬、奖励的记录。这些材料,可以帮助班主任了解学生过去的表现及其基本情况。

在运用书面材料分析法时,必须注意以下几点:第一,坚持发展的观点。资料记录的是学生或班级的过去,只能说明过去,不能说明现在,更不能说明将来。事物是发展变化的,不能把资料作为了解、研究学生或班级及制订工作计划的唯一依据。第二,坚持全面的观点。资料所记录的常常有其局限性,有的情况不一定都有记录,有的内容还有待于核实或作必要的更正和补充。第三,坚持更新的观点。班主任应注意新情况的收集和记载,不断积累起有价值的材料。

三、谈话法

谈话法是指班主任根据一定的目的要求,通过与学生面对面谈话来深入了解学生思想的一种方法。班主任通过与学生面对面地自由交谈,不仅可以沟通师生之间的情感,还可以及时地了解学生的情况,掌握他们的思想动向。

运用谈话法,首先要树立平等的师生观。与学生谈话成功与否,关键在于双方的相互信任。为此,班主任必须尊重和信任学生,以热情关怀的态度和亲切温和的语气与学生进行交流。其次,要设计好谈话的策略。在谈话前,认真想好谈话的目的和中心内容。谈话所选的地点、时间对谈话的效果有一定的影响,这也需要事先加以考虑。对不同性格的学生要用不同的方法,与男生交谈可直率一些,与女生谈话则要含蓄一些。与学生谈话的方式很多,应根据情况灵活运用。具体说来,有以下几种:

1. 商讨式谈话

即班主任以商讨问题的方式与学生谈话。这种谈话方式适用于性格倔强、脾气暴躁、感情容易冲动的学生。用这种方式谈话,可以消除他们对班主任的成见,排除师生传递信息的障碍,为加深谈话内容创造条件。

2. 点拨式谈话

即用暗示的手段,或用名言、警句、格言、成语等加以提示,帮助学生明白某些道理。这种谈话方式,适用于自我意识强、独立感受力强、心理敏感的学生。

3. 触动式谈话

即以严肃的态度、激烈的语调、尖锐的语言给学生以较大的触动,促其思考和改变。此种方式适用于具有惰性心理、依赖心理和试探心理的学生。但要注意适度,火药味不宜太浓,不能伤害学生。

4. 谈心式谈话

即以诚恳的态度、亲切的语言与学生在良好的气氛中交流内心的真实思想。这种谈话方式很普通,课后随时随地都可以采用。但是,要讲究谈话艺术,巧妙而自然地加以引导。

5. 突击式谈话

这是班主任因时、因事、因地、因人进行个别谈话的方式,主要用于自我防卫心理强的学生。这样的学生一般不肯轻易认错,事后矢口否认,或搪塞掩盖,或转嫁他人。班主任利用刚发生或正在发生的事件,突破其心理防线,往往可以取得较好的效果。

6. 渐进式谈话

这是班主任有目的、有步骤、有层次地安排谈话的方式。这种方式适用于内向、孤僻、有自卑心理的学生。班主任同这样的学生谈话，如果语言稍有不慎，他们就会以沉默相待，甚至寻死觅活。因此，谈话时要适可而止，分步将个别教育的信息输出，逐步将话题引向心灵深处，取得水到渠成之效。

四、调查访问法

调查法是班主任通过召开调查会、访问、个别谈话等手段，有计划地掌握大量（口头的和书面的、直接的和间接的）材料，在此基础上进行分析综合，得出科学结论的方法。它也是班主任了解、研究学生时普遍采用的有效方法之一。

调查访问的对象可以极为广泛，但面对不同的对象应采取不同的形式。

1. 开调查会

调查会又叫座谈会，是班主任根据事先准备好的调查提纲，向到会的教师、学生、家长提出问题，并通过讨论取得信息的一种形式。这种形式由于与调查对象进行直接谈话，共同讨论，互相启发，相互核实，获得的信息往往比较符合实际。运用这种形式进行调查时，一是保证参加座谈的人是知情者，并有一定的代表性，能够提供比较可靠的情况；二是使参加人数适当，以三四人或七八人为宜；三是事先要有准备，针对问题进行讨论。当然，开调查会也有不足的地方：如果与会者受人事关系影响，往往会知而不言、言而不尽，或者发言带有较大的倾向性。加之各人看问题的角度不同，提供的材料难免有遗漏、误差，甚至错误。这是开调查会应该注意的问题。

2. 访问

访问又称谈话或面谈，指调查者通过与调查对象面对面的交谈，有目的地了解情况、搜集材料的一种形式。这是通过侧面了解学生的历史与现状，分析研究其思想品德和学习状况的一种方法。进行访问前，要明确访问的目的，确定访问的对象以及步骤、方法。访问中，态度要诚恳，了解要全面，防止先入为主。对访问得到的材料要作认真的、实事求是的分析，必要时进行核实验证。访问的形式有正式访问和非正式访问两种。

案例 2－13

他真的患有精神病吗？

十多年前的一天，我奉命到一所初级中学担任初二年级的班主任。这是一个特色班，学生都有一门以上的艺术类特长。为了尽快进入角色，放学后，我随机找了几个同学留下来"聊天"。不经意间，我发现同学们对坐在中间最后排的小赵同学很反感，而且很害怕他。大家说："我们谁都不敢与他一起玩，连聊天都不敢，全班同学谁见他都会走开，这个人有精神病。"

当晚，我通过电话询问了几个同年级组的老师，可谁也说不清，只得到两条信息：一条是这个同学刚从外区学校转来，他有大提琴"十级证书"；另一条是这个同学确实有点"怪怪的"，很孤僻，下课也不与同学一起玩。

为了进一步了解小赵同学，我决定带着"中性"的眼光观察他。我分别在自己的语文课上、课间休息、课外活动三个场合进行深入细致的观察。通过大约一周时间的观察，我发现他的行为举止虽然有些"与众不同",但绝对不是同学们所描述的那种"怪样"。根据我对青少年心理健康常识的了解,我估计他可能有轻微的心理障碍。为了证实我的观察和分析,我与他的家长作了一次推心置腹的谈心。结果证实了我的分析,而且从他家长那里了解到,小赵的转学就是出于这一原因。

找到了问题所在,我在专家的指导下,制订了一个比较全面的辅导计划。在征得小赵与家长的同意后,我开始进行心理辅导工作。在家长、任课老师、学校领导和部分班干部的支持下,这项心理辅导工作持续了整整一年。功夫不负有心人。我们的共同努力终于取得了理想的效果,小赵同学慢慢地走出了"交往恐惧"的阴影。

(上海市卢湾区教育学院附属中学田河提供)

3. 问卷法

问卷法是班主任用书面形式搜集材料、了解情况的一种方法。问卷是为了了解和研究学生某些方面的问题,即按一定的调查目的和任务,向学生提出若干问题。通过学生对问题的书面回答,了解学生的思想状况、要求、愿望、情绪、兴趣、追求等。问卷一般适合于比较简单或具体的事实性问题,可以在最短的时间里收集到范围较广的材料。由于允许学生用无记名方式回答,所以获得的材料可能比谈话法全面真实,但也不可避免地存在着局限性。

问卷大致可分开放型问卷和封闭型问卷两种。开放型问卷又称不定案式。此种形式是在问卷上只提问题,不列出答案,它要求学生写自己的想法,回答不受任何限制。例如,"你最喜欢看的电视节目是什么?为什么?"这种问题不便于统计,只适合在少数人中进行。封闭型问卷不仅要提出问题,还要提供可选择的答案,限定回答的顺序和数量。它只需要学生在自己觉得合适的答案中画出选择性符号。这种问卷形式,学生回答简便,资料统计也比较方便。封闭型问卷又可分为以下几种:

1. 正误式(是否式)问卷

此种问卷中,问题的答案只有相互对立的两个,让学生按照自己的情况从中选择一个作为答案。

2. 选择式问卷

一个问题的后面给出若干个参考答案,让学生选择一个与自己的想法相符合或自己认为满意的答案。

3. 排列式问卷

例如,要求学生按自己的情况,把影响学习成绩的原因,依照影响程度从大到小的顺序排列(教师讲课、家长督促、个人努力、别人帮助、原来的学习基础、良好的学习方法)。

案例 2-14

通过这份调查表,班主任一方面可以了解学生,另一方面可以让学生认识自我。[①]

1. 学期结束了,你最想对自己说的一句话是什么?

2. 这个学期,你取得了哪些进步?

---

① 齐学红主编:《今天,我们怎样做班主任——优秀班主任成长之路》,华东师范大学出版社 2006 年版,第 106—107 页。

3. 你每天的睡眠是几小时？
    A．9 小时   B．8 小时   C．7 小时   D．7 小时以下

4. 这个学期,你生活得怎么样？
    A．很快乐   B．快乐   C．一般   D．不快乐
    E．很不快乐

5. 这个学期,你的学习兴趣如何？
    A．很有兴趣   B．有兴趣   C．一般   D．没有兴趣
    E．没有一点兴趣

6. 你对哪门学科最感兴趣,为什么？

7. 你最想对哪位老师说句心里话(可以是委婉地提一下意见)？

8. 你觉得自己学习上最需要改进的方面是什么？

9. 你希望自己的班级是什么样的？你有什么点子让班级变得更好？

10. 你愿意竞选班委吗？为什么？你希望竞选什么样的角色？

11. 你最喜欢的运动是什么？本学期你在体育锻炼方面的进步是什么？你是怎样处理学习与锻炼的关系的？

12. 这个学期,你从图书馆借阅了几本图书？最喜欢哪一本？

第三节　持续关注学生的方法和意义

学生作为自然人,和所有的自然事物一样具有发展变化性,即使我们在前期工作中已经对学生有所了解,有所研究,但是因为学生随时随地经历着无法预测的变化,所以我们对于学生的关注有持续跟进的必要。

下面列举一种持续关注的方法——学生发展状况联系单。

案例 2－15

某校设计印发了学生发展状况联系单,下发给学生和家长,由学生和家长共同填写,交回学校后由相关部门牵头,组织班主任和任课老师分析问题,寻求解决问题的可能途径。

×× 学校学生发展状况联系单			
年级：	班级：	姓名：	填写时间：
	语文	数学	英语
考前预设			
实考成绩			
家长期望			
前一阶段学生自我反思			

下一阶段日常生活与学习策略的调整	
家长的心声	

以下是一则实例。

××学校学生发展状况联系单			
年级：初一	班级：三班	姓名：张秋雨	填写时间：20100504
	语文	数学	英语
考前预设	80	90	90
实考成绩	85	82	96
家长期望	为班级平均分作贡献，当然越高越好。		
前一阶段学生自我反思	上半学期的学习状态不是十分好，有退步现象，经常分神，没有全身心投入学习，再加上复习不当，事务众多，导致了考试分数不理想。另外不怎么注意课本习题，这也是致命的缺点之一。		
下一阶段日常生活与学习策略的调整	还有大约不到7周就是期末考试了，所以，在剩下的半学期里我不仅要改掉前面不好的习惯，重视平时的作业，停止玩乐，对薄弱环节加强练习，对有优势的方面加以保持、提高，每周抓紧时间，提高效率，赶走畏难情绪。争取期末考试考得更好！		
家长的心声	知耻而后勇，此乃大幸，进步是一点一点努力得来的，退步是一点一点松懈的结果。 每天要努力，只需要一点点，坚持不懈就可达目标。 努力啊！ 家长签名：		

（南京市金陵中学尹湘江提供）

　　虽然学生的反思和策略设定可能还仅限于学习一个方面，如果班主任能够在这个基础上，进一步扩大自己持续关注的面，对学生的指导和引领作用应该会发挥得更完善。

　　对学生的了解和研究通过上述多种方法，可以从不同侧面把握学生的特点，拨动学生力求上进的心弦。马卡连柯说过："教师不应当在漠不关心地研究学生的过程中来认识学生,而应当在跟他们共同工作和积极帮助他们的过程中来认识学生。"班主任与学生之间良好的情感基础,是取得成功的前提条件。上述方法是有其内在联系的。班主任采用任何一种方法了解、研究学生,都不要就此轻易下结论,而要将了解到的各方面情况加以综合分析、研究,才能对学生个人或班级学生群体的情况作出比较正确的评价。

思考与训练

一、名词解释

1. 非正式群体   2. 家庭的道德环境

二、简答题

1. 现代中学生的主要特点有哪些?

2. 了解学生的内容包括哪些方面?

3. 深入研究学生的方法有哪些?

三、实践操练

1. 新的学年开始了,你作为一名新班主任,刚接手了一个班级。你打算怎样去了解你的学生呢? 请把你的想法写下来。

2. 请你分析下面一段不愉快的对话发生的原因。如果你是这个班主任,会怎样做?

不愉快的对话

某中学一个班主任在校门口偶然碰上本班一个未请假准备回家的学生。

班主任:(吆喝)嗨,你过来!

学生:(不快地)干吗?

班主任:(责问)你上哪儿去?

学生:(不耐烦地)回家,家里有事。

班主任:(生气地)你请假了吗?

学生:(抵触、不满地)没见到您。

班主任:(恼怒地)你瞧你这态度,还倒有理了。

学生:(委屈地)我怎么了?

第三章
班级日常管理与学生
行为规范养成

行为规范训练《中小学生守则》和《中学生日常行为规范》的基本要求和目的,在于使学生养成良好的行为习惯,促进其身心健康发展;使学生学会正确处理个人与他人、个人与集体、个人与社会的关系,懂得责任与义务,学会如何生活。在班级管理中,应加强对学生行为规范的教育和训练,进行学生良好行为规范的养成和教育。班级管理首先面对的是日常管理,这是班级工作的基础。日常管理工作包括:班级教学常规管理、行为常规管理、安全教育、偶发事件的处理等等。

案例 3-1

班级管理制度:积分升级制 [1]

随着社会的不断发展,新生事物不断出现,这些新生事物对于中小学生具有很强的吸引力和生命力。作为一个教育工作者,应该及时汲取其中的先进观点和健全模式,应用于现代教育教学工作中。

网络游戏成瘾已经成为现代社会一大顽疾。无论哪个网吧,都出现了人满为患的现象。在这些网游人群中绝大部分都是正处于最佳学习阶段的学生。与电脑屏幕前不知疲倦的身影形成鲜明对比的是老师的无奈和家长的眼泪。

任何事物都应该一分为二,网络游戏也不例外。我们在声讨网游给学生带来危害的同时,也应该反思网络游戏中那些吸引学生的东西是否值得我们借鉴。我在深入了解网络游戏后将网络游戏的许多模式运用到了我的班级管理中。

本班实行积分升级制,每人起始分为40,以下为等级称号积分对应表:

顽童 50	1级 60	2级 75	3级 90	4级 110
神童 130	6级 140	7级 160		
知青 180	9级 200	10级 220		
学徒 240	12级 260	13级 280	14级 300	15级 320
师傅 340	17级 360	18级 380	19级 400	20级 420
达人 440	22级 460	23级 480	24级 500	25级 520
名人 540	27级 560	28级 580	29级 600	30级 620

---

[1] http://wenku.baidu.com/view/813ce51a6bd97f192279e932.html。

元宿 640	32 级 660	33 级 680	34 级 700	35 级 720
隐士 740	37 级 760	38 级 780	39 级 800	40 级 820
仙人 840	42 级 860	43 级 880	44 级 900	45 级 920
至尊 940	47 级 960	48 级 980	49 级 1000	50 级 1020
玉帝 1040	52 级 1060	53 级 1080	54 级 1100	55 级 1120

要求：

1. 凡降一级者，须接受惩罚，抽签并按纸条指示接受惩罚；

2. 凡升一级者，可参加抽奖（奖品费每学期预计投入 200—300 元）；

3. 个人积分按班规（修订版）加分或扣分，每天更新一次，直至毕业，少于 40，按 15 分降一级；跳级积分对应分除"顽童到 3 级"外，往后都是以 20 升级或降级；

4. 每星期组织抽奖一次，个人抽奖或惩罚次数按每星期升级或降级情况决定，奖品则在下星期颁发；

5. 在抽奖的奖品栏中，有"愿望"一条，凡抽到"愿望"，可直接在奖品中选择一件或其他奖品。

（相关链接：参见本章最后链接一）

第一节 班级日常管理的主要内容

班级日常管理是班主任工作的重要内容。作为班主任，必须做好这项工作，因为对学生的管理首先从班级日常管理开始，对学生的教育也更多地落实在班级日常管理之中。

一、班级教学常规管理

班级教学常规管理主要包括：建立正常的教学秩序，安排学生的座位，抓好自习课纪律、考试纪律等等。

案例 3－2

如何第一次给学生安排座位？[①]

李镇西

几乎每次新接手一个班，都会有新生家长给我打电话，说希望能够在安排座位的时候予以"照顾"，而家长们所说的"照顾"的原因，无非是"孩子个儿小"、"孩子眼睛不好"等等。当然不可能每一个人都照顾到，但照顾谁不照顾谁，这真让班主任犯难。所以我曾经略为夸张地说过，安排座位这件小事，对班主任来说，有时候其难度完全可以当成科研课题来攻克。

多年的班主任实践，使我对给学生编排座位有一套比较成熟的做法。我排座位的原则是：尊重学生，有利学习，小组固定，每周轮换。所谓"尊重学生"，就是尽可能满足学生的愿望，甚至让学生在一定条件下自己确定座位，当然也不是任意想坐哪里就坐哪里。所谓"利于学习"，就是排座位要考

[①] 李镇西著：《做最好的班主任》，漓江出版社 2008 年 4 月第 2 版，第 64 页。

虑成绩搭配，让不同基础的学生坐在一起。所谓"小组固定"，意思是前后四人或六人就是一个整体，小组内部可以互相调整。所谓"每周轮换"，是说每个星期全班都要以小组为单位变化一次座位，让每一个同学在一学期之内几乎都能把教室的每个位置坐遍。

具体操作分两个步骤，开学第一天排一次，一个月以后排一次。开学第一天排座位，主要是让学生自己安排，老师只和他们讨论安排座位的原则。以高一(3)班为例——

学生集中于教室后，我谈了谈其他的事情，然后开始说排座位的事儿。我说："现在同学们是随意坐的，但我每次接手新班都是和同学们商量着排座位。绝对尊重同学们！我们只确定一个原则：不影响他人，不影响自己；有利于学习，有利于团结。只要这个原则大家同意，那么，你们想怎么坐就怎么坐，以后我们每周都轮换一次座位，让每一个同学都能在教室里的每一个地方坐一周。好不好！"

大家都说："好！"

因为是随意坐的，因此，教室里面男生女生坐的比例不太合理，阵线分明。于是，我和大家商量着略作调整，使男女同学能够混合地坐在一起。最后，我问了问哪些需要照顾的同学，并把一位视力特别不好的女生安排在了最前排，然后对她说："我和同学们也只能照顾你一周，请理解！因为我们每周都要轮换座位。"

我知道，排座位对许多班主任来说是一件很棘手的事，但我就这么简单地完成了——只要尊重学生，什么事儿都好办！

有的老师质疑道：第一次排座位就这么简单？太随意了吧？太迁就学生了吧？如果接下来的事实证明，有不适合坐在一起的学生却坐在了一起，岂不是误了学生？

且慢质疑，因为这只是第一个步骤，一个月后还有第二个步骤呢！

第二个月后，师生之间、学生之间比较熟悉了，同时，第一次安排的座位是否合适，大家也比较清楚了，于是这时便进行调整。这次的调整，不但是根据任课老师的意见和同学们的反映，将不合适的同桌分开，而且还要确立学习小组。我班的学习小组是四至六人，刚好前后左右相邻。学习小组一旦编定，原则上便三年不变，这样便于组与组之间竞赛。

我还要详细说说教室里的课桌布局。教师站在讲台上，一般来说，下面是八列小纵队，其中每两列靠得比较紧密，于是形成四列大纵队；同时，又是七横排(刚好五十六个学生)或八横排(刚好六十四个学生)。从每个大纵队中间截开，便是前后两个小组。这样，全班就有八个小组，每个小组四至六人。每周轮换座位的时候，是小组整体搬迁移动，而且是一轮朝右斜上方(从站在讲台的视角看)，教室最右上角那个小组则移动到最左前方的角落，教室最右边最靠前那个小组则朝左边后方移动。在小组整体搬迁移动的同时，小组内部也进行前后左右的循环调整。

因为不便于图示，所以我仅仅用文字可能不一定表述得很清楚。但有一点可以明确地说，这样每周循环的好处是：第一，保持了小组的整体性，有利于课堂学习的交流讨论和小组之间的学习竞赛；第二，任何一个学生都有机会坐教室里任何一个位置，对每个学生来说都显得十分公平。这样一来，所有照顾都不存在了——我对凡是需要照顾的同学说："不要紧，你只是暂时坐这里，下周就会交换座位的！"学生能够接受，家长也无话可说。当班主任二十多年来，我基本上都是这样安排座位的，班上从来都相安无事。

当然，每个班的情况不同，每个老师的管理理念也不尽相同，我并不是要所有班主任都像我这样编排座位，我只是提供我的做法而已。我相信，只要班主任肯动脑筋，多琢磨多研究，一定还会有更好的排座位的方法。

(一) 建立正常的教学秩序

班主任对建立稳定、正常的教学秩序负有主要责任。班主任应加强班级日常管理，把抓好学生的学习作为工作的中心任务。具体而言，要通过各种生动活泼的形式，对学生进行学习目的性教育,激发学生的学习热情;要教给学生正确的学习方法,制订适合自己的学习计划,维持良好的课堂纪律,活跃课堂双边活动;要发挥班干部的核心骨干作用,开展学生的学习互助,提高班级所有成员的学习成绩;要抓好自习课,提高学生自学能力,正确地应对考试。

建立正常的教学秩序,包括指导学生制订学习计划、做好课前预习、抓好课堂纪律、复习巩固所学知识、有效地完成各项作业等。首先,班主任要指导学生制订学习计划,有效、合理地安排学习时间。既有每天的学习计划:早读课的安排,自习课的安排,晚自习的安排;又有周末的学习计划:安排对一周学习内容的系统复习;还有阶段性复习计划:为迎接阶段考试(期中、期末等),安排对相关学习内容进行系统复习。学习计划的制订应注意有效性、可行性,体现各课学习的平衡。对较薄弱的方面可适当多给点时间,并安排在学习效率较高的时段。若制订的计划不能按时完成,可在第二天补上,同时可考虑适当修正学习计划。

其次,班主任要指导学生做好课前预习。要求学生了解各学科下节课学习的内容,尽量安排对一些学科的预习,任课教师如提出预习要求,建议学生一定要做到。对学业成绩较差的学科,建议学生做好预习,最好能写预习笔记。在上课前,要做好思想准备,并准备好课本、讲义、笔记本等。

第三,要加强课堂管理,因为课堂是进行教育教学活动的主要场所。通常的课堂规则是:(1)上课预备铃响后,学生应立即有秩序地进入教室,做好上课准备;(2)保持教室安静,遵守课堂的教学秩序;(3)任课教师进入教室后,全体学生起立,待教师还礼后坐下,学生回答教师提问时应起立;(4)上课不迟到、不早退,迟到时应在教室外报告,获得教师允许后方可进入教室;(5)上课认真听讲,跟着老师的思路走,按要求做好笔记。

第四,指导学生进行课后复习巩固,按时完成各项作业。

案例 3-3

班级自主管理的尝试①

毛长周

学生(班级)的自主管理可能没有统一的流程和标准。虽然统一的流程没有,不过遵循的规律应该有。统一的标准没有,但底线应该是有的。

我接手一个文科班,女生40人、男生30人,分别来自12个班。他们有些带着对文科的期望来到新班级,有些则是无法选择而来到新班级。刚一开始,我指定三个同学临时负责班级工作,同学们戏称他们为"三人团"(红军长征时的最高指挥组织),我一边指导他们工作,一边又在加紧观察其他同学的表现。

第二周,我们开始制订班级管理制度。首先由我提出一份草案(我觉得这非常重要,因为这是班主任掌握主动权的机会),在班会课上进行逐条解释,解释的过程也是我向学生表明我的治班理念,进行德育教育和纪律强化的过程。后来组织学生分组讨论修改,最后表决通过。班级管理制度中有一条就是,如果有1组以上学生或者3名班干部、班主任认为班级管理制度需要修改时,将进行班级管理制度的修订工作。这是班级管理制度的其中几条:

① http://sq.k12.com.cn/discuz/viewthread.php? action＝printable&tid＝433025。

第十六条　本办法修改权属于班级大会,由班委会负责解释和执行,由班主任负责督查。由班主任、班委会或四分之一同学提议可以修改。

第十七条　本办法只适用于高二(1)班全体同学。

第十八条　本办法从 2007 年 9 月 4 日起实行。

在班级管理制度中,既规定了班干部的选举方式和培养方式,又规定了班干部的职责。根据这一制度,第三周我们进行班干部选举。我们的班干部实行班长负责制。班长由五名以上同学联合提名或者由班主任提名,经班级大会选举产生,再由产生的班长提名其他班干部成员名单(不包括团支部书记),该名单由班主任审议后交由全班同学进行表决通过。每半学期,班长向全班进行一次述职,由全班同学对班干部工作进行满意度表决,如果未过半数者,班长自动辞职。每一学期班长进行一次换届选举,可连选连任,但不得超过两届(其他班委成员没有限制。这是高二年级结束时班长向我表示了辞职意愿之后,我利用班主任提议修订,为了让那位同学体面地离开班长职位,也不引发其他班委辞职事件而做的专门修订)。

班干部选举产生之后,我实行了值周班长制(最初我也有意尝试值日班长制,只是觉得更换太频繁不利于保持稳定,遂改为值周班长制)。以下是我班班级管理制度中的一些条款:

第十二条　班费开支实行分级审批制度:其中开支在 10 元以下由班长审批,15 元以内由班主任审批,20 元以上由全班大会通过。

第十三条　可能出现的问题的应对及解决流程:

学习:不交作业——小组学科代表(督促 1 次)——学科代表(督促 1 次)——学习委员(统计,3 次计旷课 1 节)——班长(……)——班主任

纪律:迟到——体育委员(……)——班主任

旷课——班主任

请假——班长(班主任不在时,3 节以内)——班主任

卫生:不值日、值日迟到、值日不彻底——值日长——生活委员(……)——班长(……)——班主任

文艺:每周一歌——文艺委员(……1)——副班长(……)——班长(……)——班主任

　　　文艺活动——文艺委员(……2)——副班长(……)——班长(……)——班主任

体育:列队、做操、体育活动——体育委员(……)——副班长(……)——班长及班主任

学校安排活动,由专人对应负责。

教务处——副班长、学习委员(……)

政教处——副班长、班长(……)

总务处——生活委员、体育委员(……)

办公室——副班长、班长(……)

其他工作及班主任安排事项:由班长或各委员、某一同学完成。

突发事件的解决:首先由班长、副班长协调解决,不能及时解决的,第一时间上报班主任,寻求解决办法。

第十四条　值周班长制度及安排:

每周设值周班长 1 名,值周班干部 2 名,值周学生 3 名。负责监督一周内学习、纪律、卫生、出勤等班级事务,负责向班主任汇报班级各项工作,在下同一班会课上进行总结。总结应包括:1.值得表扬的人和事,如值日最认真的同学、对班级特别关心的同学、进步明显的同学;一些好的风气,如自习课(某一节)特别安静、某一天出操特别整齐、同学互助、浓厚的学风等;并评选出一周内最佳表现奖。2.不足之处。3.特别提示等。

值周委员由 1 名值周班长、2 名值周干部、3 名值周学生共同组成。值周班长由班长、副班长(2 名,1 男 1 女)、团支部书记轮流担任。值周干部由其他班委担任,值周学生则由相应的值日生担任。他们职责明确、相互制约,在周末写出值周总结,同时评选出"本周最佳表现奖",写出颁奖词。下周

的教育,强调考试的意义、目的,形成良好的学习风气,从思想上杜绝考试作弊的根源。

淡化分数观念,消除精神重压。作弊的直接诱因是为了追逐分数,所以,应该淡化分数观念,纠正纯粹以分数来衡量教学质量高低、决定奖罚的不正确做法;同时,教育学生懂得分数不是命根子。只有会学习、能创造,才能终生受益。

培养正确的是非观,抑制作弊的风气。有的学生作弊是因为认知失调、是非不清而造成的。这就要引导其认清"哥们儿义气"、"姐妹情谊"不是真正的友谊,作弊更是不光彩的弄虚作假行为,从而帮助其自觉地纠正作弊行为。

协同配合,根治作弊陋习。学校要与家长配合,以全面协调发展要求学生,不能单以分数来衡量学习的优劣,让学生从分数的枷锁中解放出来,这有利于根治考试作弊的现象。

此外,健全考试制度,对考试作弊行为从严处理,也是杜绝作弊的有力措施。克服作弊行为,关键是对学生进行道德教育。

二、班级行为常规管理

班级行为常规管理包括:考勤、请假制度、升旗、校服、课间行为、广播操、自行车摆放、爱护公物、学生交通管理、学生值周等内容。

(一) 考勤、请假制度

班级要对学生的出勤情况进行统计,这是加强班级管理、督促学生自觉遵守纪律的重要措施。考勤有全勤、病假、事假、旷课、迟到、早退等。上课考勤由任课教师或班干部负责;自习课,早、晚自习由班长或其他班干部负责;广播(课间)操、课外体育活动由体育委员或体育锻炼小组负责。每天由班长或值日班长将缺课、旷课情况汇报给班主任。一个学期结束时,要对每个学生全学期的考勤情况进行统计,并将其填写在学生学籍卡和成绩报告单上。

《中学生守则》规定,学生要"按时到校,不迟到,不早退,不无故旷课"。这是维护学校正常教学秩序、建立良好校风的需要。学生因病、因事必须请假者,应事先办好请假手续。请假时应有家长或医疗单位证明,详细填写学生请假卡,写明请假时间、请假事由,并按时间长短分别经班主任或学校规定的相关部门审批。事前不能请假者,事后必须补假,否则作无故旷课处理。对无故迟到、早退或旷课者,要给予批评教育或纪律处分。

(二) 学生值周制度

根据各校的具体情况确定值周任务,一般是对全校学生的部分常规情况进行检查。如:(1)出勤检查:代表全班同学向老师问好,检查迟到情况;(2)校服检查:对班级穿校服情况进行检查;(3)广播操、升旗出勤人数检查:登记未上操和未参加升旗仪式的人数,对没有假条无故滞留的同学要登记姓名,对请假同学收取假条;(4)中午纪律检查:对学校操场、教学楼、教室进行检查,要求同学们在教室里午休或自习;(5)其他情况检查:课间在主干道进行巡查,对骑车、踢球等不良现象进行检查,发现后及时制止,有严重的违纪现象立即向学生处汇报;(6)食堂纪律检查:就餐时间对食堂进行巡查,要求同学们排队就餐,按要求处理吃剩饭菜及杂物。所有的检查应有记录,并能及时将检查情况反馈给班主任(最好当天反馈)。

对值周学生的要求是：第一，以身作则，严于律己，发挥值周班长的榜样作用。第二，准时到岗，认真负责，坚守岗位，公正合理。第三，爱护值周学生牌，工作时正确佩带。班主任应重视学生值周工作，把值周作为班级日常管理与学生自我教育相结合的过程。

（三）卫生保健

卫生保健包括：卫生值日工作的安排与督察，眼保健操，良好的集体卫生与个人卫生习惯的培养，常见病的预防、学生身体检查等。具体要求：教室卫生要每天两扫，每周一次大扫除。地面清洁要求无纸屑、果皮、污迹、杂物，课桌椅干净整齐，抽屉及台板上没有杂物，讲台干净整洁。每节课后，黑板要擦干净。包干区要求每天两扫，每周一次大扫除，保持包干区内整洁、无杂物。

班主任可利用班会对学生提出要求，安排卫生值日表。安排时，最好以周为单位，一个小组值日一周。这样，学生不易忘记。

眼保健操要求按时认真，动作到位，教室安静。

良好的卫生习惯：要求同学衣着整洁，讲究个人卫生，保持桌面、课本及个人物品整洁有序。

常见病的预防、学生身体检查应配合医务室做好相关宣传发动工作。

三、班级总结评比

班级总结评比包括：学期操行评定，评选三好学生、优秀学生干部等等。

学期操行评定：班主任根据学校的要求，对学生的操行进行评定工作，一般从思想品质、道德品质、学习品质、个人心理品质四个方面对学生进行评定。操行等第分优、良、中、差。通常，先组织学生学习，要求学生对自己进行评定；然后，由班干部对每个同学进行评定；最后，班主任对学生作总的评价。

三好学生评定：要求德、智、体、美、劳全面发展，操行等第优秀，学习成绩、体育成绩符合学校规定。评定三好学生，应由班级学生民主推荐，赞成票不低于70%，任课教师也可推荐。

优秀学生干部评定：能以身作则，严格要求自己，热心为同学服务，为多数学生拥护的班、团干部以及课代表和小组长，学习成绩、体育成绩符合学校规定。一般每个班级可评定1—2名。

四、偶发事件处理

案例 3 - 4

通过 QQ 处理学生之间打架行为[①]

乙同学生活在一个重组家庭，亲妈不知什么原因想不开喝农药去世了。爸爸跟他现在的妈妈结

---

① http://sq.k12.com.cn/discuz/thread-429456-1-1.html.

新编班主任工作技能训练（第2版）

婚后又生了一个弟弟。爸爸在外地干活——开挖掘机，十天半月回家一趟。他每到寒暑假都自己骑自行车到奶奶家（他家距奶奶家有六七十里路远）去住。

2009年10月16日下午，刚放学四五分钟，不过天已经黑了，我正在校门口护路，突然我班一女生气喘吁吁地跑来，"老师，乙和丙在教室里打架，丙破了头，流了一些血，乙的脸也被丙抓破了。"我一听也急了，边往教室跑，边向该女生了解情况。乙和丙是同桌，因为一点小事，昨天已经打过一次了。今天下午一放学两人又打了起来。我刚跑到教学楼下，就见丙由我班几个同学护送下了楼。我见丙的耳朵后面还有血，就从口袋里拿出一张卫生纸来给他包着伤口。我简单地了解了一下，乙用书击打丙，幸亏有几个同学拉着，乙一看丙破了头就跑了。我看了一下丙的伤势，也没什么大问题，可能破了一个小口。我打通了丙妈妈的电话，她说立即就到。我们就走到学校门口等她。这时我详细地了解了丙和乙打架的原因，本周一一节自习课上，乙用一把小刀戳丙，丙用手一拨，小刀割着乙的手了，两人就种下了仇。周四他们打过一架，气还没消。今天下午一放学又打了起来。我就劝丙说："他用小刀戳你，也是跟你玩，不用放在心上。"旁边有同学给我出主意，下周一得给他俩调开，不能再同桌了。

等了一会儿，还没见丙的妈妈，我们就和丙往医院走，走到半路，遇到了丙的妈妈。我对她说，问题不大，让医生消消毒，包扎一下就行了，不用急。我和另外那几个同学就都回家了。

晚饭后我给丙家打电话，打了两遍也没人接。我有些不放心，很快吃完饭，骑上电动车就去了丙家（暑假我到丙家家访过，记得他家）。刚到他家门口，正好碰到他娘俩从医院回来。我听说没事就放心了，乘机跟丙妈妈沟通了一下，我说丙在学校很听话，这次月检测也取得了进步。她说丙在家就是爱上网，光趴在电脑旁。我嘱咐丙："你爸爸不在家，你要听妈妈话，多帮妈妈干点家务活，少上网，用功学习。"然后我就走了。

当天晚上，我打开电脑登上QQ时就发现，乙在线，并把昵称"风中红叶"改成了原名"乙"（前些日子我跟他QQ聊过天，他当时用"风中红叶"）。我心想，他大概有些后悔，想和我聊聊吧。我先不跟他聊，让他自己思考一下。第二天上午，我发现他又上线，我也没跟他聊。直到我吃了午饭，我想该跟他聊聊了。下面是聊天记录：

——昨天下午你和丙打架的事我知道了，我虽然不知道你们为什么打架，但我能猜测到你当时一定是情绪不好。昨天晚上我也去看他了，头上只是有一个小口，医生给他打了一针破伤风。没什么大事。你身上有伤吗？

——只是脸上被他挠了，让您费心了。

——没事，这是我应该做的。同桌为什么会打架呢？

——周四他先用刀子割着我的手。

——手还痛吗？

——还痛。

——丙的伤虽然没什么事，但处理时头发被剪了一些，这两天还不能出门。

——他家人生气吗？

——我给他妈妈打电话时，她很担心，还不知伤成什么样，见没什么事，也就不生气了。小孩子打架，很正常的。昨天有的同学给我出主意，下周让我把你和丙调开，我想那是下下策。依你的胸襟肯定能和丙和好的。

——我会向他道歉。

——我很佩服你，这么快就认识到错误了。反正丙这两天都在家里，你抽空到他家玩玩，他家有电脑的，什么问题都解决了，下周一你俩手拉手进教室，给同学们一个惊喜。

——好。

2009年10月19日星期一，早上升旗前我先遇到乙，就问："怎么样了，你去丙家了吗？"他说："去了，我们和好了。"等同学们站好队后，我又走到丙面前，看他的伤口怎么样了，他说："好了，一点事也没有了。"

他们继续同桌，到现在相处得更好了。

这件事从开始到最后他们俩和好，我一句斥责他们俩的话也没有说，只是从中作了引导，从他们孩子的角度来看待这件事，从他们的心理来理解他们，跟他们沟通，效果比简单粗暴地批评他们要好得多，更能从本质上解决问题。

偶发事件是指在教育的过程中遇到的事先难预料、出现频率较低，但必须迅速作出反应的事件。偶发事件的成因有：天灾人祸、外来干扰、人际关系冲突、恶作剧、违法行为、感情障碍、性格异常等。偶发事件的特点：一是偶然性。事情往往出乎人们的意料之外，出现的频率比常规管理中遇到的问题低得多。二是突发性。这是一种特殊的遭遇，常常和社会上的重大事件、学生家庭的重大变故或学生本人的意外境遇联系在一起。三是爆炸性。偶发事件一旦发生，就会在班集体和学生个体中造成爆炸性效应。四是紧迫性。发生偶发事件，要求班主任当机立断，抓住时机，妥善解决。偶发事件因为有其特殊性，往往不能依靠常规的方法解决问题，而需要班主任运用高度的教育机智加以特殊处理。

处理偶发事件应注意：第一，要控制感情，沉着冷静。偶发事件一般都是在学生情绪波动、失去控制的情况下发生的。班主任处理时必须控制感情，做到沉着冷静。第二，要了解情况，掌握分寸。在偶发事件发生之后，班主任要注意调查研究，了解事件发生原因，然后审时度势地采取灵活的教育方式。第三，要依靠集体，尊重学生。班主任要善于依靠集体的力量，运用集体舆论来处理偶发事件，使全班同学从偶发事件中受到教育。

处理偶发事件，对班主任的工作能力是个考验。工作策略可以分为"当前"和"事后"两个阶段。"当前"，即事件刚刚发生，老师赶往现场或就在现场，一般来说，需要班主任冷静而果断。首先要"制怒"，驾驭自己的感情，然后"灭火"，解决问题。这时候，一般不适宜"深入细致"，往往只要"平息事件，控制事态"，"留待以后解决"。"事后"，即指正式处理事件、双方作出回应和交待的时候。这强调调查研究，弄清事件真相，然后根据事件性质和情节的轻重，对当事人作出处理。

对班主任来说，班级里发生失窃事件是极为头疼的。对失窃事件的处理，也是对班主任工作能力的一种考验。稍有不慎，便会陷入尴尬境地。比较常见的做法是用言语感化。比如说："同学们，今天，某某同学的什么东西丢了，而拿东西的人就在我们当中。在老师眼中，我们班的每一个孩子都是纯洁可爱的。我不相信有人会故意做这样的事情。我想，一定是有人觉得某某同学的东西好玩，就借去玩了，但是后来却忘了还……"言语感化之后，再告诉他们还东西的方式：第一种是规定一个截止时间，在这个时间前希望这个同学来找老师，这个办法比较困难；第二种是让这个同学自己悄悄地把东西放回去；第三种是比较绝的办法：准备一个只开一个小口的大箱子，每个学生在教室外面排队，每个人轮流进去一次。到最后，打开箱子，东西便会在里面。请看下面的案例：

案例 3-5

好译通找到了 [1]

小光的好译通被人偷走了。这个好译通是他妈妈花 2000 多元买的。晚自习快结束时，老师宣

---

[1] 万玮著：《班主任兵法》，华东师范大学出版社 2004 年版，第 97 页。

布："我们班的小光同学丢失了一个很贵重的好译通,这个好译通可能现在还在我们教室里。我们今天晚上要好好地找一下,争取把它找出来。第一,每个同学先把自己的抽屉和书包找一遍,然后到教室外面去排队,由老师和几名班干部在教室里再找一遍。"这一步保证好译通会在某个同学的口袋里。第二步,老师再宣布:"5分钟后,准备搜身。"现在想要上厕所的同学先上厕所。这时候,有个学生说要去上厕所。老师同意。另一个学生也要去,老师说:"等一等,一个个地去,等前面的人回来了,下一个再去。"很多学生上厕所之后,有一个从厕所回来的学生大声喊:"老师,好译通找到了,在厕所的窗台上!"

第二节　班级日常管理的实施

在班级日常管理中,班主任要注意导向性,借助公众舆论和良好的班风潜移默化地影响学生。我们提倡民主管理,允许学生有认识上、行动上的差异,通过民主协商,达到班级管理的目的。

一、明确要求

作为班主任,首先要了解日常管理的内容与要求,以便有针对性地对学生提出明确要求。

第一,新组织班级时,在入学教育中,班主任要组织学生认真学习学校的"一日常规"等规章制度。如在校的一天应如何度过:着校服进校,早上几点到学校,到学校后交作业,课代表对作业情况进行记载,早读课应有计划地读书,按课表上好每一节课等等。班主任应根据同学及任课教师的反映,及时了解学生的听课情况。总之,第一周内各项管理要求尽可能到位,班主任要多多提醒同学,发现制度不健全的要及时修正。

第二,第一周内,利用班会指导学生制订各项工作计划及班级奋斗目标,如争创文明班级、常规情况处于年级前列等。班级目标要切实可行,留有余地,使学生有可能达到。

第三,做好阶段工作。期中、期末考试半个月前,班主任要做好考前动员、复习指导;要求学生制订复习计划,并检查计划的执行情况;考试前几天,班主任要对学生做考试及考试心理指导,提醒学生遵守考试纪律,安排好考试座位。

二、机制保障

班级日常管理必须有机制的保障,充分发挥班干部的作用。

(一) 明确班干部的职责

班干部队伍是落实常规管理的关键。为保证日常工作的正常开展,新组班级开学第一天就要将主要班干部、课代表、劳动委员落实到位。一般可以先根据入学成绩及学生在校的综合表现暂定班干部,一个月内进行班委会、团支部的组建。班主任要对班干部进行集体主义和责任心的教育,要求班干部在班级管理中锻炼沟通、协作、组织能力,提高综合素质;同时对班干部进行培训,既让班干部明确自己的职责,还要知道日常工作中该做哪些具体的事情。如劳动委员每天早上要检查教室卫生,课间不定期对教室进行巡查,晚上检查值日到位情况。在大扫除时,值日小组长要在上周末提醒下周值日的同学,每天及时提醒同学值日，并对值日不到位的情况及时调度等等。

（二）实行值日班长制

这是目前大部分班级推行且行之有效的日常管理办法。值日班长可由班干部轮流担任，也可以按学号由所有同学轮流担任。班主任赋予值日班长一定的职责，一般为一天的常规管理，并对一天的值日情况进行记录。重大问题（如较多同学不做作业）及时告诉班主任，同时值日班长记录当天的班级日记。

案例 3-6

班级值日情况记录

关于班级值日情况记录的说明：

① 所有班级记录请值日班长通知到当事人。

② 值日生到班为 7：20，请卫生委员做好督察工作。

③ 早上 7：30 时，请值日班长到讲台前，督促同学们检查作业，记录迟到同学名单。

④ 第一节课后，请所有课代表将作业未交同学名单交学习委员及值日班长。如作业收不上来，请立即通知班主任。

⑤ 上、下午的眼保健操时间，请值日班长站到讲台前，及时提醒同学们做眼保健操。

⑥ 中午请值日班长到讲台前，提醒同学们午休，并对班级情况进行记录。

⑦ 做操情况请体育委员安排，并将情况及时登记。

附值日情况记录表格：

_____年___月___日　第_____周　星期_____　值日班干部_____

早上迟到情况（请注明迟到同学的到班时间）		
未穿校服的情况		
自行车摆放情况		
作业情况 （课代表、值日班长）	语文	
	数学	
	英语	
	物理	
	化学	
做操情况 （体育委员）	做操不认真、讲话等	
	无故缺席等	
做眼保健操情况 （上午）	不做眼保健操	
做眼保健操情况 （下午）	不做眼保健操	

中午 12：40—13：15	迟到	
	不在班	
卫生值日情况 （值日班长）	早上	
	中午	
	晚上	
	课间讲台	
	个人保洁	
	保洁员保洁	
课堂情况 （值日班长）	上午	
	下午	
人走灯熄，人走关门（值日班长）		
值日班干部情况		
班级整体情况（班级寄语）		

（南京市金陵中学黄皓燕提供）

三、及时反馈，适当处罚

班主任要及时了解各项规章制度的执行情况，并对存在的问题进行反馈。班级点评时，要以表扬为主，对普遍存在的问题及时提醒大家注意。班主任对严重违纪现象可点名批评，但要慎用，以免引起学生的逆反。对班级中的违纪现象，可以采用个别谈话的方式。个别谈话时，要注意了解学生违纪的原因，给学生申辩的时间和空间；帮助学生分析违纪的原因，并制订改进措施。如发现有些同学不交作业，一般会有下列几种情况：（1）不会做；（2）忘记做；（3）不知道这一课有作业；（4）忘在家里。其中，第四种情况是最多的，其实往往是（2）、（3）两种情况的推托。有的班主任是这样做的：在班上指定小先生，公布他们的联系方式，如有不会做的题可请小先生帮忙。对学业有困难的同学，让他们自己选同桌，组成"一帮一"小组，请同桌帮助他（她）的学习，包括提醒他（她）的作业。对忘了带作业的同学，班主任（或安排班干部）晚上打电话提醒他第二天记得带作业。通过这些方法，帮助学生逐渐养成按时交作业的好习惯。

案例 3-7

一张凳子引发的改变

班上有这样一个令人头疼的孩子，军训期间，六天中有五天都犯错，不是不服从教官的管理，就是私自离队，有时还搞些危险的活动危及其他同学的安全。回到学校，便成了"大错不犯，小错不断"的典型：不是去其他班、其他年级"串门"，就是上课"慷慨激昂"地插嘴，家长平均每周要来办公室"报到"一次。由于这个孩子是在其他学校休学一年后来到我们班的，所以个子比同年级的其他学生高，而且有些知识他已经学过，于是乎，上课的时候，他便经常四仰八叉地靠在那一把略显矮小的椅子靠背上，甚至把脑袋枕在后面同学的书上，呈现出一种"青蛙晒太阳"的姿态。第一次月考时，他成了全班的"潜力之星"之一，因为在他前面有三十几个同学可供超越（全班也就40人）。种种"事迹"使他在同学和老师中获得一个"荣誉"称号——"万人嫌"。

在期中考试的复习阶段，一次他在我的课上又摆出了那个"经典"的造型，当时在课堂上看得很刺眼。于是下课后，我要他带着椅子去办公室——把办公室用于给教师听课的圆凳拿到班上来（"椅子"和"凳子"的区别也就不在这赘述了），"美其名曰"：你的椅子太矮了，暂时先拿老师的凳子坐吧，并忽悠他说，你其实享受的可是"教师级待遇"，并且把他的座位调到了最后。当时我没有多想，就是不想让他在课堂上出现那种造型，结果却出人意料：

随后的一个多星期，他在我的课堂上"消失"了，而且也很少因为他干扰其他同学学习、犯错误而进办公室，家长也没有来办公室"点卯"了。这次期中考试，他一下升至班级的11名，数学学科还进入年级的前20名，成了名副其实的"潜力之星"！

有靠背的椅子变成了没有椅背的凳子，可带来的积极效果却是巨大的，随着椅背消失的是他课堂的懈怠情绪，是他对其他同学学习生活的影响。于是同学间的紧张关系也得到了缓和，成绩也因为上课的专心致志而大幅提高。

这次无心插柳较为成功地转化了一个班级的问题学生。"教育不光需要爱"，有时更需要冷静的思考、巧妙的方法和必要的惩罚，毕竟教育是一门艺术，真的教育应该是"随风潜入夜，润物细无声"。

教育需要智慧，智慧来自经验的总结和不断的思考学习。面对不同学生需要采取因人而异的教育策略，切不可以不变应万变。处理班级事务，应该是既对人也对事。同样的错误十个人犯可能有十种原因，因而我们必须采取十种不同的解决办法。看似愚钝，但一旦进入他们的心灵，你就可以战无不胜。

（南京市第六中学王千提供）

对于长期违反纪律的学生，可采取适当的处罚措施。处罚要与必要的思想工作配合使用。处罚的方式最好由学生讨论，形成决议，以后参照执行。如有的学生做操不认真，老师就请他到前面领操，或请他补跑步。还有的列出几种处罚方式，让学生自己选择。但要提醒的是，所有的处罚必须适可而止，绝不能伤害学生。

第三节　学生日常行为规范的训练

中学阶段是青少年形成良好的道德品质和文明习惯的关键时期。对学生进行日常行为规范训练，是培养学生综合素质的基础工程。这项工程渗透在教育教学工作的方方面面，是班主任工作的重要内容之一。

一、学生的日常行为规范

（一）日常行为规范的涵义

学生日常行为规范是国家明文规定的，是国家和社会对学生道德素质和文明行为的基本要求。遵守这些规范并使之成为学生的自觉行为，是班主任日常管理工作中的重要内容。日常行为规范教育是指教育者（特别是班主任）根据《中学德育纲要》、《中学生守则》和《中学生日常行为规范》等基本要求,遵循学生身心发展的基本规律,给学生提供道德行为的范例,用正面的道德榜样感染、教育学生,使学生自觉地遵守行为规范,养成文明、道德的行为习惯,从而为培养学生高尚的思想道德品质打下良好的基础。

(二)日常行为规范教育的内容

由于日常生活的多样性,需要规范的内容是丰富多样的。教育部颁布的《中学生日常行为规范》对中学生所要遵循的日常行为规范进行了全面、准确的概括,包括五大项四十条,涉及对学生品德、仪表、生活方式的要求,人际交往中的要求,学校学习和集体生活的要求,家庭生活要求,公共场所和社会生活的行为要求等各个方面。这是对中学生进行日常行为规范教育的主要蓝本,内容如下:

中学生日常行为规范(修订)①

一、自尊自爱,注重仪表

1. 维护国家荣誉,尊敬国旗、国徽,会唱国歌,升降国旗、奏唱国歌时要肃立、脱帽、行注目礼,少先队员行队礼。

2. 穿戴整洁,朴素大方,不烫发,不染发,不化妆,不佩戴首饰,男生不留长发,女生不穿高跟鞋。

3. 讲究卫生,养成良好的卫生习惯。不随地吐痰,不乱扔废弃物。

4. 举止文明,不说脏话,不骂人,不打架,不赌博。不涉足未成年人不宜的活动和场所。

5. 情趣健康,不看色情、凶杀、暴力、封建迷信的书刊、音像制品,不听不唱不健康歌曲,不参加迷信活动。

6. 爱惜名誉,拾金不昧,抵制不良诱惑,不做有损人格的事。

7. 注意安全,防火灾、防溺水、防触电、防盗、防中毒等。

二、诚实守信,礼貌待人

8. 平等待人,与人为善。尊重他人的人格、宗教信仰、民族风俗习惯。谦恭礼让,尊老爱幼,帮助残疾人。

9. 尊重教职工,见面行礼或主动问好,回答师长问话要起立,给老师提意见态度要诚恳。

10. 同学之间互相尊重、团结互助、理解宽容、真诚相待、正常交往,不以大欺小,不欺侮同学,不戏弄他人,发生矛盾多做自我批评。

11. 使用礼貌用语,讲话注意场合,态度友善,要讲普通话。接受或递送物品时,要起立并用双手。

12. 未经允许不进入他人房间,不动用他人物品,不看他人信件和日记。

13. 不随意打断他人的讲话,不打扰他人学习、工作和休息,妨碍他人要道歉。

14. 诚实守信,言行一致,答应他人的事要做到,做不到时表示歉意,借他人钱物要及时归还。不说谎,不骗人,不弄虚作假,知错就改。

---

① 中华人民共和国教育部制定,2004年3月25日颁布,《教育部关于发布〈中小学生守则〉、〈小学生日常行为规范(修订)〉和〈中学生日常行为规范(修订)〉的通知》。

15. 上、下课时起立向老师致敬,下课时请老师先行。

三、遵规守纪,勤奋学习

16. 按时到校,不迟到,不早退,不旷课。

17. 上课专心听讲,勤于思考,积极参加讨论,勇于发表见解。

18. 认真预习、复习,主动学习,按时完成作业,考试不作弊。

19. 积极参加生产劳动和社会实践,积极参加学校组织的其他活动,遵守活动的要求和规定。

20. 认真值日,保持教室、校园整洁优美。不在教室和校园内追逐打闹喧哗,维护学校良好秩序。

21. 爱护校舍和公物,不在黑板、墙壁、课桌、布告栏等处乱涂改刻画。借用公物要按时归还,损坏东西要赔偿。

22. 遵守宿舍和食堂的制度,爱惜粮食,节约水电,服从管理。

23. 正确对待困难和挫折,不自卑,不嫉妒,不偏激,保持心理健康。

四、勤劳俭朴,孝敬父母

24. 生活节俭,不互相攀比,不乱花钱。

25. 学会料理个人生活,自己的衣物用品收放整齐。

26. 生活有规律,按时作息,珍惜时间,合理安排课余生活,坚持锻炼身体。

27. 经常与父母交流生活、学习、思想等情况,尊重父母意见和教导。

28. 外出和到家时,向父母打招呼。未经家长同意,不得在外住宿或留宿他人。

29. 体贴帮助父母长辈,主动承担力所能及的家务劳动,关心照顾兄弟姐妹。

30. 对家长有意见要有礼貌地提出,讲道理,不任性,不耍脾气,不顶撞。

31. 待客热情,起立迎送。不影响邻里正常生活,邻里有困难时主动关心帮助。

五、严于律己,遵守公德

32. 遵守国家法律,不做法律禁止的事。

33. 遵守交通法规,不闯红灯,不违章骑车,过马路走人行横道,不跨越隔离栏。

34. 遵守公共秩序,乘公共交通工具主动购票,给老、幼、病、残、孕及师长让座,不争抢座位。

35. 爱护公用设施、文物古迹,爱护庄稼、花草、树木,爱护有益动物和生态环境。

36. 遵守网络道德和安全规定,不浏览、不制作、不传播不良信息,慎交网友,不进入营业性网吧。

37. 珍爱生命,不吸烟,不喝酒,不滥用药物,拒绝毒品。不参加各种名目的非法组织,不参加非法活动。

38. 公共场所不喧哗,瞻仰烈士陵园等相关场所保持肃穆。

39. 观看演出和比赛,不起哄滋扰,做文明观众。

40. 见义勇为,敢于斗争,对违反社会公德的行为要进行劝阻,发现违法犯罪行为及时报告。

二、中学生行为规范的训练

中学生日常行为规范是具体的、可操作的,因而可以有目的、有计划、有组织地对其行为举止逐一进行专门训练。通过不断地模仿、重复,纠正错误行为,使有关行为规范化、习惯化。在训练的过程中,一是要遵循学生的身心发展,二是要符合教育科学原理。班主任要注意对学生进行训练,使之形成良好的行为习惯。行为规范的训练是一个循序渐进的过程,切不可操之过急,也不可"三天打鱼,两天晒网"。具体做法如下:

(一) 通过榜样示范行为规范

为学生提供学习的榜样,以良好的典型去感染学生,影响其行为。在进行训练时,可以先培训部分基础较好的同学,成立"行为示范队"。有了"行为示范队",同学们在学习榜样、争做榜样的过程中,使自己的日常行为日趋规范。经过一段时期之后,由师生共同评选出遵守日常行为规范的先进个人和集体,通过广播、黑板报等形式予以表扬,或给予适当的奖励,以激发同学们遵守日常行为规范的积极性。

孔子曰:"其身正,不令而行;其身不正,虽令不从。"中学生的模仿性、可塑性极强,教师的思想、行为都会受到学生的关注。作为一个教育者,其本身就是榜样,就是楷模,学生会在不自觉中被感染、被熏陶。因此,班主任要严于律己,模范执行师德规范,不断提高师德修养,用自己的模范行动影响和教育学生。

(二) 通过活动养成行为规范

班主任可以利用班会活动、团队活动以及其他教育活动,对学生进行行为规范的教育。各种活动本身都包含着教育的内容,如班会、文娱活动、体育活动等包含遵纪守法的教育内容;军训、参观、游览、调查、学农、公益劳动、社会实践活动包含遵守公德、严于律己的教育内容。班主任要根据训练内容,精心地创设各种活动,使学生在活动中规范日常行为,养成良好的行为习惯。

案例 3-8

以行为规范养成教育促进班集体建设

行为规范的养成教育只有坚持不懈、持之以恒,从小处入手,抓细抓实,才能逐步形成良好的班风班貌。在新班级的建设中,我始终视行为规范养成教育为德育工作的重要组成部分。

首先,做到行为规范养成教育活动制度化、内容系统化、训练经常化。我坚持抓学生行为规范的学习、教育和训练。平时在班会课、团支部活动中,不断对学生进行培养良好行为习惯的教育,坚持正面教育,指出存在的不足。此外,坚持行为规范训练和教学相结合。通过教学活动,我适时地对学生进行思想品德行为训练和指导,并与学校整体德育结合起来,积极参加学校组织的各项活动,如组织学生参加学校的礼仪大赛,促进学生良好行为习惯的养成。

其次,正确实施行为规范养成教育。我采取了以下一些做法:

1. 行为训练法:行为习惯一般是通过模仿,经常重复某一行为或是通过反复练习后形成的。因此,我注意对学生进行行为指导,并伴之严格的训练。如:学校每周一举行升旗仪式时,要求学生认真严肃,肃立,行注目礼。对学生在课堂、课间、集会的活动不仅要求明确,而且及时指导学生怎样才能做好。严格的行为训练收到了明显效果,初步形成了我班学生勤奋学习、遵守纪律、爱护公物、团结友爱的好班风。

2. 情境感受法：学生良好品德的形成，必须有道德情感的渗透。经常进行丰富多彩、寓教于乐的活动，是产生多种情感的重要途径。为此，我们开展以爱国、爱校教育为主旋律的道德教育，同时坚持开展具有本班特色的教育活动。如：主题班会"我想对你说"，旨在让同学们向家长、老师说说自己的心里话，以及在学习中遇到的困难、希望得到的帮助等等。在这些有情、有趣的活动中，学生开阔了视野，陶冶了情操，也逐渐规范了自己的行为。

3. 自我教育法：自觉运用掌握的道德知识来评价自己，约束自己的行为，是养成教育的重要途径。为使学生自觉地遵守学校、班级的各项规章制度，使之具有良好的文明行为习惯，我给学生讲"规则"、讲"慎独"，要求同学们"做事前自问，做事后自省"。这样，让学生学会自我管理、自我约束，逐步培养起做事的责任心。

（南京市金陵中学黄皓燕提供）

（三）通过考核强化行为规范

班主任根据行为规范的要求，对中学生的行为习惯进行考核，并将其纳入品德考核中。通常的做法是：把《中学生日常行为规范》的 40 条归纳为几大项，分为基本分、奖励分、惩罚分。坚持按标准评分，这样不仅能使学生进一步熟悉规范的要求，而且能明白应该怎么做、不应该怎么做。考核以小组为单位定期进行，组与组之间可以开展竞争，增强集体荣誉感，也使学生的个人行为受到集体舆论的制约。考核结果应该作为学生操行评定和班主任撰写评语的主要依据。

（四）通过环境陶冶行为规范

这是指有目的、有计划地创设有利于日常行为规范化的教育环境，对学生进行潜移默化的熏陶和感化。中学生的大部分时间在校园里度过，他们的行为大部分在校园里表现出来，因此应当重视校园环境的优化。要在学校力所能及的范围内，尽可能使校园整洁、美观、舒适，使学生在美的环境里自然而然地做到讲究卫生、爱护公物。久而久之，他们会形成爱护美、欣赏美、创造美的习惯，这被称为"硬环境"的优化。同时，要注意"软环境"的优化，即在班级里建立起良好的人际关系，形成优良的学习风气和道德舆论，营造"人人讲文明、守规范"的氛围。这样，形成一种无形的力量，引导学生养成良好的行为习惯。

（五）通过教学渗透行为规范教育

学生的大部分时间是在课堂中度过的，各科的教学内容中也都包含了行为规范的教育内容。班主任要善于调动任课教师的积极性，请任课教师结合教学内容渗透行为规范教育，对课堂中出现的不良行为习惯及时批评，对好的行为表现及时表扬。

此外，行为规范的教育和训练可联合家庭、社会，形成合力。要充分利用社会的力量，组织学生参加社会实践活动，开展职业体验，和先进人物、精英人物见面。还要加强与家长的联系，利用家长会、一线通、电话等机会，取得家长的配合与支持，争取更好的教育效果。

总之，从学生入校到毕业，我们要通过几年的训练，使之形成良好的行为习惯。为此，班主任必须有目的、有计划地制定有关制度，创造性地开展各种活动，依靠检查、督促、评比、表彰等手段，保证行为规范训练长期有效地进行。

第四节 健全班级规范

一个集体要维护自己的统一，必须有步调一致的行为准则。我们把以规章制度、公约、纪律等为内容，班级全体成员共同认可并自觉遵守的行为准则称为班级规范，简称班规。一份完整的班规，既有对学生思想、行为的正面引导，也有对教师的要求，涉及学习检查、纪律监督、体育锻炼、清洁卫生、物品维护等各个方面。

一、班级的日常规范

班级的日常规范有班级公约、一日常规、一周常规、一月常规等内容。具体如下：

(一) 班级公约

班级公约是全班共同信守的制度，包括文明礼仪、学习常规、考勤常规、卫生值勤等各个方面。班级公约具有权威性，是每一个人自我监督和规范的准则。有的学校的班级公约值得借鉴，比如：

1. 早到卫生要做好，早读不要荒废掉。
2. 一日三操认真做，持之以恒健康保。
3. 课前准备要充分，学习用品需备齐。
4. 课堂争取高效率，复习预习不可少。
5. 作业认真独立做，订正错误及时交。
6. 各项活动爱参加，全面发展素质高。
7. 见到师长要问好，对人对己有爱心。
8. 诚实勇敢又耐挫，团结协作最重要。

(二) 一日常规

一日常规是指根据《中学生日常行为规范》、学校规定和本班的具体情况制订的学生在学校生活的具体要求，具有可操作性。它包括：学生早晨到校的时间、早读的安排、课间的休息、午休的安排、作业的发放等等。这些规定十分具体，且操作性强。

(三) 一周常规

根据学校值周检查评比的要求，班主任要确定本周主要的工作、一周中每天的班级活动，如周一开早会，周二下午开班会或者团会，周四下午开展体育或文娱活动等等。

(四) 一月常规

班委会月底进行班规量化综合个人评比活动，表扬先进，触动后进；学生根据本月的表现制订下月计划和目标。月底还要对班级卫生和个人承包情况进行检查，把评选结果记入学生个人的学期总评。

二、班级规范的作用

班规融入了班主任特有的教育理念。班主任是班级的主要负责人,班主任会对学生产生全面的教育影响。班主任的教育理论素养、对教育问题的看法,会渗透到所在班级的制度建设之中,形成自己班级的特色。在同一所学校里,各个班级的规范不同,从而形成不同的班风。一个班级要形成良好的班风,必须依靠一定的规则来进行调控和维持。在班级中通过订立制度性的规范,赋予班级特定的教育价值,可以对学生的思想观念起导向作用。

班规分为强制性规范和非强制性规范。强制性规范表现为班级规章制度是硬性的,需要全班一致遵守,以确保班级工作的顺利进行。非强制性规范表现在班级规章制度的内化上,即学生内在的价值观念和集体观念的统一上。班级制度对学生行为规范的主要作用是规范学生的学习行为和生活行为。班规规范学生的学习行为,不仅使学生有学习的积极性和自主意识,而且使学生能够主动地约束自己,做到课内和课外一个样,教师在与不在一个样。班规规范学生的生活行为,使学生的日常生活行为处处符合规范,养成一生受益的好习惯。学生内在的价值观念不可能硬性规定,主要靠内在的自主和自觉。因此,班规的制订不仅要体现其规范性的一面,以法治班;更要加强其制度建设的人文精神,以文化育人。

三、班规的制订与执行

(一)如何制订班规

第一,制订班规不能忽视班主任的主导作用,因为班主任是学生成长的引路人,是学生和谐发展的直接责任人。班干部制度、班级的日常管理等对学生的影响很大,班主任在这方面要精心构思。制订班规的时候,既要实行民主,给学生充分的发展空间,调动学生参与班级事务的热情;又要有一定的集中,坚守班主任的权威地位,行使决策权,不能大事、小事都让学生决定,尤其是低年级学生。有些班主任尊重了学生的意见,却忽视了教师在其中的作用,结果导致班级管理混乱。

在制订班规前,班主任要引导学生对一些问题进行深入讨论,比如本班的学生有什么特点?长处是什么?不足是什么?班级氛围怎么样?未来目标是什么?全体成员应该在哪些方面实现突破?只有这样,才能制定出符合教育规律和师生要求的规章制度。切实可行的规章制度,能够代表师生的愿望和利益,使学生在校内外教育活动中得以遵守。这样制订的班规,有效地促进班级成员的和谐发展,促使班级整体朝着预定的方向发展。

第二,制订班规应体现民主性、规范性和发展性。民主性首先体现在班规产生的程序上。班主任指导班干部及学生代表先拟出讨论稿,全班共同讨论后再定稿。让学生参与制订规范,是有效实施规范的保证。学生是具有主观能动性的人,外在的规范必须得到其内在思想的认同,才会产生约束力。其次,体现在对班主任权限的规定上,班规中写明师生人格平等这一条。规范性指制订班规时,要考虑能用量化的标准来考核学生的行为。规范切实可行、具体细化,学生才好遵守,教师才可以评估。制订班规,可以避免管理要求的随意性、盲目性。班规是对教师主观印象的一种补充和校正。发展性则是指班规应该随着学生年龄的增长和心智的发展而变化。同一个班级在不同学期、不同学年的情况是不一样的,因此,班规需要不断调整,进行补充或删减。

(二) 如何执行班规

有些班级制定了规章制度,却如一纸空文:班主任不依据规范要求学生,学生也不按照规范的要求去做。这样,规章制度就失去了意义。因此,班主任在班级常规管理中,务必按照规章制度办事。具体做法是:

1. 解读班规

理解班规是班规发挥作用的前提。班主任要和学生共同解读班规,提高学生对班规的认识:班规不是用来约束学生的,而是为自己创造良好的学习和生活环境的需要。因此,应当把遵守班规内化为自觉的行为。大家对班规的意义取得共识后,班规才能发挥其特有的价值导向作用。有些班规,学生虽然能理解和接受,但在具体的情境中却不知如何去做。这时,班主任不妨开展多种形式的活动,通过小品、讲故事、情景剧等让学生展开讨论,给学生以明确的指导。

2. 重视检查和评比

检查和评比是班规发挥作用的关键。中学生正处于身心发展的关键时期,个体行为具有不稳定性。检查和评比如同一面镜子,可以及时发现学生的优点,予以鼓励和表扬,以强化良好行为习惯的养成;也可以及时发现学生的不足,予以提示和批评,以纠正不良的行为习惯。形成良好的习惯,要经历从认识向行为的转化,从行为向习惯的转化。通过检查和评比,对学生良好的行为进行强化,这是形成良好习惯的中心环节。没有训练就没有习惯。常任班委、临时班委每周或每个月要统计出学生考核情况,总结公布。检查和评比要以教育学生为目的。

案例 3-9

一次别开生面的颁奖大会①

最后一天班会课准备颁发高二下学期期末按照《奖惩条例》评选出的各种奖项。为了保证颁奖仪式正式、隆重、别出心裁,既能给广大同学留下深刻印象,又能更好地发挥奖励的激励与教育功能,同时考虑到拉近任课教师和学生之间的距离,我事先特地邀请了历史任课教师作为颁奖嘉宾来给同学们颁奖。

下午,第二节课后(班会课是第三节),班长过来整理奖品,奖品是盖有学校政教处公章的笔记本,扉页上还贴有我亲自撰写的获奖贺词。以前的奖品,像三好学生奖就是一张证书和一支水笔,水笔虽很实用,但纪念价值不大,最关键的是无法写获奖贺词,我亲自撰写的获奖贺词主要是祝贺之语,但又有建议、鞭策和期待,突出了获奖同学的获奖行为和原因。这样的奖品学生拿到手中,能起到长久的激励作用,家长看后也会为我们对其孩子的密切关注和褒扬而心生敬意。

第三节上课铃响后,我和班长一前一后踏进教室。黑板上早已安排副班长手书"2009 届(22)班第四届颁奖大会暨高三动员会",同学们小声议论着,期待着,我迟疑了一下,环顾四周,然后向同学们说:"让我们用热烈的掌声欢迎颁奖嘉宾周坦老师。"同学们先是一愣,估计没有想到颁奖会请老师

① http://sq. k12. com. cn/discuz/viewthread. php? tid = 358345&extra = page% 3D17% 26amp% 3Bfilter% 3Ddigest。

做嘉宾,以前就是我直接发的,随后,掌声雷动,同学们热情一下子高涨起来,课堂气氛渐浓。我示意班长主持班会,班长就来了一段简洁的开场白,然后由我宣布奖项。以下是颁奖顺序:

1. 最需鼓励奖:郁文志。
2. 最负责小组长奖:张洁、张慧。
3. 月考进步最大奖:王浩。
4. 最关心集体奖:宋月。
5. 最佳命题日记奖:盛洁。
6. 最佳班情督察员奖:邱梦竹。
7. 板报贡献专项奖:王晓萌、李梦婷。
8. 三分钟最佳表现奖:段君君。
9. 最负责值班干部奖:王倩(差点遗漏,幸好班长及时提醒)。
10. 优秀学生干部奖:班长刘庆琼、副班长王佳琪、纪律委员赵晶晶。
11. 三好学生奖(10人)。

颁布第一个奖项时,我当众宣读了写给郁文志的获奖词,同学们掌声迭起,喝彩声不断。获奖同学面带笑容走上讲台领奖。等到颁布后面的奖项时,颁奖嘉宾周坦老师不用提醒继续宣读获奖词。周坦老师的语言激情四溢,抑扬顿挫,远远超过了我宣读的效果,课堂上掀起一阵又一阵浪潮。获奖同学上台领奖时都要等待嘉宾老师把获奖词读完,那几十秒钟,不难看出他们的心里美滋滋的。有几个细节提一下:

1. 颁发三分钟最佳表现奖给段君君时,我特别强调了遵规守纪与学会选择、突破规则的矛盾与平衡。颁奖词:

段君君同学:你性格虽内向,但明理懂事,关心集体,集体荣誉感强,严格遵守校规、班规,两次获得"三分钟最佳表现奖"。特颁发此奖,奖励你心系班级,遵规守纪的行为和意识,但老师负责地提醒你,总体上有遵规守纪意识即可,该突破规则时必须突破,只要学会选择,懂得权衡利弊,必要的违规情有可原,望考虑我的建议。

高二(22)班班级委员会

2. 颁发优秀学生干部奖给班长刘庆琼时,特别表扬了刘庆琼年龄小,责任心强,工作卓有成效。颁奖词:

刘庆琼同学:你肯做事,会做事,能做事,年龄最小,却实实在在地担任了班级"老大"的角色,班级各项工作在你的带领下秩序井然,你辛苦了!高三已至,希望你继续率领大家,服务集体,提升自己,走过无悔的高中生涯!

高二(22)班班级委员会

同学们看来比较信服班长,掌声过后,我顺势问大家:"高三,让班长刘庆琼继续率领我们,大家愿意不愿意?"随着齐声回答"愿意",高三班长的最佳人选定了下来。——前一阶段,班长怕高三耽误学习,想辞职,我一直没有答应,但也没有去说服他,今天同学们的支持和期待就是最好的说服。

3. 颁发三好学生奖时,特别表扬了王暑同学,作为数学课代表,她两年来付出很多,前一阶段因MP3事件,对我的批评有些对立情绪,某些想法有些偏激,内心有些自卑,尤其是关于市级三好学生荣誉的获得。平时没有时间向她解释,也一时没有切入点,我特地设计了这样的颁奖词:

王暑同学:你学习成绩优良,乐于助人,热爱集体,班级工作极其负责,不辞辛劳,肩负重任,成效显著,对于班级学风的引领作用显著,两年来连续四次荣获"三好学生"称号,并且还获得"市级三好学生"称号,这些成绩的取得主要是你勤奋拼搏的结果,当之无愧。希望你调整心态,抛弃烦恼和压力,班级工作既能服务集体,又能提升自己。希望你继续踏实、勤勉,克服学习困难,稳定情绪,保持乐观向上的精神,争取冲击一类院校,实现理想目标。

高二(22)班班级委员会

4. 颁发一些内向同学获得的奖项时,我特别提出了表扬,我要让班中沉默的部分学生受到热情和鼓励气氛的感染。其实这些沉默内向的学生才是班级的中流砥柱呢,有了他们,那些爱出风头的分子永远掀不起风浪。

5. 在一些获奖词中,我含蓄表达了号召他们参与班级管理的希望。

班主任的工作复杂,既要为学生营造一个宽松和谐但又严谨有序的受教育环境,又要为青年教师营造一个舒心、温暖、学生信服的教书氛围。我的这次颁奖大会用心良苦,改多批评为多表扬的方式影响学生,效果不错。

3. 运用奖励和惩罚

运用奖励和惩罚是班规发挥作用的手段。没有奖励的教育和没有惩罚的教育都是不完全的。班主任恰当地运用奖励和惩罚,有助于学生形成良好的学习与行为习惯。严厉不等同于惩罚,惩罚也不能代替管理。惩罚是基于教师对学生的关爱。惩罚的目的是给学生以良好习惯的引导,而非对学生身体和精神的摧残。有些班规奖罚失衡,罚得重而奖得轻,不值得提倡。有些优秀的班主任将学生基分定为零分,只要学生没有违纪,按时完成学习任务,就可加分。这种方法有激励作用,值得提倡。

案例 3 - 10

<h3 style="text-align:center">表扬单的发放</h3>

我们学校有两种单子:一种是"表扬单",一种是"过失单"。表扬单上写着:某某同学,你在第几周因为某某原因而获得表扬,以资鼓励。下面是班主任的亲笔签名,还有一个鲜红的学校教务处的大圆章。表扬单上还给家长留下空白处,以写鼓励的话语。

班主任根据班级管理的需要,发放表扬单。比如:针对课后提问题的同学太少,设立专门表扬单,奖励每周的"问题大王"(向老师请教问题多的同学);针对有些学生劳动不积极、敷衍了事的现象,值周期间,给劳动积极的同学发表扬单等等。同学们都希望获得表扬单,所以努力争取每一个机会。

我的切身体会是:表扬单的发放不能太吝啬。我班有个学生天天迟到,但他为了得到表扬单,坚持一个星期没有迟到。当他表示希望获得表扬单时,我却提出:如果下一个星期继续不迟到再发。这个同学露出了失望的神情。下一个星期,他没有坚持下去,又开始天天迟到。事后,我很后悔:及时肯定学生的时机,被我错过了。如果我能对他的进步及时给予鼓励,强化他的愉快体验,也许他就不会再迟到了。

(南京市第三中学王静提供)

案例 3 - 11

<h3 style="text-align:center">别出心裁的体验性惩罚[①]</h3>

体验性惩罚之一:判手坐牢

上届,我曾经这样处理过一次打架事件。班里小 A 同学平时脾气比较暴躁,有一次与同学发生

---

① http://sq.k12.com.cn/discuz/thread-380606-1-1.html。

口角,开始只是争吵,但他不太善言辞,辩不过他人,最后他恼羞成怒,出手打人。学生向我汇报后,我就思考该如何处理此事,达到教育的目的。当天下午,我就在班里专门就此事与全班学生进行讨论。写检讨、叫家长、罚扫地、站办公室,大家讲来讲去还是那些老套的做法。最后我问学生,如果在社会上打架把人打伤会怎么处理?有人说赔钱,有人说拘留或坐牢。我表示同意,说:"假如打伤人严重肯定要坐牢,而坐牢意味着失去自由。今天小A先动手打人,因此我想今天要判他坐牢。"学生感觉很新鲜,纷纷鼓掌,然后问把他关哪里。我说把他关起来,他就没法听课了,影响学习不好,能不能有更好的办法。学生议论纷纷,却找不出办法。最后我问小A:"你哪只手先打人?"他说是右手。我说:"那好,右手打人,那今天我就判你右手坐牢。"规定他一天内把右手放在口袋里,不准用,包括吃饭、作业、上厕所、睡觉脱衣。小A有点为难,但最后表示同意,我另外安排一位学生监督他。一天下来,小A按照我的要求去做,因为全班学生都盯着他,连上厕所也跟着。第二天,我叫他写体会,并说给全班学生听。他说感觉很丢脸,而且没有手的日子太难过了,做啥都不方便,自由很重要,表示以后再也不打架了。事后我总结说:"如果你犯了错误,被关进牢里,那才是真正地失去自由,就像你的手只能呆在裤袋里一样。希望你们要吸取教训,碰到问题时要冷静,通过协商而不是武力解决问题。"

体验性惩罚之二:劳动艰辛

值周班委反映,班里吴同学扣分了,原因是早饭有半碗多稀饭没吃掉,被学校值周同学发现并予以制止,他不听劝阻还是倒掉,结果扣分。这是班里第四节课班委反馈的情况。吴同学平时表现比较懒散,学习较差,属于懒散、幼稚、不学习型,但还是能服从管理,只是积极认错,屡教不改。如果放在以前,可能我说两句就算了。因为最近班级在整风,我决定利用这次机会教育他一下,同时也教育其他同学,何况浪费本身就是可耻行为。学生反馈之后,我当场叫全班同学讨论了这件事。同学们都指出浪费粮食是不对的,同时也指出不应该不服从值周生管理。我也让吴同学谈了自己的看法。然后我让学生们讨论此事如何处理。有人提出跑步,有人提出罚扫地,意见不一。最后我提出建议:

(1) 让吴同学第二天早上早饭不吃,体会粮食的重要。
(2) 同时让他站在倒剩余食物的地方监督其他同学。
(3) 中午拖年级走廊,体会劳动艰辛。

大家表示同意,吴同学虽不情愿,但也勉强答应。

第二天,他按照我的要求去做。早餐时我特意去检查,并与他交流。他说感觉站那儿很丢脸,同学都笑他,我鼓励他好好体会,认真反思坚持到底。中午我又布置他写这件事的体会,准备下午交流。下午第四节课,我让他到讲台前谈了自己对粮食、劳动的认识,其他同学也发言表达意见。最后我进行了适当总结,在对吴同学的行为批评之后,我又特别表扬了吴同学。我说:"老师知道让吴同学不吃早饭,站在那儿是不好的,但我想没有其他方式能让吴同学印象深刻。老师要表扬吴同学尊重老师的决定,同时以自己作为例子教育大家。如果换班级里的有些同学,可能要跟老师讨价还价(有所指),但吴同学能从班级教育的角度思考问题,配合老师,我很高兴。虽然他犯错误,但如果他能改正,老师还是喜欢他的。"听了我的表扬,吴同学顿时没了对老师的怨气。

这是我用过的体验性处罚方式,可能与新课标提倡的体验教学有相似之处,它能让当事人体会更深刻,感觉更直观,效果不错,班主任可偶尔用之。

(相关链接:参见本章最后链接二)

4. 协调班级教育环境

教师集体和家长的支持也是班规发挥作用的前提。任课教师在教学过程中对班规的应用与支持,会影响到班规贯彻与执行的水平。因此,班主任要对其他教师进行协调,让他们也接受班规,并自觉遵守。有人说,五天的学校教育抵不过两天的周末。这句话说明,家长的支持和理解可以促进班规发挥其应有的作用。班主任要主动和家长取得联系,倾听家长的意见与建议，争取家庭、学校教育的一致。

案例 3－12

班级教育小组之"牵手活动"

在班主任负责制下，班级工作的领导核心是班主任一个人。班级教育小组制度是以班主任为组长，由任课教师、学生、学生家长共同参与的班级教育管理制度，它以形成教育合力、加大教育力度为宗旨，坚持集体决策、集体行动、集体担当责任的集体负责制。

班级教育小组是南京外国语学校仙林分校实施班级管理体制改革过程中诞生的一种新的班级管理组织形式，它由班级科任老师(含生活老师)代表、学生代表、学生家长代表组成。班级教育小组成员分为核心成员和重要成员。核心成员由 3～4 名老师组成，主要学科老师不少于 2 人，生活老师 1 人。重要成员若干，包括班干部代表、普通学生代表和学生家长代表。在核心成员中，确定一位老师担任班级教育小组组长，负责组织、协调班级教育管理以及班级教育小组各成员之间、班级教育小组与其他部门之间的工作。

所谓牵手制度，是指班级教育小组的每一位教师，必须按照要求与一个或几个学生建立牵手关系，为牵手对象提供多方面的关心帮助，包括帮助其制订目标与规划，提高学业成绩，建立学习与生活的信心，解决心理困扰等。那么作为牵手老师需要怎样开展这项工作呢？

1. 为牵手学生在思想上给予启迪，生活上给予关心，学习上给予帮助，心理上给予辅导。一些有个性、有特长的学生，渴望有良师的指导与相助，以更好地发挥兴趣爱好；一些学生在成长途中，遇到困惑与疑难，他们需要倾诉的对象，更希望得到教师的理解与帮助。这一切既是实施牵手活动的原因，同时也是牵手活动的意义所在。

2. 明确牵手活动的基本原则。牵手活动应遵循以下四项基本原则：

(1) 个性化原则。承认学生之间的个性差异，善于发现个性，研究个性，发展个性。

(2) 亲情化原则。建立民主平等的师生关系，尊重学生，和学生交朋友，给学生以父母般的关爱，成为学生的良师益友。

(3) 渐进性原则。遵循青少年学生的身心发展特点和认知水平，循序渐进地实施教育。

(4) 实效性原则。注重实效，不做形式。加强过程管理，健全科学的评价机制，全面充分关爱学生，促进学生学会做人，学会求知，学会健体，学会生活，激励学生健康向上取得实效。

3. 合理确定牵手对象。牵手双方的确立，应该体现民主协商与自愿选择的原则。在牵手实践中我们总结出以下几种方法：

(1) 学生选择老师。将事先拟好的表格发给每个学生，让他们自由选择自己喜欢的牵手老师，然后统计出来，作适当的调整。这种做法的依据是，学生与喜欢的老师牵手，效果会更佳。

(2) 老师选择学生。在班级教育小组会议上，通过对每个学生个体的分析，包括每一个学生的智力与非智力发展状况，特别是个性特长及学习现状，教育小组老师提出自己的牵手意向，在此基础上进行统筹安排，将学生分包到老师名下。尤其是有薄弱学科的学生，宜与相关薄弱学科老师牵手，给予重点关注。这种做法的依据是客观理性，目标明确。

(3) 双向选择，多方协调。在学生自我选择的基础上，教育小组的老师集体商量，包括听取部分家长的意见，最后确立牵手双方。这种做法兼顾到了老师、学生、家长的意见，更加符合整体的利益，对于学生的发展更加有利。

4. 明确牵手老师的基本任务。牵手老师既是学生可信赖的良师，又是学生生活的长辈，更是学生成长的益友。牵手老师不仅要在学业上指导学生，还要关注牵手对象的家庭教育环境、心理健康状态等综合因素，并给予恰当的辅导、帮助。牵手老师的基本任务有四个方面：

（1）学业指导。主要按因材施教的原则，指导牵手学生学习，参加社会实践活动，培养他们观察、分析、解决问题的能力，端正学习态度，激发学习动机；帮助他们了解自己的学习潜能和特点，教给他们学习方法，培养他们的学习能力，使他们顺利完成学业。对于高中阶段的学生，牵手老师还需进行生涯规划指导，引导他们逐步学会规划人生，为其终身发展奠定基础。

（2）思想引领。主要是教育牵手学生遵纪守法，培养自主、自律意识，养成良好品性。帮助、指导他们形成良好的思想道德和心理素质，关注他们的思想品德、行为表现，帮助他们树立正确的人生观和价值观，防止和纠正不良行为的产生和发展。

（3）生活辅导。主要是关心牵手学生的日常生活，帮助他们解决生活中遇到的困难，端正生活态度，树立正确的世界观、人生观和价值观，学会合理安排校园生活，提高生活质量。指导他们合理安排课余生活，引导他们参加积极向上的文化娱乐活动。

（4）心理辅导。主要是关心牵手学生的身心发展，及时帮助他们消除和克服心理障碍，帮助他们解决在学习、生活、身体、心理等方面的困惑。激发他们自尊、自爱、自主、自信和各方面蓬勃向上的愿望。

5. 认真做好八项具体工作。我们把牵手任务具体分为以下八个方面：

（1）了解工作。全面了解和掌握牵手学生的基本情况，及时掌握他们的思想动态，主动与他们交心交友，建立良好的师生关系。

（2）谈心工作。负责牵手学生的思想教育、心理疏导，每周至少谈心交流一次。

（3）个辅工作。负责牵手学生本学科的个别辅导，帮助提高其学业成绩。

（4）整合工作。负责牵手学生各学科间的协调，与其他学科老师多交流，尤其关注该生的薄弱学科，联络班主任、各任课教师、家长，协调行动，达成共识。

（5）学法指导。指导牵手学生形成科学的学习方法、良好的学习习惯。

（6）诊断分析。关注牵手学生阶段性学业状况，如进行期中考试、期末考试成绩分析。与牵手学生共同填写成长记录表、个性诊断表。

（7）理想目标教育。初中阶段指导学生确立目标卡管理，高中阶段指导学生进行生涯规划，为每位牵手学生建立成长记录档案，跟踪他们成长的轨迹。

（8）与牵手学生的家长联系沟通。牵手老师必须对学生本人及其家庭有必要的了解，对家庭情况进行简要分析，包括家庭的结构，尤其是单亲、重组的家庭。每月和家长通一次电话，对孩子状况进行沟通。

6. 牵手活动的注意事项：

（1）把握"牵"的时机。平时、随机（利用晚自习值班时间找学生谈心是一个好的选择）；或事后的机会，如期中考试后，找学生分析鼓劲；突发事件后，如因违纪被处分，应帮助学生提高认识，善于改正错误。

（2）找准"牵"的突破口。寻找问题学生的形成原因（如人格缺失、社会变化、家庭教育、心理压力）；掌握突破的方法：严爱结合；找准切入点，如人格缺失问题的补救，社会变化问题的适应，家庭教育问题的沟通，心理压力问题的疏导等。

（3）沟通是牵手的基础。牵手工作离不开彼此沟通，沟通从心开始。沟通的首要技巧就是倾听。沟通的最大敌人就是发号施令，夸夸其谈。沟通与宽容相伴，学生犯错误在所难免，牵手老师要有宽容之心。

（南京市外国语学校仙林分校韦成旗提供）

思考与训练

一、名词解释

1. 班级日常管理　　2. 班级规范　　3. 偶发事件　　4. 学生日常行为规范

新编班主任工作技能训练（第2版）

二、简答题

1. 班级教学常规管理包括哪些内容？

2. 班级行为常规管理包括哪些内容？

3. 处理偶发事件有哪些方法？

4. 行为规范训练有哪些主要途径？

三、实践操练

有个老师上课时，发现一个学习成绩不好的女学生在看小说。于是，她一边讲课，一边悄悄地走向她的座位。一走近，老师迅速地把她的小说没收了。

请你预测一下，该学生可能会有什么反应，并评析这个老师的做法。如果你是那个老师，会如何处理这件事？

【链接一】

网络游戏规则在班级管理中的应用①

第一，健全的制度体系建立过程让大量的网民参与测试。

俗话说："没有规矩，不成方圆。"完善的制度已经是现代网络游戏设计的重中之重。一个健全的制度能够使这个游戏长时间地吸引大家。而为了能形成这种制度，除了前期制作人员的巧妙构思之外，还需要几千甚至几万的网民在游戏发布之前反复地测试，在测试中找到游戏规则的漏洞，从而完善游戏。在大量测试之后形成网络游戏规则往往能代表网民的意愿，更能被网民接受，也就能使此网游生命力强盛。

班级建设也需要一个完善的制度，而常规的班级管理活动往往呈现的是一种经验管理形态。经验是种财富，经验管理的形态在教育教学中能起很大的作用。但经验很多时候也就代表固化的、教条式的管理，很多时候就出现了班主任"君主制"和班干部"一党制"，在现代学生天马行空的思维方式中很难有成效。为了能恰如其分地调动学生的积极性和创造性，增强整个班级的活力，我们先根据社会和学校教育的要求制定一个大框架，之后让我们全部的学生参与，聆听学生们的每一个建议和意见，让他们把我们制定的大框架制度进行完善。在班级制度正式实施之前进行充分的调试，每天小结，每周反馈，使制度变得丰满，变得更符合学生的实际。只有这样，才能培养学生执行各自任务的责任感，才能使这些条条框框被学生接受，从而为这项制度长期有效地施行下去提供可靠的保证，使班级管理上一个新台阶。

第二，积分制充分运用了激励的原则，施行动态管理。

激励即激发鼓励之意，它指的是激发人的动机，诱导人的行为，使其发挥内在潜力。网络游戏中，网民为了提高游戏角色的积分和等级，能在不断重复机械的杀敌中不觉得疲惫，这是因为只要积分达到某个程度就会自动晋级。

班级动态管理从根本上说是一种动态激励管理。心理学的研究表明，人的动机是由他所体验的某种未满足的需要或未达到的目标所引起的，而人的需要和目标又是多方面的，一个人的行为动机总是由其全部需要中的优势需要引发，并朝着这种优势需要的目标

---

① http://www.docin.com/p-5386075.html。

努力的。这种努力的结果,又作为新的刺激反馈回来,调整人的需要结构,指导人的下一个新的行为,这就是所谓的激励过程,也称动机—行为过程。

在班级建设中可以充分利用这种原理将学生的能动性完全调动起来。具体措施分成三部分:

首先,采取一系列能让学生一目了然地了解自己积分的方式,比如在教室的墙壁上建立班级积分表。

其次,在日常班级管理中,根据思想品德评价手册上的在家、在校的要求具体化,制定班上一日常规、一周常规、一月常规。根据常规量化惩罚奖赏积分,让学生们能在每天日常的学习和生活中积极、自主地做符合常规的事情。

最后,改变了过去一个班级一个学期每项先进评比中只评一个的传统做法,而是只要完成好任务,达到一定的积分标准,都可以成为先进成员,为每个班级成员创造了存在预期目标的可能性,激发了班级每个成员的积极性。同时更改过去的年终终端考核为现在的每月过程考核,即每月考核评选一次,可不断地引发需要→动机→行为→目标之间的不断循环,每个月做了工作之后,能及时得到评价,时效性明显增强,从而推动班级管理任务的完成。

第三,游戏中的NPC(虚拟官员)的机构层次分明,分工明确,职权责一致。

在网络游戏中,每一个NPC都各司其职,当游戏者想做某些任务的时候能给予恰当的指导。当游戏者达到某个级别时,都能在相应的NPC中得到其继续发展晋级的方向。这样,游戏者当中的许多问题都可以直接通过这些虚拟的形象得到轻松解决。

游戏中的NPC相当于班级体系中的班干部。班干部结构是保持班级整体功能的基础,是班级系统内部各要素的搭配和组合方式。这种结构决定系统功能。因此,管理者必须想办法组织好各个要素,建立起合理的系统结构,通过合理的结构转变系统的功能,提高整个系统的效率,实现系统结构优化。很多班主任在班级管理中总是亲力亲为,从而将自己弄得疲惫不堪,效果有时却非常不明显。如果我们能像网络游戏设计的那样,将权力下放给班干部,将职责进行具体的分工,让班干部成为班级管理的一把手,让他们组织班集体的各项活动,就能把班主任从繁琐的工作中解放出来,进行深层次的思考和研究。

第四,丰富多彩而且奖励丰富的副本任务。

游戏经营者在游戏运营一段时间后,往往在某个时刻发布某些奖励丰厚的副本任务(额外获取经验值的任务)。这些任务难度相对简单,能让游戏者在完成这些任务之后得到大量的经验值和某些特使的道具,很多游戏迷因此都乐此不疲。这时候游戏就会进入一个阶段性的高潮。

在学校生活学习中,学生都会出现高潮期和低潮期。如何调动学生,让学生能在整个阶段都能保持充足的热情,游戏运营商给我们展示了一个很好方式。借鉴这种方式,我们可以在每隔一段时间发布任务,提出要求,确定目标,参考学生的实际情况,让学生自己制订在下一个阶段中能达到的目标,根据其所制订目标的难度确定所得积分。然后分步实施,分步考核,分步达标,现时评价,使每个班级每个人都有达标的机会。

班级德育方面,也可以采用这种方式。比如,在"三八"妇女节的时候要求学生回家帮家长做家务,在家长反馈的情况下进行奖品的发放。奖励物品可以是虚拟的积分奖励和笔、本子等实际的物质奖励相结合。

第五,极富人情味的师徒结对模式。

在网络游戏中,我们经常会在游戏中的世界频道上听到一些高级玩家满世界要收徒弟的内容。原来,在游戏中有一特定的奖励经验值的帮助模式,在高级玩家带低级玩家的过程中,低级玩家升级特别快,而随着低级玩家级别的升高,高级玩家能享受到额外丰厚的积分奖励。这种方式很巧妙地让低级玩家能有机会不断"进步",同时也解决了玩家在帮带过程中的损失。

在我们的班级管理中,大多数班主任为了防止差生失去信心,可能采取过成绩好的学生结对成绩差的学生的方式,但效果不理想。我们其实也可以采取游戏中的模式,让优等生帮带差生,明确优等生的职责和权利。在差生取得进步的时候,及时对优等生进行一些奖励,奖励方式还是以虚拟的积分为主。同时可以在一个月或一个学期之后进行考核,对帮带过程中成绩明显的学生进行精神加物质的奖励。这样就可以充分地调动优等生的积极主动性,同时也为班级整体实力的提高提供了坚实的基础。

班级管理如何,直接关系到学校教育教学质量的提高,教育教学目标的实现,学生思想、道德等各种素质的养成。我们除了要吸取前人的经验教训以外,更应该汲取现在社会出现的新鲜事物的优点,为我所用。只有这样,才能在不断发展的社会教育要求中达到完美。

【链接二】

班级管理策略精选[①]

主题一:奖励(1)

■ 抓住你了

每周都努力"当场抓住"表现好或做好事的学生。让被"抓住"的学生把自己的名字和所做的事写在纸片上,然后把纸片放入一个"好事罐"里。每到星期五,从"好事罐"里随机取出几张纸条,给被选中的学生发小奖品。

■ 红黄绿卡制

每名学生都有一张绿卡、黄卡和红卡。每天一开始,所有学生都持绿卡,如果出现行为问题,则相继收回学生的绿卡、黄卡。如果学生在一周内都能保持放学前拥有绿卡或黄卡,在星期五便奖励他们25分钟的自由支配时间。他们可以在自由时间内玩耍、玩电脑或户外休息。

■ 发奖励券

给表现好的学生发奖励券,如穿校服、按时交作业、获得其他教师的表扬等。学生的奖励券积累到一定数量,便可以领取"奖品",如跟教师一起吃午餐,从奖品盒里抽取奖品,星期五获准喝软饮料、吃爆米花,等等。随着一学年时间的推进,逐步提高要求,学生要获得更多的奖励券才能得到这些"奖品"。到学年末,即便没有奖励,学生也可能表现得很好,这时教师可以时不时给学生"意外的奖励"。

■ 班级经济制度

让学生在班里管理自己的"金钱"。如果学生按时完成班里的任务,有好的行为表现,

---

① http://wenku.baidu.com/view/a408b00b581b6bd97f19eae0.html。

取得优异成绩或进步显著等,就"挣钱"。如果没有按时交作业、在课堂上走神或行为出问题,则会被"罚钱"。学生可以用自己的"钱"换取相应的奖品。到了学年末,让学生们把自己不想要的东西,如玩具、图书、电子游戏带到班里来,组织一场拍卖会,学生们用自己的"钱"来竞拍这些物品。

■ 给爸爸妈妈电话报喜

如果学生取得了优异的成绩,或表现得特别好,可准许他们打"报喜电话",及时跟父母分享自己的喜悦之情。

奖励学生的十条建议:

1. 奖励制度要尽量简单。如果过于复杂,实施起来难度比较大,且费时间。

2. 给学生的奖励要对他们有意义。给予他们选择的机会是特别有效的一种奖励。

3. 用奖励来促使学生开始养成一个好习惯。

4. 循序渐进,一次只聚焦一个行为,让学生们一起来选择。

5. 特别奖励那些表现出责任感的学生,把课堂管理的任务逐渐从教师转移到学生身上。

6. 一开始可以奖励得比较勤一些,然后逐渐减少,一直对学生保持高要求。

7. 对学习成绩要保持一贯的奖励。

8. 随着学生的进步,逐渐提高获得奖励的标准。

9. 奖励要及时,迟到的奖励不会起作用。

10. 对于那些有严重行为问题的学生,可有针对性地对制度进行调整,经常性地对他们进行小奖励效果会更好。

主题一:奖励(2)

免考奖励

鼓励学生在小测验中得满分。把在上一次测试中得满分的学生的名字写在纸条上,然后把纸条放入一个帽子或碗里,从里面随机抽出一张写有该学生名字的纸条,这个学生可以免考一次。在考试前才进行抽取,这样你能保证所有学生都为考试做了准备。如果你觉得抽取一个学生还不够激励大家,你可以一次抽取两个或三个。

临时奖励券

如果你需要外出,由代课教师来替你上课,走之前,你可以给代课教师一沓纸条,让他把纸条发给那些表现得特别好的学生。当你回来后,特别奖励那些领到纸条的学生。

奖励墙

如果你看到有学生表现得很好,让他把自己的名字写到一块名叫"奖励墙"的小黑板上。当你需要学生去完成某项任务,而所有学生都渴望去做时,你就叫"奖励墙"上的某个学生去做。(然后把他的名字擦掉。)如果名字太多,快把"奖励墙"给填满了,就对上面的所有人来一次特别奖励。

课桌整洁检查官

是不是好多学生都把自己的课桌弄得乱糟糟的?如果你想解决这个问题,你可以给学生来一次课桌整洁大检查。事先不用通知他们,当学生都不在教室的时候,你开始检查。对保持整洁的课桌,你可以在课桌上或课桌里放上一个小奖品,或事先打印好的"检查报告"。

几乎所有教师都倾向于激发学生的内在动力,但也不要忽视外部奖励的意义。有时,一个小小的奖励,会起到"四两拨千斤"的作用。为了更好地使用奖励,你应该知道:

■ 奖励是为了不奖励

对学生进行奖励的终极目标是帮助他们完成良好行为的内化,最终不需要奖励。很多时候,学生为了奖励才表现好或取得好成绩,但在现实生活中,他们应该认识到这些行为的内在价值。

■ 使用奖励的最佳时期

孩子往往根据短期的可预见的结果来调整自己的行为。在培养学生养成一个新的习惯,有必要在学生每次表现出好习惯时给予奖励。一旦他们养成了这个习惯,就可以变每次奖励为间或奖励,以鼓励他们把好习惯保持下去。

■ 不宜用食物作为奖励

学校不仅应该教孩子如何作出健康的选择,根据自己的营养需要进行饮食,还要营造一个鼓励健康饮食的环境。根据学生的行为和成绩来提供食物,使食物跟情绪之间有了连接,这会鼓励孩子在不饿的情况下进食,并使他们养成用食物来奖励或安慰自己的习惯。此外,用食物作为奖励品,还可能使学生患上肥胖症、糖尿病、高血压等病症。如果使用不健康的食物对学生进行奖励,还会助长学生养成不良的饮食习惯。

■ 什么时候奖励不管用

行为主义有关强化与奖励的基本原理虽然起作用,但发生在有限的条件下,尤其限于不是特别有趣的行为。

为什么会这样? 研究者给出的解释是:奖励会促使人们目光短浅,求快而不愿担风险。一个人如果感到某事是他要获得奖励所必须做的,那他在这件事上就不会表现出太多的创造性。因此,关键是奖励带给受奖励者的感受。如果让人感到他为了获得什么才去做什么,那么他就感受不到这件事本身的价值。

任何任务,无论曾经使人感到多么愉快,一旦被当做手段而非目的后,就会被"贬值"。有研究者让幼儿园的孩子必须玩一个游戏后,才能玩另一个他们喜欢的游戏。虽然孩子们原本对两个游戏都同样喜欢,但后来他们变得不喜欢那个被当做前提条件的游戏了。

对于创造性的工作,要淡化奖励的重要性,不能把奖励视为一种控制性措施。创造性工作只能被允许出现,而不能强迫产生。

主题一:奖励(3)

■ 社会性奖励

"社会性奖励"(social rewards)包括关注、表扬和感谢,相比玩具和食物,更被很多孩子看重。像轻拍肩膀这样的手势、口头表扬(单独的或当着其他同学的面)、点头和微笑,对学生来说都可能意味深长。这类型的社会性奖励是对孩子自身价值的很好的确认。

■ 表扬的误区

表扬有助于提升学生的自尊心、自主性、自立感、成就感和学习积极性。但如果表扬成为了一种控制手段,会减少被表扬者的内在动力。如"很好,你在做你应该做的"会降低孩子的内在动力。"我表扬(奖励)你,是因为我认识到你工作的价值"与"你得到这个表扬(奖励),是因为你达到了我的要求",这两句话的效果显然是不同的。

第四章
如何建设班集体

案例 4-1

创建优秀班集体的妙方①

"教育之没有情感,没有爱,如同池塘没有水一样,没有水,就不称其为池塘,没有爱也就没有教育。"实践证明:爱是教育的前提。在一个班集体中,班主任能"以爱动其心,以爱导其行","以爱育爱,以心换心",学生自然而然地也会爱教师,爱他人,从而创建一个充满温馨、充满爱的班集体。

一、给差生一个微笑

教师的微笑是"最美的花朵"。在现实生活中,"最美的花朵"是否对每一个学生绽放呢? 也不尽然。老师们总是自然而然地喜欢学习成绩优异、循规蹈矩的学生,而对那些成绩差、又喜欢违纪的学生产生厌烦情绪,因而就不自觉地板起面孔,收起了微笑。殊不知,你越厌烦,他会离你越远,你将会失去很多的教育机会。

记得九六级有一位女同学,学习成绩较差,同学关系处理得不太融洽,经常和同学吵架。经过多方面的了解后,我微笑着找她谈了一次话,告诉她"老师认为你是位聪明能干的女孩",又说"你母亲早逝你却能生活自理,虽然学校离你家较远却从不迟到,父亲工作忙无法照顾你,你却既能照顾自己又能照顾家人,真是个了不起的孩子!"而后又告诉她,她的缺点是可以改正的,只要自己有信心。谈话后,她的缺点慢慢改了许多,我又多次给她辅导,她的成绩大幅度提高,初中毕业时以全校第三名的成绩升入了重点高中。

由此,教师不是法官,不必把学生的过失记得一清二楚,应该理解学生,"理解是为了宽恕,理解一切也就是为了宽恕一切"(史达尔)。如果你不想让学生觉得你"偏心",那么,微笑吧,面对每一个学生,尤其是差生。微笑将会把你和学生的距离拉得更近。

二、给自卑者一剂兴奋剂

班级中有些学生由于学习基础差,考试分数低,在思想行为表现上要么不思进取,自卑怯弱;要么自暴自弃,违规违纪。针对这种情况,我主要运用了使学生树立信心,消除自卑感的方法,"有口皆碑的人的赞扬最能鼓舞低弱的情绪",启动学生上进的内因。

每当接收新的班级,我首先告诉学生,衡量一个人是否为健全人的标准并不单看他的知识量有多少,以前考了多少分,在同学中的名次怎样,而是要看他是否具有一个健全人的多种素质和能力,例如自信心、上进心、判断能力、自我约束力等。根据掌握的情况述说每个学生的优点和长处。此外,还利用班会和同学们共同制订班训,作为同学们的行为准则。如同学们提出"团结、勤学、上进","文明守纪,好学进取","班兴我荣,班衰我耻"等许多口号,最后确定"集体要因为有了你而光荣,不要因为有了你而耻辱"为我们的班训,这样,同学们不仅树立了信心,也增

---

① http://www.banzhuren.com/article.asp? id=5744。

强了班级荣誉感。

三、给转变者一份信任

一个班级内常常会存在不少"困难户",他们只是因为某些原因发展滞后,他们不是一无是处,他们的优点常常被掩盖。教师要善于发现他们的闪光点,促使他们的闪光点更闪光,逐渐改掉身上的缺点。相信他们能做好,"人与人之间的最大信任是关于进言的信任"(培根)。

曾经有一名学生,缺点很多,抽烟喝酒,上课不是睡觉就是讲话,自我控制能力极差。经过多次谈话后有明显好转。在转化中发现他也有不少优点,比如号召力强,体育成绩好。为此,给予他充分的信任,让他担任班干部,并身兼两职——体育委员和生活委员。他当上班干部后认真负责,每天的卫生安排得井然有序,组织的两操被学校树为典范。在今年的春运会中,他一人为班级争得了三项第一,同时班级代表队被评为文明代表队。由此得知:"信任出真诚。"

四、给奋斗者一份力量

在一个班级中,总会有不少的奋斗者,他们或挑灯苦读,或在赛场上挥汗如雨。这时,班主任的一句问候,一声鼓励,将会给他们力量,使之更加奋斗向前,因为"力量是毕生的乐趣"。

在学习上,有的奋斗者取得了好的成绩,给以表扬。还有一些学生,由于学习成绩差,知识有缺漏,他们常常很努力,却仍然得不到丰硕成果,对于这类学生除了给予最真诚的赞扬外,还要帮助他们找到原因。找到原因后,他们信心倍增,学习积极性就会更高。

每当学校组织竞赛活动,我都会为参加者叫一声"加油"。作文竞赛,奖优胜者一叠稿纸,让他们继续努力。英语竞赛获奖了,赠给优胜者一盒磁带,让他练习听力。运动会得奖了,亲自为刚从运动场上下来的学生送上一杯水,跑道边上和同学们一道喊"加油",学生高兴我高兴,学生叹息我叹息,学生感到老师与他们同呼吸共命运,就会更尊重老师,老师的话也更有号召力了。

五、给成功者一个赞语

每当学生获得荣誉时,我都会称赞他们。充分享有快乐的价值,必须有人共享。例如,我班学生王丽的《春梦》一文在《作文报》上发表时,我便在她的作文本上写下了一句赞语:"欣见报纸刊杰作,小试文笔展才华。"该生看到赞语后,非常高兴,学习语文的劲头更足了,中考语文得了117分。无论学生在哪些方面取得成功,我都会发自内心地称赞,给予最真诚的赞语。教师在学生的心目中自然成了"酒不醉人人自醉,花不迷人人自迷"。

"博爱总能征服一切。"让我们伴随着新课程改革的强劲步伐,千方百计地理解、信任、尊重、体贴学生,突出学生的主体地位,创建一个个充满爱的优秀班集体!

如何建设班集体是学校教育、教学的基本单位,是学生学习、生活、发展的直接环境。一个优秀的班集体对学生的良好发展会产生深刻的影响。然而,优秀的班集体不是自发形成的,它是全班学生和班主任,以及所有任课老师按照一定的教育目的和任务,根据一定的教育计划和要求,共同努力建设逐步形成的。班主任作为班级的组织者、领导者和管理者,在培养班集体的过程中担负着重大的责任。因此,建设班集体是班主任面临的重大课题,也是班主任进行班级工作的中心环节。

第一节　确立班集体建设的目标

班集体不是学生的简单集合。班集体的形成应该具备以下条件:有集体成员认同的共同目标;有坚强的领导核心;有正确的舆论和良好的班风;有健全的规章制度。班主任建设班集体就得按照班集体形成的条件,通过各种途径和方法,促进班级由松散阶段、散聚阶段,到形成阶段,再到成熟阶段逐级发展,使其成为一个良好的集体。[①] 班集体的形成和巩固是以共同目标为前提的。因此,要确立班集体建设的共同目标,使班级的全体同学有共同的努力方向,为实现共同目标而统一行动。

一、确立班集体建设目标的意义

任何组织和个人都有其奋斗目标。奋斗目标提得适当,可以使个人和集体有所向往,有所追求,对全体学生也有极大的引导和鼓舞作用。班主任开始接新班的时候,要着手给全班确立一个共同的目标,让班集体的每个成员有共同努力的方向。一个班集体有了集体的奋斗目标,在实现目标的过程中会产生激励效应,形成强大的班级凝聚力。每一个集体目标的实现,都是全体成员共同努力的结果,因而在实现目标的过程中能够分享集体的欢乐和幸福,从而形成集体的荣誉感和责任感。

二、班集体建设目标的分类

从时间上划分,我们可以把班集体建设目标分为长期目标、中期目标和近期目标。

(一) 长期目标

所谓长期目标,可以理解为班集体三个学年的奋斗方向。它具有概括性、全局性和根本性。通过长期建设,班集体具有健全的组织系统、严格的规章制度与纪律、强有力的领导核心、正确的舆论和良好的班风;能够正常地发挥其整体功能,有计划地开展各种教育活动,从而使班集体达到自我提高、自我完善和自我发展的目标。

(二) 中期目标

所谓中期目标,是相对于长期目标和近期目标而言的。它可以是一学年的,也可以是一学期的。多数情况下,中期目标包含在班级学年或学期工作计划的目标任务中,如把班集体建设成为学习先进班集体、常规管理先进班集体等。在个人道德行为方面:具有先国家和集体后个人的集体主义精神;养成艰苦奋斗、遵纪守法的良好行为习惯,以及较好的生活自理能力。在智力培养方面:具有正确的学习态度、科学的学习方法、良好的学习习惯,形成求实、探索、团结、进取的学风等等。

(三) 近期目标

所谓近期目标,可以理解为每阶段的教育所要达到的目的,如搞好课堂纪律、搞好卫生、做好课前准备等。此外,还应体现在每次精心设计的教育活动之中。开展教育活动的目的,是为了培养学生的集体主义精神和助人为乐、热爱劳动的优良品质,以及一定的组织能力和实际操作能力等。近期目标带有具体性和可操作性。

---

① 涂光辉等编著:《班主任工作技能》,湖南师范大学出版社 1997 年版,第 21 页。

新编班主任工作技能训练(第2版)

长期目标是组建班集体的最终目标。班集体的全部工作都是为了使全班学生朝着这个方向努力奋斗,但这是一个渐进的过程。这个过程要成为学生自我教育的过程,要使学生懂得:每一个集体目标的实现,都是全体成员共同努力的结果。这样,通过目标的制订与落实,全班同学心往一处想,劲往一处使,从而增强班级的内聚力和向心力。

案例 4-2

我的班级目标

南京十三中的校训是"志远行近"。"志远"是指"志在中华,志向高远,志在一流,志者必胜","行近"是指"行在脚下,行在今天,行在细节,行者必成","志远行近"体现了"大处着眼,小处着手"的理念,形成了"以学生为中心,提升学生的生命质量"的办学核心价值与奋斗目标。潘老师结合校训,在管理班级中提出了他的班级基本目标。

班级基本目标:一个中心、两个基本点、三个学会。

一个中心:以学习为中心。

两个基本点:纪律和卫生。

三个学会:学会做人、学会学习、学会处事。具体内容包括:

学会做人:道德上做个好人,学习上做个能人。

学会学习:学习上要不断进取,培养学习能力和创新精神,并要持之以恒。

学会处事:学会处理与老师的关系:听从领导,服从分配,一定不能做出出格的事。学会处理与同学的关系:大事讲原则,小事讲风格,坚持正确的舆论导向,使班级在一个良好的、正气的环境中发展。学会处理与父母的关系:孝敬父母,珍惜金钱,勤俭节约,为父母争光。

(南京市第十三中学潘旭东提供)

班集体形成的重要标志,就是有一个明确的目标。目标是班集体发展的规划,是班集体感召、教育每个成员的方向。确立一个好的目标,会显示出巨大的教育功能。班主任要针对班上目标不明确的现状,和学生一起制订不同时期的目标,并鼓励学生为实现目标而努力。

三、制订班集体建设目标的方法

班集体建设目标的制订,既要考虑社会发展的要求,也要考虑学校的具体培养目标和班级各方面的实际情况。党的教育方针,国家的培养目标,教育行政部门的政策法规、计划要求,是制订班级集体建设目标的依据。制订班级集体建设目标时,要防止把重点放在单纯追求升学率上,特别是毕业班,要防止忽视德育和体育、强迫学生单纯追求高分的倾向。

(一)根据学生特点,制订班集体建设目标

学生个体的成长有其自身的发展规律。为此,制订班集体建设目标时,一定要认真研究学生的具体情况,要遵循学生身心发展的顺序性、阶段性和差异性的规律。

七年级(初一年级)教育目标①

一、学生特点分析

1. 七年级学生处于从少年向青年初期发展过渡的阶段,具有半儿童、半成人的心理和行为,有独立意向,但单纯幼稚,易受成人和周围环境的影响,具有可塑性大、可变性强的特点。

2. 由于环境的改变,他们活泼好动、好奇心强的特点更加突出,期望、兴奋与紧张、不安交织在一起。他们渴望了解新学校、新老师、新同学,希望在新集体中被肯定。有些同学可能会因不适应而受挫,更多的同学会更加进取、自信,这是出现分化的前期阶段。

3. 大部分学生进入发育期,生理变化较大。

二、培育目标

(一)身体素质

形成锻炼习惯,做好"两操",认真上好体育课。能够科学用眼。

(二)思想品德素质

1. 关心国家大事,尊敬国旗、国徽,唱好国歌;升降国旗、奏唱国歌时,能肃立,脱帽,行注目礼,少先队行队礼。

2. 能适应新的学习、生活环境,有新的努力目标,初步掌握初中的学习方法,有良好的学习习惯。

3. 热爱集体,能自觉遵守学校和班级的规章制度。

4. 尊敬、理解师长,听从父母教导,对人诚实,友爱热情,有礼貌。

5. 认真做好值日生工作,积极参加家务劳动和校内外公益劳动。

(三)个性心理素质

个性活泼、开朗,能尽快地以积极心态适应中学生活,具有一定的自控力和自信心。

(四)智能素质

主动学习,积极思考,有一定的观察力、记忆力、想象力。

三、教育要求

(一)行为规范教育

帮助学生养成良好的生活习惯、学习习惯、劳动习惯和其他文明行为习惯,引导学生遵守《中小学生守则》和《中学生日常行为规范》,适应中学学习和生活,顺利地实现由小学到中学的过渡。

(二)集体主义教育

引导学生积极参加集体活动,增强集体荣誉感,树立集体主义观念。

(三)学习目的与态度教育

引导学生珍惜学习时间,改进学习方法,培养优良学风,认识到学习是学生的基本职责。

(四)热爱民族、热爱祖国教育

引导学生了解中华民族精神的基本内容及具有代表性的人和事,树立民族自尊心和自豪感,产生热爱家乡、热爱祖国的热情和行为。

(五)青春期教育

帮助学生初步了解初中阶段学生身心发展特点,进行生理卫生和心理卫生指导,为学生健康地

---

① 王卫主编:《班级,我们生命的沃土——中学班级常规建设指南》,江苏教育出版社 2005 年版,第 23 页。

进入青春期打下良好的基础。

四、具体教育目标

（一）阶段一：秋季开学至期中考试

[主题]迈好中学第一步

[要求]帮助学生从思想上、心理上、学习上、生活上和行为方式上适应中学的要求,顺利完成从小学到中学的过渡

[内容]

1. 了解研究学情,组织好入学教育

(1) 走访学生家庭、过去的学校。

(2) 建立学生成长档案。

2. 组建班集体

(1) 制订班级和个人发展目标。

(2) 建立组织机构。

(3) 制订班规、班级制度。

(4) 研制活动计划和方案。

(5) 建设班级物态文化环境(如墙报等)。

3. 行为规范教育

(1) 进行校风校纪教育。

(2) 严格进行日常行为的训练和管理。

4. 开展"为祖国而自豪"的系列教育活动,结合国庆等节日,宣传民族精神

5. 进行学习指导

(1) 帮助学生适应中学的学习要求,培养学习习惯。

(2) 指导自习课和选修课的学习。

6. 形成家校沟通的合力

(1) 进行家访,了解学生成长背景。

(2) 开好家长会,介绍初中教育、教学特点和要求。

（二）阶段二：期中考试至寒假生活

[主题]做学习的主人

[要求]帮助学生树立正确的学习观,养成良好的学习习惯

[内容]

1. 营造班级学习氛围

(1) 进行学习常规教育。

(2) 组织学习方法讲座和介绍学习经验。

(3) 进行考前指导和考后分析。

(4) 表彰先进,帮助成长中暂时有困难的学生。

2. 开展系列教育活动,如进行热爱家乡、热爱祖国的教育,结合"一二·九"进行革命传统教育,组织庆祝元旦活动等。

3. 指导家庭教育

(1) 组建班级家长委员会,密切家校合作。

(2) 召开家长座谈会,交流家教经验。

4. 合理安排寒假生活

（三）阶段三：春季开学至期中考试

[主题]学会关心,体验关爱

[要求]帮助学生学会关心他人,热爱集体,在活动中体验关爱情感

[内容]

1. 班级文化建设

(1) 总结上学期工作和寒假生活,如举行寒假生活汇报会等。

(2) 确立新学期班级工作目标,如制订班风、班歌、班徽等。

2. 开展"心中有祖国、心中有集体、心中有他人"系列教育,在学榜样人物活动实践中体验关爱情感

3. 加强学习指导

(1) 引导学生总结学习得失,寻求适合自身的学习方法,养成良好的学习习惯。

(2) 学习方法咨询介绍。

(3) 进行文明考试教育。

4. 开展青春期教育活动

(四) 阶段四:期中考试至暑假生活

[主题] 我与集体共成长

[要求] 引导学生正确处理好个人与同学、个人与集体、个人与社会的关系,维护集体荣誉,做集体的主人

[内容]

1. 开展争创优秀班集体的系列活动

(1) 开展"我为班级作贡献"主题教育活动,培养学生主人翁意识,建立稳定的班集体。

(2) 开展文明班级争创活动。

(3) 评选班级多项标兵和星级人物。

(4) 进行"最佳中学生形象设计"、"青春最美"、"生活中的强者"等主题的讨论。

2. 进行学习指导

(1) 学习反思习惯的培养。

(2) 经验交流。

(3) 复习迎考心理疏导。

(4) 学习力的训练和培养。

3. 安排暑假生活,指导学生进行社会调查

在以上案例中,班主任敏感地意识到学生进入新环境以后,在生活、学习上都需要适应,因此将教育目标定位为组建集体、加强学习指导等方面。同时,考虑到学生处在半儿童、半成人的特殊阶段,将青春期教育纳入教育目标中。

案例 4-4

高三百日宣誓

这是一所普通高中的平行班,在经历了高三整整半年的题海战术后,学生身心疲惫,有的学生在经历了一模的失败后,有种茫然感。通过高三百日宣誓活动,当学生在班级中大声地喊出他们的口号时,高考的压力转化为他们无穷的动力。他们的学习热情被这一个个激励人心的口号所激发,他们的血液又开始沸腾,原本有些麻木的他们又变得活力四射,原本消极的孩子又看到了希望,那些成绩优秀的孩子更加充满斗志。百日宣誓是人生难得的一种经历,是压抑后的一种爆发,让我们用心点燃孩子们的梦。

1. 不为失败找借口,要为成功找方法。

新编班主任工作技能训练(第2版)

2. 让结局不留遗憾,让过程更加完美。

3. 努力造就实力,态度决定高度。

4. 把握现在就是创造未来。

5. 再苦再难,也要坚强,只为那些期待的眼神。

6. 什么是不简单? 简单的事做好就是不简单;什么是不平凡? 平凡的事做好就是不平凡。

7. 人活着要呼吸。呼者,出一口气;吸者,争一口气。

8. 心无旁骛,志在必得。

9. 六月里,我们去飞翔!

10. 万米长跑功在百步冲刺,十年磨剑全凭一日开锋。

11. Hew a stone of hope out of the mountain of despair and you can make your life a splendid one!

12. 从绝望中寻找希望,人生终将辉煌!

13. 不要被看不见的打败,不要被看得见的迷惑!

14. 生命中最快乐的是拼搏而非成功,生命中最痛苦的是懒惰而非失败。

15. 细节决定成败,细心赢得未来。

16. 不抛弃,不放弃。

17. 生活的理想,就是为了理想的生活。

18. 真正没有资格谈明天的人,是那个不懂得珍惜今天的人。

19. 欲速则不达。

20. Nothing is impossible for a willing heart.

21. All things are difficult before they are easy.

22. 全力以赴的最大障碍是自以为全力以赴!

23. 每天收获小进步,积累起来就是大进步;每天收获小幸福,积攒起来便成大幸福。

24. 凡事自下决心并动手做那一刻起,难度已经降低了30%!

25. A man, like a watch, is to be valued by his manner of going.

26. 请珍惜和同窗好友最后的拼搏时光! 伴着汗水它将被铭记!

27. 勇于正视自己的缺点并从中站立起来的人才是生活的强者!

28. 对于不能逃避的事情,要尽早地积极地面对!

29. 再短的时间也会像机器猫的口袋,从中可以制造出一切奇迹!

(南京市建邺高级中学袁子意提供)

(二) 根据班级特点,制订班集体建设目标

制订班集体建设目标以前,要深入调查研究,摸清本班的主要问题或带有普遍性的问题,为制订班级教育目标提供现实的依据。首先,对班级内部各因素进行具体分析。就学生而言,要分析学生的总体精神面貌,包括班级学生的人数及各层次人数的比例,学生身心发展的总体水平和学生的心理倾向;学生个体的性格特点、能力水平、爱好特长,在班级中的地位、作用和影响力,等等。就班级集体而言,要分析班级集体在学生心理上、行为上的影响力、凝聚力;集体舆论、规范对个体的调节作用;班级人际关系及相应的心理气氛等状况;学生群体的行为倾向特点及其趋同心理倾向和愿望,等等。班主任平时要多观察,多记录,养成写班级日记的习惯,并及时总结、分析,以便在学期开始时制订出最佳的班集体建设目标。

不同的班级有不同的班集体建设目标。如一个学习成绩落后于平行班的班级,班主

任应该把培养学生的学习态度、形成良好的学习氛围作为重中之重,通过多种形式营造浓厚的学习气氛。而一个只知道学习、缺乏活力的班集体,则应该多开展一些文体活动,带领学生多参与社会实践,给学生提供丰富的校园生活。在班集体建设目标提出以后,班主任要反复地讲解、动员,使目标逐步转化为学生自觉的行动。

案例 4－5

在恰当的时间提出恰当的口号

高三时我接手了一个问题班级,班级中的大部分学生学习目标不明确,班级自我期待很低,因而学习动力不足,凝聚力几乎没有,整体氛围就像一盘散沙。按我带班的经验,问题学生之所以不想学,成绩差,上课出问题,关键还是心态上出了问题,于是我给学生上了节人生理想课,分析了三个层次的人生状态:

第一层次

通过最后一年的努力,拼命上一所自己能考上的大学。

大学里,再拼搏四年,为自己能够找到一个好工作打下良好的基础。

工作后,为实现自己的理想而努力奋斗终生。

第二层次

这一年,收收心,多在学习上花一些精力,力争考上一所公办大学。

上大学后,第一、第二年学学,把该考的证书考到,第三、第四年玩玩,让自己的大学生活"丰富多彩"。

找一个舒服的工作,过"小资生活"。

第三层次

这一年继续混下去,没有目标,没有方向。把老师气走,骂哭,把二班糟蹋成一个名副其实的垃圾班。

综合考试不通过,做一个"家里蹲"大学的高才生,或是国外民办大学的摇钱树,把父母的血汗钱往水里扔。

继续再混下去,"白了头,空悲切"。

通过交流,没有人愿意选第三层次的人生。从大家的表情可以看出,不少学生开始为自己的前途担忧了,但学生们的困惑是:现在好好学习,来得及吗?我回答:"任何人,任何时候,只要想学习了,都来得及。"我接着举了上几届学生成功的例子,都是从几乎不学习转变为刻苦读书的,虽然没有都考上大学,但都经历消极地对待人生到积极地面对人生,从而体会到了人生的乐趣,这是他们在高中的最大收获。另外,在第一次家长会上,我提出的"上公办,省三万"的口号触动了不少家长的心,原本对孩子的学习成绩不抱希望,准备筹钱让孩子上民办大学的家长,在我的口号提出后,决心帮助孩子向公办大学的目标拼搏。

（南京市建邺高级中学袁子意提供）

（三）及时调整班集体建设目标

班集体建设目标体现了班主任对班级学生成长的期待,是班主任对培养什么样的人的直接体现。然而,班集体建设目标并不是一成不变的,要根据学生的情况变化及时地进行调整。

三次制订班级计划的启发

记得第一次与卢老师和李老师谈起我新接的三(3)班新学期计划时,我讲了自己在暑假里初步拟定的几个活动的构想:让三年级学生做一日小校工、一日小班主任、一日小辅导员等,通过这些活动,让学生体验到他人的辛苦、尊重他人的劳动。但是,两位老师提醒我:"这个活动是你自己想搞的,还是学生想搞的,任何活动只有学生自己想搞,才会有效果,有生命力。"是呀,我做了好些年班主任,搞了无数次班级活动,每次几乎都费尽心思,却并不都是成功的。现在想来,终于明白:以往我精心设计的有些班级活动,如"让我们设计我们的家",因事先经过充分的调查,了解学生的需求,故很有效果;而有些班级活动是参照别人的实验,自己苦思冥想出来的,如"我为环境出金点子",尽管花了许多精力,但学生并不热情。

于是,我改变了"想当然"的思维模式,沉到学生中间进行调查。我从学生的现状入手,先向前任班主任了解情况,接着召开学生座谈会,举办主题队会"进入三年级,我想……"。我弄清了本班学生大多数认为自己的学习成绩和运动能力都不行,对自己的班级也没信心。我让他们向我介绍——说说自己的班级怎么样? 自己怎么样? 学生们回答:我们很差的,我们不行……这些情况,使我痛心:一个班级的学生如果有这样强烈的自卑心理,怎么拼搏? 怎么进步? 老师与家长的帮助只是外力,重要的是必须激发他们的内力。只有让他们树立起自信心,整个班级才能健康地成长。那天,我和学生一起讨论了许多。由于三(3)班的班徽是"小青蛙",我就提议用"呱呱叫"作为班级目标。孩子们被我的童心之语所感动,纷纷发表自己的意见,热情地建议改为"顶呱呱",这个"顶"字表达了他们不甘心居于人后的心情。我立即赞成。最后,制定出班级的目标是"我们顶呱呱"。

我正式设计了一份班级计划,每个活动都紧扣着"顶呱呱"来搞,每个月都有主题。说心里话,当时我自己还是挺满意的。谁知道,两位老师一针见血地指出:这份班级计划的主题与设计思路是从学生那里来的,但具体活动的安排并没有真正围绕"让学生成长"这个主题开展。我仔细地审视自己的"杰作",终于认识到:由于长期的思维惯性,我还是习惯于按照学校总体德育计划和大队部下发的计划来安排班级活动。因此,班级的活动就像学校活动的拷贝,没有自己的特色,更谈不上对学生个体成长的"因材施教"。

我再一次到学生那里,让他们谈谈从哪方面入手最容易达到成功? 当时正好召开校运动会,许多学生提出先争取在运动会上顶呱呱的建议。这个建议棒极了! 在运动会上,大家互相鼓励,通过拼搏获得了12张奖状。接着,一些学生提出要学习顶呱呱、发言顶呱呱……根据他们的意见,我考虑到三年级学生的心理,把大目标分解成小目标,一步一步地解决班级所存在的问题,如9月份开展作业认真完成顶呱呱,10月份开展作业书写端正顶呱呱,11月份开展作业速度顶呱呱等等。这份计划比前份有进步,但很快暴露了一个重要的问题:我只顾班级活动,而忽视了班级的日常管理工作,没有把班级的主题活动和日常工作结合起来。这说明,我设计计划时仍然没有真正考虑到学生的全面成长,还是在"纸上谈兵"。

我又一次修订了班级计划。这次班级计划,一是注意把班级的日常管理与教育和班级的主题活动有机地结合起来。班级日常管理与教育其实也是一种"虚主题"活动,可以培养学生养成良好的习惯,对人格的形成具有重要的作用,正因为是日常,所以会影响到"常日"。二是,我把班级的环境建设、考评活动和主题活动有机地结合起来,尤其在班级文化建设上下功夫。我努力把教室环境变为一种有效的育人氛围,产生一种"软效应"、"长效应"。

通过几次制订计划,我认识到:班级工作目标的制订必须来自学生,要从学生的实际出发;主题活动的设计也要来自学生,应时刻关注学生成长过程中出现的问题,把问题当作活动的主题并予以解决。实践使我真正领悟到什么是"把班级还给学生,让班级充满成长的气息"。在今后的日子里,我要时时关注学生的生命成长,努力让自己的每一个教育设计都体现出生命的价值。

(上海市闵行区华坪小学　陆　敏)

在以上案例中,这位教师三次修改班级计划,每一次都有新的收获。我们由此看到,一份好的班级计划应该以学生为本,以学生的健康成长为最高目标。

第二节　构建班级和谐的人际关系

建立丰富、和谐的人际关系是现代班集体建设中一项极为重要的工作。无论是班级集体意识、凝聚力和自觉纪律的形成,还是学生在集体生活中个性是否健康发展,都与班集体人际关系有着十分密切的关系。透过班集体的人际关系,可以使我们更为深入地理解班集体与学生个性发展之间相互作用的内在机制,有利于提高班集体建设的科学性和实效性。

一、班集体人际关系的概念[①]

所谓班集体人际关系,是指班级集体成员在班级生活和交往中所形成的人与人之间的各种直接关系的总和。班集体人际关系既是一种涵融道德、责任、价值、规范的社会关系,又是一种体现集体成员之间情感、认识、态度、行为互动的心理关系。对于集体的每个成员而言,这种关系是一种真实的、完全可以感觉到的文化心理环境,是班级生活中不可缺少的有机组成部分。具体而言,从人际关系建构的主体来看,班集体的人际关系包括:师生关系、生生关系、学生个体与集体、学生群体与群体,以及班集体与学校、社会各方面的关系等等;从人际关系的性质来看,班集体人际关系包括:公务性关系和非公务性关系。公务性关系是指由班级工作和制度所规定的角色关系。前苏联教育家马卡连柯曾把它称为"责任依从关系";非公务性关系则是指集体成员自发的以满足个性化需要为目的的交往关系。在现实班级生活中,这两方面的关系往往是相互影响且有时是不能截然分开的。如在班级公务活动中也会产生各种自发的非公务性交往关系;学生在集体中的非公务性关系也总会受班级公务性关系的影响。班集体人际关系是一个有机的系统,它不等于各个成员之间人际关系的简单相加,而具有与个体之间人际关系不同的系统的性质、特点与功能。在班集体人际关系系统中,师生关系是一种主导性的,甚至是起决定作用的关系。

二、班集体人际关系的基本特征

众所周知,班集体不是把几十个学生简单组织起来的结果,而是随着班集体人际关系系统不断丰富、优化和完善的产物。班集体建设和发展的水平较为集中地反映在集体人际关系水平上。一般而言,班集体人际关系应具有以下一些基本特征:

---

① 胡麟祥:《班集体的人际关系及其建设》,《中国德育》2007年第12期。

新编班主任工作技能训练(第2版)

1. 丰富性

丰富性是指班集体人际关系所蕴含的内容和角色关系的丰富性。班集体人际关系是在各种集体活动和交往中形成的，由于集体活动和交往在内容、方式、情境、角色、对象上的多样性，因而，在此基础上形成的集体人际关系必然承载着丰富的文化内蕴；班级集体人际关系中的角色结构是丰富的，每个学生都在集体生活中扮演着各种不同而有价值的社会角色，能从中获得丰富和积极的体验。同时，班集体还与学校、社会生活各方面建立了必要而丰富的联系。正是这种丰富的人际关系为班集体发展提供了不竭的动力和精神发展的源泉。

2. 开放性

开放性是指班集体人际关系形成一个动态开放的系统。班集体本身是一个微观的社会体系，班集体人际关系系统是学校、社会关系系统的有机组成部分。班集体良好的人际关系不单是指内部成员之间关系的和谐，同时，也指班集体与学校各方面（如与教师集体、兄弟班集体，甚至包括门卫、食堂工人等等）、班级家长群体、社区机构、社会精英等建立的积极的有利于促进学生发展的关系。并且，随着学生发展的需要，集体的人际关系也在不断地自主建构和调整。

3. 协调性

协调性是指班集体人际关系具有自我调节的功能。一个良好的班集体不仅应当具有和谐的人际关系，还应具有调节集体自身人际关系的能力。当集体内发生人际矛盾时，集体总会有代表人物出面，通过协商、调解和建设性的舆论，解决集体面临的人际矛盾。当集体发生严重的冲突时，能在教师引导下，以集体主义、以人为本的原则解决问题，并把集体问题解决作为学生集体进行自我教育的过程。

4. 相融性

相融性是指班集体中各种不同个性的学生之间能心理相融，和谐相处。班集体中的每个学生都有不同的个性和各自的不足，但集体成员之间总能真诚相待，相互接纳，集体中充溢着愉悦的心理气氛，在班级的各项活动中表现出较强的团结性和凝聚力。每个学生都能在集体关系系统中扮演自我满意的角色，体验到集体生活的意义和乐趣。

5. 参照性

参照性是指集体成员能把集体人际关系蕴含的精神和规范作为自己行为的参照标准，即集体成员能从内心把自己当做班集体的一员，积极地参与集体生活和交往，自觉地维护集体人际关系的和谐。每个学生在集体人际关系系统中占有各自有利的位置和角色，并能得到集体的积极期望。

三、班集体人际关系的教育价值

班集体良好的人际关系一经形成，其本身就成为一种独立而自觉的教育力量，对提高班级教育教学活动效能、促进班集体建设、发展学生积极健康的个性有着十分重要和特殊的意义。班集体人际关系的教育价值在于：

1. 涵育人文精神。班集体良好的人际关系本身蕴含着积极向上、尊重友爱、民主平等、相互帮扶等丰富的人文精神，并且成为集体成员行动的内在规范，当师生置身于集体生活之中,既受到人文精神的熏陶,又能在集体生活和交往中潜移默化地践行、养成人文关怀的品行。

2. 丰富成长环境。人的发展过程,也是人的关系不断丰富和发展的过程。班集体丰富开放的人际关系为每个学生提供了巨大的发展可能性。其一,班集体人际关系承载的人文关怀为每个学生的发展提供了巨大的精神支持,能唤起学生发展的内在动力。其二,班集体良好的人际关系是学生最为重要的心理环境,它可以满足学生基本的心理需要,维护学生的心理健康。其三,班集体良好的人际关系为每个学生建构自己积极、健康的人际关系系统创造了有利的条件。学生正是通过介入集体关系的过程逐渐建构起自己日益丰富的人际关系系统的。通过参与集体生活,学生与学校、社会建立了更为广泛的联系。其四,通过班集体丰富的人际关系,学生可以了解各种书本上没有的知识信息,学习他人有益的生活经验,习得各种社会交往的规则和技能。

3. 优化教育过程。学校的教育教学活动主要是以班级为基础,并以集体人际关系为背景展开的。班集体和谐的人际关系可以为教育教学过程创造良好的群体心理氛围,从而提高师生、生生之间沟通的效率,为教育教学活动提供不竭的动力,有利于落实新课程三维课堂教学目标,有利于把教育要求转化为学生发展的需要,从而提高教育教学的实效性,使师生共享教育教学活动过程的乐趣。

4. 促进集体建设。集体不同于一般组织的重要特点,就是具有和谐的人际关系,正是丰富、和谐的人际关系使集体拥有了自己鲜活的群体心理,拥有集体的意识、舆论和凝聚力,才使集体的精神生活变得丰富多彩,从而为集体主体性的发展提供了坚实的基础。因此,班集体人际关系的建设是班集体建设的关键。班集体人际关系的水平实际上反映了集体发展的水平。正是在这一意义上,可以说,人际关系是班集体建设的真正的对象和手段。

第三节　选拔和培养班干部

一、民主选拔班干部

民主选拔班干部,既有利于充实和完善班干部队伍,又有利于培养学生的民主思想、主体意识,调动全班学生参加班级活动的积极性。由于班干部是通过学生民主选举产生的,所以能得到学生的信赖和支持,这有利于他们创造性地开展班级活动,也有利于增强班集体的凝聚力。具体做法是:

选拔班干部一般在班会上进行。开班会时,班主任首先要发动全班同学讨论班干部的标准。要让每个学生发言,说一说对班干部的要求和希望。在大家充分讨论的基础上,班主任总结出班干部的标准,即学习好,有较强的学习能力;身体好,平时积极锻炼身体;有较强的组织能力和口头表达能力,以便开展班级工作,组织班级活动;思想品德好,能关心他人,真心实意地为同学和班集体服务。

接着,进行选举工作。选举前,可让每个小组推选一人,组成班干部选举筹备小组。筹备小组负责选票制作、点票、唱票、记票、监票和宣布选举结果等工作。选举开始前,筹备小组组长要向班主任汇报准备工作的进展情况,以及筹备小组成员和班级同学对于选举工作的意见和建议,便于班主任对原来的工作安排进行及时的调整,并随时做好学生的思想工作。各小组根据班干部标准讨论提出候选人。然后,由班主任宣布各小组提出的候选人名单。各小组提出的候选人要超过应选班干部人数的一倍甚至两倍,以便实现差额选举。投票前,班主任要向全班同学提出要求:(1)坚持干部标准;(2)注意班委结构和男女生比例;(3)必须填满所要选出的班干部人数;(4)如果学生不同意小组推出的候选人,可填上自己认为合适的人选;(5)正式投票选举应采用无记名投票;(6)投票选举是学生的神圣权利,应郑重地投上自己的一票。如果候选人较多,投票选举后发现得票最多的前几名学生有的不超过半数,可取前几名,但比要选的班委会成员人数多一两名,然后再次进行投票选举。

投票结束后,由筹备小组负责人或班主任当场宣布选举结果,以增加透明度。当选班干部要向全班同学讲话,介绍自己对班级工作的设想。班主任接着发言,充分肯定民主选举方式和选举筹备工作小组的成绩,肯定当选班干部的优点,号召同学们尊重自己选举产生的班干部并支持他们的工作。最后,班主任召集当选班干部开会,明确分工,各负其责。班主任要积极听取新任班委干部的意见和建议,使他们心情舒畅地走马上任。

二、有计划、有步骤地培养班干部

班干部选拔产生以后,班主任大量的工作便是培养、指导和提高班干部独立工作的能力。培养班干部可从以下几方面进行:

(一) 摸清班干部的思想脉搏

通过谈心、家访,了解班干部的内心活动,从中加以分析、引导,纠正可能产生的"当干部不划算"、"吃力不讨好"等消极情绪,使他们懂得当好班干部不仅是学校对自己的要求,也是全班同学对自己的委托和信任,以培养其愿意为大家服务的意识。

案例 4-7

班级网络图与班干部职责[①]

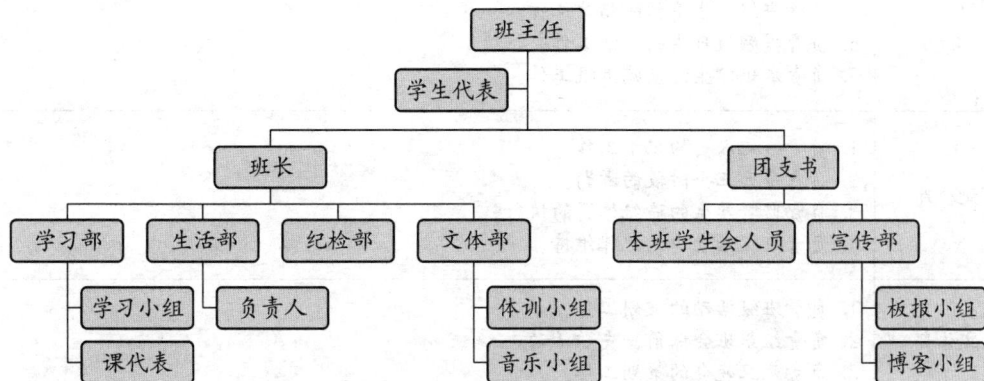

---

① http://blog.sina.com.cn/s/blog_5d12e36a0100axvc.html。

首先班会课民主选举班长和团支书。要求一男一女。

然后由班长和团支书提名各部候选人员,由班主任和二人共同选出各部门部长。

学习部部长学习成绩总分必须在年级前100名。

学生代表由三人构成:一人为走读生,一人为男生住宿生,一人为女生住宿生,三人要求不能在同一组。

班长和团支书任期为一学期,各部长和小组长、负责人任期一个月,如考评不合格则辞退,表现优秀者作适当奖励。

班委整个班子的成绩由班主任和学生代表考核。

各部门职责:

职务	职责
班长	宏观工作:协助班主任做好各项工作,并协调好班干部做好各方面的工作。 具体工作: 1. 每两周组织一次班务总结会,时间为周四傍晚。 2. 每周周四下午第四节课组织召开常规班干部会议,邀请班主任参加。 3. 每天早上早读前组织学生整理书籍及宣读活动。 4. 监督各部门的工作情况,并予以记载和评价。
团支书	宏观工作:负责团委工作,把学校团支部工作及时传达给同学们,并组织开展团委组织的活动,协助班长干好班级事务。 具体工作: 1. 班级团员的建档工作。 2. 审核学生会人员的工作请假。 3. 班级学生的建档工作。
学习部	1. 负责指导学习小组的工作安排,与任课老师经常联系,了解班里的学习状况,把同学们的意见及时传达给老师,同时配合其他班干部做好各方面的工作。 2. 负责小组组长工作成绩的考核。
生活部	1. 负责监督负责人对工作是否认真,对不认真者可决定批评、惩罚甚至撤换。 2. 负责收取学杂费、书费、班费等班级各项费用。 3. 负责班费的保管及记好班费往来账目,并于必要时向同学们说明。 4. 负责每天晚自习后将次日的值日生名字写在黑板右上侧。 5. 负责班级卫生清扫的指导工作。 6. 负责提醒值日生的保洁工作。 7. 负责本班学生的疾病上报工作。
纪检部	1. 负责违纪人员的记录工作。 2. 负责每天三个时段的考勤。 3. 负责监督学生的违纪惩罚的执行。 4. 负责班级活动中的纪律维持。
文体部	1. 负责班级活动的策划工作。 2. 负责组织班会课前一支歌活动。 3. 负责元旦晚会的策划工作。

职务	职　责
宣传部	1. 负责指导班级黑板报工作。 2. 负责指导班级博客的管理工作。 3. 负责班级文化建设。 4. 负责班级活动通讯稿的撰写。
学生代表	1. 负责监督班干部的工作情况。 2. 负责参与班级事务的决策，了解学生的生活和学习问题并及时与班主任联系。 3. 有对班团组织进行考核的权利。
小组长	1. 负责指导本组成员的学习。 2. 负责本组的清洁卫生工作。 3. 负责作业本的收发工作。 4. 负责本组成员的团结。 5. 负责促进组间的竞争和合作。
课代表	1. 负责本学科老师委派的任务，例如：收发作业、收发试卷、准备课堂用简单的教具、协助老师做演示实验、帮助老师做分组实验的准备工作等。 2. 听取同学们对任课教师教学的意见和建议，并及时向学习部反映，学习部将意见和建议汇总给任课老师。 3. 协助老师调查、了解、分析本学科学习极端后进同学的困难、障碍，并尽力帮助其排除一部分。 4. 更深地了解任课老师的意图，教学的风格、特点，及时向同学们介绍，使同学们尽快适应教法。 5. 每次月考分析本学科成绩，并及时报学习部汇总。
负责人	1. 开关门： （1）每天定时开关门。 （2）每天关门前负责将窗户、灯和电扇关闭。 2. 卫生角： （1）负责卫生角扫把、拖把、鸡毛掸子摆放整齐。 （2）负责垃圾箱外部的整洁。 3. 讲台： （1）负责讲台台面的物品摆放整洁。 （2）负责讲台内部物品合理摆放。 4. 饮水机： （1）负责每天将桶装水摆放到饮水机旁。 （2）负责饮水机的清洁、消毒、保养工作。 5. 体育课负责人： （1）负责协助体育老师上好体育课。 （2）负责集会的整队。

（二）培养学生当干部的热情

集体活动是培养班干部的重要途径。主题班会、节日庆祝会、校运动会、体育竞赛、春游、社会调查等，都是班干部展现其才干的舞台。在这些活动中，应当让班干部在"台前"亮相，而班主任在"台后"指导。这样，就会不断增强班干部的积极性和为集体服务的热情。班主任在实际工作中予以指导，是培养班干部的主要方法。

案例 4-8

打造高效率的班干部队伍①

经常有人把班主任、班干部及学生三者之间的关系比作伞柄、支架和布。一个再好的伞柄，如果没有支架的支撑是无论如何也撑不起一片天空的。走进一年级教室，才深深地感到小干部培养的重要。那么，如何才能培养这样一支高效率的班干部队伍呢？

诀窍一：信任，给孩子舞台

一二年级的孩子纯洁、自信，每个孩子都充满热情和渴望。所以在学生的倡议下，我决定让学生人人有岗位，个个是干部。在岗位确定时，同学们热情很高，每个岗位都有好几个人竞争。据此，班级又设定了值日班长轮换制。而一旦确定了值日班长，就要放手让他们去开展工作，去管理班级，不能事事代劳（当然可以提供一定的咨询）。没有做过班干部的学生需要这样一个自由发展的空间来表现自己，在工作中发现自己的成功之处和不足之处，从而逐渐改进，提高能力。

特别令我满意的是我们班值日班长的轮流制度不是学生选举也不是班主任任命，而是承传古代的禅让制，由上任值日班长托付给他认为值得信任的同学。这样，在诚信机制的控制下，本着对班级负责、对同学负责的善心，孩子们的积极性空前提高，争取自己能早日得到别人的信任，当上名副其实的班干部。整个班级的学风、班风都得到自发性的提高。

诀窍二：鼓励，送孩子自信

小干部毕竟还是"小"，他们开始时热情很高涨，但对一件事的注意力和兴趣不能持久，教师要不断地想办法去激励他们。

我从有一定班主任经验的老师那儿学到了给学生戴高帽子的方法来培养班干部。在开展工作之初反复激励他们，让小干部保持一种工作的热情，并逐渐学会工作，这一方法对从未做过班干部的学生非常管用。我们班的几个得力小将基本都是从这条路上起步成为出色的班干部的。

但长期使用这个方法，我发现并不得心应手，究其原因，主要是自己在时间和场合上把握得不够好。经常在公共场合给班干部戴高帽虽然可以激励班干部的斗志，但是无意中也会引起另外一部分学生的不满情绪，认为老师过分夸大班干部的作用。那么教师就要由公开场合逐渐变为地下工作者，等这个同学在地下受到高帽的催化，整个状态得到基本提升后，再在公开场合进行表扬，这样更加确立了班干部在同学心目中的地位。

诀窍三：鞭策，让孩子平等

"响鼓更需重槌敲"，班干部不仅有管理作用，还要有榜样作用。所以对班干部应该严格要求，特别是班干部犯了错误，或与同学发生矛盾时，班主任要一视同仁，要强化班干部的服务意识，要求班干部对同学"一视同仁"。

一次，班长在常识课上，不小心将前面同学的裤腿勾了下来。潘同学就和几个同学起哄，一直说他是大色狼。班长异常气愤，仗着自己人高马大，把同学一顿好打。两个孩子都哭丧着脸来到我这儿评理。听完事情的经过，我把班长狠狠地批评了一顿，并要求他在班级作检讨。当他作完检讨后，我才扶住他的肩膀告诉全班同学：做了错事能改正的班长才是我们真正的好班长，我们相信我们的班长绝对不会犯同样的错误。同时，我又针对性地对起哄的同学进行严厉的批评，让他们知道班长做得并没有错，只是用了过激的方法。孩子们看在眼里，记在心里，明辨了是非。班长知道自己永远和别人是平等的，甚至要比一般的同学想得更加周全。

① www.teacherclub.com.cn/tresearch/a/1974037698cid00001。

诀窍四：方法，扶孩子管理

低年级孩子的特点是热情高涨，遇到挫折的时候却很容易沮丧。这个时候班主任应该指出一条明路，教他们一些工作方法和技巧，扶着他们走好班级管理的每一步。

班干部管理班级的关键是抓好"第一次"。一个新的班集体组成以后，对于新产生的小干部来说，会遇到一连串的第一次——第一次组织早读，第一次带领学生劳动，第一次组织课外活动等。在"第一次"前，班主任要耐心指导，手把手地教。年级越低，越得细心指导。比如，第一次早读，班主任要告诉班长提前准备早读的内容，提早十分钟到校，先将早读的内容和要求抄写在黑板上。等同学们陆续到校后组织上早读，个别同学学习有问题要耐心解答，对纪律有问题的同学要先暗示，后提醒，尽量不发生冲突。早读结束后要进行小结。班干部有了一些工作实践经验以后，班主任可在各种具体工作之前，请小干部提前设想，提前安排，自己充当参谋。比如，班里组织大扫除，班主任先请班干部谈谈具体想法，有没有第二个方案？……像这样，经过班主任耐心引导，班干部会逐渐成熟起来。班干部有了一定的工作能力后，班主任应放手让他们大胆地工作。当然对于低年级孩子来说，放开手让孩子管理班级并不是撒手不管，班主任可定期召开班干部例会，让班干部互相交流经验，开展批评和自我批评。班主任要大力表扬敢于管理、独当一面的班干部，在班干部中形成比、学、赶、帮、超的局面。

"一分耕耘，一分收获"，只要用心去做，我想我们都会摸索出更多培养小干部的好方法，让班级管理井井有条，让班主任每天都能微笑。

（三）处理好学习与工作的关系

班干部上任以后，班主任要帮助他们做抓紧时间的"有心人"，使他们处理好学习与工作的关系，做到既善于工作又善于学习。对一些学习上存在困难的班干部，班主任要发挥任课教师的作用，对他们进行个别辅导，使他们逐步闯过学习上的难关，坚定当干部的信心。

（四）支持、鼓励并发挥班干部的特长

俗话说："疑人不用，用人不疑。"班主任要充分相信班干部，放手让班干部开展工作。这并不是说班主任放任自流，而是在宏观上加以指导和调控，使学生干部各司其职，各负其责，做到班内事事有人管、人人有事做。班主任要从烦琐的班级事务中解脱出来，花时间和精力提高学生干部的能力。对班干部既要交给任务，又要教给方法；既要热情鼓励，又要严格要求；既要在培养中使用，又要在使用中培养。支持、鼓励并发挥其特长，是使用班干部的主要方法。

三、班干部定期轮换制与班干部全员制

班干部定期轮换，是给学生的自我表现提供机会。学生当干部，既是工作的需要，也是成才的途径。每个学生都有成才的愿望，而学生干部总是少数。实行班干部定期选举轮换，可以使更多的学生自我表现，得到锻炼和发展；也可以使多数学生有为同学和班集体服务的机会，增强管理能力、组织能力和竞争意识，从而使班集体充满生机与活力，形成生动活泼的局面。实行班干部轮换制，能极大地调动学生自我管理的积极性，使学生不断完善和提高自己；使更多的同学投入到班级管理中，切实担负起班级主人的责任，并在班级中得到全面发展的机会。这样有助于形成一个充满活力、朝气蓬勃、积极向上的班集

体,使大家在一个和谐温暖的环境中共同学习和进步。

案例 4-9

班干部全员制

所有学生都应该有机会做班委,参与班级管理。这样能让所有的同学发挥自己的潜能和才干,做到自己的事情自己做,大家的事大家管。

具体做法是:首先了解学生想当什么班干部,在组班时可按学生的要求安排其担任相应的职位,当然也可以适当调整。比如,劳动委员是最苦最累的,如果有四个同学想当劳动委员,就安排四个劳动委员,让一个劳动委员负责一周,四人轮流负责。这样既可减轻只有一个劳动委员的压力,还可以让四个人带领四个小组展开竞争,大大提高工作效率。又如,开展各项活动一直是班主任比较头疼的事,如果设置5—6个文娱委员,在搞班级文娱晚会时,可以要求每个文娱委员负责1—2个节目,并对所组织的节目进行评比。还有,高考科目的课代表可配2个,实验较多的学科可配3个课代表(一个负责作业本,两个负责实验仪器)。总之,合理分配班级所有的同学到各种岗位,做到"人人有事做,事事有人管"。一段时间后,可根据实际情况及学生要求进行调整。

(季 体)

班干部全员制可增强学生的主人翁意识,与全面发展的教育思想不谋而合。通过实行班干部全员制,可以让所有的学生在班级管理中得到锻炼的机会,提高组织、协调等各种能力。但是,要防止出现"三个和尚没水喝"的现象。班主任要明确各自的分工,提高工作效率。

第四节　形成正确的集体舆论

集体舆论就是在集体中占优势的、为多数人赞同的言论和意见,它以议论或褒贬等形式肯定或否定集体的动向或集体成员的言行,成为控制个人或集体发展的一种力量。积极的、正确的集体舆论能起到明辨是非、祛邪扶正、凝聚人心、催人奋进的正向作用。集体舆论对学生的影响,往往比班主任个人的力量大得多。经常见到很多犯错误的学生并不怕班主任的批评,却怕集体舆论的谴责。培养正确的集体舆论,坚持集体舆论导向,班主任工作就会事半功倍;反之,则会给班主任的工作造成极大的困难。所以,形成正确的集体舆论,是培养良好班风的一个重要步骤。班风是一种无形的力量,可以潜移默化地影响全班的思想和行为。班主任在培养正确的集体舆论的过程中,要注意以下两点:

一、善于运用奖励和惩罚

奖励和惩罚都是一种强化,可以对人的行为起一种反馈作用。奖励是起"正强化"的作用,它对人的某种行为给予肯定,使学生在心理上产生一种积极向上的情绪。奖励的形式有奖赏、表扬和赞许等。相反,对于某种行为给予否定或惩罚,就会使社会反对的行为减弱并慢慢消失,这叫"负强化"。它使学生认识到自己的错误和缺点,并吸取教训,去克服自己的不良行为习惯。

班主任在运用奖励和惩罚时,一定要在"善于"两字上下功夫。第一,奖励要从实际出发,惩罚则要从教育的愿望出发。不能对学生采取一概否定的态度,还要考虑是初犯还是屡教不改,要针对不同情况采取不同的惩罚措施。第二,奖惩要适度。奖励要留有余地,不能过头。奖励和惩罚作为一种教育手段,不宜滥用;而惩罚更要慎用,如果用得过多,会损害学生的自尊心和进取心,从而失去教育意义。第三,实施奖惩要注意全班的情绪,尽可能取得集体的理解和支持。班主任对学生的评价,只有与大多数同学的评价基本相吻合,并取得集体舆论的支持,才会起到既教育个人又教育集体的作用。

案例 4-10

陶行知的四块糖

俗话说,无规矩不成方圆。学生违反纪律,犯了错误,应该对其实施一定程度的惩罚。然而,惩罚往往会在学生的心灵上蒙上一层阴影,特别是当众对学生采取的惩罚,更是犹如雪上加霜,使学生自尊心受到伤害。甚至有时运用不当,还会产生负作用,这样的惩罚就没有达到目的。那么,如何让学生心悦诚服地接受惩罚呢? 我想,最好的惩罚就是让他像接受奖赏一样,接受老师的批评。把惩罚换成奖励的方式,是一种最高明的惩罚。陶行知先生惩罚学生的"四块糖"的故事,就是一种变惩罚为奖励的惩罚方式。"四块糖"的故事是这样的:

陶行知任育才学校校长时,有一天,他看到一个男生欲用砖头砸同学,就制止他并责令他到校长室。陶行知回到办公室,见那个男生在等着他,就掏出一块糖送给他:"这是奖励你的,因为你比我按时到了。"接着,他又掏出一块糖给男生:"这也是奖给你的,我不让你打人,你立刻住手了,说明很尊重我。"男生将信将疑地接过糖。陶行知又说:"据了解,你打同学是因为他欺负女生,说明你有正义感。"说着,掏出第三块糖给他。这时,男生哭了:"校长,我错了,同学再不对,我也不能采取这种方式。"陶行知又拿出第四块糖说:"你已认错,再奖你一块……我的糖分完了,我们的谈话也该结束了。"

(李 红)

攻心为上,让学生为自己的错误感到内疚不安,心怀感激和羞愧的矛盾心理接受老师的批评。这样的惩罚手段,可谓高明之至。

二、重视正确的集体舆论导向

每个班主任都应该重视发挥班集体舆论的导向作用,为此应该做到:

第一,注意舆论倾向,正确加以引导。

班主任要经常注意班级的舆论倾向,通过对学生的思想和行为的肯定或否定评价,以及为什么要肯定或否定,把舆论中心引导到正确的方向上来。这样可以培养学生积极向上的进取精神,使集体中的大多数人,至少是班级中的优秀学生,有正确的是非、善恶、美丑的观念。比如,班级涌现出的好人好事,不论是大是小,是先进学生还是后进学生做的,都应当及时予以表扬,这样才能有助于形成人人想做好事、争做好事的风气。

第二，有目的、有意识地组织和吸引学生参加各种集体活动。

正确的集体舆论只有在集体活动中才能得以形成。班主任要通过文艺活动、体育竞赛、社会实践、义务劳动等形式，培养学生的集体荣誉感和责任感，以及为集体增光添彩的意识。

第三，充分利用舆论阵地。

班主任要充分利用诸如班会、团队活动、墙报、黑板报、思想评论栏等形式，发挥正确的集体舆论导向作用。黑板报和专栏应该形式多样，内容丰富，既要有对好人好事的赞颂，也要有对不良倾向的批评，维护正气，抵制歪风邪气，不断提高学生判断是非的能力。

第四，把握学生自我教育的时机。

班主任要善于抓住学生自我教育的时机，形成正确的集体舆论。例如：某校初二（2）班有一名课代表，他按照老师要求登记不交作业和抄写别人作业的学生名字，这引起班上一些同学对他的反感，背地里叫他"叛徒"。班主任没有直接批评学生，而是在班上组织学生讨论：老师究竟是哪一边的人？如果你是课代表，会怎么做？认真负责是好还是不好？讨论取得了令人满意的效果，大家一致认识到，这个课代表做得对。这种方法有利于正确的集体舆论的形成，而且也强化了学生自我教育的意识。

第五，用榜样的力量感召人。

榜样的力量是无形的，它可以用他人的思想、精神、行为和成就去影响学生的言行，引导学生模仿和学习，以改进自己的言行。班主任作为班集体的直接教育者、组织者、管理者和指导者，首先要在这方面起榜样的作用。良好的班风、班貌首先来自于班主任的自身形象。班主任的自身形象越是趋于完美，越能吸引学生，越具感召力。"欲正人，先正己。"作为班主任，要对党、对祖国、对人民、对社会主义事业无比热爱，表现在行动上就是对教育事业忠诚和执著，对学生充满热忱和爱心。班主任日常表现出来的这种强烈的事业心和忘我的工作精神，能给学生以示范作用和影响，从而转化为特殊的感召力。

案例 4－11

做学生的榜样①

有人说班主任是世界上最小的主任。虽然小，仍然是一名管理者。既然是一名管理者，我们首先就应该成为学生成长道路上的一个榜样，一个学生学习的楷模。

法国作家卢梭说过："没有榜样，你永远不能成功地教给孩子以任何东西。"我们教师如果不是路标，你讲的道理再透，教育的形式再好，艺术性再强，都是无根之树、无源之水、无雨之云、无光之灯！

在老师们当中，班主任与学生接触的机会最多，对学生的影响也最深，班主任的一举一动、一言一行对学生都能起到潜移默化的影响，身教重于言教，有什么样的班主任就有什么样的学生。所以从担任班主任开始，我就把在学生的心目中树立起我的形象作为重要的一环，我要以我自身的人格魅力去影响他们、感染他们。每天一进班级，我都提醒我自己拿出最佳的精神状态，用积极的情绪感染学生。

记得有一年新生军训开始的时候，我就告诉我的学生们：军训的每一天，我都会跟你们一起训

---

① http://www.k6.qdedu.net/jxyj/ShowArticle.asp? ArticleID＝50。

练，一起吃苦，我们要朝着第一的目标去努力！于是我每天都站在队伍中协助教官对学生进行指导，纠正学生的错误，鼓励他们咬牙坚持，学生休息我才休息。我之所以这样做，就是想要利用军训的契机，在最短的时间内树立起自身的良好形象，把学生们尽快地团结在我的周围，能够如臂使指地听从我的指挥，也有利于日后的班级管理工作。我的努力没有白费，在军训会操中，我们班获得了军训会操表演第一名的好成绩。更重要的是，在短短的几天时间内，我在孩子们的心目中有了严格、守信、积极向上的良好形象，让他们能够心甘情愿地服从我的管理。这也为日后班主任工作的顺利开展打下了一个良好的基础。

我是一名平凡的教师，但我要努力做到不平凡。因为我面前是孩子们的眼睛。我时刻提醒自己要做学生的表率。班主任日常表现出来的事业心和忘我的工作精神，也能给学生以极强的示范作用和潜移默化的影响，从而转化为特殊的感召力。

每个学生，我不可能陪伴他走完一生，但是在短暂相处的时间内，我会通过自己的努力给孩子们树立一种榜样，正确地指引他们走过有我相伴的这一段人生道路。如果这种榜样的力量能够对他们今后的成长产生积极的影响，那么，我心满意足、无怨无悔！

总之，正确的集体舆论是班集体建设的重要组成部分。它不会自发地形成，而需要经历一个渐进的过程，即在班主任的悉心指导下，以科学的方法积极引导，逐渐形成正确的班集体舆论氛围。

思考与训练

一、名词解释

1. 班集体目标　　2. 集体舆论

二、简答题

1. 制订班集体目标的方法有哪些？

2. 培养班干部应注意哪些问题？

3. 班级组织结构模式主要有几种？简要指出每一种的特点。

4. 班集体应怎样培养正确的集体舆论？

三、实践操练

背景①：

1 名班长、10 名值日班长、4 名学习委员、1 名文体委员和 16 名小组长……新学期开学，湖北省黄陂前川六小四(1)班 63 名学生中就诞生了 32 个"小头头"。记者调查武汉 10 所小学发现，中心城区小学里此类现象更为明显，比如育才小学一个班级 43 人，个个都是班干部。(2 月 21 日《武汉晨报》)

一个班有这么多班干部好不好？这样的做法值不值得推广？这一事件引发争议。对此你的观点是什么？

---

① http://www.banzhuren.com/article.asp? id＝11574。

第五章
班级活动的开展

案例 5-1

"墙壁说话"新创意

对教室墙上的布置,著名教育家苏霍姆林斯基指出:"孩子在他周围、在学校走廊的墙壁上、在教室里、在活动室里,经常看到的一切,对于他精神面貌的形成具有重大的意义。这里的任何东西都不应当是随便安排的。孩子周围的环境应当对他有所诱导,有所启示。我们竭力要使孩子所看到的每幅画,读到的每句话,都能启发他去联系自己和同学。"苏霍姆林斯基的这番精辟论述强调了校舍内部环境对人的成长的重要意义。苏霍姆林斯基是这样说的,也是这样做的。在帕夫雷什中学的每一个教室、每一个活动室,都有精心的布置,那就是运用了大量的名人名言。现在许多班级都借鉴了苏霍姆林斯基的做法,人们形象地概括为"让每一面墙壁都会说话"。

周一早晨同学们一进教室,立刻被墙上的名言所吸引。

决心是成功的前提,恒心是成功的保证。

——金 凯

立志、勤奋、创造,是筑成生命金字塔的三个基座。

——周 洁

不断学习新知识,就等于不断向自己的银行户头里存进巨款。

——戴晓春

别人的宽慰是一时的,唯有自己的奋发,才会产生持久的动力。

——李 霞

少说些废话,多干些实事。

——何春霞

战胜自己也就不惧怕任何困难。

——汪 强

原来这些名言的作者竟是班上的学生。同学们惊奇地议论着。

在实践中,我认为我们可以使教室名言有新创意。教室的名言布置,可有三类:

一是名人名言。名人名言是许多伟人的人生感悟。经过岁月的洗礼,他们的话闪耀着真理的光彩,他们的成就使自己的话语显得沉甸甸的,对学生有启发、激励、引导等教育作用。

二是教师名言。请任课教师写人生格言,是一个好办法。任课教师的人生格言怎样写,我建议最好结合学科教学写。任课教师如能结合学科特点撰写,学生一定很感兴趣。这有利于增强教师威信,促进师生感情交流。

下面介绍几则我的同事写的格言:

虚心学习,博采众长,进行"化合反应"。

积极工作,勇挑重担,进行"分解反应"。

将心比心,理解万岁,进行"置换反应"。

优势互补,团队合作,进行"复分解反应"。

——李靖(上海市晋元高级中学)

我也结合我的教育实践作了思考,我最喜欢与学生分享的人生格言是:终身学习,不断创新。这样的人生格言交流后,很快成为学生津津乐道的名言。当然教师的名言有一个实践、思考、提炼的过程。

三是学生名言。班主任应指导学生在生活中把他们的生活感受用精炼的语言加以概括、总结。学生要写出名言更需要一个过程。班主任要指导他们先收集名言,然后体会名言,交流名言,互赠名言,再在实践的基础上练写名言。学生练写名言,既是文字的推敲,也是思想的锤炼。而把他们的"名言"在教室里张贴出来,他们都非常惊喜。在惊喜之余,也会更好地实践。这是学生自我教育的积极有效的形式。

对三种名言布置的时间关系。我主张第一学期名人名言,第二学期上半学期教师名言,第二学期下半学期学生名言。这样有一个不断推进、不断深化的过程。

不过,一度曾有人担心,学生的话挂到教室的墙上适宜吗?我感到,只要是学生经过深思熟虑的话,都是适宜的。有志不在年高。周恩来14岁说出的"为中华之崛起而读书"不是成为人们耳熟能详的名言吗?在实践中,我们班学生的"名言"上墙后,作者本人严格地要求自己,其他同学也从中得到启发,受到鼓舞。一度后进的班级,成为了文明班级。这样,也就实现了"让学校的每一面墙壁都会说话"的目的。

(摘自上海市晋元高级中学丁如许博客)

学生的成长、班集体的组织与建设,都是在活动的状态下进行和完成的。学生的成长面临着两个世界:知识世界和生活世界。"知识世界"引导学生获得知识,开启智慧,拓展心智视野;"生活世界"培养学生的生活感受力,丰富个人的生活体验。"知识世界"与"生活世界"的融合,才能培养完整的人。可以说,班级活动把"知识世界"与"生活世界"联系起来了。班主任需要从"知识世界"出发,引导每一个学生面对"生活世界",体验生活,发展个性,舒展自我,成为真正意义上的人。

第一节 班级活动概述

班级活动是学生认识客观世界、认识他人与自我、适应学校生活与社会生活的重要途径,也是建设良好班集体的重要组成部分。班级的努力目标要靠班级每个成员参与共同的活动而实现。班集体的形成,需要通过一系列教育活动,而班级活动的有效开展,可以促使班级目标的实现。班主任应根据班级活动的特点,为学生提供创新的氛围和一定的空间,鼓励和引导学生在各项班级活动中思索、探求、创造,从而培养学生的创新精神和实践能力。

一、班级活动的定义

班级活动是指在教育者的组织和领导下,为实现教育方针和培养目标,完成学校的教育工作计划,组织班集体全体成员参加的一系列活动。它包括思想品德教育活动、课外活动、劳动活动等。它是班主任向学生进行政治、思想、道德、心理教育的基本形式,是通过学生集体来教育和影响学生个体的较为普遍采用的教育形式,也是学生个体进行自我教育行之有效的方式。在这个意义上说,班级是学校实施教育教学的基本单位,整个学校教育功能的发挥主要是在班级活动中实现的。

案例 5－2

金陵中学2008届高三年级系列主题班会设计方案

一、指导思想

高三是学生学习生活中一个关键的阶段,这个阶段,学生可能以不同的状态去度过,可能是疲惫的身心、焦躁的情绪,也可能是充沛的精力、愉快的心情;可能是无序的安排和不理想的成绩,也可能是合理的方法和满意的成果;可能是人生中充满挫折的一段痛苦经历,也可能是前进途中满载收获的一种美好体验。

在学校全力推行素质教育理念,倡导"绿色升学"的环境下,我们更多地关注到非智力因素对学生的影响。我们给予学生的高三生活,应当有一个和谐的集体,能够给学生温暖和归属感;有一些精彩的活动,能够感动学生的心灵,引发学生的思考;有一些恰到好处的指导,能够在学生需要的时候给他们及时的关心。

班会是班主任开展教育活动的一个重要阵地,因此,精心设计组织好高三年级每一次班会,是达到这一教育目的的关键的一个方面。

二、具体安排

主题系列	主要目的	参考题目
规划高三系列	让学生对自己高三这一年如何度过有所规划,有计划、有准备地安排好高三生活。	迈好高三的第一步 成功高三的几项准备 与去年高三毕业的同学交流 最后100天,这样度过(年级组也将安排)
学习指导系列	通过教师引导或同学交流,对学生进行学习方法指导,提高学习效率。	班级同学学习方法交流 各类学科讲座(一般由年级组统一安排) 如何有效管理自己的时间 高中学习方法和学习习惯指导
生涯设计与理想教育系列	引导学生对未来人生进行规划,激发学习的热情和动力。	规划人生,从高中开始 中国大学,你了解多少 金中毕业生与高三学生交流
快乐高三系列	对高三学生进行心理指导,让他们在高三保持健康的身心,奋斗过程中感受高三的快乐。	情绪管理的有效技能 非智力因素与成功 健康知识讲座 高三心理保健(年级组也将安排)
集体主义与团队精神教育系列	引导学生共同构建良好的班级氛围、和谐的集体环境,这样也能更好地发挥学生的潜力。	班级与我 竞争与合作 高三生活回顾(结合毕业典礼)

主题系列	主要目的	参考题目
感恩与责任教育系列	教育高三学生懂得感恩与理解,懂得付出与回报,增强社会责任感,激发学习动力。	理解,架起爱的桥梁 谢谢您,老师(爸爸、妈妈……) 做一个负责任的人
意志教育系列	教育学生成功需要不懈的努力与奋斗,坚强的意志是成功的必要条件。	自信是成功的基石 意志·性格·命运 细节决定成败

三、班会要求

1. 在上述各系列班会内容中,各班主任在高三学年中至少应选择每系列中的一个内容开展班会,进行相应教育。

2. 以上所列是针对高三年级的主要参考内容,其他一些具有各年级共性的系列,如爱国精神与全球意识教育系列、青春期教育系列、公民意识与法制教育系列等,请班主任老师根据各班情况自行确定。

3. 每一次班会前,请班主任认真备课。班会的内容应当提前让学生知道,让学生有一个接受教育和参与活动的心理准备。同时,班主任要充分发挥团支部、班委会的作用,充分调动学生的积极性,让学生参与整体策划和实施,坚持"以学生为本",让学生真正成为活动的设计者、组织者和参与者,在参与中感悟,在过程中体验,在潜移默化中促进学生身心发展。

高三年级工作小组

2007 年 9 月

（来自南京市金陵中学网站）

班级是学生发展成为社会人的重要环境。个体要生存发展,必须首先适应社会,实现个体的社会化。一个良好的班级,作为一个小社会,对学生个体社会化起着重要的促进作用。良好的班级生活、丰富多彩的班级活动,会促进学生个体不同能力、不同兴趣爱好的发展;同时,各种形式的人际交往能够促进学生自我意识的发展和健康个性品质的形成,从而形成个体的独特个性。因此,除了教学计划中规定的政治理论课、时事学习和思想品德教育课以外,班主任要尽可能多地组织一些课余活动,对学生进行生动、形象、具体的教育。班级活动要不拘形式,活动规模可大可小,内容丰富多彩,并且紧贴学生生活实际,从学生个性发展需要出发。

二、班级活动的特点

从某种意义上说,一次成功的班级活动就好比一篇优秀的散文,教育总目标是它的"神",活动内容与形式是它的"形"。要把一次次活动变成一篇篇精美的散文,必须掌握班级活动的几个特点。

(一) 活动主体的差异性

班级活动的主体是学生,而学生的性格、志趣、爱好等是各不相同的。有的学生性格外向,开朗,活泼,善交际;有的学生性格内向,孤僻,沉静,好独处;有的学生学业成绩好,但缺乏文艺、体育方面的特长;有的学生学业成绩差,却有体育禀赋与文艺才能。班主任要善于发现每个学生身上的"闪光点"，并根据学生的个性差异因材施教，以充分发挥每个学生的潜能与特长。

案例 5-3

班 主 任 助 理

班级活动中的小事也能体现班主任教育的智慧。今天学校组织秋游，这可是一件学生喜爱、班主任劳力劳心的事。前一天就听到同事反映一个困扰他们的难题，今天又听见类似的议论。原来，班主任组织学生秋游，按常规需要将学生分成小组，分组的原则一般是自愿组合，然后选定组长。我通常的做法是先按照"物以类聚，人以群分"的原则，先选择大家公认的有号召力和组织能力的人(不一定是班干部)，大致规定一下每组的人数，然后由这些组长招募组员。这项工作一般都比较顺利，几分钟组就分好了。个别人分不进去，原因主要还是个性问题。一些孩子或因性格孤僻内向，将自我封闭起来，或因个性太强，以自我为中心，不讨人喜欢，大家都不愿意带他玩，以致于在分组时被集体无情地抛弃。我们怎么对待这些融不进集体的学生呢？其实，这些没人要或自己不愿意加入大部队的孩子，他们自己内心未必不想和同学在一起，甚至是很想融入班级大家庭，但是因为性格问题，即使有这样的想法也不一定表达出来，他们特立独行，游离于集体之外。对于班主任来说，这可真是个棘手的问题，这次又是好几个班出现这种状况。看到班主任们的无奈，我就在思考、回忆，换了我遇到这种情况会怎么处理？首先，我们要了解班上哪些学生可能会出现这种情况。掌握第一手资料是很重要的，只有心中有数才能采取相应的对策，通过平时的观察、谈话、周记和同学"无意"的闲聊就可以大致了解班级成员的个性特点，对那些平时就独来独往的孩子事先就要注意。一种常规的做法是，先找来一个亲和力很好的组长，悄悄地吩咐组长，在分组时观察一下某某，如果没有一组要他，就主动去邀请他，还不要对他说是老班说的。这样就可以解决大部分问题了。但是如果组长都不愿意，或是全体组员都抵制，或是邀请了他还是不愿意加入呢？没辙了。如果这一次活动他落单了，就会形成一种习惯，下次他也不会加入任何小组。

应该承认，孤独也是一种生活方式。班主任不是万能的，他不可能照顾到所有的学生，也不可能解决所有学生的困惑。我个人认为，无微不至的照顾和关爱对学生的成长不一定是有百利而无一弊，但是现实是我们必须尽可能不让特殊的孩子心理增加阴影。不管效果怎样，至少我们要努力想办法。做教育一定要把教育的意图隐藏起来，不能太露骨了，一切要做得自然，如行云流水，不留痕迹。那一年我班上也遇到这么一个学生，就是不合群，我心里知道，春游分组时没有人会邀请他，果然，我分别找了几个组长，他们的组员里都没有他的名字，如果分组名单一宣布就被动了，我得想个办法在所有人都还没有意识到之前把这个难剃头的问题搞定。想了一下，心生一计，我先找到那个学生，问他：你会照相吗？他说会。好办了。我说：这次春游分组活动，我是总管，但是班上的事情很多，我一个人忙不过来，你能否帮我一个忙？他问：要我做什么？我说：这次春游委屈你一下，你哪一个小组都不要参加了，来做我的助理，负责查问各个组长点名情况，传达我的通知，另外，为班级活动照相，我们要留点纪念，事情很多，你愿意干吗？他想了一下，看得出他很高兴，但是仍然心存疑惑，问我：那么多班干部你为什么不选，单单找到我呢？我想，这个孩子戒备心理很重，不能让他感觉到我是在照顾他，就说：每个人各有所长，你会照相，别的班干部不一定会，另外，他们都要在下面招集组员，他们有他们的事，你正好是个自由人，帮班级照相可以发挥你的特长啊。他高兴地答应了。我又说：今天我很忙，怕没时间买东西，我给你一些钱，你能否帮我买一点吃的明天带上,到时候中午吃饭时我们合吃一份?他说太好了,钱我不要,我多带一点,到时候你就吃我的吧。我说我也不能光吃你的啊,明天我就不带东西了,到时候以你为主,我吃百家饭。……这一打岔,他的戒备心消除了,欢天喜地地去了。

我把组长们的名单收了过来,去教室安排分组。在分组之前,我先把我的安排说了一下:明天事情很多,组长要负起责任来,把组员照顾好,把活动组织好,出了问题,唯组长是问。为了搞好这次春游的组织,我特别请了一位同学担任我的助理,负责各组之间的联系,帮我传达通知,帮班级照相,到时候有什么事找不到我,和我的助理说也一样。下面我就向各位隆重介绍这次春游我的助理某某某!大家鼓掌鼓励一下。(鼓掌,有点意外)鼓掌后我又说:这次活动是第一次设定助理,没来得及在全班招聘,是我选的,因为他有照相的特长。下次如果哪位有兴趣也可以报名。下面我宣布其他同学的分组……

第二天他带了一部很好的相机,还帮我带了很多好吃的,我们的活动很圆满,大家玩得都很开心,没有人在活动中"受伤"。

一个谁都不要的同学成了班主任助理,那位同学在班级的情况顿时改观,更多的人知道了他还有照相的特长(不管是不是特长,姑且这么认为吧)。在以后的活动中,各个组都抢着要他为同学照相,他也渐渐融入了集体,而为班级照相,成了他的专利和个人名片,也成为他在同学们中的立足之本。事实证明,他后来确实钻研了摄影技术,为了让他自己名副其实——这成了那次活动的意外收获。

(南京市第六中学陈宇提供)

(二)活动性质的自愿性

课堂教学受教学计划和教学大纲的制约,学生必须按要求学习规定的必修课,不能任意选择。而班级活动则完全由学生根据自己的兴趣、爱好自由选择,自愿参加,教师只能加以诱导而不能强迫。如果学生对某项活动不感兴趣,一味强求是难以调动学生主动性与积极性的,也不利于培养个性、发展特长。

(三)活动内容的广泛性

班级活动的内容十分丰富,可以组织各种科学兴趣小组,搞科技小发明,举办科技讲座,参观科技展览,培养学生讲科学、学科学、爱科学的兴趣;可以开展各种文艺活动,培养学生的审美能力和创造美的能力;可以开展各种体育活动,培养学生坚韧的性格和顽强的毅力,掌握各种运动技巧等等。学生完全可以根据自己的选择,在丰富多彩的活动中找到适合自己的位置,各显其能,各擅其长。

(四)活动形式的灵活性

班级活动的规模可大可小,形式灵活多样。从组织的规模看,有全班、全年级乃至全校性的群众性活动,有各种小组的活动。从具体的活动方式看,可根据学生的年龄特征、知识水平、设备条件以及指导力量等,采用多种多样的形式:可以做模型,采标本,搞社会调查,办各种展览;也可以搞演讲、书评、讲座、报告会等等。班级活动一般让学生自己组织、自己设计、自己操作,教师主要起指导作用而不能包办代替,这样有利于培养其组织能力和创造能力。学生通过独立的活动,向众人展示自己的能力,获得心理上的满足,从而进一步增强信心,发挥创造性。

一节德育数学课

高中生知识面较广,能力较强,可以通过调查报告的形式开展班级活动,既丰富了学生的活动,也能让学生在活动中有所感悟。我把多年带班的体会和学生进行交流,并请部分学生在班级中调查现在学习与生活中所遇到的困惑,编辑成了如下的一些问题。在上课时,请学生选择,由小组长每五题统计结果,交给一位 EXCEL 制作得比较好的同学,题目做好并统计好以后,由学生推选一位表达能力较好的学生对数据进行分析。然后让学生对他的分析进行讨论。(数据来源于我所教的两个班级(4)班与(8)班,(4)班是平行班,(8)班是实验班,(8)班分析时有数据的参照。)

你有困惑时和父母交流吗? A 基本不交流 B 有时交流 C 经常交流

| (4) | A11 | 26.2% | B25 | 59.5% | C6 | 14.3% | 42 |
| (8) | A10 | 22.7% | B26 | 59.1% | C8 | 18.2% | 44 |

(4)班学生分析:因为父母存在于我们心灵的深处,留下了高大的背影,我们便以为这是不可逾越的鸿沟,父母的思想已经被社会所同化,交流的内容就是努力学习奋发向上,不努力就会被淘汰之类的话,所以交流起来不但存在压力,也存在困难,这就是学生不与家人交流的原因吧。而经常与家人交流,不但使得家庭生活更美满,更使得心灵上得到充裕,对自己的学习有很大帮助,而且使自己的困惑得到解决,也等于多了学习社会经验或者"为人处世"的准则吧!这种好事何乐而不为呢?

遇到困难时与谁交流? A 家长 B 老师 C 好友 D 不交流

| (4) | A4 | 9.5% | B6 | 14.3% | C32 | 76.2% | D0 | 0.0% | 42 |
| (8) | A9 | 20.5% | B1 | 2.3% | C26 | 59.1% | D8 | 18.2% | 44 |

(4)班学生分析:我个人觉得遇到困难与老师或者家长交流是很好的求助方式,老师和家长都是过来人,生活阅历很丰富,遇到困难有很多好的解决方法。所以遇到困难向他们求助是一个很好的途径。遇到问题向他人倾诉,可以使自己沉重的思想包袱减轻,我们班同学也都选择了这种方式,我觉得很好,一份痛苦告诉别人,你将会减轻痛苦;一份快乐告诉别人,双方都会很快乐。

觉得在家里是否幸福? A 很幸福 B 一般,没感觉 C 不幸福

| (4) | A21 | 50.0% | B19 | 45.2% | C2 | 4.8% | 42 |
| (8) | A27 | 61.4% | B14 | 31.8% | C3 | 6.8% | 44 |

(4)班学生分析:同学们都觉得这道题目很重要,因为家庭是否幸福,影响到了一个人的思想。父母是我们的第一任老师,我们会从他们身上学会很多东西。

(8)班学生分析:从以上的数据可以看出实验班与平行班的学生在与父母交流上几乎一样很少或较少,但幸福感高于平行班。两个班级中的学生遇到困难时大都把好友作为倾诉对象,而实验班的学生选择不交流的占到了一定比例,很容易产生自闭,要引起老师与家长的重视。

另一同学表示反对,不交流有可能是自我调节呢,为什么不说(8)班的学生自我调节能力好呢?

自己平时业余生活中有什么娱乐方式?

A 上网聊天 B 上网玩游戏 C 去成人化娱乐场所 D 打球 E 看电视 F 看书

| (4) | A13 | 14.3% | B17 | 18.7% | C7 | 7.7% | D22 | 24.2% | E19 | 20.9% | F13 | 14.3% | 91 |
| (8) | A10 | 11.2% | B14 | 15.7% | C2 | 2% | D12 | 13.5% | E31 | 34.8% | F20 | 19.3% | 89 |

(4)班学生分析:同学们的业余娱乐方式很广泛。有些方式用得好,那么对身心也很有好处。要是用得不好,那么将会噬去你的思想、你的心。所以,选择好的娱乐方式将受益匪浅。还有个别同学去成人化娱乐场所,我觉得这将会使他们沾染上社会风气,这些风气或好或坏,也将影响他们终身。

(8)班学生分析:娱乐方式中实验班更多地选择传统的媒体电视与书籍。媒体受到的限制较多且以正面宣传为主,对学生的负面影响较小。有的学生已经选择成人化娱乐场所,且平行班中比例较大。

你觉得所在的班级学习风气如何?

A 没有学习风气　B 学习压力很大,大家都很刻苦

| (4) | A36 | 85.7% | B6 | 14.3% | 42 |
| (8) | A10 | 22.7% | B34 | 77.3% | 44 |

(4)班学生分析:这题让我太害怕了,居然有这么多的人觉得我们班的学习风气不好,老师快点拯救我们这个班级吧,要不然我们就都没有希望了,我们会支持你的。

(8)班学生分析:从以上数据可以看出实验班的学习风气较好,说明大家目标很明确,学习兴趣很浓,但压力较大。而平行则没有好的学习态度,对学习不是很重视。

你周围的同学学习情况如何?

A 没人学习,都在混　B 有人学,有人混　C 都十分刻苦　D 只学部分学科

| (4) | A7 | 16.7% | B25 | 59.5% | C3 | 7.1% | D7 | 16.7% | 42 |
| (8) | A4 | 9.1% | B20 | 45.5% | C14 | 31.8% | D6 | 13.6% | 44 |

(8)班学生分析:从上表可以看出在每一个班都会有一些混日子的,但是一边混一边学的较多,平行班与实验班差不多,但在实验班学习刻苦的还是多于平行班,平行班偏科较为严重。

你的学习情况如何?

A 我在混日子　B 我在认真学　C 我只学部分学科

| (4) | A5 | 11.9% | B9 | 21.4% | C28 | 66.7% | 42 |
| (8) | A3 | 6.8% | B19 | 43.2% | C22 | 50.0% | 44 |

(8)班学生分析:从上表看个人的学习情况和态度可以影响到班级的学习氛围,原因可能在于世界观的不同,平行班同学缺少理想与奋斗目标,导致学习没有动力和兴趣。总体来看学生中偏科现象比较普遍。

周围同学的变化对自己是否有影响?　A 有较大影响　B 影响不大　C 无所谓

| (4) | A19 | 45.2% | B17 | 40.5% | C6 | 14.3% | 42 |
| (8) | A31 | 70.5% | B12 | 27.3% | C1 | 2.3% | 44 |

(4)班学生分析:周围同学变化对自己的影响,相对每一个人来说是不一样的。我认为影响主要是自觉性的强弱。毛泽东曾在济南的城门口读书,那里的喧哗没有对他产生丝毫的影响。为什么?因为他有自制力和自觉性,这是好的方面。相对坏的方面,同学在变好,如果也没有影响你,那么我想这类同学已失去学习的主动权,一味地被动,只能处处挨打。影响不大或者影响较大的同学,请你

们抓紧时间,努力上进,好好学习,将其付诸于行动,终会有所回报。`

我把带班时所写的工作汇报利用班会读给学生听,学生听后深受感动。尤其是一些成绩不太好的同学觉得写的就是自己,觉得现在的老师讲书本上的知识太多,而教他们为人处世的机会太少,和老师除了成绩几乎没有什么共同语言。

听了袁老师的教学经验后有何感受?

A 有很大的触动,且有转变　B 没有感觉　C 虽有触动,但无行动

| (4) | 17 | 40.5% | 3 | 7.1% | 22 | 52.4% | 42 |
| (8) | 14 | 31.8% | 2 | 4.5% | 28 | 63.6% | 44 |

(4)班学生分析:这道题目我觉得很好,虽然有个别同学觉得没有感触。但是,绝大部分同学还是很有感慨的。虽然不是所有同学都有所行动,但是,能让一部分人有所行动,就是胜利的地方。

(8)班学生分析:从上表可以看出学生对老师其实很依赖,很希望老师的关注。老师的良苦用心学生都有目共睹,但多碍于面子,表现得很不屑,所以老师应该多采取鼓励教育,加强学生的自信,这样才会更好地激发学生对学习的热情。

你父母对你的人生有规划吗?

A 有,我们共同设计　B 没有,他们只要成绩　C 没有,他们不管我

| (4) | A22 | 52.4% | B18 | 42.9% | C2 | 4.8% | 42 |
| (8) | A22 | 50.0% | B20 | 45.5% | C2 | 4.5% | 44 |

你觉得高中学习是否有意义?

A 虽然没有意义,但是为了考大学只有学习　B 能体会到高中学习的乐趣
C 没有意义,所以放弃

| (4) | A29 | 69.0% | B13 | 31.0% | C0 | 0.0% | 42 |
| (8) | A19 | 43.2% | B24 | 54.5% | C1 | 2.3% | 44 |

(8)班学生分析:这样的两道题反映了我们的家庭教育和我们的学习现状,编得太好了。我真心地希望我们的父母能帮助我们设计未来,而不是整天在我的耳边絮絮叨叨地谈考大学的重要性,我也希望我们的老师能够更多地给我们带来知识上的快乐,学习上的成功,不要整天搞题海战术,还没让我们考出自己想要的分数。

教师小结:今天我们用最简单的方法收集了数据,整理了数据,分析了数据,从数据中我们说了很多对我们的今天、明天有指导意义的话,我们看到了数据的价值,其实我们今天共同操作了一个研究性课题的一部分,我们共同发现问题,探究问题,获得结论。

(南京市建邺高级中学袁子意提供)

三、班级活动的类型

(一) 政治性活动

政治性活动是以思想品德教育和行为规范训练为主要内容的班级活动。政治性活动经常通过班会、团队活动、传统教育活动,以及学先进、树新风活动等,使学生受到政治思想教育和社会公德教育,养成良好的行为习惯。班会是班主任为加强班集体建设而召开的一般性班级会议,或者是捕捉教育时机、为辨明事理而召开的主题性会议。团队活动则

是为加强团队组织建设，或宣传某种思想、某个观点或学习某种精神，通过共青团、少先队组织而开展的集体活动。班主任、辅导员要准确地掌握这些活动的性质和特点，认真发挥好各自的教育作用。

（二）知识性活动

知识性活动是以培养对基础学科的兴趣、扩展并运用学科知识、加强技能和智能训练为主要内容的班级活动。知识性活动主要是通过组织课外兴趣小组、举行班级知识竞赛、学习操作微机等各项活动，吸引广大学生积极参与。各项活动都要体现知识性与趣味性相结合，使知识性活动成为开阔学生知识视野、提高学生智力水平、发展学生能力特长的摇篮。

（三）娱乐性活动

娱乐性活动是以培养学生在文艺、体育方面的兴趣、技能为主要内容的班级活动。娱乐性活动通过组织演唱会、艺术品欣赏等活动，培养学生健康的审美情趣，形成高雅的情操，发展学生对艺术的爱好与特长。通过开展田径、球类、棋类等体育竞赛活动，使学生养成自觉锻炼的习惯，不断增强体质。

案例 5-5

团队游戏

无敌风火轮

一、项目类型：团队协作竞技型。

二、道具要求：报纸、胶带。

三、场地要求：一片空旷的大场地。

四、游戏时间：10 分钟左右。

五、游戏详细玩法：

12—15 人一组利用报纸和胶带制作一个可以容纳全体团队成员的封闭式大圆环，将圆环立起来，全队成员站到圆环上边走边滚动大圆环。

六、活动目的：

本游戏主要为培养学员团结一致、密切合作、克服困难的团队精神；培养计划、组织、协调能力；培养服从指挥、一丝不苟的工作态度；增强队员间的相互信任和理解。

信任背摔

一、游戏简介：这是一个广为人知的经典拓展项目，每个队员都要笔直地从 1.6 米的平台上向后倒下，而其他队员则伸出双手保护他。每个人都希望可以和他人相互信任，否则就会缺乏安全感。要获得他人的信任，就要先做个值得他人信任的人。对别人猜疑的人，是难以获得别人的信任的。这个游戏能让队员在活动中建立及加强对伙伴的信任感及责任感。

二、游戏人数：12—16 人。

三、场地要求：高台最宜。

四、需要器材：束手绳。

五、游戏时间：30 分钟左右。

六、活动目标:培养团体间的高度信任;提高组员的人际沟通能力;引导组员换位思考,让他们认识到责任与信任是相互的。

(南京市建邺高级中学袁子意提供)

(四) 实践性活动

社会实践活动旨在沟通学校、社会、家庭之间的联系,把学校教育同社会教育紧密结合起来,进而提高学生的社会实践能力。实践性活动通过组织学生参观访问、实地考察、写调查报告,以及参加公益劳动和社会服务等活动,引导学生接触工农,了解社会,增强热爱劳动人民的感情和社会责任感。

第二节 如何开展班级活动

一、开展班级活动的原则

在开展班级活动时,应遵循以下几个原则:

(一) 主体性原则

班级活动的教育意义是多方面的,它可以提高学生的思想道德水平、开发学生智力、提高实际操作能力、增强审美情趣、强身健体等等。好的班级活动应当贯彻主体性原则,即让全体学生动起来,让班级的组织机构动起来。活动中,班主任只能做指导,绝不包办代替。学生只有在亲自做的过程中,才会获得有利于其形成良好道德习惯的感受和体验。因此,在制订班级活动目标时,应寓庄于谐,寓教于乐,最大限度地发挥班级活动的教育作用。比如召开"我们小队能人多"的班会,其活动目标是:(1)通过展示各小队制作的一期专题墙报,使大家体验合作创造的愉快;(2)夸奖对集体献计献策的能人,激励大家为集体贡献才华。这样的定位,受夸奖的面广,有利于调动全班每个学生的积极性。

主体性原则主要体现在活动内容上。如以"我为奥运出份力"为主题,在社区宣传环保知识,可以增强学生和居民的绿色奥运意识;组织"电脑与人脑"的讲座,可以使一些人改变沉湎于游戏、忽视学习的做法;开展"选爱心大使"活动,奖励给他人送温暖的行为,可以培养学生的爱心;举办"祖国,力量的源泉"的报告会,以及动手自理的"野炊晚会"、增强体力的"跳绳比赛"等活动,都能从不同侧面使学生受到教育。

活动过程也要体现主体性原则。首先,活动的名称要有吸引力,要让学生喜欢,乐于参与,如"救救地球妈妈"、"假想旅游"、"星空探秘"等等。其次,活动的场地要有教育氛围,标题的书写、展板的摆放、桌椅的形式都要进行整体设计。在活动过程中,要最大限度地让学生动口、动手、动脑,在亲身实践中受到教育。最后,活动的总结不容忽视。可以是班主任总结,也可发动学生自己总结收获和体会,以利于以后活动的开展。

心理游戏《我》

下面我们共同进行一个游戏！

许同学将扮演游戏中我的角色。这是个在高中冲刺阶段始终徘徊不前的学生。

首先，我遇到了来自学校老师的压力，但我始终不愿意动、不愿意前进，我感受到的巨大压力阻碍着我，当老师发现无法推动我时，便找到我的家长。由于他们不了解我的情况，同样给予我巨大压力。在老师和家长的双重压力下，迫于无奈，我不得不进行改变，于是我小小地前进了一小步，由于他们看见成就不是很大，便又向社会寻求帮助。同样，社会又在不了解我的情况下，给予了我更大的压力，却徒劳无功，同样也无法使我进步。与此同时，在学校里，我又亲历了同学们之间所存在的压力，这种压力更为现实。在老师、家长、社会、同学的更多压力的共同作用下，我动弹不得。有时，若压力过大，我无法承受，因而产生极端的行为……

如果压力的作用方向一致，就会使我走向崩溃。如果压力的作用方向不同，我便被压力团团围住，不知如何是好……终于我爆发了，可是，如果我回头想想，老师给我的压力，被我转化为动力，那么，我便不会停止不前，相反我前进的速度会变得更快，继而，在老师、家长、社会、同学的共同参与之下，压力将很快转化为动力，我便会前进、进步得更快……

当我前进的时候，明确了目标，找到了自己的正确定位，于是我发现，原来压力可以转化为动力，并使我进步的脚步更快，也会使我取得更好的成绩！

好了，同学们，我们的游戏到此结束，不知道大家有怎样的感受了？

我想，在高三冲刺阶段我们压力大是很正常的，但我们必须寻找化解压力的方法，使压力变为我们前进的动力，这样我们才能取得更大的进步。

（南京市建邺高级中学袁子意提供）

（二）时代性原则

要让学生触摸时代的脉搏，就要选择有时代感的班级活动主题。具体做法是：

1. 从时事中抓题材

开展班级活动，要善于从时事中抓住有教育意义的题材。如：日本前首相参拜靖国神社伤害了中国人民和其他亚洲国家人民的感情，有的班主任及时抓住这一事态，组织全班同学一起来出批判日本军国主义的黑板报，控诉日本政府对亚洲人民感情的伤害，收到了很好的效果。又如：当同学们知道清华大学的学生泼硫酸伤熊事件后，班里立即展开当代学生如何保护动物的演讲会，激发了学生的爱国心和保护大自然的意识。

班会:中日撞船事件辩论赛

一、开展辩论赛的前因

开学一个多月,班级发生的琐事日益增多:上课讲话、走神的;作业少写、漏写、没写的;值日不能很好完成的;做操懒散的等等,其实这都可以归纳为孩子学习没有目标,做事随心所欲所致,事情虽小,但要想很好地处理难度却很大!最近网上出现了一个轰轰烈烈的帖子:钓鱼岛事件!这是一件让中国人感到义愤填膺的事,但是没有经历过南京大屠杀的初中生对此的印象是怎样的呢?两件事情都不是小事,都需要认真对待,而且这两件事在某种角度上说是有一定的联系的。

二、辩题的确立

本打算让一方代表中国、一方代表日本,针对是否应该释放中国船长进行辩论,后来发现无论孩子再怎么意识不强,他们也不愿代表日本为他们说话,这样一来就会让选手无法辩论。后来在实习班主任徐老师的建议下,改为以和平解决还是以武力解决为论题进行辩论。

三、辩论赛的准备

1. 通过网络、家长、书本、报纸了解钓鱼岛事件以及中日关系的历史和现状,加深对这件事的认识。

2. 通过小组的竞赛竞选辩手、评委、观察员、计时员以及自由辩论者;其中辩手的要求是:一辩,陈词言简意赅,开场打出气势,各1名;二、三辩,反应要比较快,各1名;四辩,总结说理能力比较强,各1名。

3. 在实习班主任徐老师的带领下,进一步完善辩论赛的内容。

四、辩论赛流程(我们可是按照标准来的哦,一场正式的辩论赛!)

(一)立论阶段

1. 正方一辩开篇立论,3分钟。

2. 反方一辩开篇立论,3分钟。

(二)驳立论阶段

3. 反方二辩驳对方立论,2分钟。

4. 正方二辩驳对方立论,2分钟。

(三)质辩环节

5. 正方三辩提问反方一、二、四辩各一个问题,反方辩手分别应答。每次提问时间不得超过15秒,三个问题累计回答时间为1分30秒。

6. 反方三辩提问正方一、二、四辩各一个问题,正方辩手分别应答。每次提问时间不得超过15秒,三个问题累计回答时间为1分30秒。

7. 正方三辩质辩小结,1分30秒。

8. 反方三辩质辩小结,1分30秒。

(四)自由辩论

9. 自由辩论,10—15分钟。

(五)总结陈词

10. 反方四辩总结陈词,3分钟。

11. 正方四辩总结陈词,3分钟。

五、评分标准

团体分		
	正方	反方
一辩陈词(15分)		
二辩驳论(20分)		
驳论小结(10分)		
质辩(10分)		
自由辩论(30分)		
总结陈词(15分)		

个人得分								
	正方				反方			
	江楠	张正	何守天	蒋靖雯	刘伟琦	沙芙蓉	范云涛	吴应颉
语言表达								
整体意识								
辩驳能力								
美感风度								
综合印象								

六、辩论赛内容

辩论赛	
主题:以中日撞船事件为题材,展开一个辩论赛,正方支持协商,反方支持武力。	
正方观点	反方观点
正方辩手张正:武力不可以解决问题。我们中国一向是以和为贵。	反方辩手沙芙蓉:协商不可以解决问题。即使发生战争,我们也"宁可杀死一千,不可放过一个"!更何况是日本。
正方辩手何守天:如果日方与中方发生战争,老百姓必定会无家可归。这真是你们所要的结果吗?	反方辩手范云涛:武力不一定代表战争,可以使用强硬的手段。我国温家宝总理就可以用威胁的手法让日本放人。
正方辩手蒋靖雯:我觉得应该进行谈判,如果谈判成功的话,就不用武力去解决。武力解决的话会使中日关系恶化。	反方辩手胡若惠:我认为这件事情应该用武力来解决,和谐地谈判作用大吗?如果我们一再地退让、忍让,那应该让到什么时候?凡事都是有底线的,是可忍,孰不可忍!所以这件事情应该用武力解决。
正方辩手江楠:"以德服人"一直是我国的传统美德,打仗只会让中日关系不断恶化,无论是中国民众还是日本民众都是无辜的。	反方辩手刘伟琦:我认为还是用武力好。因为第二次世界大战过后,中国有一段时间与日本友好相处,可现在又闹矛盾,说明日本根本不想与中国友好相处。
结果	
正方以强大的气势与强劲的理由击败了反方,中日撞船事件应由协商解决。正方优秀辩手:江楠。反方优秀辩手:范云涛、沙芙蓉。	

小插曲：在质辩环节中双方一开始都不是问问题，而是自己在辩论，但是经过指点，双方的三辩鼓起勇气，临场想出了问题问对方，比赛也继续进行了。

八、我的总结

爱国不是一句空话，如果我们每位同学希望祖国日益强大，不让历史重演，那么自己一定要强大。要想自己强大，你们现在唯一能做的是积极改正自己的缺点，培养良好的学习习惯，努力学习，用知识武装自己！

（南京市第二十四中学鲁正贞提供）

2. 从生产、科技发展中抓题材

当今，科技的迅猛发展无不影响着学生的生活。一些学校的班主任善于从科技发展中抓班级活动的题材，如北京海淀区某学校开展"我眼中的中关村"主题班会，学生们发言中有调查、有访问、有畅想、有决心，大大激发了学习热情。又如，现在不少学生家里有电脑，有的班主任组织一些电脑水平高的学生向大家讲解、演示自己的网页，鼓励更多的学生在网页制作中学习新知识。再如一些学生利用自己的博客、班级的博客，以及同学、朋友的博客进行一次生动的"我的博客"展示会，与同学和老师共同分享自己生活、学习的点滴收获。

3. 从身边的新鲜事中抓题材

开展班级活动，还要善于从发生在学生身边的事情抓题材。如有的学校成立少儿环保志愿军，组织学生投入环保，召开"救救地球妈妈"的主题班会。会后，学生们积极上缴旧电池，分别被评为环保志愿军的"上尉连长"、"中尉副连长"等职。从此，搞环保活动成了班级一大特色。在西部开发的潮流中，有的班级开展与西部少数民族学生通信的活动。在"同年龄、同年级、同进步、同成长"的主题班会上，学生们交流了与少数民族学生通信过程中的收获和体会，家长畅谈了学生在通信过程中的成长。这一活动，促进了学生珍惜大好条件、努力学习的自觉性。

案例 5-8

一堂"生成"班会的启示①

一、"生成"叙事

下午第二节是练习课，同学们都在认真地做作业。我看着他们，不禁陷入了深思：怎么样帮这个刚接手的班级走上"正轨"呢？才开学几天，班上就发生了几起纷争，得找时机开个班会来"拨乱反正"。正想着，忽然，教室中央"哗"的一声炸开了"锅"。原来，一个叫刘静的女同学突然呕吐了。一时间，教室里乱作一团，同学们纷纷掩鼻而逃，尖叫声、责备声、桌椅的挪动声不绝于耳。我隐约感觉到，一个很好的班会主题正在"生成"。我静静地站在原地——我想让同学们好好地体验一下这个真实的情景。教室里很快静了下来，同学们开始把目光投向我，几个捂着鼻子的同学下意识地把手放了下来，低下头，还不时地瞟瞟我。刘静一个人怔怔地站在远离人群的教室中央，不知如何是好。时间一点一滴地过去，终于，有两个女同学碰了碰肘，默默地走到刘静身旁，带她到医务室去了，其他同学纷纷坐了下来。"出事地点"周围的几位同学仍愣在旁边，显得很为难的样子。我默默地走到墙角拿起了扫帚。等我倒完垃圾回到教室时，教室里异常安静，几个洗去了身上污秽物的同学也回到了

① 袁慎彬、张燕，《班主任》2006年第3期。

座位上。我看看表,郑重地宣布:今天的练习课到此结束,在剩下的时间里,每四人一组,通过讨论提出一个班会主题。这时,下课铃响了,我借机走出教室。教室里一下子热闹起来,我知道他们已经开始讨论了。等我再回到教室时,班长和副班长已经站到了讲台前,同学们主动开始了讨论。我示意他们继续,自己在后边坐了下来。主题很快确定下来了:新学期我们班最需要的是团结和友爱。自然,上节课发生的事情成为最具有说服力的典型事例。大家开始争先恐后地发言,被弄脏了衣服的同学自我检讨说:"我不应该责备刘静,其实我知道她那个时候是最需要理解和帮助的。去年有一次,在拥挤的公交车上,我一个受伤的手指突然流血了,血迹不小心弄在了一位阿姨的衬衫上。但她只是笑了笑,还递给我纸巾……"接着很多同学都谈到了自己在困境中的经历和心情。这时,刘静从医务室回来了。

后来,讨论的议题进一步扩大,几个前几天起纷争的同学纷纷自我检讨,表示要改掉以前的个人中心主义,多向他人伸出友爱之手,融入集体的大家庭。从同学们严肃的表情、感人的话语中,我感到他们每个人的心灵都受到了震动,每个人都在思考该怎样关爱他人。

二、启示

1. 真正对学生有教育意义的班会主题是"生成"的

所谓"生成",简单地说就是"即兴"产生,即由特定的情景自然产生课程资源、过程乃至目标的过程。生成不排除预先设定,但反对过于机械的预设和"照章执行"。从某种意义上来讲,班会也是一门课程,是由班集体和老师根据本班的特点共同开发的一种"班本课程",其目的主要在于解决班集体在发展过程中所遇到的问题。相对于其他的学科课程而言,班会课的主题更需要"生成"。因为班会课主要是解决学生思想上的问题,使之在"心动"之余产生"行动"。而"心动"必先"情动","生情"的前提又是"触景"。只有让学生触到了真实的情景,他们才会产生强烈的情感体验,也才会用心去审视和思考。从这个意义上讲,在现实情景中生成的主题班会可能要比事先组织的班会效果更好。事先组织的班会虽然能显示班主任的"经验",但是班会的主要任务是解决班集体中最需要解决的问题,没有人能够在开学之初就预测到一个班在什么时候最突出的问题是什么;另外,作为教育者,我们都知道,很多的教育契机是稍纵即逝的,即使过后再现当时的情景,也失去了感人至深的力量,这就像看《妈妈再爱我一次》的电影时,学生都感动得流下了眼泪,但在看完电影后讨论时,学生却很少流泪一样。

2. 班会的组织形式也可以"生成"

长期以来,我们所开展的总是一种严格预设型的班会,主题、活动形式都是事先精心设计的,也总是以班主任的"说教"为主,至多就是让几个班干部上台点缀一下。这种灌输式的班会很少能让学生由"情动"而"心动"。相反,如果让学生自己参与进来,让他们在实际情景中通过讨论"生成"班会的主题,在自然进行的过程中"生成"班会的程序,那么班会的整个流程就会像小河的流水一般,不需刻意组织和维系,只需恰到好处地引导和疏通,便在自然流动的过程中获得育人效果。

3. 在班会课上,教师要给学生"留白"

如果说班会是一幅画,那么只有善于"留白"的班主任,才善于创造美。然而,大多数情况下教师成为班会课的"钦差大臣",学生则是俯首帖耳的"臣民",班会的主题就是由教师向学生颁布"圣旨",教师的话是金科玉律。事实上,学生是有思想、有意识、有创造性的、能动的主体,只要给他们"阳光",他们就会"灿烂"。因而,教师所要做的不是成为代替他们"表演"的"演员",而是给他们创造一个自我表演的舞台。只有把班会的主动权让给学生,把创造空间还给学生,让"学生的地盘学生做主",班会课才会焕发出生命的活力。

4. 教师要善于捕捉、判断和重建信息

班会主题的生成往往是偶然的,班会的过程也不是预定的,它会随着师生、生生间的不断交流、沟通,产生新的思想火花及新的教育信息,这就要求教师具有对信息的捕捉、判断、重建的能力。一方面,教师要具有敏锐的教育洞察力,才能从日常生活的小事中发现教育契机;另一方面,在动态生成的班会课上,教师只有对班会进行适当的点评和引导,才能保证班会在生动活泼、井然有序的气氛下持续下去。

总之，班会并不是教师进行政治思想教育的"行政特区"，而是师生之间、生生之间生命沟通和对话的平台。班会只有重视"生成"，才能焕发出生命的活力；只有重视"生成"，才能对人的精神生命产生深刻的影响。

（三）多样性原则

班级活动要达到理想的教育目的，必须注意活动内容、活动形式、活动组织方式的多样性。

首先，是活动内容多样性。开展班级活动要兼顾学生德、智、体、美、劳各方面的素质，使活动既有教育性又有趣味性。如有个班级在制订活动计划时，主题是"通过活动促进学生全面发展"。在具体安排上，既有思想教育方面的"一日常规我知道"、"集体在我心中"活动，又有学习方面的"智力竞赛"活动；既有发展体能的"乒乓球比赛"活动，又有图文并茂的"手抄报汇展"；还有"科技小制作"班会。活动内容多样化，使所有的学生都有施展才华的机会，都获得成功的体验。

其次，是活动形式多样化。中小学生喜欢求知、求新、求实、求乐，班级活动形式必须丰富多彩，变化新奇。如班级活动的内容是"心中有他人"，在形式上要多样化：可以开故事会，讲英雄模范的事迹；可以把本班同学的好事编成节目演出；可以给退休老人送温暖；也可以去医院看望患白血病的儿童。又如班级活动是"中秋佳节化妆晚会"，可以有歌舞表演、民间传说介绍、即席演讲、谜语竞猜、点蜡烛、吃月饼等多种形式。这样，让所有参加活动的学生都感受团圆，体验快乐。

再者，活动的组织方式多样化。除了班级集体活动，还可以是小组活动、社团活动，甚至是三五个人自由结合的活动。开展班级活动要兼顾学生的兴趣、爱好和发展需要，使之富有实效性。

（四）整体性原则

整体性是指班级活动的内容、活动的过程、活动的教育力量成为一个系统，也就是用整体的教育思想指导活动，达到教育目标的整体性和学生身心发展的整体性。从活动内容看，要有整体教育的考虑，要包含德、智、体、美、劳诸方面，使学生得到多方面的教育和发展。从活动的过程看，整体活动和个别活动是辩证统一的。就一次活动来说，只有从酝酿、设计、准备阶段发动学生全身心地投入进来，活动实施时才会有激情，其教育性也就蕴含其中了。活动之间应有系统性和连贯性的安排。如有的班级在申奥的系列活动中，分别搞了"我爱北京好风光"、"北京人爱运动"、"我是环保小卫士"、"学好知识迎申奥"几个活动，学生们分别从首都的建设、经济、科技、交通、环保及人们的精神面貌上交流了盼奥运的心愿。在这个系列活动中，前一个活动的结束成为后一个活动的起点，后一个活动巩固、强化了前一个活动的教育。这样一环套一环，循序渐进地进行活动，整体性的教育效果就显露出来了。

班级活动还要尽可能地发挥学校、家庭、社会的整体性教育功能。可以请家长参加班级活动，作报告、出竞赛题、给学生写信等等。如果组织外出活动，可以请家长委员会一起参与，创设开展活动的条件。在争取社会力量配合时，可采取请进来、走出去的方法，如邀请解放军、科学家、先进青年等到班里来座谈；或者走访革命老前辈、科技园区的创业人

新编班主任工作技能训练（第2版）

士,或者与退休的老人联欢,或者参观博物馆,进行环保小调查等。教育力量的整体性,使班级活动由封闭转为开放。

(五) 易操作性原则

开展班级活动还要贯彻易操作性原则。

第一,要注意活动的规模。日常活动基本上是每天要进行的,因此要短、小、实。短,即时间短,一般三五分钟。小,即解决小问题,或针对班里的情况一事一议,或对一种行为展开评价,或背诵一首古诗,或表扬一个同学。实,即解决问题要实际,一次集中解决一个问题,不求面面俱到。形式上也要保证实效,可以有全班、小组、同桌活动几种形式。主题班会一般是全体参加,一个学期搞一二次。举办主题班会,应当注意:一是目标适宜,即一次活动要达到的目的不要定得太多,一至两个即可;二是主题集中,即一次确定一个主题,力图给学生留下深刻的印象;三是过程简洁,即班会的程序要清楚、明了,场面不宜过大,容量以一课时为宜。

第二,要注意活动的频率。一学期里,班级主题活动的次数不宜过多。活动过多,学生花很大精力在活动上,必然会影响学习,造成一些学生静不下心来学习。活动过少,学生会感到枯燥、乏味,滋生出一些不健康思想,导致班主任疲于应付偶发事件。至于活动多少为宜,要依据具体情况而定。

第三,班级日常活动要形成自动化操作。如上操、查卫生、主持"每日一说"、读《班级光荣簿》等,每天有专人负责,固定时间进行。每一次大的班级活动,事前要制订详细的方案。谁主持,谁发言,谁表演,谁负责录音,谁总结都要事先安排。这样,操作起来才能有条不紊,顺利地进行。

二、组织班级活动的具体方法

案例 5—9

职场应聘与自我策划系列班会
——终身学习与团队合作篇

本期班会育人目的

通过本次职场应聘模拟活动,帮助同学们树立终身学习的理念,培养学生的团队合作能力。树立正确的理想观、人生观,让他们明白理想与个人奋斗之间的关系,纠正一些不正确的观点,积极努力学习,成为社会的有用之才。

本期班会的主题

职场应聘 终身学习与团队合作

本期班会的组织理念

1. 终身学习理念

联合国教科文组织国际21世纪教育委员会报告《学习——内在的财富》强调了终身学习将从根本上改变传统的"学习"理念和阶段性的学校教育模式。

2. 班杜拉的社会学习理论

角色扮演是心理治疗中模仿法的一种具体方式,建立在班杜拉的社会学习理论之上。具体操作就是向求助者呈现某种行为榜样,让其观察示范者如何行为以及他们的行为得到了什么样的后果,以引起他从事相似行为的治疗方法。

3. 合作学习

合作学习是指在教学条件下学习的组织形式,相对的是"个体学习"。它是学习者在小组或团队中为了完成共同的任务,有明确的责任和分工的互助性的学习。

班会活动内容

时间:2009 年 9 月。

地点:学校报告厅。

年级:高二(2)班。

人数:44 人。

用具:

(1) 职业应聘现场道具桌椅若干,一个水壶,四只杯子。

(2) 公司方、应聘方的身份牌若干。

过程:

(1) 职场应聘现场模拟。

(2) 游戏活动心理分析。

(3) 脑库分析与辩论。

(4) 招聘方分析与点评。

(5) 演员谈心得体会。

(6) 家长、班主任发言。

一、活动程序

1. 主持人陈述活动的主题背景

现代社会人才济济,就业竞争激烈。就业市场也出现了前所未有的复杂性:有刚走出大学校门手里拿着高学历证书的;有没上过大学仅凭一身公关能力赤手闯天下的;有在大学里不以文凭为目标却在文体各方面都有所长的;有来自大专院校却一直勤奋学习的。到底哪种人是用人单位急需引进的人才呢?

2. 应聘者自我介绍并回答招聘者的问题

(1) 应聘方自我介绍。

(2) 应聘方策划方案。

(3) 招聘方针对性提问,应聘方答辩。

3. 情境游戏,测试应聘者综合素质

(1) 情境游戏:all tied up。

应聘人员被绑在一起来完成一件任务。首先由招聘方介绍游戏规则,应聘方同学进行短暂的交流后即开始游戏。主要是用于考察各参与者的组织领导能力及有无团队合作精神。

四人围成一个圈圈,面对对方。主持人帮忙把每个人的手臂与隔壁的人绑在一起。绑好以后,要求拿起中间小桌上的水壶给同伴的杯子里倒水。

(2) 招聘方考核、讨论、点评。

在游戏的过程中,通过仔细观察四位应聘者的行为,对他们的特征有了更深刻的认识。

4. 脑库分析与辩论

其他同学针对四位应聘者的表现,作出相应的判断与分析。

(1) 讨论拥有高学历但是不愿从基层干起的人是否能被录用?你是如何看待现在拥有高学历的

新编班主任工作技能训练(第2版)

人找不到工作,但也有很多企业招不到高层次人才的问题。

（2）讨论人际关系好但学历低的人是否能被录用？你是如何看待学历知识与能力的关系。

（3）讨论文凭高,但只会说空话且没有工作经验的人与学历一般但脚踏实地地工作并在工作单位有出色表现的人,哪一个更会被用人单位录用？你是如何看待能力与态度的。

5. 招聘方点评,解决问题

招聘方针对四位应聘者的表现给予相应的评价,并宣布最后结果。

6. 回到现实,分享感受

在表演结束后,演员相互交流角色扮演的感受和领悟,从不同角度看待问题,了解别人的反应和感受,学会换位思考,改变错误认知。

活动总结与感悟

本次班会是由班主任、心理老师与本班同学共同策划而成的,班会设计意图是想要解决以下问题:在高一时,几乎所有的学生都是带着对名牌大学的梦想制订自己的三年学习计划的,他们中不少人的理想依然还是南大、东大这样的南京一流、甚至是全国著名的大学,然而经过一年的学习,由于他们学习态度的问题、学习方法的问题、学习能力的问题,他们中的大多数现实的学习成绩与原先的设想产生了偏差,与他们理想中的大学更是相去甚远,这使得他们心理上会产生一种茫然感。在男生身上体现的是一种颓废,他们放弃学习,上课睡觉,沉迷于游戏或者社会上不三不四的人来往,打架斗殴,成为今后社会不安定的隐患。在女生身上体现的是一种麻木,她们看上去是在学习,好像还是很认真,但是在她们身上你丝毫体会不到成功带给她们的喜悦,她们的成绩始终无法得到较大的提升。与其说她们在坚持,不如说她们在煎熬,这样的问题得不到解决,理想与现实的差距越大,她们的负担就越大,当差距大到她们无法承受的地步时,她们就彻底地全面地崩溃了。这样的班会由学生自编自导、自演自评、自辩自悟,无形中给学生一种心理暗示,虽然高考没有考上本科,只要我们以积极的心态去面对人生,用心去抓住机会,同样也能成功。

（南京市建邺高级中学袁子意、吴梅提供）

（一）活动的选题

这是组织班级活动最初的也是最重要的工作之一。活动的题目选不好,活动就搞不好。我们所说的选题,主要是指活动内容主题的选择和确定。选题需要经过以下三个层次的工作:

一是班主任的充分思考。班主任对每项活动要事先有数。选题设想要注意几个方面:第一,班集体奋斗目标和班集体建设计划是否适合当前班集体建设内容的需要;第二,班集体的现实情况是否有急需解决的热点问题;第三,是否与学校的教育计划和教育活动安排冲突。这几个方面是班级活动选题的重要依据。有不少班主任早在学期之初,就已胸有成竹,对每个阶段的活动有了安排。但此时,也还需重新审度一番,看看原来的设想与当前的形势是否完全适合。如有不适合之处,需作必要的调整。

二是班委会的充分讨论。班主任可以把自己的设想向班委会成员报告,也可以引导班委会进行酝酿,特别要引导班委们考虑几个方面的参照情况。要允许学生提出独立的见解,在大家畅所欲言的基础上进行归纳。大致内容确定之后,商量活动如何进行。

三是由班委会向同学征求意见。班委会要采取个别交谈或开小型座谈会的方式,征求全班同学的意见。对同学们的反馈信息,要认真收集、整理,作为组织活动的重要参考。有些活动,还可征求任课教师、校领导以及部分家长的意见。

小学六年的整体规划①

"为了每一位学生的发展",是新课改的基本理念。如何将这一理念落实到具体的教育实践中?笔者认为,作为一名班主任,要关注学生在不同年龄阶段的生理变化、心理发展、学习和生活状态,倾听他们的烦恼,在此基础上,通过多种方式满足他们的需求,解决他们的具体问题,从而促进学生身心健康、生动活泼地发展。下面从如何通过主题活动来促进不同年级学生成长的角度谈一点自己的思考与实践。

一年级

针对儿童入学后学习内容、学习方式等的急剧变化,一年级学生成长主题教育活动要以"做好幼小衔接,帮助入学适应"为重点,培养学生的学习兴趣,以适应校园生活。活动内容主要为适应学校环境、适应新的人际关系、适应新的角色、适应新的学习活动等。活动方式要突出"童趣",富有浓郁的游戏色彩,寓教于乐。

加入少先队是儿童成长中的一件大事,无论家长还是学生都非常重视,这是一年级班主任应当充分挖掘并有效利用的教育资源。国庆前后,可以借助队前教育,巩固学生的入学适应成果。邀请高年级学生给一年级小朋友上队前教育课,使他们知道队名、队旗、队徽、红领巾的意义,队的领导者和队的作风,学唱队歌、戴红领巾、行队礼和呼号,讲述优秀少先队员的故事。之后,组织隆重的入队仪式并在队旗下留影,以激发学生作为一名少先队员的光荣感和责任感。

二年级

二年级学生已基本适应学校的学习生活,开始期望自己能在学习或班级活动中有好的表现或取得好成绩而受到同学的关注,或者得到教师和家长的赞扬。学生普遍喜欢集体活动,有着和同龄伙伴交往与游戏的强烈愿望和心理需求,但是交往的方式方法常常成为其达成目的的障碍,很容易在交往活动中受挫,从而产生消极情绪。

根据学生的发展特征,二年级学生成长主题教育活动宜强化学生的合作意识和集体意识,指导学生关心和帮助其他伙伴,在活动中分享与伙伴交往的乐趣,体验快乐学习的乐趣。如以"金色的秋天"为主题,开展小队合作系列活动,包括:树叶剪贴绘画、同题绘画比赛、儿歌童谣传唱、诗歌朗诵表演,等等。同时还可以邀请家长参加相关活动,帮助家长了解孩子的成长与发展,并创设一定的情境,让学生发自内心地"夸夸我的后援团"。再如,以"瞧,我们真棒"为主题,开展合作性岗位服务竞赛、常规评比活动,充分发挥伙伴教育的影响力。

三年级

进入三年级,随着学习难度和强度的增大,学生的学习兴趣开始分化,对不同学科的学习动机出现了差别,学科偏爱开始出现。因此,要重点指导和帮助学生适应中年级的学习生活,培养其良好的学习态度与习惯,掌握有效的学习方法,正确对待学习与生活中的挫折、困难,提高适应力。

三年级成长教育活动的设计可以围绕以下目标展开:通过活动指导学生正确地评价和适应中年级的学习生活、体验克服困难的快乐、学习倾听和理解、学习合作与交往、提高注意力,等等。可以开展"我的自画像"、"笑对困难"、"我做小听众"、"我是快乐的社交家"等主题活动;可以组织学生动脑筋设计课间游戏,动手美化教室;还可以把活动从学校延伸到家庭,开展"家庭节能我能行"等活动。

四年级

四年级学生的自我意识增强,有较强烈的自我表现欲望,渴望表现自己的成长。这一阶段的学生情感体验丰富,社会性成分不断增加,由对个别事物产生情绪、情感逐渐转化为对同伴、对集体、对社会产生情感。部分女生身体开始发育,内心复杂细腻,男女生交往变得敏感起来。

随着学生学习方式的变化和人际交往需求的提高,要指导学生学会与朋友倾诉,学习尊重、关心异性队员,体验集体荣誉感。四年级学生的自行策划、组织活动能力明显增强,班队活动基本可以自主进行(写串联词、组织报名、开展评价等)。另外,四年级是学生容易动情的年龄,师生之间、学生与父母之间需要通过有效的途径积极地进行交流沟通,这时是开展感恩教育的最佳时机。

五年级

五年级学生的活动能力已有了很大提高,对许多事情有自己的看法,反对大人过多干涉;具有较强烈的竞争意识,比较关注竞争结果。学生兴趣、特长差异表现得更明显,学生个体之间、师生之间开始出现疏离,非正式群体的影响开始出现。学生不同方面的成功需要强烈,对缺乏挑战性的活动与班级工作缺乏兴趣。

随着学生活动空间与视野的扩展,对各种班级活动的挑战性要求增强,可以组织"今天我当家"等活动,给学生广泛参与各项活动的机会,使学生在多方面获得成功。另外,也可以引导学生参与学校层面的工作,开展"大手拉小手"活动。指导学生进行学习交流,学会情绪调控,培养耐挫品质也是五年级学生成长教育的一个重要主题,可以组织"学习对对碰"、"学会控制自己的情绪"、"挫折助我成长"等主题活动;可以开展"当一日老师(父母)"等体验活动,指导学生学习多角度地认识生活,学会和父母交流学习与生活体验;尊重和帮助异性队员,分析、排解消极情绪。

六年级

现阶段小学毕业生仍然承受着巨大的身心负担。如果这些负担不能及时化解,苦恼、忧郁、压抑、烦闷、暴躁等不良情绪就可能转变为厌学、反抗、叛逆……影响少年儿童的学习、生活乃至身心的发展。另外,六年级小学生开始步入青春期,青春期的身心变化将会对学生的性格发展产生深刻影响。

围绕学生的学习问题,教师需要开展深入的工作,使学生进一步掌握学习方法,自主、有效地进行学习,尤其要使学生转变对学习的认识,从挑战性的学习任务中感受学习的快乐。可以适时组织"照镜子——学会正确评价自己的学习"、"轻松驿站"、"成长的足迹"等系列活动,指导学生分析评价个人学习,学会自我减压,向同伴学习;组织"我选择我快乐"、"我是一名合格的毕业生"、"为母校留下什么"等系列活动,指导学生学会选择并对自己的选择负责,做合格的小学毕业生。

关注不同年龄阶段学生的发展特征,根据不同年级学生成长中需要关注的问题,有针对性地组织开展教育活动,可以使儿童发展中的阶段性和连续性有效地结合起来,引导学生在实践中体验,在体验中快乐成长。

(二) 制订活动计划

选题确定之后,由班主任和班委会共同制订活动计划,并且落实组织工作。活动计划应该包括以下内容:活动的内容和目的、活动的基本方式、活动的组织领导、活动的时间和地点、活动的具体准备工作等等。活动计划应该由活动的负责人书面写成。每一项内容要反复斟酌,以便落实。组织领导要明确具体分工:谁总体负责,谁负责宣传,谁负责对外联系,谁负责组织发言或节目,谁负责布置会场,谁做主持人等等。

在组织工作中,有两点要特别注意:一是发动全体同学参与活动,尽最大努力消灭"死角"。针对班级存在的问题开展活动,更要注意与问题有关的同学的活动"角色"。要选择适合的"角色"让他们承担,以突出活动主题,发挥教育作用。二是考虑可以借助的力量,请能为活动"增色"的班外人员参加。例如,有时可以请教导主任、校长、党委书记、团委书记、大队辅导员、任课教师、家长、共建单位负责人等参加活动,还可以安排他们发言,出节目。

(三) 具体准备工作

准备工作的关键是抓落实,主要负责人要检查每一项任务的落实情况。有些任务,难度较大,要多花精力,比如要求同学发言或演节目的活动,要写稿子或提纲,或进行排练,否则就难以保证质量。又如外请人员讲话,更需要具体落实,人家是否有时间,希望人家讲什么内容,都得定好。倘若期望通过外请人员讲话解决班上一些具体问题,就要如实地向讲话人汇报班级情况,以提高针对性。

在准备工作中,主持人如何主持活动是不能忽视的。他必须对主持过程有详细计划,而且要写出主持词。开头与结尾以及中间各活动内容的衔接都要写好,并进行必要的演练。值得注意的是,在有些调研活动中,比如实地调查,要注意与当地有关部门进行沟通,要有所准备以有所收获。

(四) 班级活动展示

这是为了展现学生参与活动与调研的成果。活动展示需要考虑以下三点:第一,是否发动每个同学出来展示成果,并不是每个同学都必须成为展示的主角,但是应当给予配合与合作;第二,是否借助多种媒体来展示成果,可以借用录像、电脑等多媒体手段,也可以通过学生表演来展示成果;第三,展示现场即会场布置得好不好,直接关系到活动的气氛和效果。布置会场的基本原则是:适合活动主题,创造良好环境气氛。有的活动庄严、肃穆,会场就要整洁、质朴,色彩不要过分鲜艳;有的活动欢快、活泼,会场就要美丽、大方,色彩可以鲜艳些。黑板、灯光、桌椅摆放和必要的装饰物,都要从活动主题出发进行设计。

(五) 班级活动实施

活动实施是班级活动开展的关键步骤,也是活动全过程的高潮。如果准备工作做得充分,达到高潮就有了基本的条件。为了保证活动的成功,需要注意以下几点:第一,全班同学的精神状态。活动实施前的一至两天时间,班上要创造一种准备积极投入活动的态势,发出具有鼓动性和号召力的信息,班级骨干和每个成员都要表现出积极的姿态。此时,往往会出现干扰因素,比如班上出现了某种偶发事件,引起情绪波动,或者有人对活动抱怀疑态度,说风凉话等。这需要班主任和班委会及时作出处理,调整大家的心理状态,使干扰降到最低限度。第二,处理好活动过程中的偶发事件。活动进行过程中,难免出现始料不及的问题:突然停电,录音机卡壳,发言或演节目的人过分紧张忘了词,突然有人不舒服……除非出现使活动不得不停止的事情,否则应妥善处理偶发事件,继续进行活动。必要时,班主任要出面说几句话,使大家保持平静。

(六) 班级活动总结

活动究竟搞得怎样,收获有多大,缺点是什么,都得通过活动总结才能清楚。总结的方法多种多样,如开小范围的座谈会、写活动总结、广泛征求意见、开全班总结大会,等等。不管用一种或是几种方式,班委会的总结是必须进行的。班委会要对活动的全过程进行反思,从选题开始,直到结束。班委会的总结内容,还要以口头或板报的形式通报全班同

新编班主任工作技能训练(第2版)

学,以便听取反馈意见。

第三节　班级活动的创新

班级活动是促进学生的身心发展与班级进步的重要手段,然而班级活动中却存在着一些问题:有的目标模糊,针对性不强;有的内容缺乏时代感,令学生厌烦;有的过于集中在德育或文体活动上,而忽视科技教育、网络教育、心理健康教育;有的形式呆板,一味灌输,缺乏趣味性……那么,怎样才能使班级活动不断创新呢?

一、班级活动的观念创新

班级活动能否创新,关键在于教育者的观念。班主任要树立教育民主观和现代学生观,承认学生的主体价值,建立起民主和谐的师生关系。要认识到学生具有巨大的潜能亟待开发,开展班级活动是开发学生潜能的有效途径;要承认学生是具有主体地位的人,尊重学生的主体人格,激励学生主动参与班级活动。学生参与班级活动是一种认识、实践、感悟的过程。没有学生的主观能动作用,认识、实践、感悟就不可能有效地进行。主体的感知、思维、想象、体验是别人无法代替的,主体认识的内化过程也是其他人无法代替的。因此,在班级活动中,班主任必须调动学生的主观能动性。

班级活动的创新是指由学生和教师一起选择、设计出新颖独特、主题鲜明、教育意义深刻的班级活动,并由师生积极参与、全员合作,培养学生主动性的一种教育方式。班主任应为学生提供创新的氛围、契机和一定的空间,鼓励和引导学生在各项班级活动中思索、探求和创造,从而培养学生的创新精神和实践能力。

案例 5-11

班会:秀出班级的名片

班会主题:

秀出班级的名片——自信、团结、合作

班会背景:

一个优秀的班集体一定要自信、团结、合作,但到底如何让学生意识到它们的重要性,又如何引导孩子在哪些方面潜移默化地做到这些?按照传统班会的流程,一般会先介绍什么叫自信、团结、合作,再说明具备和不具备这些优秀品质的差异,最后请部分学生谈谈自己还欠缺的有哪些,还需要做什么努力。很明显,这个班会给孩子留下的东西会比较书面化,孩子对它们的理解不会很深刻。如何能让孩子在愉快的过程中体验和总结它们的重要性是我这节班会课的重点,我在设计流程中加入了体验式团体教育模式,取得了较好的效果。

班会流程:

1. 站成一个大圈:伸出你的手臂先对着对班级有贡献的人鼓掌,然后对着给大家带来乐趣的人鼓掌。

(目的:热场,避免学生面对很多老师过于紧张。)

（现象：当大部分孩子把手对着我们的班长江楠伸去的时候，班长非常意外，也非常感动，对着他们深深地鞠了一个躬。）

2. 内外圈：（三分之一体验、三分之一讲解、三分之一分享）

问题：① 你喜欢的小学老师是谁？为什么？

　　　　你不喜欢的小学老师是谁？为什么？

问题：② 小学最让你高兴的事是什么？

　　　　小学最让你悲伤、难过的事是什么？

问题：③ 小学和中学的同学最大的区别是什么？

　　　　小学和中学的老师最大的区别是什么？

　　　　小学和中学的你最大的区别是什么？

（请愿意和我们分享的同学讲解）

（目的：说一些轻松简单的话题，打开学生的话匣子。）

问题：④ 你理想中的中学老师是什么样的？

　　　　你理想中的中学班级是什么样的？

　　　　你理想中的中学的你什么样的？你觉得现在的你基本达到理想的请站成一排，觉得和理想相差较大的请站成一排。

（现象：一开始有部分孩子不知自己应站在哪排合适，等基本站好之后，有部分属于基本满意的又觉得有些不够谦虚，重新站到属于不满意的一列中。这些都说明现在有相当一部分孩子对自己的行为没有准则和目标，更没有自信。）

采访：

不满意的理由：作业质量不够高、上课容易走神、班级常规做得不够好、经常挨批等等。

教师评价：他们能认识自己的问题，相信他们一定能很快改正。

满意的理由：在小学就意识到的一些缺点在自己的努力下有很大的进步，例如原来不喜欢英语，现在喜欢了。

教师评价：明确目标，做事有计划性，能成大事。

问题：⑤ 我们现在的班级和你理想中的班级的区别是什么？

问题：⑥ 现在班级的问题出现在哪里？

问题：⑦ 你认为如何矫正班级所出现的问题，才会与我们理想中的班级差距越来越近？

（请愿意和我们分享的同学讲解）

（目的：其实学生所提出的基本都是班级的一些琐事，只要学生有心，这些都可以很简单地解决，指出班级的问题关键是人，而不是事。）

问题：⑧ 如果这些问题都解决了，我们的班级将会怎样？

问题：⑨ 这样的班级你喜欢吗？请用手中的笔任意画一幅画，代表你理想中的班级。（说明：可以抽象，不一定要画人。）

（请愿意和我们分享的同学讲解）

（目的：让每位同学对我们班级的未来充满信心和期待。）

（说明：设计这个环节，其实我的心里是没谱的，我不知道学生会在短短的时间里完成这样高难度的题目，连我自己都不知如何表达才是合适的。但是当他们画我在旁边巡视时，那一刻豁然开朗，孩子确实比我们想象中的厉害很多，下面请欣赏三年后的我们！）

（现象：这些画大概分为两类：个人的和集体的未来。）

最后问：大家对我们自己有信心吗？但是一个优秀的班集体光有自信还不够，我们还需要一些其他的调料。下面我们来做一个游戏，大家感受一下还需要什么。

3. 活动：松鼠搬家

目的：

① 让学生在游戏中体验竞争和被淘汰的残酷,感受合作的力量。

② 开拓学生思维方式,在竞争中体验双赢的快乐。

活动时间:大约十五分钟。

活动程序:略。

活动说明:

① 本活动人数越多越好,出现无家可归的"小松鼠"和没有"小松鼠"的"小木屋"均认为被淘汰。

② 关注被淘汰的"小松鼠"和"樵夫",可以请他们表演节目或交流被淘汰的原因及心理感受。

活动气氛:紧张而热烈。

活动交流:

淘汰原因:

① 没有主动交往的意识,没有积极合作的态度,没有有效竞争的能力。

(教师评价:学生继续努力。)

② "小松鼠"找到家,但被"大松鼠"推出门外。

(教师评价:"小松鼠"的委屈哭诉让"大松鼠"意识到,自己只顾竞争、不顾合作是不合适的。)

活动突发情况:没有被淘汰的"小松鼠"和"樵夫",出现一屋住双鼠的情形。

(教师评价:这虽然违反规则,但是这个小屋很温馨,大力提倡"在竞争中合作,在合作中竞争"的精神。)

在班级活动中,班主任常常扮演组织者和领导者的角色,学生则常常扮演服从者和参与者的角色。久而久之,学生就会缺乏创造热情,机械地或被动地成为听话和服从的"好学生",这样就把学生的创新意识和创造热情压抑了。在这个案例中,班主任在活动实施前与学生进行平等的讨论,鼓励学生敢想、敢说、敢做,这样就形成了一个宽松的氛围。只要班主任能够肯定、尊重学生的每一个建议和见解,久而久之,学生就敢于标新立异,具有向一切人和事挑战的勇气。一个民主、自由、和谐的氛围,能够为学生创造力的爆发提供极好的空间。

二、班级活动的手段创新

如今,大家面对的世界日新月异,教育环境更是今非昔比。在强调课程知识体系创新、学生能力创新的同时,班主任应该在班级活动的内容、方式、途径等方面有所创新。创新是一种智慧,这种智慧需要在日常工作中积淀。一个好的班主任,决不满足于一成不变的教育模式,而是让班级活动搞得有声有色,让学生不断产生惊喜,觉得太阳每天都是新的。

随着时代的发展,科技给我们的生活带来了很多的变化和精彩。班主任应根据这些变化丰富班级活动。比如,对于学生而言,手机、MP3、学习机、电脑、网络、游戏是这个时代赋予他们的一种享受、一种时尚。我们不能将学生与这个社会隔绝,要尊重这种时尚的存在,并利用这种时尚为教育,特别是为班级活动注入新的元素。

很多班主任在设计班级活动时,常常埋怨素材的缺乏与手段的陈旧。其实,班级活动的创新在很多时候仅仅是需要一个新鲜的主意、一个特别的手段。在数码时代,不少班主任使用数码相机这个现代的记录手段来记录学生的生活与情感,并且与他们进行积极的沟通与交流。通过实施有效的激励,调动了学生的积极情感,激发了学生的兴趣。

几十年的应试教育在教师的心中打上了烙印,也为学生设计了人才的标准模式,即读书考试。为了在考试中有效地考得分数,就连学生的班级活动也成了应试教育的阵地,把学生的思维固定在考试内容的狭小范围内。这种标准化、重复性、极端枯燥的训练,侵犯了素质教育的领地,实质上扼杀了学生的想象力和创造力。班主任应该创设有趣而又有意义的班级活动,营造一种宽松的教育氛围,给孩子们一片自由想象的天空和净土,在班级活动中积极地成长。班主任应该充分利用班级活动开发学生的智力,发掘学生的潜能,激发学生的创造意识,使我们的学生成为创新型人才。

思考与训练

一、名词解释

班级活动

二、思考题

1. 结合实际,谈谈班级活动对学生成长的意义。

2. 请以"认识我自己"为主题,设计一个能够体现创新性的班级活动。

三、实践操练

给你一个气球,你能设计出怎样一个体验式的活动?

【相关链接】

体验式团体心理教育模式

一、体验式团体心理教育模式的概念

一次性面对许多人服务的不同的内容和形式的心理学体验式课程。让团体中的每个成员都可以在团体互动的过程中,呈现、体验、转换、整合,以达到能够以现实体验到当下情境,情境可以回归到体验现实,在体验式的互动中达到心理教育和心理预防的目的。

二、体验式团体心理教育模式的开展

主要体现在团体导师带领全体成员,围绕一个或几个个体,进行故事讲述的过程中。整个过程分为四个阶段:呈现现象、评估目标、问题解决、心理康复。透过文化心理学、艺术心理学、社会心理学、象征心理学的理论和技术,在文化仪式和艺术作品的加工和展示过程中,完成上述四个阶段。在完成四个阶段的过程中,实现了心理成长与治疗的基本原理:淋漓尽致的表达、多元丰富的转换、细致周密的整合。

在整个过程中,每个人都参与其中,不知不觉中全部都变成了故事当事人,都在探索自我和排列自我中成长了。以至于每个人都觉得自己是收获最大的,甚至一度忘记了团体导师的存在。

以面带点的团体除了同样具备四个环节、三个核心主题以外,在动力上表现有所不同,每个人都是主要动力点,又不是主要动力点,动力在团体中变换。在变化中实现每个人的成长和治疗目标。

"体验教育"是以思考为目的,以亲身感受体验为载体,以"做中学"为手段。任何知识如果脱离了实践的支持,那么就会形成知识与社会实际脱离的情况出现,而我们重点要强调的是,在团体工作的开展过程中如何去利用团体心理的体验教育氛围代替说教式德育观念教育。实际上,这一问题早在20世纪二三十年代的美国就已出现过,当时不少教育心理学家就提出"经验学习"(experiential learning)的课题，这里的"经验"不是指从事学术研究的经验，而是指在实际的工作与日常生活中积累的经验。当然从广义上讲，任何学习都是一种经验的过程。但是，经验学习更强调通过具体的"做"来达到个体行为改变的目的。

1．"体验教育"的本质

"体验"一词好像是不经意地存活在我们的日常生活中，它是一个名词，也可以是一个动词，每一种体验都是在生活的延续性中产生，并且同时与其自身生命的整体相联。体验具有主体性、创造性与过程性，是一种注入了体验者生命意识心理活动的交融、撞击，激活已有经验，并产生新的经验。最后，又使经验内化为自我的感悟，使感悟到的东西成为个性化的知识经验。"体验教育"的主旨在于让学生亲身感悟其中的过程并化作为自己"版本"的经验，在此过程中老师退居次位，让学生发挥主观能动性，授予学生"体验"过程的权利。

2．"体验教育"是团队德育工作的延伸

体验教育，是一种强调知识与学习主体互动联系的教育，注重学习者的深入参与，突出人与人双向交流沟通，不强求划一认识而尊重个体差异，各有所获。它突出的不是对知识体系原封不动的储存，而是强调自我的感悟与发现，是一种变书本化为人本化的教育。体验教育的终极目标是人的自然性、社会性、自主性的和谐发展，并生成新的主体。初中阶段，学生自我意识渐渐强烈，朋辈群体的影响力逐渐超越父母、教师的影响力，所以在团队德育教育的过程中提高个体的参与度，并将其化为团队中的一种教育氛围。学生能动地、自主地去体验知识经验、认识事物并获得自己的感悟，激发起自己的情感，并以自我的面目参与的时候，才真正是个主体。老师的教育观念，他人的意见、评判都归为客体引导。德育工作很多时候都是"只可意会，不可言传"，而体验教育就刚好能做到"做中学"，并能将其精髓延伸。

（南京市第二十四中学鲁正贞提供）

第六章
班级文化建设

解 读 青 春

我让学生出了一期黑板报，名曰"青春"，让大家来解读。于是有了"霸气、追忆、坚定、信念、坎坷人生路、颓废、忙碌、选择、两个人的故事、懵懂、自信、追求、杂乱无章的狂想曲、小左小右、迷茫"等等各种不同的解读，我也给出了我的理解：笑容、爱美。笑容是上下的，笑面青春的遭遇，包容青春的过失；爱美是左右的，理解青春的爱，散发青春之美。不同的学生在不同的阶段对青春的理解是不同的，生命赋予我们的是多样的，我们赋予生命的是独特的。不要完全用自己的眼光看待所有的人，他不是你。不要只用别人的眼光来评价自己，更不能只凭借一部分人的言语来否定自己。

通过解读青春、解读困惑、解读感恩，后黑板展示了它独特的生命力，成为了学生解读人生的平台。"真实，现实，具有极大的震撼力"，这是我班的一位学生在班级日志里对解读系列的评价。

解 读 大 学

我带的班是一个平行班，多年的带班经历告诉我，不是所有的学生都能考上大学。很多学生在高二下就看到了结果，于是厌学、颓废等现象都出现了。但往届毕业学生的成长告诉我，读大学的未必能找到好工作，未必在社会上能有所作为，那些高考失败的学生若干年后未必不能大展宏图。大学是什么，必须让学生思考。我让学生在背了《大学》的前三段后，让学生讨论大学是什么？于是有了"大学即学大，梦想，拼搏，大学就是高中的成功与失败，自立，拥有自己的天地，有属于自己的零花钱，谈恋爱没人管，通宵熬夜，成人的过程，等等"。我很感慨学生的真实，于是我写了一句话：班集体，因每个人而精彩。我也介绍了自己的一段心路历程：如今，我大学毕业了，很后悔的几件事：没谈恋爱，没到新疆独自流浪，没考六级。现在，我对大学的理解是：学会做人为先，明理为先，守信为先。古人八岁入小学，学习"洒扫应对进退"、"礼乐射御书数"等文化基础知识和礼节；十五岁入大学，学伦理、政治、哲学等"穷理正心，修己治人"的学问。如今学生都已经十五岁了，也正是读"大学"的年龄了，只要知道读大学是什么，你就已经在读"大学"了。考上大学只是一种象征，没有考上的并不代表没在读大学，考上大学的你未必能"毕业"，没考上的未必不能"毕业"。在社会上能够自立、自强、自信才是大学毕业的唯一标准。

通过解读大学、解读理想、解读选择，帮助学生逐步认清自己，形成正确的价值判断，形成班级合力，寻找班级的共同的价值目标，帮学生定位，为班级定位，培养班级凝聚力，也促使我们举办了"我的大学，我的理想"、"我的大学，你在哪里"、"选专业，还是选大学"三期班会课。通过解读，学生更加了解了一个真实的班主任，师生之间的关系也更加密切了。

（南京市建邺高级中学袁子意提供）

班级文化是一个班级的灵魂。班级文化建设是每个班主任需要思考的问题和工作的努力方向。建设班级文化，应以"文化"为切入点，以文化教育人、感染人、熏陶人。班主任应从美化班级环境、健全班级规范、铸造班级精神三个方面着手，将社会、学校对学生的要求和期望转化为班集体的规范、舆论和价值观，使班级的每一个角落、每一条规范、每一次活动都渗透着文化气息，充满着文化意蕴，为学生的学习和生活创造一个充满友爱、温馨、快乐的环境。

第一节　班级文化概述

班级文化有广义和狭义两种理解：广义的班级文化，是指班级生活中的一切文化要素；狭义的班级文化，是指班级全体成员共同创造出来的独特文化。班级文化具有无形的教育功能、激励功能、制约功能。这些功能一旦形成，就会产生巨大的力量，加速班级的发展。加强班级文化建设，努力营造积极、健康向上的班级文化氛围，是班主任提高班级管理水平和促进学生发展的重要内容。

一、班级文化的构成

班级文化包含很多要素，主要由青少年文化、同辈文化、教师文化、教育文化构成。班级里的各种文化要素并非彼此独立、孤立存在，而是相辅相成、互相影响的，正所谓"你中有我，我中有你"。作为班主任，要认识班级文化构成的复杂性，认识各种文化存在的合理性与必然性，在此基础上开展班级文化建设。

（一）青少年文化

青少年文化是一种现实存在的文化。随着中学生主体意识的觉醒，他们开始有自己的独立见解，并要创造出属于自己的文化。这种文化必然以某种方式表现出来，如选择自己喜爱的衣服、发型，对各类明星的追逐，对动漫的迷恋等。这是正常的心理和行为，是新一代人成为主体的最初尝试。否认青少年文化的必要性，也就是否认学生成长的可能性。

班级文化必然包含青少年文化。青少年文化即学生文化，是学生价值观、思考方式、行为模式的总称。它反映了年轻一代特有的文化倾向，对学生的学习成绩、抱负水平、个性形成有很大的影响。班级文化离开青少年文化，就会了无生气，对学生的发展产生不利的影响。班主任要积极、主动地了解青少年文化，加强与学生的交流，在班级中为青少年文化的发展留有余地。对于青少年文化中的消极因素，不能简单地加以禁止，而要抓住时机积极引导，变不利为有利，变"盲目崇拜"为"榜样示范"。

"小猪之班"①

我们初二(5)班,是一个朝气蓬勃、活泼上进的班级。

谁说我们班级没有凝聚力?看看一次次的校运动会和体育节比赛吧,我们班决不比别的班差。每个人都有强烈的集体荣誉感,在集体中贡献着自己的一份力量。

谁说我们班级没有上进心?班级中很多同学在学习上从未气馁过,从未放弃过。每一分的进步,每一个老师鼓励的微笑,都深深地激励着我们。

谁说我们班级没有自律性?看看经常停留在班级墙上的那面常规流动红旗吧,说明我们只要想做好,还是能做得好的、做得到的。

当然,我们也能看到自身的缺点:有点懒惰,有点散漫,有些调皮,有些行为不够规范。所以,小班总说我们像长不大的孩子,像一只只"笨"小猪。这让我们班从此开始充满了童话色彩,让我们班形成了以"麦兜"为标志的"小猪之班"。天资平平却乐观单纯、有着很多希望却不断遭遇失望的麦兜,成了我们心中的象征。世界上没有事物是完美的,可爱的麦兜不完美,我们也一样。

动画片《麦兜故事》中的主角麦兜是一只粉红色的可爱小猪。它单纯乐观,资质平平,却有很多梦想。在人生的追求中尝试屡屡失败后,它依然把生活过得自然而然,凭着正直善良创造着自己的美丽世界。"小班"是一个"差班"的班主任,她对班上的学生充满爱心。她知道这些经历了太多失败的孩子心中也有梦想,也有希望,他们更需要理解和鼓励。可爱的麦兜成为这个班的标志,与这个班的师生结下了不解之缘!

(二) 同辈文化

在班级中,经常可以看到有些学生三五成群,形影不离。这就是中学生的同辈群体。同辈群体是学生自发形成的非正式群体,是由于有相同或相似的爱好、兴趣、观念以及空间距离的接近等建立起来的。对于中学生而言,同辈文化的影响居于重要的地位。它不以人的意志为转移而客观存在,任何行政命令都不能禁止其形成和发展。在同伴的共同追求中,在相互的交往中,学生的交往能力、合作能力、共同生活能力得到了发展。

同辈文化从教育价值上可以分为积极的同辈文化、中性的同辈文化、消极的同辈文化。在班级中,积极的同辈文化是指能够给学生以积极的价值参照,促进学生身心健康、全面发展的同辈文化,如班级中按照成绩由优等生和后进生组成的学习小组;中性的同辈文化是指没有价值判断的同辈文化,如各种兴趣小组;消极的同辈文化是指提供给学生与社会主流文化相抵触的价值观和行为规范,如有些学生受同学的劝诱去作弊或偷盗。班主任应该对班级中存在的同辈文化加以调查,对于积极的同辈文化大力支持与鼓励,丰富班级文化的内容;对于消极的同辈文化设法消除。

---

① 齐学红主编:《今天,我们怎样做班主任——优秀班主任成长之路》,华东师范大学出版社 2006 年版,第 25 页。

案例 6 - 3

我们的幸福网址：www.幸福.com

www.幸福.com

我们高二(11)班的班呼"幸福就是一加一"已深入人心，但是看着光秃秃的班级前门，老师和同学们都觉得应该放点什么。可是放点什么呢？也是受网络文化的影响吧，大家选择了网络地址的形式，又结合了我们班呼中的核心词"幸福"，创作了这个班级的幸福网址：www.幸福.com。"幸福"的感觉是什么呢？就是这个白色底子、蓝色印刷体字样的小牌牌吗？显然大家觉得还不够。这天晚上，宣传委员在家里不经意间看到了旧挂历上的这束小花：素净淡雅的色调、紧凑又奔放的形体，很符合我们这个班级的某些特点。就它了！宣传委员第二天把它带到学校，问了同学们的意见，大家都觉得不错，挺有看头的，于是这个美丽的幸福网址就装饰了我们的幸福生活。

一个篱笆三个桩，一个好汉三个帮，班级幸福大家创，幸福网址，来自个人的灵感创意和同伴之间的切磋商量。

（南京市金陵中学尹湘江提供）

（三）教师文化

教师文化是指教师作为人类文化的传递者所具有的价值观念和行为方式，一般由教师的教育思想、学科知识、文化教养和个性人格，以及教师集体的目标、人际关系等组成。教师文化代表了成人世界的经验，既体现出人类文化传播者所具有的文化素养，又包括教师对于自己所从事职业的态度。

案例 6 - 4

我们影响着学生

很多人都说我肯定从小就是那种传统上的好学生。其实不然，上学的时候，我是一个非常普通的小孩，学习一般，有点小调皮，有过迟到旷课，有过上课睡觉，有过不交作业等等。我的改变是从当老师后开始的。其实，做老师应该是最优秀的人，因为我们以严格的标准要求学生。当我每天要求学生做到这条、那条的时候，自己也不好意思不做到了。

我们经常要求学生在考试后或犯错误后写总结，反思自己的得失，因为这样才会更好地成长。对于教师，同样应当如此。记录下自己的成长点滴，不管你是否从中受益，若干年后再看都是一笔财富。

这学期还没开始时，学校让我担任班主任。我以为是从初一带起，想象着每天写一篇反思心得，三年以后出本书。但真正开始班主任工作以后,老是以各种理由为自己开脱。为班级学生写总结的时候,要挖空心思想上半天,搜肠刮肚找寻以前的片段。很是惭愧,因为自己老是跟学生说:世界上最重要的就是认真,能把很平凡的事情坚持做下去,就是不平凡。

我们不能成为死板的老学究,应该做健康向上、热爱工作但也会品味生活的人,因为我们影响着我们的学生。

(南京市第二十四中学史菁提供)

案例 6-5

我喜欢的班主任[①]

做政教主任,常常要和班主任打交道。今天的学生究竟喜欢什么样的班主任,我该如何引领班主任向学生心目中喜欢的形象靠拢? 带着一种好奇,我进行了问卷调查,并且和学生交流:

"做班主任,他的教学水平应该是一流的,要不然学生都不服气。"

"我喜欢知识广的班主任,班主任的知识多,班级活动就丰富多彩了。"

"我喜欢年轻的班主任,这样的班主任有活力,能和我们玩到一起。比如说×老师(我校的一位老师)我们就不喜欢了,他年纪有点偏大。"

"我喜欢对学生严厉的班主任,如果班主任太温和了,他就管不住学生。"

"我喜欢漂亮的班主任,看着心里舒服。"

"我喜欢言而有信的班主任,说到做到。"

"我喜欢言行一致的班主任,不让我们说脏话,他就不能说。"

"我认为班主任不要老逮住学生的错误不放,我不喜欢唠唠叨叨的班主任。我喜欢班主任多表扬学生,谁都有长处。"

"我喜欢经常关心我的班主任,不喜欢班主任老让我叫家长。"

"我喜欢幽默、风趣的班主任。"

……

学生的回答很真诚,他们七嘴八舌,兴奋地说着。我陷入了思索中:看来新时期的班主任确实不好当,老师早已不是单纯的师生关系。学习上是他们的引路人,活动中是他们的朋友,生活中是他们的楷模。

第二天,我将调查结果向全体班主任作了一个通报,班主任也如我一样,开始用一种新的目光看待自己的学生。

(四) 教育文化

教育文化是依据一定的教育目的,对人类的文化遗产进行选择后传递给新生一代的文化以及传递文化的活动。它反映了主流社会的文化。教育文化包括一定的物质存在、教育者自身的文化素质、教育活动、教育制度。[②] 教育文化作为外在的、社会的、制度性的要求,不会自动地对学生的发展起作用;只有通过班级文化被学生自发地接受,成为班级成员内在的、主体的文化时,才能充分发挥其积极的作用。

---

① http://eblog.cersp.com,2007 年 7 月 11 日。

② 李学农著:《中学班级文化建设》,南京师范大学出版社 1999 年版,第 68 页。

新编班主任工作技能训练(第 2 版)

教育文化作为一种文化传递活动,对学生发展的价值是不言而喻的。家长把孩子送到学校,就是为了接受教育文化,从中获得未来发展所需要的"养分"。班主任作为社会的代言人,把班级管理好,就是为了给学生创造一个有利于教育文化发挥作用的环境。在一个班级里,积极的教育文化影响是以良好的班级精神为前提的。学生价值观的形成离不开知识的获得,更离不开生活的特定环境——班级。班级为学生形成共同的价值追求创造了条件,学生也必然在班级中形成自己的价值观和行为规范。班主任要通过自己的努力,争取一切校内外的教育力量,建设具有特色的班级文化。

教育文化和教师文化依据制度的力量在班级文化中占据着优势地位,但青少年文化、学生同辈文化的作用也不容忽视。而且,随着学生年龄的增长,年级的升高,学生文化对班级文化的影响和作用逐渐加强。青少年文化、同辈文化、教师文化、教育文化等在班级里发生冲突,是一种正常的现象。此时,班主任一定要把握全局,抓住机会,促进各种文化的融合。当学生文化与教育文化发生冲突时,班主任要发挥自己的教育智慧,想方设法使学生接受学校的各项要求。

二、影响班级文化的主要因素

(一) 社会文化

班级既是学校的基本单位,也是社会组织的一个部分,所以社会文化的各个方面,如价值观念、行为方式、思想观点、人际关系等等,都会影响到班级中来。社会文化有主流文化和亚文化之分。社会主流文化通过教育文化存在于班级文化之中,班级作为培养学生的场所也依托社会主流文化。然而,社会主流文化通过教育文化进入班级具有一定的滞后性,教师和学生各自所属群体的文化在一定程度上有亚文化的成分。因此,抵制社会亚文化中的不利因素,是班级文化建设的重要内容。班主任作为班级文化的主要引领者,在营造班级文化氛围时,必须充分考虑社会文化的影响:既要看到班级文化会反映社会主流文化及其新发展,又要注意社会亚文化的多种影响,变不利因素为有利因素,努力克服其消极影响。

(二) 家庭文化

苏霍姆林斯基说:"家庭的智力气氛对于儿童的发展具有重大的意义。"儿童的一般发展、记忆在很大程度上取决于家庭的智力兴趣,成年人读些什么、想些什么,会给儿童留下很大的影响。从某种意义上说,家庭的文化氛围决定孩子的未来。良好的家庭文化为青少年的发展奠定坚实的基础,而不良的家庭文化氛围则使孩子的身心健康受到损害,正如杜威所说:"家庭中正常关系的失调,是以后产生精神和情绪各种病态的土壤。"

家庭文化是班级文化的影响源之一。家庭是学生的第一学校,父母是孩子的第一任教师。每个学生到学校、班级之前,都带着自己独特的家庭文化及其文化背景,因而容易形成多种价值观的冲突。如果学生具有相同或类似的家庭文化,班级文化在形成中所产生的冲突就会少些;如果学生的家庭文化差异较大,学生在交往中就容易产生冲突。家庭文化可以分为积极的家庭文化、消极的家庭文化和中性的家庭文化。班主任在接手一个新班级时,要通过学生档案、学生卡片或者家访等形式,详细了解学生的家庭情况,如父母所从事的职业、家庭的经济状况、单亲家庭的生活状况等等。这样,班主任在开展工作时可以做到心中有数。

(三) 学校文化

学校文化是全体师生员工共同认同和共有的学校核心价值观，它限定着学校教育的内容，并强烈地影响着教师和学生的行为。学校文化反映了师生的基本思维模式和行为模式，在外显方面，是全体师生员工习以为常的、不需要思考就能表现出来的行为；在内隐方面，是一种被规定了的思维模式，一旦违背就会感到不舒服和不自在。

案例 6-7

"生本文化"理念的具体实践

我校一直以来坚守的办学理念是"促进生命成长，提升生命质量"。我们所提倡的多维度的文化建设包括三个方面：维度之一是公平、公正、公开的师生的文化精神建设，我们提倡化蛹为蝶的精神，只有在环境中接受磨练，才能完成涅槃；维度之二是质量文化建设，质量仍旧是教育的生命线，作为教育者一刻也不能放松；维度之三是"生本文化"建设，这是我校目前德育工作方面的理论核心。

"生本文化"是"以生为本"的教育理念落实在教育教学行为过程中逐渐构建起来的一种学校文化。"生本文化"的核心是学生的自主性与教育的培养性。为将我校德育工作引向深入，为学生的全面发展搭建平台，我校从 2008 年起倡导"生本文化"的构建，要求在德育工作中既重视学生的自主、主动发展，又强调教育的培育性。通过构建"生本文化"，研究如何从物质、精神、践行，从环境、设施、使命、目标、价值观、课堂、教学模式、人际关系、仪式、规范、活动等方面去培育学生。目前我校"学校生本文化建设的理性思考与实践研究"已经成为教育部"十一五"规划重点课题。在实践中，我校把"生本文化"建设作为落实"以生为本"的载体，结合学校特色，将以学生为主体的"学习型班集体建设"和"课堂为中心的质量保障体系"作为学校教育教学工作的两条主线。

(南京市第十三中学潘旭东提供)

学校文化具有传承性、教育性、规范性，它潜移默化地影响着学校的制度、环境、人际关系，以及校风、学风和教风。学校文化是一个学校在较长时期的积淀后形成的结果。它通过各种载体与活动，一边影响着学校内的全体师生，一边丰富着学校文化的内容，并逐渐形成每个学校自己的文化特征。班级是学校中基本的组成单位，班级文化必然要反映学校文化和受到学校文化的制约。但是，班级文化又具有相对的独立性，同一个学校的不同班级可以有自己的文化特色。班主任要在学校文化的大环境中，结合自己班级的特点，建设具有自己特色的班级文化。

案例 6-7

(华士实验中学)中学生学习常规

为指导和推动学生学习，帮助学生掌握正确的学习方法，使学生养成良好的学习习惯，特制定《华士实验中学中学生学习常规》，请各位同学仔细学习，并认真做好以下工作。

一、学生学习的基本态度和总体要求

三"有"态度：1.有时必用；2.有疑必问；3.有错必纠。

四"得"要求：1.坐得住；2.学得进；3.记得牢；4.用得上。

二、学习常规

学习过程的基本环节有预习、听课、复习、作业、自习、课外学习、考试、考试后个人分析总结等，为保证学习质量，对这些基本环节提出如下规定和要求：

（一）预习

1. 预习的课程：可以根据自己的基础和时间来确定，一般来说，不仅语文、数学、外语要预习，物理、化学等学科也应预习。

2. 预习的目的：是为了更好地听课，带着问题听课。

3. 预习的方法和步骤：通读、标疑、思考，即把新课看一遍或几遍，把不懂的地方标上记号，对教材的内容和后边的习题进行初步思考。

4. 预习应形成良好的习惯，通过预习，使自己会读书、会学习。

（二）听课

1. 听课准备。课前应提前2分钟进入教室，准备好文具，回顾上节课内容，提前进入角色。

2. 专心听讲。上课要集中注意力，不做与本科学习无关的事，不乱讲话，不插嘴，不搞小动作，努力掌握教师的讲课内容。精神饱满，不在课堂瞌睡甚至熟睡，保证听课效率。

3. 积极思考。上课要边听边想，认真思考老师提出的问题，思考其他同学的回答和提问，要敢于提出自己的见解。

4. 重点笔记。上课时要把教师讲的要点、重点、难点和结论在书本上批划或在笔记本上记录下来，供课后复习和作业时参考，还要记下不懂的问题，以便课后自我钻研或请教老师、同学。

5. 积极发言。教师提问时，要敢于举手大胆发言，充分利用课堂提问的机会。

6. 敢于提问。学习要实事求是，不要不懂装懂，有不明白的问题要大胆提问，虚心向老师和同学请教。还要敢于发表不同的观点和见解。

（三）复习

复习的目的在于加深理解教材，消化巩固基础知识。具体要求是：

1. 及时认真。当天功课要当天复习，这样才能减少遗忘，要认真回忆课堂所学的内容，追忆教师讲课的过程。把不懂的问题彻底弄明白，不留知识缺陷。

2. 把握重点。复习时要把基础知识、基本概念弄清楚，对重点、难点部分要反复强化、力求掌握。

3. 融会贯通。复习时不要死记硬背，要把知识联系起来思考掌握，加以归纳，找出知识的内在联系，使之系统化，达到独立运用、举一反三、触类旁通的目的。

（四）作业

通过作业练习，能形成技能、技巧。具体要求是：

1. 作业要及时完成。当天作业当天完成，不拖拉。对于实践性作业也要同样重视及时完成，培养自己的动手能力和实践能力。

2. 作业要独立完成。自己作业自己做，不抄袭，不依赖他人。

3. 作业要认真思考。要先复习，后作业；先审题，后解答。

4. 字迹书写要工整，作业格式要规范。写字要工整，做完后认真检查。

5. 认真订正作业的错误。老师指出的错题及时弄清楚、弄明白，认真订正；老师要求重做的作业要准确、及时地完成。

（五）自习

自习是学生自己支配自己学习，通过自习可提高自学能力，养成独立学习的习惯。

1. 自习课学生可以做作业，也可以复习、预习。

2. 自习课是学校统一的课内有效学习时间，任何学生不得有迟到、早退、旷课、喝水、去厕所、打瞌睡、打电话等行为，更不准串座位、说话、影响他人。

3. 自习课（除早读以外）要保持绝对安静。只能独立作业、独立预习。

4. 自习课如有老师辅导，可以提问。

5. 早读是规定的语文、英语学习时间,可以朗读,提高朗读、会话能力。

（六）课外学习

课外是学生机动学习的时间,利用课外时间可以扩大知识视野,培养志趣,发展个性特长。

1. 教室是学习场所,除集体组织外,课外在教室里绝不允许有追逐打闹,妨碍其他学生学习的行为。

2. 学生利用课外时间可以研究讨论问题,取人之长,补己之短。

3. 利用课外时间,有薄弱学科的学生应主动积极地到教师办公室进行补差。

4. 学生应兴趣广泛,课外时间可以阅读健康有益的书籍及报纸杂志,扩大知识面并积累知识,弥补课堂之不足,探讨高层次知识,发展优势学科。

5. 学生可利用课外活动时间积极参加第二课堂活动,发展特长。

（七）考试

考试是检查学生学习效果,进而改进教学工作的重要手段,学生必须以正确、积极的态度参加考试,具体要求是:

1. 情绪要稳定。考试时不紧张、不慌乱,以镇静沉着的良好心态参加考试。

2. 态度要诚实。考试时不夹带,不作弊,不偷看别人答案,实事求是。

3. 做题要仔细、认真。接到试卷首先必须正确无误地填写好姓名及准考证号码等栏;试题要认真思考、准确回答,答案要反复检查,争取不漏题,少错题。

4. 每次测验、考试的试卷要用红笔改为满分卷。提倡同学们整理好错题集,并逐题过关。

（八）考试后个人分析总结

个人分析总结要重在查找自身原因,深挖思想根源,更要分析自己的薄弱学科及学科中的薄弱点,并制订改进措施,以便在今后的学习中有所侧重,并减少失误。

新学期,让我们携手养成良好的学习习惯,共同创造优异的成绩!

预习	读	研读教材,对重点、难点等内容进行标注,提前了解授课内容。
	查	查阅字典、网络、报刊和笔记等,解决教材中的相关问题。
	思	思考教材中的问题、概念、方法等,完成教学案上的相关练习。
	问	提出预习中的疑难问题,准备在课堂中解决。
上课	听	认真听课,集中精神,保证听课效率。
	记	根据自己需要,可以在教学案上进行重点、难点的记录。
	说	积极提问、参与议论、善于交流,回答问题大胆响亮。
	练	做好教学案中的目标达成检测,检验自己当堂学习成果。
作业	温	回顾浏览当天的教学案和教学内容,进行适当的梳理,然后再进行作业。
	纠	用不同颜色笔订正前次作业错误,保证订正的准确。
	习	认真做新作业,保证作业独立完成及作业准确率。
	疑	作业中产生的新问题,及时向同学和老师请教。
复习	忆	记忆或背诵教材中要求的文章、概念、公式等,为灵活运用打好基础。
	理	回顾一个阶段(天、周、月、章节)的学习,整理笔记,思考。
	联	要进行知识的联想、迁移、融会贯通,如画知识树等。
	研	进一步开展研(探)究性学习,不断提高自己的学习能力水平。

综上所述,班级文化由青少年文化、同辈文化、教师文化、教育文化组成,又受到社会文化、家庭文化、学校文化的影响。正是在这些文化的互动中,班级逐渐形成自己的文化模式。班级文化成为影响班级中每个学生个体发展和班级发展的重要因素。在影响班级文化建设的各种因素中,班级环境、班级规范、班级精神当为"重中之重",堪称班级文化的"三大法宝"。

第二节 优化班级环境

优美的班级环境有利于陶冶情操,美化心灵。苏霍姆林斯基说:"只有创造一个教育人的环境,教育才能收到预期的效果。"教室的布置,是班级文化的重要组成部分。教室里整齐、美观、清洁的布局,会给人赏心悦目之感,从而让学生在课堂上保持饱满的情绪。因此,班主任要有班级经营的理念,要善于营造一个人性化的、温馨的教室环境。

一、班级环境布置的原则

班级环境的布置,是班级文化建设最基本的内容。它不仅体现班级的精神面貌,而且直接影响到学生的心理健康。因此,要精心布置每一个空间,使其既温馨舒适,又催人进取。班级环境布置应当体现以下原则:

(一) 显示班级个性

一项关于班级文化的调查发现:有73%的学生不能说出教室里的标语和名人名言是什么,班级文化已流于形式。每个班级要设法使自己的教室具有特色。当然,班级的个性不仅仅表现为外在的标志、文字等,更需要班主任发挥引领作用,发掘内涵,形成真正的个性。

案例 6 - 8

我们的家——高二(6)班班级文化

我们班门北窗南,地方不大,但却布置得很漂亮、很温馨。

一进班级的前门(西侧),就可以感受到浓厚的班级氛围。在教室前黑板上方的正中央,挂着一面鲜艳的五星红旗,那五颗闪亮的金星,使教室显得格外明亮。面对红旗,在它的右边是我们的班徽,圆形的班徽中央是一个正在展翅高飞的"6"。周围的十二星座图象征我们56位同学紧密团结在一起,共同奋斗,携手并进。班徽以蓝色为主基调,给人以清新的感受。紧挨着班徽的是我们的班纪——惜时、诚信、文明、卫生,八个红色大字格外引人注目,时时提醒同学们要做个珍惜时间、守诚信、讲文明、爱卫生的合格中学生。在前黑板的左侧是公告栏,整整齐齐地贴着课表、作息时间、值日表及各项评比的成绩,指出我们需要改进的地方。

再看看教室后面。黑板上方的中间挂着一个钟。钟的左边是班风——自尊、自信、自立、自强和学风——严谨、认真、踏实、协作。钟的右边则是班训——金的人格,铁的纪律,水般沉静,火般热情。这短短的32个字寄托了班主任对我们的期望,也展示了我们的决心和奋斗目标。

在教室靠窗南面墙上挂着四大君子画——兰、竹、菊、梅,使教室充满生机和儒雅气息。在靠门北面墙中间,挂着两张地图——世界地图和中国地图,以开阔同学们的眼界,帮助同学们了解中国,走向世界。

最后要隆重推出的是我们班的特色之一——四大园地。在北面靠前门的墙上是我们的学习园地,里面张贴着由课代表精心准备的各种经典例题及经验论坛,对同学们的学习有很大帮助。靠后门的北墙上,则是宣传园地,贴着校报和一些班级活动的照片。班级园地和团队园地则分别位于东墙后黑板的北、南两侧。园地负责人用文章和活动照片设计出精美的造型。

当然,良好的班级文化氛围不光要有好的教室布置(硬件部分),更重要的是同学们友好相处、团结互助、携手共进的融洽氛围。正如那四幅水墨画一样,我们像兰一样优雅芳香,像竹子一样节节高升,像菊花一样成为秋季里一道亮丽的风景线,并且又像梅一样不畏寒冷、不怕困难、迎难而上、共创辉煌。

(南京市第十三中学潘旭东提供)

(二)强化学生主体

创建班级文化环境,要摒弃由教师和少数同学包办的传统做法。现在的中学生思维活跃、个性彰显、民主意识强烈,这就要求班主任充分正视学生的特点,激发学生的主动性和积极性,给学生创新的思维空间、实践的舞台、展示自我的机会,实现"让墙壁说话,让环境育人"的目的。

(三)发挥激励作用

班级环境的布置,不仅要给学生以美的感受,更要具有直接的激励作用。一个年轻的班主任是这样做的:

案例 6-9

学 生 海 报

现在,班上推行一个新的玩意儿——学生海报。这是我在看篮球赛时突发奇想后搞出来的。同学们对此兴奋不已。

在篮球队里,每个球队主场上都挂着球员的巨幅画像。我想,这何尝不能用在班级里呢。当学生走进班级,看到墙上全是他们的画像,说明他们是这个班级的主人,这是一件多么令他们自豪的事情啊!每天早上,同学们走进教室,看到自己正对着自己微笑,一天都有好心情。同时,画像也时刻提醒他们千万不能做什么错事,因为自己正时刻看着自己。初中三年是孩子巨大变化的三年,无论是外貌还是内心。如果每年搞一个这样的海报,到毕业后能清楚地看到自己的成长、自己的变化,这是一件多么有意义的事啊!

(南京市第二十四中学史菁提供)

二、精心营造班级的文化环境

马克思说:"人创造环境,同时环境也创造人。"幽雅的人文气息,厚重的教室文化,这种潜移默化的影响是不言自明的,甚至往往具有滴水穿石的力量。那么,班主任如何营造

新编班主任工作技能训练(第2版)

有利于学生发展的班级文化环境呢?

(一) 净化教室

教室的净化是一个班级精神风貌的外在表现,是教室文化建设的基础。教室里应该做到"五无":即地面无杂物、痰迹,墙面无污渍,桌椅无刻印,门窗无积尘,卫生无死角,给人以干净、清爽的感觉。对教室里各种设施的摆放,要提出明确的要求:小组桌椅的排列既要左右对称,又要前后等距;各小组课桌之间的通道要横平竖直,保持通行的顺畅;平台上的电教用具、学生的作业本、学具等要摆放整齐,卫生柜、小黑板等要摆放有序。

(二) 建立生物角

生物角的作用在于培养学生具有爱心、耐心、恒心。建立生物角,可以使教室具有生活气息,充满勃勃生机。

案例 6-10

柳暗花明又一春

冬去春来,万物复苏,走进教室,却发现似乎少了些什么。哦,原先点缀着教室的那些精致可人的小盆景要么不见了踪影,要么枝叶干瘪,垂败地耷拉着。花盆里的泥土早已不知开了多少裂纹,几乎快成了"粉饼"。几盆顽强地走过冬天的植物被随意堆放在教室的角落里,似乎已被孩子们遗弃,成为教室里不和谐的饰物。

养花是为什么?为点缀教室?为完成任务?为写观察日记?

如果你是一个细心的老师,你能否去调查一下,坚持到现在还能精心呵护自己花儿的学生有几个呢?养花不仅仅是一个任务,更是一个生命成长的过程。孩子在养花的过程中,其实也在养心——养善心、恒心、细心、耐心。

早上巡课时,我从小班的教室一间间走过,看到窗台上零散的几盆小花、枯草,心里不禁有些失望。在路过四楼最后一个教室初一(3)班时,忽然眼前一亮——真是柳暗花明又一春!教室一角的生物角让我们感到春天的气息,几盆月季盛开,几尾金鱼在鱼缸中自由游动,教室里顿时显得生机勃勃。听说坚持养花的孩子叫雨萱,我就把她从教室里叫出来,表扬了她。她说以后要做得更好。养花对于孩子来说不是难事,但是长期坚持下去,精心呵护这些生命却很不容易。把平凡的事做好就是不平凡,把简单的事做好就是不简单。希望我们的老师能从养花这件事中让学生明白这个并不深奥的道理。

(南京市第二十四中学吴虹提供)

一个班级有了花、有了鱼,虽然可能发生把花盆碰翻、把鱼缸打碎的情形,班主任会因此而处理一些类似这样的事情;但是,这恰恰能够约束学生的行为,激发学生的责任感,培养学生的生活情趣。作为班主任,应该给孩子提供更多感悟成长的方式,使他们的生活富有情趣,并让他们学会关爱生命。

(三) 建立图书角

高尔基说:"我读的书越多,我对世界越加感到亲切,生活对我越加变得明亮和有意义。"班主任要为学生营造读书的氛围：通过发动学生从家里带书、师生捐款买书和订阅杂志等办法建立班级资料平台，由学生轮流担任管理员，负责图书的编码和借阅；安排读书时间，制订读书计划，对学生的阅读进行指导；在班级里搞读书征文活动，让学生养成写读书笔记的习惯，仔细体味读书的快乐。当师生走进书香弥漫的一方小天地，会油然生出一种庄严神圣的感觉。

案例 6-11

我们班的图书角

有一些话，老师没有时间说；有一些话，老师不方便说；有一些话，老师没有水平说……这些问题，书籍都能够解决。

每带一届学生，我这个又做班主任，又教语文的老师，总少不了应家长和学生的要求，为班上的学生开列推荐书目。但是各个家庭又因为种种原因不一定能够为孩子们配齐这些书，所以最后的结果往往是年年推荐图书，年年不见图书。为了切实解决这个问题，让图书能够成为学生心灵成长的精神伴侣，我从 2005 年新接 2004 级文科 11 班的时候，就向学校教学保障部门打了书面申请，向学校申请一个书柜，按照我常年向学生推荐的书目配备了一批图书，又拿出自己的一部分藏书，组建起了这个图书角。

小小的图书角里，只有两三百本书，但是因为选配得当，也很受学生的欢迎。不过也有一些老师和学生，甚至是学生家长，提出了自己的疑惑：难道你这个做老师的不怕图书流失吗？

这个问题我也曾经担心过、考虑过，因为我自己的藏书以前的确也曾经被一些人"爱"去过，但是想想学生，如果他拿走哪一本书，那么大多数情况下应该是他喜欢这本书了。他没有带回来，也许是暂时没有看完，也许是忘记了。但是不论是什么原因，图书陪伴着学生们，总比电子游戏或者其他的东西对孩子的成长更有利吧？这些图书诞生的时候，虽然作为商人，不乏盈利的念头，但是我接过这些图书的时候，不就是为了促进这些孩子的成长么？现在这些书如果能够长期地陪伴着这些亟须精神滋养的孩子们，那也是它们的幸福，也算是达成了我设立图书角的初衷了。

从那时起，我教过的每一个班级，都会拥有一个自己的图书角，当然到 2009 级初中 3 班时，图书角的思路又有了新的发展。我召集家长，组建了班级文化建设"基金"，家长们捐助了一部分资金，我每周根据学生的情况，负责购买适合他们阅读的图书。这一次，图书的范围已经不仅限于我任教的语文学科了，我也经常征求其他任课老师的意见，为学生添置全学科的图书。有的时候还发动学生选书。

现在，图书角的制度成型了，图书角的资金也有了保障，我在考虑的就是如何最大限度地发挥图书角的作用了。

（南京市金陵中学尹湘江提供）

（四）布置教室墙面

班级要成为学生身心舒展的精神家园。对于墙面布置、出黑板报和宣传栏等工作，班主任要放手让学生去做。这样既使学生的动手能力得到锻炼，也让孩子们的心声得以倾诉。

1. 班级名片

在教室的门外，可以悬挂一张富有特色的班级名片，班级名片内有班主任寄语、班级特色、班风等栏目和班主任及任课教师的照片和名字，以此激励教师时时处处严格要求自

新编班主任工作技能训练（第2版）

己,一言一行成为学生的表率。

2. 黑板报

班级乃至承担年级的黑板报设计,既要注意与教室环境相匹配,又要精心选择内容。鲜艳的颜色、合理的布局、新颖的内容会引起学生的兴趣。黑板报要每月更换,每期都要有学生的习作和学生感兴趣的话题。这样,学生对黑板报的内容才能更加关注,墙壁也就"会说话了"。

3. 宣传栏、综合素质月报、班旗

宣传栏要注重阶段性,及时更新内容,让学生们更好地了解班级的动态,以便于交流。如:张贴综合素质月报、班旗(有班徽、班训、班风等内容)、班级公约等,让全班学生明确具体的行为规范;公布学校和班级中各项活动获奖的名单,鼓励更多的学生争取进步;发布学校和班级近期开展的主题活动,组织学生积极参与。

案例 6 - 12

对我校《综合素质月报》的浅见

一、背景

2009 年 8 月,我校在"六谈'精细化管理,有效性教学'"会议上,王校长提出了建立《综合素质月报》的想法及要求。

2009 年 7 月,江苏省全面实行办学新政策,提出"五严"的办学规范,要求将时间"还给"学生,给予学生更多的自主发展的时间与空间。与此同时,我校的课堂改革也在如火如荼地进行着,将"学习型班集体"、"学习型小组"的进一步深化,以及将学生的评价体系进一步完善,正是我们要去深度挖掘的。为体现班集体内学生自主学习、学生与学生的合作学习、学生与教师的互动学习,以及实现学生的综合素质评定有效的过程管理,学校提出了建立《综合素质月报》,以此来促进班集体的各项建设和真正落实学生综合素质评价。

二、《综合素质月报》的形成

按照学校的要求,以及对《综合素质月报》的懵懂,我开始了对其的探索。

《综合素质月报》的题头、版面、大小、板块、内容,笔者可谓绞尽脑汁,在德育处会议上初步确定了制作方案与要求,终于在 2009 年 9 月开学前的年级组交流会和班主任会上,进行了宣传与交流,并且在全校各位班主任积极配合下,每个班集体均在 9 月底完成了第一份《综合素质月报》。

在诸校长、杨主任,以及德育处领导的指导下,最终确定了《综合素质月报》的具体形式与内容。具体要求如下:

(1) 版面 A4,两版。

(2) 题头:综合素质月报(可以设定班级自己的副标题)。

(3) 第一版内容:"感动人物"、"纪律统计"、"批评与自我批评";

第二版内容:"学法交流"、班级自设的特色栏目、"校长寄语"。

(4) 内容真实、具体。

在明确了《综合素质月报》的方案和要求后,德育处再次召开班主任会议,向各位班主任进行了传达,并提出了 2009 年 9 月刊的改版要求。紧跟着德育处也召开了各班制作《综合素质月报》负责人的会议,进一步明确要求。经过三天的改版和完善,全新的 2009 年 9 月刊新鲜出炉,真正意义上的我校第一期《综合素质月报》正式形成。

三、《综合素质月报》的作用

经过了三个月,现在的《综合素质月报》已经办到了 2009 年的 12 月刊,在这个过程中,《综合素质月报》的作用在一步一步地显现出来。

1. 可以形成班集体良好的舆论导向

在班集体建设过程中,正确的舆论起着至关重要的作用。它是一种无形的力量,保证集体的发展方向,发扬积极因素,克服消极因素。它能扶持班上的好风气、好精神蒸蒸日上,发扬光大,它能把班上的坏现象和不良思想消灭在萌芽状态。

对"感动人物"的表扬与宣传,对不良现象或违纪学生的批评,就是在惩前毖后,发扬正确的,纠正错误的;加上"批评与自我批评"的开展,就是学生发现自己的问题、小组的问题、班集体的问题后,及时地进行反思,并朝着积极、正确的方向去迈进。一个班级,有了正确的舆论,好人好事会层出不穷,歪风邪气没有藏身之处。

2. 为班集体树立了榜样

以榜样激励学生可以说是一种传统的德育手段,但在当代,这种手段已经受到了一定程度的挑战。当今的中国正处于一个物质文明与精神文明都快速发展的时期,各方面的变革给人们的观念带来了一定的冲击,特别是随着以网络为主导的现代化传媒手段的普及,各种各样的价值观、人生观纷纷登场。而且,随着传统观念遭受挑战,一些过去被认为理所当然的事情,在当下有时反而受到"新生代"的轻视与嘲笑。在这种情况下,有些我们认为经典的榜样,已经失去了它应有的活力。因此,我们在使用这一德育手段时,也应该与时俱进。

(1)《综合素质月报》提出的"感动人物"、"榜样人物"就是我们身边的同学,用身边的人、身边的事感染着班集体,在一定程度上来说,学习这种榜样更具有可操作性,因为他们的事迹更直观、更贴近学生的日常学习生活。

(2)"感动人物"也有和学生朝夕相处的教师,也有在孩子成长道路上给予无私支持的家长,这在无形中拉近了老师与学生、家长与学生的距离。成人以身作则的良好示范作用在此不言而喻。

(3)"感动人物"也有"差生"的闪光点。蒙田说:"极少有几个生活的榜样是完美和纯粹的。"学生更是如此。树立榜样并不意味着这个学生的完美无缺,而是要特别肯定他身上的闪光点,为此在树立榜样的时候,不忌讳树立"差生"作正面的典型。

3. 使学生更加关注班集体的动态

我们常常会用一些"行政"的"命令"来要求学生关心班集体、关注班集体,可是收效甚微,学生依旧对班集体内的好事、坏事都当没事。现在,在《综合素质月报》中体现的全是真人真事,而这些人和事都是来自班集体、来自学生身边、来自老师身边,甚至来自家长身边。学生在成长着,教师也在成长着,班集体中的每一个人都在成长着。在这个成长的过程中时刻都在上演着或喜或忧、或甜或酸、或扬或抑等林林总总的事件,它会在我们的面前一闪而过,如果你不是有心人,怎能发现身边的好人好事? 如果你不是有心人,怎会对自己的不足或对班集体的不足及时进行反思? 如果你不是有心人,怎会去思考,去了解自己或他人的学法?

因此,班集体里的每一名成员(包括教师)将会主动关注班集体的一举一动,关注每一个成员的一言一行,将点滴收集,最后才能有所思有所想。

4. 是班集体问题呈现的平台

《综合素质月报》集中体现了班集体中有待改进和不足的问题,使班集体中的每一名成员,即学生、家长、教师,都能清楚地认识到问题的所在。

对于需要弥补自己不足的学生来说是一种鞭策:将你的问题呈现在班集体成员的面前,督促着你要去改正,同时,自己也会有动力和决心去改正;对于在自己身上没有出现的问题,则起到了"镜子"的作用和警示的作用。

对于教师的教育教学工作则有了明确的针对性和目的性,不会乱抓一气了;另外,在教师进行教育工作时也可以做到有具体事实,就事论事,不会给学生造成"故意"找我麻烦的想法。

对于家长则清楚看到了自己孩子在班集体中的情况,以及整个班集体的一种氛围,不再是"听"老师怎么说就是怎么样了。对于在《综合素质月报》中反映的自己孩子的问题,家长还可以主动地参与到班级管理委员会的"问题研讨会"中来,共同解决自己孩子出现的问题,以及如何预防此类问题在班集体中的发生。真正解决了家长参与班集体的管理工作,而不是我们常听到的:"老师,我把孩子的问题交给你,请你帮我解决吧!"

5. 为班集体培养和发现了一批骨干和人才

办好《综合素质月报》需要举多人之力,甚至是全班之力。一份《综合素质月报》中有多个栏目,有的栏目的素材是必须要在平时班集体的学习、生活中收集和记载的(如"感动人物"、"纪律统计",有的是班集体制作的班级"大事件"),有的栏目是学生来当一回小老师(如"学法交流"),有的栏目是学生的创意之作(如"点滴补白"),最后,还有版面精美的设计等等。

你可能平时没有注意到的学生,他们都将会在制作《综合素质月报》的过程中展现出自己的能力,而你需要做的只是将任务交给他们,去培养、去发现他们的能力,让他们成为班级的骨干和人才。

6. 是学生学法交流的花园

《综合素质月报》中,每一名学生都有机会在其中"讲述"自己独到的学习方法或解题思维,给其他同学以借鉴。在交流中,也会迸发出思想的火花,让每一名学生再次审视自己的方法,反思——改进——实践——交流,如此反复,我们就可以在这个"学法交流"的花园里收获果实,取得丰收了。

7. 是班级特色、生命活力的载体

《综合素质月报》呈现出的是一个鲜活的班集体,一个富有班级特色的副标题(如高三(7)班的"七月斋"),一个富有班级活力的小栏目(如高三(3)班的"七嘴八舌"),一个富有班级亮点的LOGO印(如高一(7)班的班级印章),这些载体展示了班集体的特点。面对不变的栏目、变化着的内容,每一期的内容都具体、真实,班集体也在不断变化、发展,正是我们的校训"志远行近"和校风"务实求高"所要体现的精神。

8. 是家长、老师、领导对班集体作进一步了解和沟通的桥梁

《综合素质月报》让家长和学校领导走进了班集体,它所呈现的内容让家长和学校领导能及时地了解班集体的动向,以及班集体的发展情况。"校长寄语"栏目更是让学校领导将"看到的、听到的"记录下来,并反馈给班集体,让班集体和学校领导每月都有至少一次"零距离"的接触。

新的学期,我们的《综合素质月报》还会继续下去,虽然我们的《综合素质月报》还不完全成熟,但我们将继续探索出新的栏目,让班级的特点、班级成长的每一步都能清晰地记录下来。

(南京市第十三中学潘旭东提供)

4. 悬挂时钟

在教室前方黑板或教室后面板报的上方悬挂时钟,可以培养学生的时间观念,进一步强化时间、效率意识,让学生珍惜时间,做时间的主人;也可以方便教师上课时更好地掌握时间,调节教学进程。

第三节 铸造班级精神

班级精神是班级文化的核心和灵魂,是全班学生的精神支柱和共同信奉的价值准则,具有强大的凝聚力。它包括群体意识、舆论风气、价值取向、审美观念等等。培养班级精神是一项艰巨的任务,班主任作为班级的专任教师,理应在班级精神的铸造上发挥主导作用。

一、班级精神对学生的影响

班级精神是班级文化的主要价值取向,是班级成员共同的行为特征。随着学生年龄的增长,教育文化要发挥作用,必须依赖于班级文化。班级精神有积极的和消极的之分。积极的班级精神有利于教育文化发挥作用,能对学生产生内在的激励作用,获得全面、和谐的发展,进而增强班集体的向心力和学生的归属感,形成健康向上的班级文化氛围。消极的班级精神则对教育文化起破坏作用,使少数人的行为蔓延成一种群体意识,使班级的正常生活由有序到无序,班集体处于一种混乱、失控的状态。学生是否热爱自己的班级,在很大程度上取决于班主任对班级文化的有效把握,取决于一个班级在班主任带领下所形成的班级风气。

案例 6 - 13

班级格言:与其……不如……①

与其羡慕他人美丽,不如自己展现笑容。
与其羡慕他人富有,不如自己改变未来。
与其羡慕他人聪颖,不如自己勤奋补拙。
与其羡慕他人成功,不如自己厚积薄发。
与其羡慕他人顺利,不如自己事事尽心。
与其羡慕他人优秀,不如自己日日进步。
与其羡慕他人充实,不如自己集腋成裘。
与其羡慕他人坚强,不如自己百炼成钢。

二、班级精神在协商中形成

班级精神并非自发地形成,而是在协商过程中逐渐形成的。班级是由来自不同地域、不同阶层、不同社区的学生组成的,每个学生具有不同的价值观。要让班级中的学生在价值取向上达成共识,需要一个过程。这个过程,就是协商的过程。在班级这个小社会中,教师与学生之间、学生与学生之间、教师与教师之间具有不同的价值观,经过一系列冲突、碰撞和融合,最后逐步形成班级的价值观。

任何班级都有形成积极班级精神的可能,因为每个孩子的心中都需要阳光的滋润。积极班级精神的形成,一方面取决于教育文化是否能满足学生发展的需要,另一方面取决于班主任的职业素养和个人人格。尽管班主任可以利用自己的权威地位,形成主导的价值取向,但往往会因为缺少与学生的交流、对话、沟通,不能够成为全体成员的一致追求。一个看似统一的班级,其实蕴涵着危机。班主任要在了解班级学生的基础上,依据教育文化的要求提出班级的目标(主导价值取向);再根据学生的表现和反馈,判断目标是否适合学生,并据此作出进一步的调整和判断,以形成班级精神。

---

① 选自班主任网《班主任》杂志"班级文化之窗"栏目,作者张素珍。

案例 6 - 14

如何营造良好的班级氛围?①

我所带的高二(2)班在学习上从高一到现在,每次月考、期中考试、期末考试成绩都处于全年级九个班的领头羊位置,而且是遥遥领先于其他班级,很大程度上得益于班级良好的学习气氛和竞争环境。在班级理念上,我积极主张这样一个理念:积极的人像太阳,照到哪里哪里亮;消极的人像月亮,初一十五不一样。而且自学生来斗门中学军训的第一天起,我就把这样一个理念教给了全班学生,这个理念一直贯穿于我治理班级的整个过程中。为了配合这个理念,我自己为班级设计了两套独特的掌声,一套是用来鼓励自己的,一套是用来鼓励他人的,通过这些理念和掌声,激发学生的斗志。学习上,我大张旗鼓地鼓励学生向老师发问,甚至是发难,要问到所有的科任老师当场回答不出你的问题,满头大汗的时候才算真正地动了脑筋。纪律上,我积极主张邝根生老师提出来的"先专政后民主",一个班级必须要有铁的纪律,一切行动听指挥,步调一致才能取得胜利。凡是违反纪律的学生一定要受到纪律处分,而且班主任一定要坚守自己的原则,一旦有一次你没有遵守你自己的原则,那么你将变成一个没有原则的人。在你处理违纪的过程中,必然会有少数学生对于处理不满意,那么班主任在这个时候应该马上进行疏导工作,这就是"法"和"情"的关系,法律不外乎人情,我们先讲法律再讲人情,这是班主任的工作原则。班上有名男生小扬,有一次被班干部记名之后作出了很强烈的反应,他认为自己不过是迟到了两秒钟就被班干部记入了黑名单,觉得高二(2)班的纪律实在是太严了,甚至强烈要求调到其他班去。我把他违纪的事情作了处理,处理的当晚我就找他出来长谈,进行思想上的疏导工作,经过一晚的长谈后,在我没有要求他赔礼道歉的情况下,他自己主动向主管纪律的班干部承认错误。鉴于他的进步,我后来试用该学生担任班干部,结果他很成功地组织了几次班级大型集体活动,由对纪律很不满变成了对班级纪律积极维护。

三、班级精神的塑造方法

班级精神的塑造,可以通过以下方法进行:

(一)设计班级标志物

1. 班训

班训是班级个性、特色的高度概括和班级精神的标志,是班风、教风、学风的参照目标。它主要是对学生的要求、训导、告诫和防范。班训可长可短,以简洁流畅、特色鲜明、目标明确、有个性为宜。班训贵在践行。

案例 6 - 15

班　训

一个初一班的班主任根据自己班级的实际情况,提出这样的班训:真心尊重每一个人,用心

---

①　摘自 http://www.banzhuren.com/toplistb.asp? id=252,作者为广东省珠海市斗门中学吕飞鹏。

做好每一件事。她向学生这样解读班训:"真心尊重每一个人",就是尊重你们的父母、老师、同学等。你们不一定喜欢每个人,你们可能会对父母、老师有意见,但你们必须学会尊重他人,通过合理的方式表达你的感受。"用心做好每一件事",就是说,你们可能很多事情做得没有别人出色,但一定要尽自己全力去做,这样你就是胜利者。

我根据自己班级的实际情况,提出这样的班训:"金的人格、铁的纪律、水般沉静、火般热情。"班级成立之初,我向学生细致解读这条班训,并且教给学生"三心二意"——"三心"是指三种心态:信心、耐心、责任心,"二意"是指两种意识:时间意识和效率意识。

(南京市第十三中学潘旭东提供)

2. 班歌

音乐可以调节身心的紧张状态,舒缓疲劳,提高审美能力。一首好的班歌欢快奋进,可以激励学生刻苦努力,增强班级的凝聚力。在班集体活动以及学校活动中唱唱班歌,给人以集体的自豪感、信心和勇气,对全班学生是一种无形的精神力量。班歌可以选用,也可以自创。目前笔者班级的学生推选的班歌是《团结》。

案例 6 - 16

自创歌曲(节选)

行程刚刚结束
为自己选择了下一条路
做了圈圆周运动才明白
进步
幸福
就在我们脚下这片物化热土

湘江流过,折折曲曲
涅槃中的金凤化去凡羽
青葱岁月
飘落了暖冬中的梅香一缕

看着他们的笑容
看着他们的疲倦
想着自己的朦胧岁月
就如被这道完美的抛物线
所剥落的青葱一段
凝如琼脂 翠绿可滴
珍藏这一页页
只为那
二十年后的一句
一生有你!

新四军的
每一位成员
我们都不是
一个人在战斗
因为你的一生有我
而我的一生同样有你
新四军每一个小我的青葱岁月
我们的一生都有着
我们这支队伍相伴

每一首班歌的诞生都有它的背景,我们这首《一生有你》也不例外!

2007年的深秋,我校一年一度的校园礼仪风采大赛如期拉开了帷幕,我们的班歌还没有,怎么办呢?

班长汝明说,一切艺术都起源于模仿,我们既然一时创作不出好的,不如模仿一个成熟的。几个班委一拍即合,当即就在全班展开了问卷调查,摸清了同学们觉得旋律最优美的流行歌曲。这就是来自水木年华的《一生有你》。

接下来的工作就是群策群力,发挥"合力"了。同学们把歌词打印下来,传看再三,把大家认为不适合校园生活的词句作了一些修改,一首山寨版的《一生有你》就成了我们的班歌。在比赛现场,年轻学子们听到这熟悉的旋律不禁个个怦然心动,但是看到投影屏幕上的歌词,又不由自主地哼唱起我们的班歌来,那现场气氛真是浪漫啊!

从此这首班歌就成了我们班级在各个场合下凸显集体力量的声音。

(南京市金陵中学尹湘江提供)

3. 班徽

作为班级的象征,班徽在班级宣传和培养学生的集体荣誉感方面有重要的作用。班徽是班级文化的一种标志。

案例 6 - 17

高一(2)班班徽

其中第一个班徽的主体由"2"变形而成,是朝阳下翩翩起舞的白天鹅造型,代表了一个纯洁自然、朝气蓬勃的集体。纯净的白天鹅在阳光下扬帆起航。其主要颜色是纯洁的白和热情的红,体现自然沉稳中迸发出的热情和激情。班徽的寓意:希望(2)班每个学生都能青春热情,如旭日东升,在人生道路上展翅高飞。我们不一定是飞得最高的,但一定是飞得最好的。

又如高二(6)班的班徽,其中圆形的班徽中央是一个正在展翅高飞的"6"。周围的十二星座图象征我们56位同学紧密团结在一起,共同奋斗,携手并进。班徽以蓝色为主色调,给人以清新的感受。

(南京市第十三中学潘旭东提供)

4. 班旗

（南京市第十三中学潘旭东提供）

（二）榜样示范

榜样的力量是无穷的。班主任要在班级中评选"最佳值日班长"、"周好学生"、"月优秀学生干部"、"最佳寄宿生"等，树立典型，鼓舞士气；设立各种"进步奖"，放大后进生的点滴进步，增强他们不断进取的自信心。这样既可以给后进生以希望，也可以给先进生以压力，带动整个班级形成一种积极向上、奋发进取的风气。榜样具有一种无形的鞭策力量，有利于促进学生身心的健康发展。榜样包括现实生活中的各种典型人物、历史人物，以及学生周围的典型人物。学生中的优秀生、班级中的先进同学，更具有教育力量。这样的榜样是具体的、真切的，并且具有很强的感召力，可以使学生在耳闻目睹的同时认真思考，在思考和比较中受到鼓励。榜样示范，可以在班级中形成向好学生、好行为学习的氛围，也可以形成正确的舆论，这是形成班集体的主要手段。

（三）开展集体活动

班级活动可以增进师生之间、学生之间的理解，增强学生的合作意识和班集体的凝聚力。心理学研究表明：一个集体若没有丰富的集体活动，必然死气沉沉，缺乏活力。要想让班集体充满生机活力，重要的是组织学生开展各项有益的活动；况且中学生有强烈的表现欲，他们希望通过自身的表现来展示能力和才华，获得认可与成功。通过集体活动，让学生得到更多的锻炼机会，同时在班级中孕育团结友爱的风气。

我带第一个文科班的时候，文科班还处于被歧视的地位，大家往往认为到文科班去的学生是二等生,是理科学不下去的学生,所以弄得进文科班的同学自己都有些看不起自己了。

我设计的集体活动就从鼓舞起同学们的自信心开始。"我们包容情形各异的同学"、"我们寻找与众不同的道路",在这两句主题词营造的氛围里,每一位同学都好像重新认识了自己:

"我不是二等生,只是我的情形与别人不同而已。"

"他们有他们的道路,我也应该寻找属于我自己的道路。"

……

开学刚刚过去一周,篮球联赛的烽火点燃了。我这个球盲认为形势还是不错的,可是很快就被原本最弱的对手狂屠了20分!大家都认为没有什么出线的机会了。

这时我给队员们进行了"秘密特训",其实也就是心理指导了,这么一来大家心中又充满了期待,似乎隐隐地鼓起了信心。

在新的比赛中,同学们心中都憋着一股劲,打得十分积极,这场比赛就成了意志与品质的比拼,最终我们依靠加时赛的三分绝杀赢得了比赛。

大家欢呼着庆祝胜利,狂欢拥抱着每一个人!没有人会忘记这场比赛,这是四班全体同学齐心协力共同创造的成功!

作为一名全程参与的主力队员,穆野同学在这场球赛的总结会上真诚地阐述了自己的观点:

那一刻,没有谁流泪,因为我们赢了;

那一刻,没有谁不流泪,谁人知道我们的艰辛?

以前只有在NBA中才能看到的绝杀就这样真真切切地在我们身上上演了,而且是两次!

我们用自己的努力,用自己的信念取得了这精彩的胜利!

成功是自己拼出来的,但是我们最要感谢的是一直陪伴着我们、支持着我们的老师!或许没有多少人注意过,老师一直在和我们一起战斗!我想如果没有老师一直以来的支持和帮助,我们不会赢得最后一场比赛,更不会赢得那么精彩,所以我们每个人都应该诚挚地对老师说一声:"谢谢您,老师,您辛苦了!"

(南京市金陵中学尹湘江提供)

班集体在活动中产生和加强,班级精神也在活动中深化和积淀。可结合重大节日、纪念日,在班级中开展演讲赛、辩论赛、文体活动,让每个学生都有展示自我、表现自我的机会。比如,"托起明天的太阳"等活动都非常有意义。国庆节前夕,可举行"我爱你,祖国妈妈"诗歌朗诵会。在这些活动中,班主任主要扮演导演、倡导者和指导者的角色,要充分相信学生,大胆依靠学生,放手让学生去做。有经验的班主任还会抓住学校开展活动的机会(例如总校运动会、诗歌朗诵、英语歌曲合唱、达人秀、戏剧节等),带领全班同学积极参与。在参与活动的过程中,学生和教师的心贴近了,班级的凝聚力增强了。

(四)正确运用《家校联系本》

《家校本》是一种家长、学校、老师、学生沟通和交流的方式,尤其在"五严"的要求下,孩子更多的时间都在家里,《家校联系本》为形成良好的班级精神拓展了空间。《家校联系本》如同一个个精神家园,要利用其不受时空限制等优势,增加教师、学生、家长的相互了解,拉近教师与学生、学生与学生、教师与教师、教师与家长、学校与家庭之间的距离。作为班主任,一定要引导家长、学生正确运用《家校联系本》,为班级文化的发展争取更多的资源。班主任利用《家校本》,采用独特的方式传递对学生的爱和祝福。当学生、教师、家长看着《家校联系本》上的文字,看着孩子的变化,体味着那些文字,怎么能不激动,怎么能不被班主任所感动?班主任由此赢得的尊敬、信任和支持,是其开展班级工作的财富。班主任在班级精神形成中的主导地位就在不知不觉中体现出来了。

案例 6－20

《家校联系本》记录要求

班主任:潘旭东　138×××××××××　ABC@hotmail.com

一、学生部分

1. 及时、准确、详尽记录当天所有学科作业的内容(包括硬性书面和软性作业),并且把所有作业资料都带回家。

2. 当天晚上在家中高效、认真完成所有作业,当晚提前将所有作业资料都整理好,并在次日早晨全部带回学校及时上交。

3. 在作业完成前,不得接触电脑、电视、手机、MP3、MP4、电子存储器、课外书籍等一切与学习无关的事物,周末不得随意外出,要专心学习。

二、家长部分

1. 记录孩子到家准确时间,特殊情况要予以说明。

2. 总结归纳孩子当天晚自习的时间、内容、质量和效率等情况。

3. 总体评价、要求以及其他补充说明。

4. 家长签名,周末时最好两位家长都能签字。

三、班主任部分

1. 每天在班级夕会督促孩子记录好所有作业,布置好相关工作。

2. 次日早晨严格检查学生各科作业,及时督促完成,并通报家长。

3. 针对家长反映的问题及时处理或者给出回复,及时通报其他情况。

学生签名:＿＿＿＿＿＿　学号:＿＿＿＿＿＿＿＿＿

父亲签名:＿＿＿＿＿＿　电话:＿＿＿＿＿＿＿＿＿

母亲签名:＿＿＿＿＿＿　电话:＿＿＿＿＿＿＿＿＿

(南京市第十三中学潘旭东提供)

(五) 正确运用网络

网络是一种全新的学习、沟通和娱乐方式,它为形成良好的班级精神拓展了空间。班级网站、教师博客、学生博客如同一个个精神家园,要利用其不受时空限制等优势,增加师生的相互了解,拉近教师与学生、学生与学生、教师与教师、教师与家长、学校与家庭之间的距离。作为班主任,一定要引导学生正确运用网络,为班级文化的发展争取更多的资源。

案例 6－21

激 情 网 络

一个年轻的班主任在中考前夕,每天深夜在网上为班里的每个孩子写一篇文章,并贴上孩子小学时的照片和在中学校园里的生活照,插上一段段动听的背景音乐。他是用自己独特的方式,为每个孩子加油和祝福! 他的这一做法,在家长、同行和学生中引起了强烈的反应。

新编班主任工作技能训练(第2版)

家长给他的留言是——

认识你是一种荣幸,孩子们拥有你是一种福气。你的年龄与你对孩子们细密的关心,让我们感动。自从孩子进入你的班级后,学习在进步,自信心在增长。

同行给他的留言是——

我是杭州的老师,在浏览你的网页时,我承认我被深深地打动了。在功利主义盛行的时代,还有那么简单纯净的师生情感。也许,教育原本就是这么美好的。希望我们能成为朋友。

校长日志中的他——

他带着34个孩子走过了这不同寻常的初三,让每个孩子的激情被点燃,让每个孩子的潜能被激发,让每个孩子的心灵被荡涤,让每个孩子的自信在崛起……

(南京市第二十四中学史菁提供)

(六) 利用传统节日

班主任要善于利用传统节日开展各项专题活动,把专题教育与日常教育结合起来。这样既可以让学生加深对中华民族优秀传统文化和其他民族文化的了解,也可以对学生进行礼仪常识、人际交往等方面的指导。以下是一些学校在传统节日之际开展的可资借鉴的主题活动:

教师节:开一个特别的班会,给任课老师一份惊喜、一份感动。表演"老师,我想对您说……"、"特别的爱给特别的你"、"大家一起来"等节目,让师生在交流中互相尊重、互相理解。要知道,良好的师生关系是教育教学顺利进行的前提。

中秋节:让学生了解中秋节的知识,让他们给不在身边的亲人打个问候的电话,体会亲情,感受亲情。

感恩节:让学生对帮助过自己的人、爱自己的人说一句感恩的话,做一件感恩的事情。这样,使每个学生学会感谢,学会给予,拥有一颗感恩的心。

"三八"妇女节:让学生为妈妈或家中的女性制作一件小礼物,说一句爱的话语,或要求学生在这天给妈妈一个深情的拥抱以表达对母亲的热爱。

元旦节:给每位孩子的家长寄一张贺卡……

(七) 送学生一份礼物

大多数教师都说自己爱学生,但对学生进行调查时却得出了不同的答案:相当多的学生说没有感受到教师的爱。这是一个引人深思的问题。教师在对学生进行教育时,忽略了说出爱,忽略了把爱用学生能接受、能体会到的方式表达出来,很多冲突也因此爆发。礼物能传递爱,让学生知道老师对自己的关注和期待,让学生对教师更亲近和信任;礼物能传递爱,让学生学会表达爱,并充满爱心地走进社会。

案例 6-22

意 外 的 惊 喜 [①]

"老师,明天是我的生日,你可要记住哦!"一下课,小玲就来到我的身边。

---

① 齐学红主编:《今天,我们怎样做班主任——优秀班主任成长之路》,华东师范大学出版社2006年版,第33页。

"那你要什么？"我故意问。

"我要和小蓉一样。"

她说的小蓉是上周六过生日的学生。小蓉在上周就告诉我她的生日，她想得到老师的祝福。那么，我送她什么呢？一张贺卡，一份小礼物，还是其他什么？说实话，我已好长时间没有送学生礼物了。

周五的晚上，我灵机一动，有了主意。

第二天，一上课，我照例打开书本，好像要上课的样子。看得出，小蓉坐在下面有点失望。我打开电脑，放下屏幕，音乐响起，一个我精心挑选的FLASH动画呈现出来。精美的画面上映出欢快的几个大字：小蓉——祝你生日快乐！

学生们的眼光一下子投向了小蓉。小蓉分明有点意外，但很激动，她那小小的脸涨得通红。一下课，学生们都挤到了我的面前，叽叽喳喳。"老师，我过生日时，你怎么没有为我放FLASH？""老师，我的生日很好记的！""我的生日要是在明天就好了！"一下子，我成了孩子们的中心！

我很意外。我曾想过，学生们的生活中还缺少什么，作为老师可以给他们一些什么。一个小小的生日祝福，居然能给他们带来这么多的惊喜与期盼，真是我未曾想过的。

（南京第二十四中学徐艳华提供）

学生在生活中并不缺少礼物，但能收到老师礼物的机会并不多见。一个精心挑选的FLASH动画普通却不平凡，包含着教师的一份良苦用心，倍显珍贵。它会成为孩子成长中难忘的回忆。"亲其师，信其道"，良好的师生关系是一切教育的润滑剂。有爱，教育才充满生机；有爱，教育才能创造更美好的生活！

总之，正确的班级文化建设是班集体建设的重要组成部分。它不会自发地形成，而需要经历一个渐进的过程，即在班主任的悉心指导下，以科学的方法积极引导，逐渐形成优美和谐的班级环境，铸造阳光向上的班级精神，营造正确的班集体舆论氛围，就一定会有最合适、最有效、最给力的班级文化，从而促使班集体能进一步地不断完善和强大。

◆◆◆◆◆ 思考与训练 ◆◆◆◆◆

一、名词解释

1. 班级文化　　2. 班级精神

二、简答题

1. 班级文化的主要构成因素是什么？

2. 形成良好的班级精神有哪些途径？

三、实践操练

考第一的孩子奖励什么？

"包老师，我和你打赌，我能考到年级第一，你要给我奖品。"

"好，你能考到年级第一，我就给你奖品。"

这是几周前小洋和我的对话。刚开始，我不以为然。这是孩子的撒娇，能考到第一当然好，为什么不给奖励？

考试结束了，小洋语文拿了91分，确实是年级第一。我准备掏钱包买奖品了。

"小洋,你想要什么奖品?"

"包老师,我早就想好要什么奖品了,你奖励我去你家吧!"

出乎我意料之外的要求。这是什么奖励? 能带孩子去我家吗?

周末,我的家中来了一个特殊的小客人……

试问,你怎么看老师给学生送礼物这件事? 礼物在师生交往中有何作用?

第七章
如何开展班级心理教育

案例 7-1

让胆怯的孩子自信地抬起头

陶某某是一个长得瘦弱的 8 岁小男孩,学习成绩平平,平时很少与人交流,很多事情都憋在心里不愿去表达,在班上没有特别要好的朋友,性格内向。听前面教过他的老师说,刚上一年级的时候,前一个月他常常是以泪洗面,晚自习读书更是经常读着读着眼泪就无声无息地往下流。上课根本不见他主动发言,就算被叫起来也是闭口不答,下课的时候他还往往独自坐在座位上发呆。据他妈妈反映,孩子在周日返校的时候常闹情绪,肚子还会莫名其妙地疼,到了第二天肚子疼的现象就会自动消失。

陶某某的母亲是一个热情、健谈的人,在工作上也是个女强人,有了儿子之后,她特别希望能把自己的孩子培养成出色的孩子,因此很早就对孩子进行早期教育,不管孩子喜不喜欢就给孩子报名参加了钢琴班、美术班、讲故事班、围棋班等,可是这些都只是一厢情愿。刚开始陶某某上这些兴趣班的时候还能跟着听,后来上课开始开小差,老师讲的东西爱听不听,时间一长,他就跟不上班上的小朋友。渐渐地,老师讲的东西陶某某老听不懂,他妈妈开始责怪他,孩子自己也慢慢怀疑自己不如别人,甚至怀疑自己太笨,对自己越来越不自信。因为对自己极不自信,上小学后,陶某某开始厌学,不合群,在同学的面前总是抬不起头来。陶某某的妈妈看到孩子的状况很着急,在我面前一再表示出对孩子的担心和焦虑,对孩子束手无策,这样的情况持续了三四年。

抓住契机,提供体会成功体验的机会:

有一天我在讲课文的时候,提出了一个并不算很难的问题,全班孩子都举起了手,只有陶某某低着头,紧张地看着自己的手,此时的他眼神恍惚、暗淡。可是他的同桌也试图想帮助陶某某举起手来,拽着他的衣角想要老师看到,示意老师陶某某回答这个问题,无奈之下陶某某的小手似举非举。

看到这样的情景,我断定陶某某一定能答出这个问题。我高兴地叫起他,他慢慢站起来,一句话也不说。我把问题又重复了一遍,小朋友都在安静地用期待的眼神望着他,希望他能张口说话。他睁大了眼睛看着我,我面带微笑地看着他,他脸憋得通红,从嘴里好不容易很不完整地直接报出了答案,要知道他有勇气站起来发言对他而言是前所未有的。我告诉他老师和同学很喜欢听到他的声音,接着我慢慢引导他把句子说完整,他说了两遍,虽然声音较低,也不够流畅,但仍完整地说了出来。这次他在大家热烈的掌声中坐了下来,此时的他头稍微抬了起来,脸上泛着红晕,虽然仍很羞怯,但眼神中有了一些灵气和自信。

周五家长来接陶某某的时候,当着陶某某的面我将陶某某这次课堂上不寻常的、而在普通孩子中看来是司空见惯的表现讲给他的妈妈听。陶某某的妈妈听了非常激动,并一再表示会密切配合学校帮助孩子,让孩子重新找回自信。

接下来的周三正是陶某某的课前演讲,我建议他妈妈趁热打铁,回家协助孩子好好做准备,继续增强孩子的自信。演讲那天,轮到陶某某演讲了,他一开始还有些迟疑,但在老师和同学的掌声中走上了讲台。只见他头低得很低,眼睛紧盯着地面,前两句话还有些断断续续,但慢慢地越讲越流利,头也渐渐抬了起来,用心地讲着故事,故事讲完,话音刚落,全班小朋友一起鼓掌,向陶某某投来赞许的目光。

这次,我没有让陶某某立即回到座位,而是让小朋友说说今天听了陶某某演讲后的感受,很多小朋友很佩服陶某某;也有小朋友说没想到陶某某会讲得这么好,要向他学习。接着我又问:想知道为什么他讲得这么好吗? 因为陶某某为了这次演讲,在家就这个内容练习了十多遍,还把妈妈当学生,讲给妈妈听了很多遍。此时,我让大家从陶某某的身上看到:不论做什么事,只要相信自己,再加上用心认真,成功一定会在不远处等你! 这时,陶某某的脸上露出了很少见到的微笑!

通过活动,在集体中找到知心朋友,提升安全感,增强自信:

在陶某某初步体会到成功带来的喜悦和自我认同之后,我又鼓励他参加小朋友的游戏和活动,课间带着他跟小朋友一起跳绳、踢毽子,一起玩老鹰捉小鸡的游戏。他慢慢地愿意接触小朋友,也愿意和小朋友一起游戏。他还结交了一个好朋友,渐渐地,陶某某的脸上微笑多了,上课发言也多了,作业书写在不断进步,成绩也在逐步提高,期中考试还取得了较好的成绩。学期结束的时候大家一致推选他为"校级优秀少先队员"。

作为老师,看到自己的学生能有这样的转变和进步,我由衷地感到高兴! 通过陶某某的个案,让我们看到,在一个健全人格中自信心是很重要的因素。自信心是一种完整个性的基本素材,一个人的价值完全取决于他所相信的事物,他的信心也源于这个价值观的认可程度。有一个自己坚持相信的价值观,还是让意志随波逐流,总是把价值观让外界定义,完全取决于你的信心。一旦一个人失去了自信,将会破罐子破摔,走向消极的一面。让我们的每一个孩子都能拥有自信,让他们快乐健康地成长!

(南京市南外仙林分校小学部杨学提供)

开展心理健康教育不仅能使青少年有良好的心理状态进行学习和生活,很好地适应未来社会的挑战,同时也为实现终身教育提供了一个优良的心理平台,满足现代人对心理健康的需求。为了培养心理素质过硬的建设者,实现素质教育对新时期培养学生的要求,作为班主任,必须学习心理学方面的知识,确立心理健康的理念,掌握心理健康教育的方法。

第一节 青少年心理健康教育概述

青少年时期是指介于孩童和成年之间的过渡时期,一般指十二三岁到十八九岁的这一时期。从学制体系来看,基本处于初中和高中的学龄阶段;随着青少年成熟年龄的提前,也覆盖了小学阶段的高年级。青少年时期是人生历程中多风多雨的时代,是生理的"断乳期"和心理的"风暴期"。了解青少年的心理特点、青少年心理健康的标准,知晓其形成的原因,熟悉青少年心理健康的目标和原则,是班主任工作不可缺少的部分。它对于顺利开展班级管理和促进青少年健康成长具有重要的意义。

一、心理健康的标准

一般认为,心理健康就是指心理及行为方面不存在障碍的一种持续的状态。但是,随着人与人关系的复杂化以及对待生活态度的多元化,心理健康的标准和定义呈现出多元化的态势。心理健康是指个人生活适应上所表现出的和谐状态。健康不仅指没有身体缺陷和疾病,而且要有完整的生理、心理状态以及社会适应能力,即人的健康的新概念不仅指身体方面,而且包括心理方面。一般说来,心理健康的标准有以下几条:

(一) 与群体融洽地相处

心理健康的人能够与周围的人群和谐共处,其心理状态与周围大多数人的心理体验和状态是一致的。人是社会性的动物,其思想、行为应该呈现与周围的环境和人群有一致的趋势。如果一个人的思想、言行、好恶等与社会大多数人格格不入的话,就要考虑其心理是否正常。心理异常往往有三种可能性:其一是心理发展水平超过了同龄人,其二是发展滞后于同龄人,其三则是属于心理疾病。

(二) 客观地认识自己以及他人

心理健康的人能够客观地认识和对待他人,清楚自我的优点和劣势,并能够用客观的态度来对待自己的学习和生活,在求学、择友、择业方面作出正确的决策,有自尊心和自制力。同时,在思想上对社会现实有客观和正确的认识,对周围的事物和社会生活能够保持清醒的认识与判断力,有很好的适应能力和协调能力。

(三) 心理和行为一致

心理健康表现为外显的行为,即心理和行为持续稳定的一致性。这里的一致性,首先是行为方式和人的社会角色一致,每个人都应该与其对应的社会化的结果相一致;其次是年龄和行为方式一致;再则是刺激的强度和反应的强度之间能够存在相对稳定的关系。心理健康的学生对各种刺激的反应是适度的,因此能与周围的环境保持良好的平衡。

(四) 积极向上的生活态度

积极向上的生活态度包括:积极乐观的情绪,如活泼、开朗、愉悦的心情;健康向上的生活态度,如自信、豁达等。心理健康的学生能够排除心理障碍,有烦恼和困惑的时候能够及时地解脱,即使遇到困难和挫折,也能够尽快地摆脱,主动采取行动措施来恢复正常稳定的心理状态。

(五) 情绪的稳定和持续性

健康的心理状态是一种持续并且稳定的情绪体验。由于青少年身心的波动不平,暂时的困难和挫折是难以避免的,间断性的个人体验也是很正常的。但是,如果暂时的不快统治了持久的心绪体验的话,就可能产生心理问题,比如患抑郁症等。

二、影响青少年心理健康的因素

(一) 遗传及生理因素

遗传是生物发展的前提条件,同时也是个体心理发展的重要基础。遗传的影响主要是通过智力、身高、性格、相貌来实现的。一般情况下,子女的智力水平主要受其父母的智力水平的影响,成正比例关系,而父母的精神健康状态也与子女有着密切的关系。多动症和精神分裂症等诸多心理疾病受遗传因素的影响比较大。

生理因素的影响主要是指性成熟度。性成熟包括性生理和性心理两个方面。性生理的成熟直接影响着性心理的健康。只有性生理和性心理的发展相协调，才能实现青少年的健康成长。一般而言，性心理的成熟度要低于性生理的成熟度，而这种不协调给青少年造成的影响又存在着性别的差异。男孩子中，性心理成熟度高的人更加自信、乐观、积极主动，并且与周围的人能形成良好的人际关系。反之，则会出现怯懦、焦虑，甚至抑郁。相对应，女孩子的性生理成熟度高于性心理时，则更容易与同辈群体隔离，出现离群索居的现象，而她们趋向于与年长的同性和异性进行交往。由于成熟度的差异而导致的个体差异，要求班主任在工作中必须对具体情况作具体分析。[①]

案例 7-2

小学生"早熟情感故事"获特等奖引网络热议[②]

你知道小孩的世界吗？有些人可不懂，小孩的世界就像五颜六色的泡泡一样，数也数不清，看也看不懂。要是你把它打破了，它就会消失得无影无踪。小孩的世界就是这么神奇、美妙……

在所有老师中，我最喜欢美术黄老师。他戴一副黑色边框眼镜，微卷的头发，稀疏的胡茬，透着艺术家的风范，像凡高，像塞尚，或者像高更……

这种感觉一直被我压在心底，没有对任何人说，我怕别人说三道四，指指点点。但我无法控制这种感觉，任它蔓延……

我好难过，原来，从一开始到现在，都是我一个人在演独角戏，一出无人知晓更无人喝彩的独角戏。我豁然开朗，原来我一直怀揣着一个青苹果，酸酸的、涩涩的。

我知道，我不爱青苹果，因为它还没有成熟；我还知道，青苹果只有不断汲取阳光，经过光合作用，才能成为散发着诱人香味的红苹果。

不久前的武汉市一项知名作文赛事中，获特等奖的作文《小孩的世界你不懂》在网络上引发热议。在部分网友看来，此文描写了一个有些"早熟"的情感故事，写作技巧之纯熟也远超小学生水平。读罢全文，惊叹之余，更多人发出了理性的声音。"这是一种很正常的现象，大人千万不要大惊小怪。"湖北大学心理学系教授严梅复说，研究表明，我国青少年性成熟由以前的 14 岁已逐步提前到 12 岁左右，这个时候的孩子对异性开始有朦胧的好感，但还不是真正的恋爱，家长和老师千万不要打压、公开和指责，像这样将自己的真实感受写出来，并接受老师和家长的指导，非常值得提倡和借鉴。

（二）家庭因素

家庭是个体社会化的首要场所。家庭的结构，成员的职业、文化素质、教育方式、情感交流的方式，都在个体成长中发挥着潜移默化的作用。家庭在个体成长过程中，主要承担如下几个方面的责任：首先是经济资助。根据社会学的观点，经济基础决定着个体的行为模式，家庭的经济状况直接决定了子女受教育的环境，以及金钱观、价值观的形成。其次是情感支撑。个体在繁杂的社会环境中成长，不可避免地会遇到各种各样的挫折和磨难，家庭内部不仅有年长者的经验指导，而且还有情感的依托。了解家长的不同类型，可以帮助班主任顺利地开展工作。

---

① 刘金花主编：《儿童发展心理学》，华东师范大学出版社 1996 年版，第 294 页。
② 节选自 http://news.henanci.com/Pages/2011/05/23/20110523045911.shtml。

1. 专断型的父母

表现在对待子女态度上的冷漠、严厉。稍有不服管教，就会采取军队式的管理，教养方式单一粗暴。这种方式会导致极端片面性人格和懦弱性人格的形成。

案例 7 - 3

小姚的父亲对她管教得很严。他要求孩子在学校里必须利用所有的学习时间，包括课间10分钟；不许孩子和其他同学交朋友；也不许孩子参加学校的集体活动。在家里，他经常翻看孩子的日记，随时掌握孩子的思想动向。这样，孩子在集体中显得很孤单。可是，小姚是一个感情敏感细腻的女孩子。在学习和心理的双重压力下，她的感情要有所寄托。于是，她悄悄地谈起了恋爱，而这段不成熟的感情并没有给她带来精神上的释放。她担心家长知道，又不忍割舍，就变得更加沉默、多疑、敏感，整天忧心忡忡，学习成绩每况愈下。

2. 放任型的父母

表现在对孩子绝大多数要求的满足上，而对这些要求不作理性的分析。甚至对孩子必须面临的挑战也越俎代庖，使孩子失去了应有的锻炼机会。这种方式培养出来的孩子独立能力较差，缺乏勇气，自私心理比较严重。这种类型主要表现在"四二一"式的家庭结构(有四个老人、独生子女结合的第二代和独生子女的第三代)中。

案例 7 - 4

小李是个男孩子，父母因为工作繁忙，将他交给祖父母带。祖父母为了能够"对得起"孩子，一味地满足他的各种要求，而且对孩子的不良行为也将就和掩饰。由于和孩子在一起的时间很少，所以在有限的时间里，小李的父母总是怀着愧疚的心理来满足孩子的各种要求。在这种典型的"四二一"家庭中，小李变得自私、暴躁、懒惰、散漫，没有责任心，严重地影响了他和同学们的关系。

3. 民主型的父母

能根据孩子不同的年龄阶段和不同的情况，对孩子的教育方式进行调整。对孩子的约束力局限在一定的原则范围之内，同时又给予充分的尊重。这是一种比较理想的父母类型。

案例 7 - 5

小梁是初三的学生，从小就有和父母交流的习惯。但是，有一段时间，小梁的妈妈发现他变得沉默寡言了。原来，他暗恋班里的一个女孩子，又考虑中考将至，内心很矛盾，回家后就只往自己房间里钻。一天晚饭后，妈妈带他出去散步。为了维护孩子的隐私和自尊，小梁的妈妈没有直接询问他最近的状况，而是告诉孩子：在人生成长的路上，有很多东西需要舍弃才能得到，但必须有所选择。妈妈还给他讲了很多自己初中时候的故事，包括早恋的事情。妈妈像朋友般的谈心，打开了小梁的心扉。小梁豁然开朗，把全部的心思放在中考上了。

(三) 学校教育因素

学校教育因素的影响，首先表现在教师对学生的影响上。教师的个性、能力及教学风格对青少年心理的发展影响很大。通常,学生的行为具有极强的模仿性。如果教师爱好广泛,活泼开朗,学生往往也乐于参加集体活动,从而形成良好的班风,呈现积极向上的班貌。如果教师的性格怪异,行为中呈现偏袒、武断、冷漠等倾向,学生中大多会有猜疑、自闭、任性和反社会行为的呈现。

其次则表现为同辈群体的影响。同辈群体是由地位大体相同的人组成的、关系密切的群体。同辈群体的成员一般在家庭背景、年龄、个性特点、爱好等方面比较接近,所以来自同辈群体的影响更加容易产生。"近朱者赤,近墨者黑",这句话说明了同辈群体影响的重要性。美国社会心理学家 M·米德甚至认为,在现代社会中,同辈群体的影响甚至大到改变传统文化传递方式的地步。所以,指导青少年选择有益于自我发展的朋友,是促进他们健康成长的关键。目前青少年犯罪呈现团体犯罪的倾向,这些人往往是学校的落后群体,他们常常出入于游戏房、录像厅等低级游戏场所。共同的失落感、消极的心理和志趣,使他们聚合在一起。同辈群体的影响由此可见一斑。

(四) 社会文化因素

传统文化与大众文化是现实社会中影响青少年成长的两大文化因素。在其冲击下,社会价值观念表现出多元化的倾向,尤其是网络文化对传统文化形成了巨大的挑战,诸如广告的消费引导、新闻的价值引导等。同时,由于网络的盛行导致的信息强迫症,使人们对信息有很强的依赖,以及对大众文化盲目崇拜,导致责任感缺失和反社会行为增多。加之,对网吧等营业性场所的管理不善,使得青少年很容易进入这些场所并沉溺其中,严重地影响了正常的学习和生活。

三、开展心理健康教育的原则

(一) 平等信任原则

平等信任原则是指在心理健康教育过程中,不以学生的成绩、家庭条件、性别、智力等因素对学生进行人格和心理的歧视。在心理健康教育过程中,充满信任的心理氛围的建立,是有效开展心理健康教育的前提。信任氛围的建立,需要以师生平等关系为前提。班主任应该从平等的立场出发,相信学生的诚意和人格,努力和学生建立朋友式的关系,让学生能够轻松、信赖地倾诉自己的心声。

(二) 尊重差异原则

尊重差异原则要求班主任根据每个学生的特点采取有针对性的对策,在分析普遍性原因的同时关注其特殊性。同一种心理现象的背后可能有不同的原因,班主任不能武断地根据表面现象进行判断,要在充分了解学生的基础上对其实施个别观察和心理辅导。

(三) 艺术性原则

艺术性原则主要表现在教师的思维、语言和行为三个方面。艺术性原则是实现有效心理健康教育的重要手段,同时也最具有不稳定性,是需要教育者在学习和实践中不断摸索的。这正如教育家马卡连柯所说:"只有学会用 20 种声调说'到这里来'的时候,只有学会在脸色、姿态和声音运用上能够做出 20 种风格的韵调时,我就变成一个真正有技巧的人了。"

（四）学生主体性原则

学生主体性原则是指在进行心理健康教育的时候，班主任不应该越俎代庖，而应该充分发挥学生的主动性和积极性，相信学生能够在正确引导下完成心理健康的历程。在制订教育目标和教育步骤的时候，要充分考虑学生的年龄、性别等特点；在实施和开展心理健康教育的活动过程中，要提供更多的活动机会让学生表达自己的观点、态度和情感；在进行个体和群体辅导的过程中，要充分发挥学生的个体能动性，通过学生内部世界的变化来达到自我完善与发展。

（五）面向全体学生原则

班主任的心理健康教育不同于专业的心理咨询活动，其根本任务是要促进学生的健康成长与发展。所以，心理健康教育要面对全体学生，而不是针对有明显的心理疾病的学生。心理辅导不是针对有明显问题的学生，而是有重点但要顾及到全体的教育活动。教师通常会针对特别好的或者特别差的学生，而忽略中间的群体，使得这部分学生处于一种长期不被关注的边缘状态。班主任必须懂得，这部分学生是最容易向上也是最容易落后的。关注每一个学生，是教育者的责任。调动这部分人的积极性，会让班级集体的整体面貌焕然一新。

第二节　如何开展团体心理辅导

团体生活是青少年形成健康心理状态的必要环节。青少年对团体的依赖感是其叛逆期归属感的一种转移，是由家庭向同辈群体的转移。所以，团体心理健康教育活动是学生喜闻乐见的一种方式。它不仅可以达到对学生一般性心理健康问题的辅导，而且可以促进班级凝聚力的增强。

一、团体心理辅导概述

（一）什么是团体心理辅导

团体心理辅导是指班主任以班级团体为对象开展的以实现群体心理健康为目标的心理健康教育，是通过对整个班集体实施教育来实现群体内部个体心理的改观和发展。其最终目的是实现个体成员的心理健康和心理发展。[1]

（二）团体心理辅导的特点

团体心理辅导乃是借助团体中人际交互作用以帮助个人发展的过程。个体在某个团体当中是有服从取向的。社会心理学家谢里夫在 20 世纪做的诱动实验准确地说明了这一点。他发现，大学生在一个模糊的刺激面前，其判断逐渐向大多数人的判断靠拢；过一

---

① 冯观富编：《国民学校辅导活动理论与实务》，同泰印刷有限公司 1987 年版，第 186 页。

段时间后重新进行测试,其判断维持原来团体的判断标准。这一实验说明,团体的影响作用在个体观念中是持久的。尤其在青少年时期,通过团体的历程所学习的成果是真实和有价值的。团体心理辅导有如下的特点:

1. 广泛性

根据德国心理学家勒温的观点,由于有共同目标的驱使,团体具有吸引各个成员的凝聚力。这种凝聚力来源于成员对团体内部建立起来的一定规范价值的遵从,它强有力地把个体的动机需求与团体目标连接在一起,使得团体行为深深地影响个体行为。所以,以团体的方式开展心理健康教育的最大优点,就是能够用统一的目标来实现对学生的聚合。同时,团体内部成员之间的相互合作和相互刺激作用,也会对个体心理的发展产生作用。这种沟通是多向的,不仅有教育者与被教育者的沟通,而且有被教育者之间的沟通。在团体和谐氛围的影响下,可以多角度地开展自我教育,从而减少对教育者的依赖。

案例 7 - 6

团体心理辅导活动中常用的游戏[①]

活动设计一:我的优点你来说

目的:

1. 学习发现别人的优点并加以欣赏,促进相互肯定与接纳;

2. 增强个人自信;

3. 认识他人。

时间:50分钟。

过程:

1. 7人一组围圈坐;

2. 请一位成员坐或站在团体中央,向大家介绍自己的姓名、个性、爱好等;

3. 其他人根据自己对他(她)的了解及观察轮流说出他(她)的优点及欣赏之处(如性格、相貌、待人接物……),然后被欣赏的成员说出哪些优点是自己以前察觉的,哪些是没有察觉的。每个成员到中央戴一次高帽。

规则:

1. 必须说优点;

2. 夸别人的优点时态度要真诚,不能毫无根据地吹捧,这样反而会伤害别人;

3. 参加者要注意体验被人称赞时的感受如何,怎样用心去发现别人的长处,怎样做一个乐于欣赏他人的人。

活动设计二:赞美衣

目的:巩固活动一的情绪体验。

时间:15分钟。

过程:

1. 发给每个成员一张性格形容词表,每位学员需从36个形容词中找出最能形容自己性格的10个形容词,并把它们贴在自己胸前的白纸上;

---

① 节选自 http://www.bdstar.org/Article/ShowArticle.asp? ArticleID=3735。

2. 分组：9人一组；

3. 每人发给8张标签纸，组员需向另外8位成员派发最能形容他们的标签（最多8个，最少5个），挑选后，贴在他们背上的大白纸上；

4. 每人从身上摘下白纸，比较自己与别人对自己的评价；

5. 核对完资料后，在小组中分享自己的感受：

(1) 你同意别人给你的形容词吗？

(2) 当你看到自我评价与别人对你的评价有差异时，感受如何？

(3) 你的同学是怎样评价你的？

(4) 你怎样看待彼此的肯定与支持？

2. 高效性

高效性体现在团体辅导在相同的时间和精力投入的前提下，受众人数要明显地比小组和个别辅导多；还体现在多个成员的多方面的帮助上。对个体心理健康的指导，不仅仅在教师那里可以得到，还可以在同时受教育和辅导的群体内获得，呈现出一种由圆圈外围向中心集中的高效性。每个学生个体都是圆心，而班主任等外部群体人员则依据对个体影响力的大小构成了不同半径的圆。

二、如何开展班级团体心理健康辅导

班级团体心理健康目的的达成，需要班主任利用有利的班级条件开展活动。班级心理辅导不同于课程教育，它不是以传授心理学的知识为主，而主要以活动的方式开展，让学生在活动中学会认识自我、接纳自我、发展自我和提高自身的心理素质。

(一) 团体心理辅导的内容

1. 学习辅导

在中学阶段，影响青少年心理健康的重要因素是学业成绩的优劣，升学的压力也会给学生的情绪带来一定的影响。由于学生的认知水平与其所处的身心阶段有一定的差距，所以，学生在学习动机、学习策略上需要帮助和指导。面对升学考试的压力，班主任可以利用班会或课外活动时间采取不同的方式，诸如在教室里放个录音机，或者利用多媒体播放音乐等，以缓解学生在学习过程中的压力。

2. 人格辅导

人格辅导主要包括自我意识辅导和性心理辅导。

自我意识的辅导是让学生正确客观地认知自我状态，克服自卑和自负的心理障碍，学会用理性的思维去认识自己和周围的事物。班主任可以通过开展主题班会的方式，实现学生自我认识以及学生之间的互相交流，让学生学会恰当地处理人际关系。

案例 7-7

入 团 的 困 惑

小林是一个很有才华的女孩子。但是，她比较清高，性格内向，和周围的同学很难相处。初二的时候班级建团,她是第一批写入团申请书的同学之一。但由于个性问题,她迟迟不能入团,这使她郁郁寡欢,越来越封闭自己。在初三最后一次发展团员时,小林鼓起勇气,又一次写了入团申请书。

在讨论发展新团员的时候,陈老师坦诚地谈了自己的看法:"小林的性格确实有些缺陷,为此,她已经付出了代价。三年来,她生活得不愉快,一次又一次地因为性格问题而入不了团。如果我们再一次把她拒之门外,就会使她更加孤僻,离班集体更远。大家也要想想,在三年中,我们明明看到这个问题,有谁去帮助过她? 同学之间,对人要宽容,要与人为善。"最后,小林同学终于入团了。

陈老师找小林长谈了一次,坦率地告诉她在发展工作中所发生的一切。小林的内心受到了震撼,她第一次开始正视自己的性格缺陷。谈话结束的时候,陈老师送给她一本戴尔·卡耐基的《快乐的人生,美好的人生》,鼓励她勇敢地改正自己的缺点,投身到班级这个温暖的集体中。

(齐 红)

性心理的辅导。一项对高中生的抽样调查发现,87%的同学认为自己对性知识了解不多,76%的同学认为进行性教育很有必要。近年来,平均每星期就有四五名 19 岁以下的少女到计划生育技术指导所要求施行紧急避孕或人工流产。青少年对性知识很渴望,但目前学校无法满足他们的需求。性健康教育的内容包括:性意识的觉醒、性伦理的确立、异性交往行为的引导和性心理问题的纠正。班主任对性教育要重视,但不要太敏感。对异性之间的交往,班主任必须注重正确的引导,而不必过分敏感。

案例 7-8

人际交往的距离[①]

一天,有任课老师向班主任宋老师反映,女生小马下午上学的时候坐在男生小徐的自行车前面。这个现象比较反常,是不是早恋了?

放学后,宋老师把小马叫到了办公室,刚要开口问下午是怎么上学的,小马就很冲动地说:"肯定是某老师告诉你的吧?"原来,她是步行上学的,那天下午出来晚了,急急忙忙往学校赶。就在这时,小徐骑车路过,便要带她去学校。可是,自行车后面没有书包架,小徐指着自行车的前面说:"就坐这里吧!"就这样,被老师看见了。宋老师问小马:"当时坐在车上有什么感觉?"她说:"难受死了。后来,给老师看到了就更加难受了。"宋老师问为什么难受呢? 她说不知道。

于是,宋老师告诉小马:人际交往有四种距离,其中一种是亲密距离,这种距离一般是出现在恋人,或者孩子和父母之间的。如果不是这种关系,那么必然会给心理上造成不愉快。今天,她的这个举动给自己造成尴尬,给老师造成误解,原因就在于此。小马不仅得到了老师的信任,还知道了个中原因,内心顿时释然了。

在性健康教育内容上,要注意适应性,根据青少年发展的不同阶段采取不同的教育内容。学者姚佩宽等人认为,青春期的前期(9—12 岁),主要侧重于性生理的辅导;青春期的中期(12—15 岁),大概是初中阶段,主要是性心理和性伦理的教育;青春期的后期(15—18岁),大概是高中阶段,则社会属性的内容增多,诸如恋爱、婚姻、妊娠等。

在教育途径上,要做好家庭、学校和医院的合作。增强性生理教育的专业化,是有效

---

① 王宁主编:《今天,我们怎样做班主任(中学卷)》,华东师范大学出版社 2006 年版,第 192 页。

进行性心理辅导的重要方式。班主任应该与专业的医务工作者进行合作，对青春期的孩子们开展教育，增加青春期的知识，让学生在暴风雨季节里拥有一盏导航的明灯。

3. 生活辅导

通过对中外中学生的比较发现：中国的学生在升学考试的压力下，会学习，但不太会生活。他们几乎没有休闲时间，即使有，大多数也不会安排。这不能不使我们意识到生活教育的重要性。中学生的生活质量需要引起全社会的关注。对中学生进行生活辅导，一般包括消费、休闲两个方面。

消费方面培养合理的消费观念和消费行为，是培养学生生活能力和提高其道德观念的基础性工作。消费生活的辅导要在日常行为中开展。针对当前中学生中出现的盲目消费、相互攀比的现象，要进行消费心理健康的教育，这对学生树立良好的消费动机和形成良好的消费行为有重要的引导作用。班主任要帮助学生了解电视中广告的真正价值，引导学生形成良好的金钱观念。有一些孩子喜欢用父母的劳动所得大方地"献爱心"、"帮助别人"，这是不值得提倡的。我们应当教育孩子懂得：靠自己的力量帮助别人才有意义；懂得"施舍不是帮助"；并知道帮助别人的方式有多种多样，可以是物质的，也可以是精神的。但在自己还没有创造财富、不能以金钱来帮助别人时，可以选择其他的帮助方式。

休闲方面休闲辅导使学生能够在轻松愉悦的环境中进行身心休息。班主任要教育学生在校内和校外的空间里学会个人和团体的休闲方式。休闲辅导包括课余和假期的休闲辅导。青少年在学习压力的影响下，很少有自主的休闲时间。随着网络的发展，大部分学生将仅有的时间花费在电视和网络上，这不仅影响了身体健康，还影响了正常的人际交往。

4. 职业辅导

职业辅导不是毕业前的辅导，而应该在学生自我认知能力提高的同时给予职业的概念，促使其形成正确的职业观念和职业选择倾向。它主要是通过了解职业特点来确定自己的职业兴趣和职业个性，为作出正确的职业决策提供前提。

（二）团体心理辅导的方法

团体心理辅导的方法很多，一般包括：团体讨论法、情景剧法、行为训练法、认知行为改变法等。在班级中开展的团体心理辅导法包括：团体讨论、脑力激荡、故事接龙、辩论赛、家庭树、抢答赛、角色扮演、哑剧、游戏、优点轰炸、赠送礼物、行为训练、自由联想、放松体操、信件会串、镜中人、自画像、涂色、制作卡片、制订计划等。其中主要有团体讨论法和情景剧法。

1. 团体讨论法

团体讨论法又可以分为以下几种可操作的方式：

（1）嗡嗡法

又名六六讨论法。每组原则六个人，每人发言一分钟，共发言六分钟。每个人发言之前先静思一分钟，最后由主持人归纳意见。此法用于初步的意见交换和特别冷漠的群体时效果好。

（2）脑力激荡法

这是一种集思广益的方法。先有一个开放式的问题，由每个人提出答案，然后制订标准,审核答案,不符合标准的要淘汰。在实施时要注意:不立刻批判,多多益善,自由献意,同时注意合作和改进。

（3）分组角色法

将班级分为若干小组,最好是四个人一组。在统一的问题下,收集各组的意见,将组内成员的角色也进行区分,如小组长(负责维护小组的纪律)、发言者(代表小组成员进行总结发言)、记录者(负责记录组内成员的意见)、副组长(主要是参与讨论,协调三方面的关系)。为了协调内部成员的分工,使每个学生都得到锻炼,在角色固定的前提下进行人员的重新安排。

2. 情景剧法

因类似于情景剧而得名。这是在教师的倡议下,抽取自愿的学生来扮演不同的角色,比如家长、教师和学生。可以分为即兴的表演和有剧本的表演,有表演者和观察者,同时还要安排主要的评论人员,负责引起话题和提出问题,以活跃气氛。为了避免以少数学生为中心,在表演之前要给学生安排观察任务,并可采取书面的形式进行评论,促进学生进一步领会剧情。

(三) 团体心理辅导的程序及技巧

1. 准备工作及方案的制订

（1）了解成员背景资料

对成员背景资料的了解,是开展团体心理辅导工作的首要环节。团体心理活动目标的制订,必须结合班级成员的具体情况。班级成员的背景资料一般包括:年龄、家庭成员的具体情况、学生的学习状况、特长爱好、社交情况、人格特征、教师评语和历史纪录,以及是否自愿参加团体辅导的活动,等等。

（2）设定团体目标

团体活动的目标可分为终极目标和阶段目标。可以在开展心理辅导活动的过程中,根据班级成员的年龄和心理特点来设置不同的目标层次。

（3）掌握理论知识

班主任在班级心理辅导活动的准备工作中,要有的放矢,在科学的理论指导下开展活动。这样,才能保证心理辅导活动的科学性和有序性。

（4）确定团体人数

根据目标,团体的人数一般可以分为大团体和小团体,大团体的人数不定,小团体的人数一般在 8—12 人之间为宜。心理辅导活动一般是在整个班集体中开展的,所以,团体一般指一个班的全体成员。

（5）把握时间和地点

心理辅导活动时间的长度和频率要根据具体的对象来拟定,比如中学生的注意力和耐力是有限的,所以活动时间一般以 60—90 分钟为宜。活动的地点一般在教室,也可以是活动教室,或者选择在户外活动时开展。总之,要避免成员分心。此外,要注意环境的安全性,避免摆设会构成攻击的用品。

（6）制订规则

在心理辅导活动开展的过程中,必须让每个参与者明白基本的活动原则。可以与成员共同商讨一套有效的规则,并且切实执行。这样,才能保证团体心理辅导活动有效地开展。

案例 7-9

自我肯定研习会计划书①

1. 研习会的目标

了解自我肯定的基本概念,以及自我肯定和生涯发展的关系;协助成员探索个人的行为模式,并从日常生活中找出无法自我肯定的原因;设计安全的情景,帮助学生学习新的行为。

2. 活动设计

时间:4—20 小时。

地点:学校的柔道室(如果没有条件,可以另选择一个安全的地点)。

人数:20—25 人。

领导者:一男一女(本班的班主任可以邀请代课老师或者其他班的班主任配合)。

3. 团体设计方案

团体发展阶段	预期目标	团体活动	时　间
导向与暖身阶段	内容目标:了解自我肯定的意义,自我肯定与生涯发展的关系	举例说明"自我肯定与否对工作机会取舍的影响"	10—15 分钟
引发参与和自我探索阶段	内容目标:帮助成员了解一般行为反应模式 过程目标:设计一个自我探索的情景,并与团体分享,产生角色扮演的材料。形成成员有真实情境中分辨各种行为的反应模式	了解自己在日常生活中的行为(活动 A) 角色扮演(活动 B) 说明四种行为的反应模式	20—40 分钟 15—20 分钟
继续自我探索和团体分享阶段	内容目标:协助成员分析个人的反应模式;帮助成员找出无法自我肯定的障碍 过程目标:设计活动,引导成员分析、探索自己并和团体分享	探索行为模式(活动 C) 脑力激荡(活动 D)	50—60 分钟 20—25 分钟
尝试新行为阶段	内容目标:说明自我肯定行为概念性架构,协助成员学习新行为。利用海报、流程图来加深成员对自我肯定行为的了解 过程目标:创造安全情景,使成员尝试新的行为	角色扮演	40 分钟

---

① 转引自吴武典等著:《如何进行团体咨商》,台湾张老师出版社 1993 年版,第 87—90 页。

4. 活动说明

活动 A：了解自己的日常行为

目的：提供有限的范围，协助成员了解自己的行为。

方法：请成员在白纸上画一个大圆圈，并分为三个部分：家庭、学校、朋友；让成员以 2—3 个例子，写出自己在这三个方面中比较难的自我肯定的情景；自由选择 3 人分组；集合小组进行团体分享。

活动 B：角色扮演

目的：通过角色扮演，清楚地了解他人的感受，同时也可练习新的行为。

方法：领导者归纳 A 阶段的内容，由成员选择其中一个主题，进行角色扮演；经过决定，成员选择师生关系作为材料，由自愿的成员扮演；过程中，领导者做好适时的中断，邀请自愿的成员出来扮演相似的角色；和成员一起比较，分析差异。

活动 C：探索行为模式

目的：以事先设计的分析表，帮助成员以已有系统的方式分析自己。

方法：下发模式分析表，请成员分析；利用游戏方式分组，进行小组讨论，请成员将自己的类型写在白纸上，贴在胸前，绕场一周，了解彼此，并自由选择四人一组，分享彼此的异同；聚集几个小组，进行大团体分享；邀请数位成员在大团体中呈现自己的模式，请其他成员进行分辨。

活动 D：脑力激荡

目的：在自由、安全的情景中，使成员针对某一主题，得到各方面的见解，搜集丰富的材料。

方法：领导以团体决定的主题，邀请大家自由发言，并说明不允许批判或者制止他人的意见。

本案例综合了团体讨论法中的几种方法，如脑力激荡、分组讨论、角色扮演等，以实现自我肯定为目的，教师在其中的作用是管理但不控制。活动的设计根据学生认知的变化逐步深入。班主任在活动开展过程中不仅可以采用单一的方式，而且可以综合各类方式，以实现目标为出发点进行方法的整合。

2. 开展过程及技巧

（1）开展过程

开展过程包括导入、实施计划和总结评价三个阶段。在这三个阶段中，核心部分是建立良好的师生和生生关系。利用恰当的导入方式，争取在团体成员之间建立一个信任的关系，形成和谐的团体氛围。

（2）语言技巧

在开展过程中，语言要亲切，注意和学生产生共鸣，不要以教训的口吻或者漠视的态度来对待学生。同时，还要注意幽默，这样可以拉近学生和教师的距离，形成良好的心理氛围，有利于工作的开展。

（3）沟通技巧

面对许多成员没有良好的沟通能力的情况，班主任要具有良好的观察能力。在他们不能很好地表达自己观点的时候，努力弄清他们的观点，并且适时地与之沟通，使团体能够顺畅地交流。

（4）异常现象的处理

团体心理辅导过程中的异常情况，一般是成员对领导者不配合。这类行为的表现可以分为两种：一种是以显性行为方式妨碍活动的正常进行，比如学生捣蛋、抱怨、不专心，吵着要上厕所；或者擅自离开团体成员，形成小团体，抗拒领导者的领导；或者成员不断地嘲笑和讥讽别的成员,影响团体的运作与和谐。另一种是消极抵抗,比如成员不参与、不说话、不耐烦等。遇到此类情况,班主任可以采用如下的方式:

第一,让学生明白心理辅导活动没有考试的压力,以使他们轻松地参加活动。有些学生担心心理辅导活动到最后要进行考试,存在心理负担,这样不但不利于活动的开展,反而以另一种方式加重了学生的抵触情绪。

第二,试着去了解这些行为背后的原因,结合其平时的表现,予以鼓励,并可以借助团体的力量促使其完成任务。必要的时候,在团体心理辅导活动结束后,采取个别谈话来了解其真实的状况。

第三,利用非正式领导成员对其小团体内部的成员实施管理,并将管理任务交给这个核心人物。这种方法是针对学生群体中出现小团体来进行的。要注意观察内部成员之间的场外联系,防止场外小团体的形成,避免使心理辅导活动的效果受到影响。

第四,如果成员内部出现打架的现象,要将冲突的双方带出活动的现场。在问清楚原因的情况下对学生进行教育,并将该冲突作为团体成员共同讨论的主题。这样,可以使冲突者之间和平相处,实现成员之间的互相回馈,以期避免类似情况再次发生。

第五,对成员内部出现互相嘲笑的现象,要分析这种嘲笑的性质。如果属于开玩笑性质,可以说明这种表现是为配合团体活动的进行,鼓励大家多多配合;如果针对别人的缺点进行嘲笑,则要向嘲弄者说明被嘲弄者的感受,必要时找机会让其切身体会被嘲弄的感觉。

第六,记录活动的过程。由其中的一个领导者担任记录员,对整个过程进行翔实的记录,并且注意观察各个成员的表现和多次参加活动的表现。

3. 如何评价与反思

根据团体心理辅导活动记录,可以对每个成员的表现归类整理。如果发现有不适合参加团体心理辅导活动的学生,则可以作个别的处理。评价的方式多种多样,一般有质化和量化的方法,比如问卷调查、访谈以及专门的效果评价量表等。评价可以分为阶段性评价和综合性评价,在学期末实施的一般是综合性评价,是对多次活动的总结评价。阶段性评价主要是指每次实施活动后的总结和反思。两种形式的评价都包括以下几个环节:

(1) 活动目的的评价

整个活动过程是否目的明确,在对目的的把握和控制上,整个过程受到哪些因素的干扰,从而为下一次活动的开展提供可借鉴的内容。活动的目的要符合学生的年龄特点和实际情况,目标要具体,切入口要小。

(2) 活动内容的评价

主要包括内容的适应性、针对性、及时性和有效性四个方面。是否能得到学生的积极准备和充分参与,是评价内容的外部标准。对内容的评价可以采用问卷调查来进行,调查的对象包括学生和教师两个群体。

(3) 活动方法的评价

方法的评价标准要看是否和学生的年龄特点相符合,是否能调动学生热情参与。要根据学生的年龄以及注意力和耐力等情况来改变方法。对年龄较小的学生的方法要多于年龄较大的学生,目的在于充分吸引其注意力。

（4）活动效果的评价

活动效果可以分为隐性和显性两个方面。心理辅导的效果是根据其目的的达成度来衡量的，而学生心理的变化不会很快显现。所以，对效果的评价采取阶段性评价和过程性评价。在评价活动时，一般看学生的参与程度是否能达到全员、气氛是否活跃、交流是否坦诚等等。

在活动的评价结束之后，教师还要进行活动反思。对课堂中出现的问题进行原因分析，为组织下一次活动奠定基础。

第三节　如何开展个体心理辅导

学生个体的差异性是开展个体心理辅导的前提和出发点。不同的年龄、性别、家庭背景、个人遭遇等，都会造成学生不同的心理状态。同时，也给班级心理健康教育提出了不同的要求。与针对群体问题的团体心理辅导教育相辅相成的个体心理辅导教育，也是班主任工作中的重要内容。

一、个体心理辅导概述

（一）什么是个体心理辅导

个体心理辅导又称个案辅导（case study），是指通过鉴别、诊断、分析和干预，解决学生个别心理困惑的一种辅导形式。[①] 它是针对有特殊问题和特殊需要的学生实施的。在班级内开展的个体辅导，是针对班级内有特殊行为的个体展开的。其特点是：针对性强，效果明显，但耗时。值得注意的是，学校的心理辅导一般不包括病理性心理障碍。班主任的心理健康教育与专业的心理辅导不同，它是与日常的班级管理工作密切联系的。

（二）个体心理辅导的对象

1. 受学业成绩困扰的学生

在校的学习表现和学习成绩是困扰学生的主要方面。有的学生由于学习成绩不良而产生挫败感，以及自尊心受到严重的打击，从而将注意力转向别的方向，成为"问题学生"。注意观察学业成绩不良学生的心理和行为的变化，是班主任开展心理健康教育不可缺少的环节。比如：有的学生由于学习成绩下降而出现破罐子破摔的现象，更有甚者，故意扰乱正常的课堂纪律，等等。对此班主任不能一味地抱怨，而要根据具体原因进行疏导。

2. 生理有缺陷的学生

中学生自我意识的觉醒，会使其对自我形象的关注程度提高，而生理上的缺陷往往会招致同辈成员的嘲笑和歧视，使其学习效能降低，影响正常的人际交往，导致自卑、退缩、孤独等人格特征的出现。

---

① 吴增强主编：《学校心理辅导通论》，上海科技教育出版社 2004 年版，第 240 页。

3. 人际适应不良的学生

人际适应问题主要是人际交往问题,人际交往是青少年开始走向成熟的重要一步。但是,由于青少年个人认知的局限,会出现各种适应不良的状况。比如不合群、冷漠、孤僻、退缩,或过于沉默,以及不应该在中学生身上表现出来的行为,如钩心斗角、互相挖苦、拆台等等。

案例 7 - 10

对　抗①

李强是小学五年级的学生,他有一个坏毛病,就是喜欢和别人对着干,特别是在和老师的接触中,学校不让穿拖鞋上学,他偏要穿;上课不许讲话,他偏偏要交头接耳,说个没完,搅得大家都上不好课。而且,在他的带动下,班上几个搞蛋鬼形成了一个小团伙,让教师头疼不已。

[分析]

教师和家长都希望孩子听话,希望孩子能在成人的意愿范围内行事,但是偏偏有许多不听话的孩子。其实只要找到孩子这种对抗心理产生的原因,问题是可以解决的。

1. 对抗心理的产生往往是缺乏良好的教育造成的。例如,有些家长不顾孩子的年龄特点和身心发展水平,对孩子提出过高的要求,让孩子承受过重的压力,压制了小学儿童正常的兴趣和爱好;有些家长教育方式欠妥当,动辄打骂孩子,使孩子的心灵过早蒙上了阴影;有些教师在言语或行为上不尊重孩子,使孩子反感,从而引起学生的抵触、对抗和逆反心理。

2. 小学生自我意识强,好胜心强。有的行为是由于天性使然,并无恶意。

3. 小学生有时把这种对抗作为一种不满情绪发泄的途径,以获得心理上的平衡。

[方法]

1. 教师和家长首先要弄清儿童产生对抗心理的原因,查找自身教育方式、方法上的不足,给孩子一个自由的空间,还孩子一个快乐无忧的童年。

2. 对待这种儿童切忌急躁,以关心、爱护减少他们心理上的抵抗。

3. 根据儿童的年龄特点进行适当的教育,允许孩子发泄自己的情绪,但应从旁进行正确的引导,教会他们一些自我调节的方法。

4. 利用孩子的这种心理,发现其中的积极心理品质,如勇敢、求异等,合理引导,使他们向好的行为方式转化,培养创造性思维。

4. 家庭环境不利的学生

社会经济结构的不断变迁,导致了家庭结构的变迁。离异家庭、寄养家庭、贫困家庭以及城市和农村的留守儿童等大量出现,使处在这些不利家庭环境的孩子不仅面临经济上的巨大压力,同时缺乏同龄人所能享有的父母及社会的关爱,导致出现心理问题,甚至人格异常。

5. 品德不良的学生

品德问题一般包括:说谎、逃学,或者离家出走、打架斗殴、偷窃等等。这些学生的道德观念模糊,处世消极,情绪容易冲动,言行脱节,逆反心理严重。在学生中出现此类

---

① 摘自 http://www.pep.com.cn/xgjy/xlyj/zhuaiti/zx/201008/t20100827_771964.htm。

新编班主任工作技能训练(第2版)

较外显的行为,不仅会造成个人学习及生活的困惑,也会对同辈群体造成干扰。所以,对这一类学生进行个别辅导,有利于维护班集体的凝聚力和形成稳定而良好的学习氛围。

二、个体心理辅导的程序

(一) 厘清心理和行为问题

发现问题是解决问题的第一步。厘清学生的行为和心理问题是属于学习困难、品行问题、情绪问题,还是人际适应不良,有助于有针对性地解决问题。这可以通过正面的询问(比如观察其行为、聊天、分析学生日记等)和侧面的资料搜集(通过与家人和周围同学的交流,以及问卷调查等获得信息)来进行,从而明确其问题所在。

(二) 成因诊断及分析

通过对需要进行个别辅导的学生的个人资料和症状的分析,进行综合分析和诊断,判断其行为的特征、性质和原因。准确地分析诊断,是制订目标和实现辅导的首要环节。在进行原因分析的时候,要抓住问题的关键所在。

(三) 制订辅导目标

辅导目标一般分为远期目标和近期目标。制订辅导目标时需要注意:目标要切合实际并难易适度,同时要有解决问题的毅力和耐力。不能头痛医头,脚痛医脚,应从根本上解决问题。

(四) 巩固辅导成果

在对学生的心理行为问题进行综合分析和诊断及帮助以后,学生的行为会有一定程度的变化。但是,这种变化可能是暂时的和表面的。班主任要对这种现象有充分的准备,并且做好巩固成果的工作。

(五) 建立行为档案

针对学生个体的不同情况,对学生采取档案管理,有助于观察、分析、解决学生的连发性问题,便于持续性地开展工作。

三、个体心理辅导的方法

(一) 行为辅导——系统脱敏法

系统脱敏法是校正心理问题的方法,是行为治疗的一项技术。通俗地说,即采用小步子的方法逐步地对学生的过失行为实行弱化,或者对正面行为进行强化的过程。系统脱敏法一般分为两个步骤:首先,找出能够使学生产生焦虑的对象或者场景,将其分成轻重不同的等级;其次,在放松的状态下,对学生实施行为的脱敏过程。根据不同的情况,按由高到低或者由低到高的顺序来实施。在呈现出一个刺激之后,使其行为有所改善,接着巩固,再进行下一个刺激。这样,学生对这类压力或者刺激的感受性会降低,逐步进行直至其行为有明显的改善为止。系统脱敏法适用于有行为偏差的学生。

远 离 网 络①

【问题概述】

学生小李,男,16岁,高一学生。小李从小学到初中毕业,在学习方面的表现和成绩一直很好,与同学的关系也很融洽。大家都觉得他聪明好学,遵守纪律。小李的父亲是机关干部,母亲是商店营业员。他们对儿子有着较高的期望值,要求也比较严格。小李考入重点高中以后,父母买了一台电脑作为对他的奖励。从此,小李便玩起了电子游戏,并要求父母买游戏软件。父母原以为是他一时兴起,便答应了他。想不到,他对游戏的兴趣越来越大,每天都要玩 3—4 个小时才肯罢休,双休日玩的时间更长。

逐渐地,小李来不及完成作业。为了应付,他不得不经常熬夜突击或者是早晨到学校后抄袭别人的作业,且作业的错误率越来越高。上课时,小李不能集中注意力,常常打瞌睡,成绩明显地下降。对此,小李很想控制自己。但是,一回家就不由自主地打开电脑,玩起来就不能罢休。

对此,小李深感恐慌。加上父母的严厉批评,使小李感到压力很大。尽管小李曾经有过不再玩的决心,但是放学回到家里就是控制不住自己。

【问题分析】

辅导老师根据与小李的谈话以及和小李父母的沟通,初步得出结论:第一,小李在各方面的基础都很好,他的环境条件也不差。第二,小李的主要问题是无节制地上网、玩游戏。第三,小李已经认识到自己行为不良的性质以及带来的后果,有悔改之心,但是缺乏如何改正的正确引导。

【行为改善】

通过自我管理的干预,设法使小李能够自己管理好自己。具体做法要通过以下三个环节:

一、自己管理自己的准备

首先要帮助小李树立信心,同时要让他明白需要持之以恒,最后使他懂得问题的解决最终要靠自己。

二、拟定自我管理计划

目标:在 3—4 个月的时间里改变每天无节制玩游戏的行为,最终每天玩的时间不超过 1 小时。拟定系统脱敏的过程:根据等级玩电子游戏的时间分别不超过 180 分钟、160 分钟、140 分钟、120 分钟、100 分钟、80 分钟、60 分钟。要求每两周能通过一个环节,共花 14 周的时间。

除辅导老师安排的计划之外,还需要有强化的机制。自我强化是小李采取的方式之一:小李很想买一台 CD 随身听,约需要 700 元。他已经积攒了 400 元,父母也答应给他 300 元。现在,小李决定将这 700 元存入自己的"银行",并给自己开了"账户"。小李对自己规定:每天只有达到前面的要求,才能从"银行"提取 5 元计入自己的账户。如果一周能够按照每一步的要求去做,每周的额外奖励是 15 元。

三、相关的监督措施

(1)指导小李设计一张记录单,如下:

月、日、星期要求不超过多少时间(分),玩了多长时间(分),能否得到奖励,账户总额。

(2)指导小李在电脑上贴一张卡片,上面写着警示的句子:"准备好记录单"、"准备好计时器"、"明确今天玩的时间不能超过多少分钟"、"努力获得奖励"、"争取早日买到 CD 机"、"争取买部好的随身听"……

---

① 岑国桢、李正云等编著:《学校心理干预的技术与应用》,广西教育出版社 1999 年版,第 241—247 页。

（3）建议小李从周一开始按要求去做，因为周六、周日是小李玩游戏时间最长的两天，周一到周五相对容易做到。周六和周日为其安排丰富的活动，转移其注意力，并鼓励其获得15元的奖励。

（4）提醒小李与其他热衷于玩电子游戏的同学减少来往，减少以电子游戏为内容的谈话。

这样，经过三个半月脱敏疗法的实施，小李基本达到了目标。现在，他在学习上有了明显的进步，精神面貌也有了改观。

此案例利用系统脱敏法，根据行为偏差的程度制订了合适的行为干预方法。这个方法又称小步子疗法。强度逐渐地降低，从而使学生的行为强度能够在一定程度上降低，最终达到预设的目标。此方法适用于出现习惯性行为的心理辅导过程，也可用相反的强度法，比如在增加正面刺激的同时减少负面刺激的干扰；也可用替代疗法，即用不同的刺激取代原有的不良刺激，诸如后进生的不良行为习惯的改善，以及强迫性行为的辅导等。

（二）情绪辅导——理性情绪辅导

理性情绪辅导是指用语言的方式，利用学生已有的经验或者认识，对其现有的认知进行反思批判，从而对其不理性的思维进行调整，以达到调整情绪的目的。

案例 7 - 12

恐　惧①

莹莹是一名四年级的小学生。每天天一黑，她就不敢出门，甚至一个人独处的时候，心里也会无缘无故产生一种害怕和恐惧。为什么莹莹一到天黑就不敢出门呢？在莹莹四岁的时候，妈妈就对她开始了早期教育。先是拉小提琴，后是学画画、念英语、算算术，尽管莹莹能断断续续地拉完《我爱北京天安门》，但她乐感不强，看不出她有学音乐的天赋。莹莹每天晚上练琴就像受刑似的，因为如果达不到要求，妈妈就要打她的手掌，或者关在一间黑屋子里。每当这个时候，妈妈就凶巴巴地说："练不好琴，我就不要你了，让狼吃了你。"或者是说："等天黑让鬼把你带走。"吓得莹莹拼命哭喊。所以现在莹莹一到天黑就不敢出门。

［分析］

像莹莹的这种反应就属于典型的恐惧情绪反应。有的人特别怕小动物，如小老鼠、小狗、小兔；有的人走在路上害怕汽车；有的人怕上高一点儿的楼梯；有很多人害怕见到生人或客人等。在这些害怕心理中，有些属于正常现象，如人一般都有点儿怯生，见到陌生人都会有点儿害怕；有些则不正常，如怕上楼梯、怕看见汽车等。恐惧是人类和动物共有的原始情绪之一，它是指个体在面临并企图摆脱某种危险情境而又觉得无能力摆脱时产生的情绪体验，恐惧发生时常有缩回或退避的动作并伴有异常激动的表现和生理反应，如心跳加快、毛发竖立、惊叫并有奇怪的面部表情等。引起恐惧的因素是多方面的，如熟悉的环境发生了意想不到的变化，奇怪、陌生、可怕的事情突然发生，黑暗、巨响、坏人、失去平衡及被其他人的恐惧情绪感染等。

［方法］

1. 转移刺激法。把引起恐惧的刺激物暂时移开虽然不能消除对刺激物的恐惧，但能消除惧怕心

---

① http://www.pep.com.cn/xgjy/xlyj/zhuaiti/zx/201008/t20100827_771964.htm。

理。例如,小学生看见狗就惧怕,不让他看见狗,就消除了对狗的惧怕。可是他以后再看到狗,仍然会和从前一样怕狗。所以,这种方法控制恐惧是不理想的。

2. 系统脱敏法。心理学研究发现,人的心理反应有一种习惯化倾向。习惯化指每当某个新异刺激出现时,就容易引起人的心理反应,但当这种刺激不断重复出现时,人对它的反应性逐渐下降,直到最后不再对此反应,就好像产生了一种习惯似的。因此,不断地重复做某一件事,就可以对这事产生习惯化的反应,从而降低人的反应性。同样,如果让人反复接受恐惧刺激物的刺激,使其逐渐适应这种刺激物,习惯成自然了,便不再害怕这种刺激物。例如一个恐惧考试的学生,只有不断地参加考试,才会消除这种恐惧。当然,反复练习的开始要注意降低难度。例如,为了消除对高度的恐惧,开始时只要求登上三个台阶,以后才逐渐向1米、10米、20米或更高的高度攀登。

3. 掌握知识法。恐惧的产生大多是因缺乏科学知识而胡思乱想造成的。有位科学家说过,愚笨和不安定产生恐惧,知识和保障却拒绝恐惧。有的学生怕黑,一到黑天就担心会不会出现妖怪或魔鬼之类,当他知道所谓的妖魔鬼怪之类不过是人们虚构的,他就不会再有这种恐惧的情绪了。

4. 转移注意法。这种方法是使注意力从恐惧的对象转移到其他事物上去。例如,每年学校都会集体组织打疫苗,总会有学生惧怕打针,所以,在打针的时候,可以讲一个笑话,或让他考虑一个问题,使该生注意力转移到别的方面,这样,恐惧就会消除。

莹莹的恐惧心理主要是由于家长的教育方法不当引起的,因而改变错误的教育方法,采用正确的教育方法,也是克服恐惧心理的重要方法之一。

(三) 群体辅导法

群体辅导是以一个学生的心理和行为问题,利用团体的力量来达到对个体辅导的目的。这是以某一学生为中心开展的团体活动。群体辅导的方法效果好,但是不容易开展。所以,在班主任工作中,这种方法一般是针对几个比较典型的学生的心理问题和行为开展的。群体的方式是否有效果,还要根据不同学生的气质类型以及问题来实施。根据心理学的划分,对于场独立性的人来说,群体的作用一般不容易发挥;而场依存性的人则不同,群体的力量很容易作用于个体。同时,效果也较前者明显。在个体辅导中,一般会采取个体和群体相互结合的方法来进行。

除了上述介绍的三种方法外,个体心理辅导的方法还有情绪替代法、注意力转移法等等。由于只用一种方法难以达到效果,往往需要综合运用各种方法。熟练地掌握这些方法,不仅需要理论的学习,更需要班主任在实践中不断地探索。时代在不断地变化,青少年的心理复杂程度在不断地提高,新的心理问题也会层出不穷。所以,心理辅导需要长期坚持并不断适应变化。班主任掌握心理辅导的技术,是顺利开展班级工作、建设良好的班风和进行有效教学的必要前提。

思 考 与 训 练

一、名词解释

1. 心理健康   2. 团体心理辅导   3. 个体心理辅导

二、简答题

1. 团体心理辅导的基本程序是什么?

2. 怎样评价团体心理辅导?

3. 个体心理辅导和团体心理辅导有哪些异同?

三、实践操练

【材料一】 小雅学习很刻苦,各门功课一直都很优秀。她学习有个特点,新学的内容无论记得多么熟悉,每天还要没完没了地捧着书本反复温习。家里人认为这是个好习惯,经常夸奖她。进入八年级,课程的内容加深了,作业量加大了,小雅的有些考试科目不是很理想。她学习更紧张了,每天吃了晚饭就开始做作业、复习,一直弄到晚上十一二点,但是成绩提高不快。她把课间、中午休息等时间也都用在看书和写作业上,效果还是不大,成绩反而下降了。

通过对小雅的行为分析,制订一个辅导方案。(提示:小雅的行为属于强迫性行为,可采用情感宣泄疗法和家校合作等方法来解决该学生的行为和情绪问题。)

【材料二】 小明告诉小杰:小飞欺负他。小杰便打抱不平,去训斥小飞。小飞不服气,两人争论起来,后来还动手了。

由于心理不够成熟,中小学生用打架的形式来解决彼此间的矛盾的情况较多,对于这种情况该如何处理?(提示:本案例中的小杰的行为既不是为了报复,也不是为了利益,而是一种攻击性行为的表现。可采用角色扮演法和榜样学习法来进行教育。同时,文中涉及三个学生的不同情况,需要进行具体分析。)

【相关链接】

小学生社交退缩及其矫治①

社交退缩,也叫社交焦虑,在心理障碍分类上的正式用语是社交敏感性障碍,是一种在他人面前感到不自在和受压抑、避免与他人接触的倾向,总体上属于内向性的偏差行为。社交退缩学生表现得很羞怯,经常以一种过度的敏感迅速逃避可能接触的人际情境,以免自己受到任何潜在的批评和由此造成的屈辱和不安。他们恐惧面对社交情境,恐惧别人对自己的负面评价,恐惧被人拒绝、受人冷落,恐惧亲密的接触。社交退缩给儿童、青少年的成长带来的负面影响是多方面的:难以结交新朋友,无法与人共享亲密与关怀;难以与人作有效的沟通,因而妨碍自己意见的表达与自身权益的维护;容易引起他人的误会,妨碍他人对自己的正确评估,因为社交退缩学生总是给人一个不友善、不信任、不坦诚、缺少热情的印象,使得他人很难了解他的真实能力;由此又形成或加强了自己的沮丧、孤僻、自卑的个性。

社交退缩主要是后天习得的,也有遗传与体质上的原因。社交退缩儿童比较温顺、胆小,对新事物缺乏探索精神。早期没有形成安全型依恋,对日后的人际交往也会带来负面影响。有的孩子或体弱多病,或有某些缺陷障碍,缺乏自信,不敢与人交往,从而失去社交技能练习的机会,恶性循环,导致退缩。父母离异,家庭稳定性下降,人际氛围紧张;父母对孩子的心理需求漠不关心,拒绝、限制多,期望要求高;或者对子女过分保护与放纵,使孩子依赖性强、独立性差,不被同伴接受,容易体验挫折;父母本身社交接触的缺乏,在一定程度上限制了儿童的交往机会等,都与儿童社交退缩的形成发展有关。孩子入学后,教师的否定评价、公开的申斥和羞辱、连续的惩罚,损害了他们的自尊心,也会增强儿童的社

① 选自 http://www.pep.com.cn/xgjy/xlyj/zhuaiti/xs/201008/t20100827_780771.htm。

交退缩倾向。

鉴别儿童社交敏感障碍要注意的是：儿童社交障碍通常发生于 6 岁之前，其对社会接触的回避与害怕的程度显著地超过了正常人的范围，且伴随有社会功能的损害。但这类儿童在熟悉的环境里与父母或其他熟悉的人在一起，仍能高兴地玩耍谈笑，在这一点上有别于孤独症。具体评估时可采用儿童社交焦虑量表（SASC）予以检测。

包括社交退缩在内的内向性偏差行为，与学生个人积极的自我概念、自尊的发展不充分有关，因此对社交退缩儿童的辅导，应从提高学生的自尊水平和实行社交技能训练两方面努力，而以提高学生自尊与自信为重点。一个学生的自尊，取决于他对自己在自我概念的四大领域（身体、学术、社会、情绪）的能力的评估与他的自我价值观念这两个因素。例如，一个学生如果对自己的学术能力有较高的评价，而他又认为个人在学术领域的成就是很重要的、有价值的，则他就可能有高水平的自尊与自信；如果他不太重视个人在学术领域成就的价值，却认为身体外表对个人是最重要的，则他仍然可能是低自尊的。因此，为了提高学生的自尊水平，一是使学生有一个全面的适当的自我价值观念；二是要创造条件，让学生有机会完成一些力所能及而又有一定挑战性的任务，积累成功经验。例如，让社交退缩的学生去单独购物，代老师通知某人办某事，联系一项小组活动等，帮助他从社交经验中体验到成功的愉快，其自尊与自信就可以逐渐形成。当然，教师对学生的表现给予肯定与鼓励；通过认知辅导方法使学生发现自己的内在资源、发展潜力；进行自信训练，通过角色扮演发展学生自我肯定行为，都有利于发展学生自信、矫正学生的社交退缩。对于有严重的社交焦虑、社交恐怖的学生，应采用全身松弛训练、系统脱敏方法予以缓解。

第八章
协调校内外的教育力量

和谐的人际关系有助于集体成员在愉悦的心情下取得对团体的认同感,实现个人潜能的充分发挥。班集体建设的根本目的在于班集体成员的身心和谐发展,促进班级集体和学生个体的共同发展。为此,需要不断地研究学生,深入了解每一个学生的身心发展需要,将教育的视野从班级、学校放大到家庭、社区与整个社会。班主任作为班级和谐人际关系的主要缔造者,也是班集体成员能否和谐发展的重要他人,其工作重点除了协调校内的教育力量之外,还要协调校外的教育力量。

第一节　进行家校合作

家校合作就是指对学生最具影响的两个社会机构——家庭和学校形成合力对学生进行教育,使学校在教育学生时得到更多的来自家庭方面的支持,使家长在教育子女时得到更多的来自学校方面的指导。这一概念,把家校合作所涉及的范围界定在学校和家庭两个领域。美国霍普金斯大学"家庭—学校—社区"研究专家艾普斯坦,在她的《从理论到实践:家校合作促使学校的改进和学生的成功》一文中,又把家校合作的范围扩展到社区。她指出,家校合作是"学校、家庭、社区合作",三者对孩子的教育和发展负有共同的责任,同时对孩子的教育和发展相互影响、相互促进。

一、家校合作的类型

(一) 按合作活动中家长担任的角色分类

美国学者兰根布伦纳和索恩伯格把参与学校教育过程中的家长角色分为以下三类:

1. 作为支持者和学习者

这是一种传统的家长参与学校对孩子的教育模式,参与的具体方式有:家长会议、家长小报、家长学校、家庭教育咨询、家校书面联系、电话联系等等。有关研究发现,当家长以这种角色参与学校教育时,他们能增强学生的学习动机,提高学习技能。这种方式的不足之处在于:家长与班主任常常仅限于讨论个别孩子的教育问题,而与学校整体教育工作无关;家长与班主任的联系也往往是单向的,家长比较被动。

2. 作为学校活动的自愿参与者

这种方式是家长自愿为学校提供无偿服务,他们利用自身的优势帮助班主任教育学生,对学生进行课业辅导等等。这是一种家长参与式的角色,对家长的文化素质提出了很高的要求。这种方式在美国受到普遍的欢迎。1992年,美国就公民对公立学校的态度所进行的第24届盖洛普民意调查中,几乎社会各个阶层对愿意无偿帮助当地任何一所公立学校都表示出积极的态度。这说明,家长是乐意参与班主任教育学生的过程的,主要是需要班主任积极倡导和主动邀请。

3. 作为学校教育决策的参与者

即家长参与学校决策的全过程,包括决策形成、决策执行和决策监督。美国学者赫斯认为,家长参与决策的理论基础,首先是人们对没有参与制订的决策在执行过程中缺乏责任感;其次,整理信息、决策及推行的过程本身就具有教育意义,家长、学校互相学习,有益于改进管理技能;再次,家长最了解孩子所处的家庭环境,也最了解孩子的个人情况,因此,必须参与孩子教育过程的规划。

(二) 按家长参与的活动层次分类

杭州大学刘力教授将家长参与的活动形式分为三个层次:第一层次是形式上的参与。这是最表面化的参与,一般是学校主导、家长服从及参与的单向形式,最典型的就是家长会。第二层次是人际的参与。相对于"形式上的参与"而言,这一层次的参与体现了交互性,表现为班主任和家长在平等的氛围中共同探讨、交流信息,分享学生成功的喜悦,总结学生的不足等等。这种参与体现了班主任与家长和谐的人际关系,也在一定程度上消除了家长对班主任的敬畏以及班主任对家长居高临下的态度。第三层次是管理式的参与。这种方式中的家长担当着共同管理者的角色,对学校的各项决策有发言权,并且对决策具有监督权。

英国北爱尔兰大学教授摩根等人进行了更为细致的划分,即六层次的家长参与活动形式,见表1。

表1　六层次的家长参与活动形式①

知情 ↓ 决策	第一层:信息传递(双向沟通)
	第二层:参与子女学习
	第三层:应邀参与学校活动
	第四层:培养对学校的兴趣
	第五层:协助学校运作
	第六层:参与学校决策

香港学者郑燕祥和陈锦洲等则提出一个四层次的家长参与学校工作模式,并将前两个层次划为校外参与,后两个层次则为校内参与,见表2。

---

① 马忠虎编著:《基础教育新概念:家校合作》,教育科学出版社 1999 版,第 59 页。

表2 四层次的家长参与学校工作模式①

参与	校外参与		校内参与	
范畴	1. 参与子女学习	2. 支持学校活动	3. 参与学校运作	4. 参与校政决策
有关活动	督导子女学习	组织家长会	教学助手	参与决策
	接受信息	支持学校	协办活动	出任校董
	出席座谈会	集体捐献	图书馆助理	参与教师考评
层次	(低) ——————————————————————→ (高)			

案例 8-1

家校合作的功能定位与实现途径

多年来,学校一直担负着教书育人的重任,大多数家长充当的仅仅是学校教育的观察者、被动者、评判者,而不是学校教育的主动参与者。这样的教育是片面的、乏力的。过去这样的问题没有凸显出来,是因为在过去的社会境况下,学校教育尚且能勉强应付。如今社会空前发展,环境日渐复杂,即便学校能够掌控所有学生的校内表现,也常常对学生的校外行为鞭长莫及。另外,社会对人的发展需求也在不断提升。我们需要的是身心健康、全面发展,在社会大课堂中锤炼过的社会型人才。显而易见,今天的学校教育已经不能单独担此重任。校外活动成了学校教育的真空地带,而家庭教育恰恰可以弥补这个缺憾,成为学校教育的另一双手。班级作为学校管理的基本单位,更应该将家校合作的行动落到实处,让家长成为班级管理的参与者、监督者、探索者。

一、改变家长在班级管理中的从属地位

家校合作应该是以学校与家庭的互相了解、互相配合为基础的。但是在实际教育中,家长往往缺少发言权,也很少主动争取这样的权利。社会、家长甚至形成一种定势:教育学生,学校最有权威,教师最有威信。学生的教育主要是学校的事情、教师的任务,而教师对家长也同样采取填鸭式指挥。教师要求家长怎么做,家长就应怎么做。家校间最基本的合作——家长会,常常是校长讲了,年级组长讲;年级组长讲了,班主任讲;班主任讲了,任课老师再讲。家长往往是被动地听,机械地记。稍有创意的一些学校或请专家为家长做一个相关报告就算完事。这样的家长会根本没有发挥家长会在学校与家庭间双向沟通的桥梁作用,也完全收不到家校携手的实效。久而久之,家长就会对所谓的"家校合作"失去兴趣。家校合作始终无法站在同一条起跑线上,也无法形成教育合力。

其实,我们可以从班级管理入手,打破这种不平等的现状,创造更多的家校互动的机会,让家长走进校园,让教师融进家庭。开学初班级计划的制订,教师可以请家长用书信的形式畅谈班级管理计划、建议,针对孩子的情况恳谈自己的教育期待,为新学期班级管理确立更为合理的目标;筹建班级家长委员会、家长后援团、家长智囊团等小型社团,定期举办活动,尽量让每一位家长有机会参与体验班级管理,为班级管理工作群策群力;共出家校合作小报,分享彼此的教育心得。家长会可以是生动活泼的茶话会,为家长与教师、家长与家长自然亲切地互动交流提供平台,或者利用家长会开展形式丰富的亲子活动,让家长和教师、学生共同体验学校的生活,渗透素质教育的新理念。这样在班级管理过程中,家长就可以从旁观者变成参与者,家长的教育力量就能够更好地融合到班级教育与管理中。

---

① 马忠虎编著:《基础教育新概念:家校合作》,教育科学出版社1999版,第59页。

二、把家校合作活动的开展落到实处

要想将家校合作活动的开展落到实处,应该以班级为基本单位加以落实,细化到班级的大小活动中。

1. 制订完善的家校活动计划,保障家校合作渠道的畅通。

家校合作活动计划是实现家校合作目的的基本保证。系统、周密、科学和具体的活动计划不仅是活动开展的指南,而且能对活动的顺利进行起到促进作用。我们完全可以像制订班主任工作计划一样,于学期伊始全面思考家校活动的安排,并形成书面性材料,以便在推行家校合作的过程中有章可循,有据可依。

2. 结合学校学期活动安排,为家长提供参与班级管理的平台。

学校每学期都会组织学生开展丰富多样的活动,班主任和任课老师应该以此为契机,让家长融入到活动中来。以"阅读节"为例。学校或班级在大力开展亲子共创学习型家庭活动的同时,向全校家长发出"创建书香家庭,引领一方文明"的倡议。要求达标家庭必须做到"五个一":即为孩子创造一个良好的读书环境(书房、书架、书画作品);购买一定数量的健康有益的课外读物(每年至少新购10本优秀书籍和订阅1份家教报刊);每周累计至少有一小时的家庭读书交流时间,每月至少有一个内容丰富、形式多样的家庭亲子读书活动;家庭成员(包括家长、孩子)每年至少写一篇读书心得体会文章。通过这样的活动,让每一个家庭在家庭读书环境、书籍的质量与数量、亲子共读氛围的形成等方面都有明显提高,也激发家长的参与热情。除此之外,体育节我们可以让家长组成协管小分队、比赛拉拉队,协助教师组织学生开展好运动比赛,为学生的比赛呐喊助威;科技节我们还可以利用家长的社会网络,带领学生实地参观现代化的工厂,了解生产流程,甚至实际操作一番。充分利用家长资源,带领学生进行户外生活、农村生活体验等等,让学生亲近自然,了解社会。

3. 根据班级实际情况,定期进行家校合作的互动。

家长与教师之间定期进行家校互动式的沟通是必不可少的。在学期初制订《亲子活动方案》,签订《亲子承诺书》,及时将学生的情况告知家长,而家长则应该主动跟踪了解孩子方方面面的情况。教师可以借助"家校通"手机短信平台,以及"亲子簿"等,将孩子在校情况告知家长,而家长也将孩子的家庭表现进行反馈。

4. 针对家长教育水平的现存差异,组织开展"一帮一"互助行动。

在班级中,学生的学习能力、家长的教育水平往往参差不齐,这给班级管理工作带来了一定的难度。有些家长个人素养较高,教育孩子往往有自己的一套绝活,而有些家长由于自身水平有限,对于孩子的教育常常束手无策。毕竟教师的个人能力是有限的,不可能完全地指导到每一位家长的教育活动。这时我们就可以发挥一些家长的优势,以教师为纽带,在家长之间开展"一帮一"互助活动。家长在教育过程中遇到的困惑或者无法解决的问题,都可以拨打这些"帮教中心"家长的电话加以咨询,而这些家长之间还可以不定期地开展交流学习活动。这样的结对形式的家校互助活动就会让家长与家长、家长与教师之间形成真正的互动,使得优质的家庭教育资源得到分享。

三、注重家长教育水平的提升

真正富有意义的家校合作需要的是热心教育工作、懂得教育规律的家长。家长素质的高低,对教育的认识程度,直接关系到家校合作的成效。作为学校,应该主动担负起提升家长教育水平的责任,帮助家长成长为教育的内行。

学校可以举行系列讲座,传授家庭教育知识,以提高家长的教育素养。讲座的内容涉及面可以非常广泛,如关于家庭教育的意义,如何对孩子进行品德教育、审美教育、保健教育等,可以结合学校的工作计划开展,也可结合家长的实际需要。除此之外,学校还应该开办有规模的家长学校。通过家长学校的培训和引导进一步提高家教质量,调动家长学习的积极性。每学期家长学校除了给予一些定期的、具有针对性的培训之外,还可以组织家长召开专题研讨会,就教子方面的问题展开讨论,撰写家庭教育心得。同时还可以结合家长平素的家教表现给予表彰,鼓励优秀家长整理家教经验,撰写家教论文,作为家长学校的丰富资源。

前苏联著名教育家苏霍姆林斯基认为："没有家庭教育的学校教育和没有学校教育的家庭教育都不可能完成培养人这一极其细致和复杂的任务。"由此可见，要想获得教育的成功，就必须发挥家校合作的合力。实现这一目标的唯一途径就是将家校合作落到实处，并且恰到好处地融入到班级管理当中去。

（南京市第一中学张佳地提供）

二、家校合作的途径

家访和家长会是传统的家校合作的主要形式。虽然这是很好的沟通桥梁，但开发新的、有效的家校合作途径，成为学校，特别是班主任工作新的生长点。时至今日，已出现了许多新的载体，如家校通、家长学校、家长委员会、家长沙龙、家长咨询委员会等等。

（一）家访

1. 家访的定义

所谓家访，是指为了协调学校与家庭的教育步调，统一学校教育与家庭教育对学生的要求，促进学生德、智、体全面发展，班主任代表学校对学生家庭所进行的具有教育性质的访问。家访的类型有：一般性家访、慰问性家访、表扬性家访、沟通性家访、防微杜渐性家访、纠正不良家庭教育的家访等。这是出于不同目的而划分的家访类型。如何进行家访并达到预期目的，是班主任需要探索的问题。一般说来，应当注意以下几点：

（1）分析家访对象

不同的家长由于文化程度、心理特点的不同，对家访会有不同的态度，班主任在明确目的后还要分析家长的类型。对于通情达理的家长，班主任可以开门见山地摆出问题，然后与家长进行探讨式的谈话，聆听家长的意见和建议，在了解彼此的想法后共同商讨对策；对于对子女期望较高的家长，首先要对家长的心理持理解的态度，创造良好的谈话氛围，然后帮助家长分析子女的实际情况，同时要就这种观念与家长交换意见，帮助他们认识这种观念的弊端；对于娇惯宠爱子女的家长，要态度坚定，在尊重家长的基础上分析严与爱的关系，指出学生缺点的时候以事实为依据；对于依靠学校教育的家长，班主任在了解家庭的实际情况后，指出家长在学生成长过程中不可替代的作用，从而引起家长的重视，共同为学生的成长而努力。

（2）预测可能遇到的问题

家访有时会出现意想不到的情况，比如，与家长意见不一致、家长提出过分的要求等等。班主任在家访前应该有心理准备，并根据预测制订相应的策略，也可以与其他老师交流自己的想法，听取他们的意见。

（3）选择合适的家访时机

在进行家访之前，一定要询问学生家长是否有空，初定时间后要事先通知家长并征得他们的同意，最好能告诉家长家访的目的，使其有所准备，以免无所适从。

（4）建立"家访记录卡"

这是为了了解家庭的基本情况，记录学生的表现和家长意见反馈等。

（5）进行后期追踪

这是家访的关键一步，也是班主任容易忽视的一步。进行后期追踪是为了了解家访后学生的表现、家长的态度，以此来检测家访效果，并有针对性地调整教育方式等。

2. 家访的意义

家访是打开孩子心灵的一把钥匙。"家访对孩子教育的效果非常深刻。"全国优秀班主任张绍清老师认为,十次电话家访抵不上一次上门家访。上门家访是老师、家长与学生面对面的交流,这时对孩子的教育,除了语言之外,还可以利用肢体动作、眼神等传递情感。[①] 上门家访尽管效果良好,但却需要老师付出更大的代价。

案例 8-2

信息时代还需要家访吗[②]

深圳的叶晓能老师提出了"城市学校家访的新模式"。叶老师建议将传统的家访模式由"家庭型"访问变为"社区型"聚会。这种"社区型"聚会,有利于将教师和一个家庭间的访问扩大为居住靠近、家庭情况相仿的若干家庭之间以及和班主任老师之间的情感交流、经验介绍、疑难解答、榜样示范和个性指导。这种新模式的家访,大大地提高了家访的效率和作用。与传统的家访相比,它扩大了交流面,由传统的单一交流变成了多向交流,符合现代教育的特质;它挖掘了家访的深度,不仅仅是简单的信息反馈,而是心灵的触动。家教科学方法的提升,丰富了家访的内涵,使传统的家访焕发了生机。更重要的是,促进了家访效益的最大化——增强班级凝聚力,形成家校合力,提升家长素质,让孩子深刻受益,受到家长们的真诚欢迎。

案例 8-3

教师家访"十忌"[③]

家访是教师工作的重要组成部分,是把学校与家庭紧密结合起来的有效形式。通过家访,可以加强学校与家庭的联系,也可以让家长及时了解子女在校的表现,教师也可以通过家访了解到学生在家的表现与在校是否一致。总之,家访在教育工作中起了不可低估的作用。那么,家访应注意哪些问题? 我认为要做到"十忌":

一、忌没有计划

家访也是一项教育教学活动,没有详尽的计划,就不能收到良好的活动效果,没有计划,也不能出色完成任务,可以说没有计划的活动是失败的活动。因此,家访前必须制订好一份计划。比如,这次家访的对象是哪些学生,家访的路线怎么走,家访时应注意的问题等都要纳入计划之中,只有制订完整的活动计划,家访工作才能顺利进行。

二、忌目的、任务不明确

目的、任务是家访工作的重要依据。所以,家访前要深刻认识到这次活动的目的、任务,特别是大面积的上门家访更应如此,才能使活动不偏离工作中心。有些同志对家访目的、任务不明确,认为教师上门家访就是到学生家中做客,导致既浪费时间又完成不了任务,使家访工作变成探朋访友,这

---

① http://lqr158.blog.163.com/blog/static/399277572007768312689/。
② 节选自《班主任之友·小学》2010 年第 9 期。
③ http://www.zxxk.com/Article/0804/37513.shtml。

种做法不可取,望引以为戒。

三、忌方法单一

家访的方法应有多样,我认为主要有三种:一是上门家访;二是电话家访;三是书信家访。无论是哪一种形式的家访,其目的都是相同的,就是让家长及时了解到子女的表现情况,配合学校共同做好教育子女的工作。由于教师工作较繁忙复杂,所以教师要根据实际情况,合理安排时间,选择适当的家访方法,对学生进行有效的家访,以引导学生健康成长。

四、忌形式主义

家访是教育工作的需要。教师应根据本班学生的实际情况,确定哪位同学需要进行家访,及时与家长沟通,交换意见。心中要有底,才能做到有的放矢。绝不能搞形式主义,走过场,否则,就会影响教育教学工作,带来负面的影响。

五、忌敷衍了事

做任何一项工作,都要以科学的态度对待,才能收到较好的效果。家访工作也不例外,要抱着对学生、对家长负责的态度,一丝不苟地进行家访,认真倾听家长的意见,必要时还可做好记录。同时,教师要主动向家长宣传学校的规章制度,让家长们全面认识学校的育人思想、管理制度。要向家长实事求是地反映其子女的思想、学习、工作、劳动等方面的情况,只有通过如实详尽的反映,才能与家长形成共识,共同做好今后的教育工作,以达到家访的目的。

六、忌准备不充分,不了解学生

由于家访的对象是学生,其在校的表现如何,教师必须胸有成竹。只有掌握学生在学校表现的实际情况,教师才能更好向家长反映情况,让家长全面、准确了解子女的表现,从而为进一步做好教育工作打下基础。所以,家访前,必须准备充分,对学生要有全面的了解、深刻的认识。

七、忌报喜不报忧或报忧不报喜

家访也是教育教学中的一种形式,因此,家访必须坚持科学的态度,遵循实事求是的原则。向家长汇报情况时,教师要做到不卑不亢,不能一味奉承只说优点而不说缺点,或满肚怨气只说缺点而不说优点,这两种做法都不利开展工作。为了让家长更好地配合学校做好教育工作,汇报学生的情况时,既要准确又要全面,绝不能歪曲事实,只有这样,家访才会收到预期的效果。

八、忌回避学生

教师的工作对象是学生,每天都要与学生相处在一起,可以说,教师是最了解学生的,学生的思想品德、学习成绩、交往、优缺点等方面,教师都是比较熟悉的。因此,家访时,教师应放下架子,以平等的姿态和学生、家长一起交谈,充分肯定学生的成绩、优点,并指出不足之处,提出希望让其改正。绝不能有意叫学生回避与家长的谈话,特别是家访差生时,尤其要注意,否则会使学生产生情绪,认为自己一无是处,得不到教师的肯定,误认为老师的到来是向家长告状的,从而形成更自卑的心理,给日后的教育工作带来更大的困难。

九、忌收受礼物

教师上门家访,难免受到家长的热情招待,作为教师,应倍感欣慰,但要清醒认识到我们家访的目的、任务,不能把家访变成了做客。家访完毕,家长为感谢教师对子女的教育之恩,要以礼物相赠,教师要婉言谢绝,以保持人民教师的良好形象和维护本单位的声誉。

十、忌没有总结

家访需要一份详尽的计划,同时亦要有深刻的总结。通过认真总结,分析本次家访的成功之处,收到什么效果,取得哪些经验教训,为下次的家访积累宝贵的经验。

3. 家访的新形式

案例 8-4

短信家访新交流模式喜忧参半①

短信家访也是新时期的一种家访形式。教育主管部门联手移动公司,教师可以利用短信平台对部分或全体受教学生的家长发送即时消息,家长可以通过手机收发信息和考试成绩。随着手机的不断普及,不少班主任老师将原来的"登门家访"变成了"短信家访",不少家长对此举表示赞同,但是不少市民也对这种新型的"家访"方式提出了疑问。

喜 节省时间还能及时沟通。有家长说:"孩子在学校的学习情况是我们急切想了解的,而老师需要教育几十个学生很是忙碌,利用短信老师能及时跟我们沟通,我们也能用短信主动向老师了解情况,这种方法真的很不错。"

某高二学生,平时在班级的成绩属于中下。对短信家访的方式,他表示:"我觉得老师用短信跟家长沟通挺好的。不像以前,老师去谁家做家访后让同学知道了会觉得很没面子。"

忧 "短信家访"是被动接受。有家长对短信家访的方式发表了不同见解:"学校有时候把一些本校的条例、规章都用短信的方式发给我,一大串又没有什么价值,登门家访虽然传统但是更直接也更具体,语言沟通还是最通透的。短信家访是老师单方面传达,家长有些被动。"

"有爷爷、奶奶收到老师信息,因岁数大了,眼神不好,看短信特别费劲儿,每次都得戴着老花镜,再拿个放大镜看。再加上年纪大了不会回短信,有疑问想打电话过去,又怕打扰老师上课。真是为难!"

专家建议:具体情况具体分析。

教育专家说,短信家访在学校已经很常见了,用短信家访的方式快速地向家长反映其孩子在校的基本情况,既省时间又能达到不错的效果,但是有些关键的事情还是需要面谈。还有的专家建议,每个学生都是一个不同的个体,短信的方式快捷方便适应现代人的生活观念,但老师也需要考虑家长的心态与家长的年龄层次,有针对性地实施是最有效率的方法。毕竟短信家访只是单向传达讯息,对于孩子的具体情况缺少个体化的了解和与家长之间的互动。

(二) 家长会

家长会是一种传统的家校合作方式。通常情况下,班主任是家长会的主角。家长会在一些学校曾一度变质成为"告状会",这使得家长和学生都产生了恐惧感,没有发挥其应有的作用。随着当前课程改革的深入,班主任越来越认识到家庭教育的重要性,家长会开始出现了新的面貌。以下是家长会的三种新颖形式,也是新形势下家校合作的有益尝试。

案例 8-5

让学生从后台走出来②

学生可不可以主持家长会?我刚开始尝试的时候,就有老师笑我异想天开。他们还教训我说:

---

① http://baoji.hsw.cn/system/2010/11/30/050698436.shtml。

② 郑学志主编:《班主任工作招招鲜》,湖南师范大学出版社 2005 年版,第 9—10 页。

"家长会之所以叫家长会,就是老师召集家长开的会议。由学生来主持,那叫什么家长会啊?"

我就不相信学生不能够主持家长会。德国一些学校开家长会的时候,学生、家长一起参加。而且,开家长会时并不只讲学生学习成绩,还搞一些活动,如亲子活动、游戏等等,只要有利于孩子成长。我为什么就不能够把家长会变一变呢?

主意打定之后,我就把班委找来。他们从来没有主持过家长会,一听说由他们来主持家长会,个个都很兴奋。于是,我们一起商量家长会要做些什么。

首先是会议提纲。尽管交给学生主持了,会议要做哪些事情,班主任还是应当知道。于是,我要求他们两天内把提纲给我。孩子们很快就搞出来了。我一看,哦,真好! 平时在开会之前,我要反复思考的问题,这上面都有了! 如这次开会的目的有哪些,该向家长汇报些什么情况,哪些事情适合在公开场合说,哪些必须个别交谈,等等。更重要的是,他们还安排了文艺节目,他们说要给家长们一个意外的惊喜!

我提了一点要求:在向家长介绍情况时,要做到既力求全面,又重点突出;既讲成绩,又谈不足;既有事例分析,又有理论阐述。对家长既有鼓励,又有要求;既有商讨,又要指导。他们认真地接受了我的建议。

提纲第二次交上来的时候,他们连会议程序和人员分工都安排好了。如:会议程序的第一项"家长报到",由当天的值日班长担任接待组组长,有组员六个,其中两个学生负责家长签到,两个学生负责为家长引座,值日班长与另外两个同学负责茶水工作,等等。

学生主持的家长会如期召开了。先由班长向家长介绍这一学期的学校要求、本班的情况,着重讲同学们中间涌现出来的好人好事;接着讲班级和同学们身上存在的不足之处和不良倾向;最后提出今后打算、措施及对家长的希望与要求。小家伙讲得头头是道,家长们连连点头。然后,根据他们事先的安排,两个学生代表发言,四个家长代表介绍家教经验。讲话的程序结束后,分发了调查表,征求家长对学校和班级工作的意见。最后一个程序,是请家长欣赏自编自演反映学生生活、学习的文艺节目。我暗中调查了一下,发现每个学生都参加了家长会议,人人都有事做。会议还没有散,就有家长对我说:这样的家长会好,他们愿意参加。

家长会一结束,我安排了与个别家长的谈话,都是预约有事交谈和必须沟通情况的家长。整个家长会用了 2 小时 12 分钟,效果出奇地好。看来,开家长会,就是要让学生从后台走出来。

这种让学生从后台走出来的做法改变了传统家长会的格局。学生的加入,拓宽了家长会的平台,丰富了参与主体,也为彼此之间的交流搭建了桥梁,有利于调动家长、学生的积极性和主动性。这是一种行之有效的家校合作方式。

案例 8-6

"三方"会谈①

这是南京某外国语学校探索出来的一种新型的家长会形式,"三方"指的是学生、家长和老师。"三方"会谈之前,可先进行家长与老师之间的"双方"会谈。"双方"会谈时,互通孩子在家、在校的表现,分析孩子的长处与不足,共商帮助孩子发展的措施。

"三方"会谈必须本着平等、友好、宽松的原则。会谈时,先由老师对孩子身上的优点给予充分的肯定,然后给孩子提一些能接受且能达到的建议;接着,让孩子自由地发表自己的想法,包括对学校和老师的意见;然后请家长谈谈对孩子的期望和要求,以及对学校和老师的建议。三方坐在一起,面

---

① 资料来自南京市外国语学校仙林分校赵和春的论文:《班级素质教育的研究与实践》。

对面平等坦诚地交换意见，交流想法。

"三方"会谈的独特之处在于：经过会谈，学生在受到鼓励的同时，明确了自己下一步该怎么做；家长不知不觉中提高了家教水平，明确了如何与老师合作，指导和督促孩子达成目标；老师则明确了如何帮助孩子，以及如何与家长密切合作。"三方"会谈的效果显著，两位家长在会谈后发来了这样的反馈留言：

小雨的家长：老师，您好！经过上次"三方"谈话，我们感到小雨的变化很大。在家时，她能自己按制订的计划写作业、弹古筝、看书、玩，吃饭速度也加快了。最近，她每周能主动给我打1—2次电话，说自己在课堂上发言积极多了，与同学们能友好相处。我感到她的精神状态不错，人也快乐。上次，她妈妈的脚不太舒服，她在电话中也能主动关心。我一个人在外地工作，偶尔吃吃盒饭，她今天在电话中对我说：老师在课堂上讲的，泡沫餐盒对人体有害，要我少吃。这些都说明她会关心人了，我和她妈妈都十分感动，同时也对您表示深深的感谢。

"三方"会谈使得"三力"合一，发挥了整体的教育效果。在这一过程中，班主任成为拉近家长与子女距离的中间人，从而在一定程度上减少了班主任工作的阻力，借助于家长的力量，更好地承担起共同育人的责任。南京一中在高三冲刺阶段，尤其是模考后总结分析时常常会举行"四方会议"（比前面提及的"三方"会谈多一方，即学校分管领导或年级分管领导作为一方代表参加，事实证明，收效很好）。

为改革家长会，创新家长会的形式，该校首先在时间安排上进行改革，过去都是安排在考试之后，而现在则是在考试之前。考试后开家长会，容易开成成绩报告会、分析会，对后进生的成长极为不利；而考试前开，家长不再只看着分数，从而有机会让家长全面看待自己的孩子，以发现孩子身上的闪光点。其次，改革家长会的内容。家长会不再是成绩报告会、批评会、指责会，而是学生特长的全面展示会，是学生向家长感恩、老师和家长赞赏学生的最好舞台。第三，改革家长会的形式。不再是老师的一言堂，而是学生、家长、老师共同参与的多向互动的崭新平台。

除了提倡改变家长会的形式之外，还要充分体现班主任对家长的尊重。这就需要班主任精心制作召开家长会的邀请信、通知单，设计开场白，以及营造和谐的氛围。以下是可供参考的邀请信、通知单格式。

家长会邀请信

尊敬的 _____ 家长：

　　我们期盼着您能在近期到校参加家长会，主题是如何与孩子沟通。谨请您确定最方便的到会时间。

　　谢谢！

（班主任签名）_____

年　月　日

	下　午 1:00—4:00	晚　上 6:00—9:00
10月20日，星期二		
10月21日，星期三		
10月22日，星期四		

请给出两种选择，并用"1"、"2"标出。

家长会通知单

尊敬的_____家长：

　　谢谢您按我们的要求对会议时间作了回复。会议定在___月___日（星期___）___时在_____教室举行，敬请莅临！若上述时间不方便，请与我联系，可为您另行安排。办公室电话_____。

　　祝一切顺利！

（班主任签名）_____

年　月　日

案例 8-7

南京市某中学家长会问卷调查

学生姓名：　　　　　　家长：　　　　　　职业：

家长联系电话：

学生出生年月：　　　　　　　　　学生血型：

尊敬的家长：

　　您好！欢迎您来校参加家长会！孩子的健康成长和顺利成才是我们共同的愿望，学校的各项工作离不开您的关心和支持。为了更好地教育您的孩子，请填写以下问卷（在相应选项上打"√"，可多选），非常期待您真诚的合作，谢谢！

1. 您希望以何种方式与班主任就您孩子的在校状况予以交流？（　　）。
   　A. 到校　　　　　　　　　　　B. 电话或一线通交流
   　C. 网络　　　　　　　　　　　D. 家长会

2. 您对孩子的管教态度：（　　）。
   　A. 很威严，以自己为中心　　　B. 很友善，能把孩子当成朋友
   　C. 看心情，但还是以自己为中心　D. 看心情，但能在孩子的角度想问题

3. 您觉得孩子对您的态度：（　　）。
   　A. 很害怕　　　　　　　　　　B. 比较害怕
   　C. 很友善　　　　　　　　　　D. 还可以，没有什么特别

4. 夫妻双方哪一方能够有效地对孩子进行家庭教育（即有威信，管得住孩子）？（　　）。
   　A. 父亲　　　　　　　　　　　B. 母亲
   　C. 都可以　　　　　　　　　　D. 都无力，常求助外界或老人

5. 您孩子经常对您反映班级的情况吗？（　　）。
   　A. 经常，而且无话不谈
   　B. 不是很经常，但偶尔有
   　C. 不主动，家长问才说
   　D. 很少说话，从孩子口中了解的情况比较少

6. 您认为影响孩子学习成绩的主要原因是什么？（　　）。
   　A. 小孩智力　　B. 小孩刻苦　　C. 学校及老师　　D. 家长管理
   　E. 其他

7. 开学以来您主动与班主任或科任老师联系的次数：(   )。

    A．无，有事再联系 B．一次   C．多于一次   D．经常

8. 您对孩子的学习生活情况关注程度是(   )。

    A．经常过问   B．偶尔过问   C．很少过问   D．从不过问

9. 您的孩子在家做家务活吗？(   )。

    A．很多   B．一般   C．很少   D．从来不做

10. 您的孩子在零花钱方面每周大约是多少？(   )。

    A．50元以下   B．接近100元   C．100—150元   D．严格限制

    E．要就给

11. 您为孩子配手机了吗？怎么使用？(   )。

    A．有，但不带到学校   B．有，进校关机

    C．有，但不了解具体使用情况   D．无

12. 您认为手机对孩子的学习(   )。

    A．有很大影响   B．影响不大   C．没有影响   D．其他

13. 您是否给孩子在家里提供一个较好的学习环境？(   )。

    A．是   B．不算好   C．没有

14. 您是否给孩子安排休闲活动或陪孩子一起放松？(   )。

    A．上高中以来从未

    B．安排体育活动或看电影

    C．孩子自己安排，家长不介入

    D．平时、周末没有，只是在长假期间安排

15. 您的孩子业余时间做得最多的事情是什么？(   )。

    A．看闲书   B．看电视

    C．打游戏   D．跟别的同学玩

16. 您感觉教育孩子的最大困惑是(   )。

    A．教育不得法   B．文化素质

    C．精力有限   D．家庭成员意见不一致

17. 您认为影响孩子性格的原因是什么？(   )。

    A．家长性格   B．家庭环境   C．学校教育   D．其他

18. 您对孩子的最大期望是(   )。

    A．学有所成   B．人格健全

    C．考上理想大学   D．自食其力

19. 您认为家长在培养孩子形成勤俭节约、诚实守信、感恩怀德、文明礼貌、刻苦学习等方面的好习惯上起的作用比老师(   )。

    A．大   B．小

    C．角度不同，同样重要   D．说不清

20. 对孩子进行的教育，您常用的方法由多到少的排序是_____。

    A．成功教育   B．激励教育

    C．挫折教育   D．责骂教育

    E．讽刺挖苦

21. 您对学校在教育孩子方面所起的作用怎么看？(   )。

    A．文化水平不高，主要靠学校

    B．学校教育只是次要，有自己的家庭教育方法

    C．能够积极配合学校

D．对于目前学校和班级管理教育意见较大

22．您对我们班级老师的教学和管理的满意程度总体是（　　）。

  A．很满意   B．比较满意

  C．说不清   D．不满意

23．您经常关注孩子的作业和笔记吗？（　　）。

  A．没有能力看，看也看不懂

  B．偶尔，因为上高中了，孩子可以靠自己了

  C．经常查阅并帮其分析

  D．能看懂，但实在太忙，忽视了

24．孩子非周末每天晚上大约几点完成作业并进行预习和复习？（　　）。

  A．不知道

  B．做完作业就要睡觉了，无预习和复习时间

  C．每天有一个小时以上的预习和复习时间

  D．只是周末才进行复习，无预习

25．孩子目前觉得最有把握的科目是什么学科？

26．孩子每周在会考四门上投入多少精力？

27．有帮助孩子报辅导班和请家教的打算吗？孩子愿意吗？准备请哪几门？

28．您觉得您的孩子最大的优点和缺点分别是什么？最好从学习能力和性格特征两个方面谈谈。

（南京市第一中学张佳地提供）

（三）家长学校

  家长学校是组织学生家长进修学习的教育机构。家长学习教育学、心理学方面的知识以及教育子女的方法以后，可以协助学校和班级的教育工作，更好地配合班主任管理好班级，从而成为班级合力的一个重要组成部分。在学校中举办家长学校，可以充分利用学校的师资和教学条件，使家庭教育知识得以普及并使之系统化。家长学校的主要力量可以是班主任，也可以是其他任课教师。他们与家长一起，针对中学生的年龄特点以及可能出现的问题，在家长学校这个平台上互相学习、互相商讨，从而使学校和家庭对青少年学生进行科学的引导，保证教育的连贯性、一致性。也可以到校外邀请一些教育专家和科研人员以及成功的家长为广大学生家长开展讲座和答疑辅导等等。以下是上海某中学家长学校开展的系列活动之一。

案例 8-8

家长学校开展的青春期健康教育[①]

  2005 年 12 月 21 日晚，上海某中学预初年级家长学校特邀国际妇婴保健院的李天琼医师，给全年级的家长作题为《父母应该帮助青春期孩子在人生中寻找自我》的报告会。

  青春期教育不是孤立的，而是未成年人成长过程中不能回避的问题，理所应当被看作成长教育

---

① 资料来源于徐汇教育信息网：www. xhedu. sh. cn。

的有机组成部分,而在此过程中,家长扮演的角色尤为重要。孩子的青春期问题很大程度上根源在家长。因此,要想让孩子顺利地度过青春期,家长首先要补上青春期教育这一课。

李医师指出:渴望、徘徊、孤独、热情、活泼、敏感等诸多特点的矛盾交织,把青少年推向了人生的十字路口。对于孩子的青春期教育,很多家长要么抱着无师自通的态度——那些知识不讲也知道,要么采取鸵鸟政策——长大了自然就懂了,要么采取比较严厉的态度——发现苗头立即制止。凡是轻视孩子,不尊重孩子所感所想的态度,都会影响孩子的心理。家长关心孩子,需要在一个宽松而温和的环境下互动。青春期教育不是简单的性教育,它是关于人生观的教育。

会上,李医师从注意坐、行、睡等姿势,早餐和晚餐的重要性,性格的培养,健康的身体,学会感恩,学会回报,接受挫折,生殖器官的保护,走近异性等几个方面作了讲解,贴近生活地帮助家长们了解青春期孩子的生理和心理特点。

听了李医师的报告,很多家长表示:"现在孩子正在悄悄地发生变化,我们家长又缺少沟通的方法,所以组织这样的家长学校,我们很欢迎。这说明学校对学生的关心是全面的、负责的。"

(四) 家长沙龙和家长委员会

家长沙龙是以家长为主体,以学生学习成长为中心,以教师及专家学者为咨询指导,旨在提高家长教育素养、提升教育理念、转变传统教育观念,实现以家庭教育为突破口,最终形成教育合力的一种形式。

家长委员会由关心学校、关心教育事业,具有教育子女经验的家长代表组成。委员会中最好有一定数量的领导、专家、社会知名人士,其主要职责是参与学校和班级的教育和管理,协助做好青少年教育工作。它的使命是代表家长研究教育孩子的内容和方法,为班主任当好参谋与顾问。

为了使家长沙龙和家长委员会这样的家长教育工作机构有效地开展工作,班主任要做到:第一,负责组织建立家长教育工作机构;第二,定期召开该机构的工作会议;第三,向该机构报告班级工作和学生表现;第四,听取该机构家长的意见和要求;第五,邀请家长协助班级工作;第六,了解学生在校外和家庭中的表现;第七,及时向该机构的成员介绍有关学校教育工作的方针政策、教育改革新动向,以及个人对班级问题的思考。

第二节　整合社会教育资源

《学习的革命》一书的作者戈登·德莱特和珍妮特·沃斯认为,对于未来的学校,"整个社区教育应该是一种教育资源"。他们还认为,"如果没有社区参与其中,你不可能拥有一所优秀的学校"。由此可见,整合社会教育资源,开展社区教育,已成为新时期班主任工作的重要内容。下面是班主任整合社会教育资源的几种做法。

一、依托社区教育委员会

社区教育委员会是在当地政府领导下,由学校、家庭、社会团体、企事业单位、部队等单位组成,旨在发挥教育导向作用,整合社区教育力量,创设有利于青少年成长的社会环境。社区委员会的任务很多,包括宣传教育方针政策,共商办好社区学校事宜,坚持社区、学校双向服务,共创"两个文明"等。虽然社区教育委员会的工作并非指向某个班级,但是班主任可以主动参与其中,并邀请他们参加班级的教育活动。例如,邀请社区委员会中的学生家长代表或社会团体的成员参加本班的某些活动,邀请社区范围内的专家、学者、先进工作者为学生做报告,或聘请他们为校外辅导员。

案例 8-9

外资企业员工来学校①

为了开展社会适应性教育,我们邀请了中外合资企业的管理人员、外籍员工与学生见面、交流,以促使学生自我激励情绪的发展。在友好的、受尊敬的气氛中,被邀请的宾客愉快地讲述他们的工作环境、生活方式和学习特点。外籍员工用英语夹杂着半生不熟的汉语与学生交谈,激起了学生的兴趣,学生争相用英语并打着手势,向他们发问或解答问题。

该活动打破了学校与社会之间的屏障,拉近了学生与社会的距离。通过与社会人士的接触,在一定程度上促进了学生的社会化。

二、联合高校教育资源

在教育资源丰富的大省和大城市,可以联合高校,聘请大学教授给高中生做导师,开设课程、讲座,定期辅导,或开放设备先进的大学实验室供优秀的高中学生做实验,指导其完成研究报告。

案例 8-10

南京一中"崇文班"②

教育规划纲要提出,"支持有条件的高中与大学、科研院所合作开展创新人才培养研究和试验,建立创新人才培养基地"。按照全国基础教育工作会议"高中要培养创新拔尖人才"的精神,从2010年9月新学期开始,南京一中尤小平校长、张苏皖书记等领导班子经过较长时间的酝酿和考证,在高一年级创办了一个"崇文班",聘请了南开大学、南京大学、东南大学、南师大等院士级的一流科学家主导制订培养计划。一批优秀的大学教授、专家参与教育教学,给"崇文班"的学生当"导师",实际上是试图将大学教育教学的理念前移至高中,从而帮助学生跳出简单应试的窠臼,在更加开阔的教育教学平台上逐步形成其质疑思辨的能力、批判求真的精神、健全向上的人格。该班的名誉班主任就是南京一中1967届校友——中科院院士、长江学者、南开大学饶子和校长。

"崇文班"绝不等同于以往意义的强化班,将办成一个培养素质全面、理科见长、富有创新精神,具有"文化、文明、文艺"气息的拔尖创新人才的摇篮!媒体也对南京一中"崇文班"的办学模式、课程设置、特长培养、评价体系等方面的创新和突破给予关注,《人民日报》《中国教育报》等作了题为《创新人才培养从基础教育抓起》的专题报道,对南京一中尤小平校长的办班思路做了专访。2011年6月16日,教育部专门小组来到南京一中,为成立"国家级创新人才培养基地"授牌。

---

① 班华、陈家麟主编:《中学班主任实施素质教育指南》,南京师范大学出版社1994年版,第263页。
② 参见 http://www.chinanews.com/edu/2010/11-17/2662392.shtml。

"崇文班"的创设在社会上也引起广泛好评,家长们表示:"南京一中在培养优秀生上步子迈得够大! 向传统的应试教育挑战! 教育要输血,很适合高中阶段。"其他学校的初中教师也感慨:"初中阶段一定要培养好学生的学习习惯、创新意识,为人才的成长做好铺垫,争取给南京一中'崇文班'输送更多素质全面的学生以供选拔。"

三、建立校外教育基地

为了有效地发挥社会各单位的积极教育作用,使学生的校外生活健康而愉快,班主任可以主动协助学校与社区教育委员会,与各有关社会单位共建校外教育基地,尤其是素质教育基地。

素质教育校外基地是面向中小学生,以提高学生综合素质为目标,以学生亲历实践过程为主要形式,开展各类(爱国主义、科技、国防等)教育活动的场所。

通过组织学生参加素质教育实践基地活动,引导学生贴近生活,贴近社会,走进自然,活跃身心,培养学生的实践能力和创新才干,增强社会责任感,促进学生素质的全面提高。

组织学生参加素质教育实践基地活动要遵循不同阶段、不同年龄中小学生的生理、心理特点和认知规律,确定目标、任务和要求;要因地制宜,充分整合教育资源、自然资源、人文资源,达到教育效益最佳化;要和基础教育课程改革紧密结合,促进书本与实践相结合、动脑与动手相结合、学校教育与社会教育相结合;内容设计要突出针对性、实践性、趣味性、教育性,要确保安全性。

案例 8-11

素质教育校外基地①

江苏省南京市在这方面作了尝试,取得了良好的效果。南京市中小学社会实践行知教育基地,是一个依托五里行知小学,以农村科技实践为主要内容,面向中小学生的素质教育基地,开办11年来逐步形成了三大课程系列:一是"学习农村科技"课程系列,涉及到的有大田作物、果木蔬菜、花卉苗木、家禽家畜、水产养殖、化肥农药、能源气象等,让学生有新观察、新运用。二是"了解农村建设"课程系列,涉及到农业生产、农民收入、水电道路、土地流转、结构调整、人口计生、乡风民俗、农村环保等诸多问题。通过这一课程系列,学生可看到我国农村的变化、看到发展、看到问题、看到希望、想到责任。三是"体验农村生活"课程系列,让学生体验粗茶淡饭、集体住宿、简单洗浴、军事管理、田间漫步、篝火晚会、烟花爆竹、夜半行军、营地帮厨、野餐生存……培养学生的自我管理能力、集体合作精神和吃苦耐劳品质。逐步形成了"农"、"科"、"行"、"新"、"陶"五大特色。

目前,南京市建立的中小学素质教育校外基地有五类180多个,如:爱国主义教育基地有雨花台、梅园新村周恩来纪念馆、侵华日军南京大屠杀遇难同胞纪念馆等;科技教育活动基地有紫金山天文台、中山植物园、海底世界、地震台等;农村实践活动基地有傅家边农业科技园、汤山基地、牌楼基地等;国防教育基地有国防园、十月军校等;法治教育基地有句容少管所、税法教育基地等。这些基地对中小学生实行免费或优惠,为中小学生开展各类教育活动提供了丰富的资源。

(《南京市学校素质教育实践指导30条》)

---

① 摘自 http://www.china.com.cn/zhuanti2005/txt/2005-09/29/content_598。

建立校外教育基地,为班主任工作提供了新的生长点。如何使用这些社会资源对学生进行教育,成为摆在班主任面前的新问题。班主任应该确定相应的目标,选择性地使用这些校外活动场所,努力发挥校外教育资源在培养青少年一代中的作用。

第三节　形成班级教育合力

家庭教育、学校教育和社会教育在学生的一生中发挥着不同的作用。家庭教育是学生启蒙教育的摇篮,学校教育在学生的成长中起着主导作用,而社会教育则影响最为广泛。这三者的关系互相联系,不可分割,不可代替。因此,协调这三方面的力量,使之形成合力,是班主任的重要职责。

一、班级教育合力概述

所谓班级教育合力,就是为实现班级教育目标,在班主任的指导下,以班级为基础,协调各方面教育影响形成的整合一致的教育力量。班级教育合力的提法,得益于系统论的观点。学校、家庭、社会作为教育系统的有机组成部分,是青少年生活的整个环境。这三个方面以不同的空间形式占据了青少年的整个生活。青少年的健康成长离不开这三个方面的教育。只有使这三个方面在教育方向(教育方针、培养目标)上保持一致,形成合力,才能发挥教育的整体效应,从而获得最佳的教育效果。如果三者的方向各异,各自的作用就会相互抵消,甚至产生负效应。需要指出的是,形成教育合力并不是将三个方面简单地相加,而是互相补充、协同合作,发挥各自的优势,争取最佳的教育效果。

二、班级教育合力的类型

如果从学校教育与校外教育两个方面划分,一般可以分为:学校主导的班级教育合力、社区主导的班级教育合力以及家庭主导的班级教育合力。

(一) 学校主导的班级教育合力

学校是班级教育合力的主导性因素,以学校为主导的班级教育合力是整个合力教育的主体。学校教育在时间和空间上都占有优势,因此学校可以通过开展各种活动对学生进行教育,在此过程中充分挖掘和利用社会、家庭的教育资源,同时尽可能地使之参与其中,配合学校教育的开展。班主任可以与一些固定的单位联系,与之形成合作伙伴关系,共同对学生进行教育。

(二) 社区主导的班级教育合力

社区作为一种教育资源已备受重视,然而其规模尚未完全形成,诸如图书馆、博物馆、体育馆、青少年活动中心等设施还未健全。在这里,社区主导有两层含义:一层是通过社区教育委员会倡导,学校及班级主动响应并积极参与,如学校组织参与社会开展的诚信宣传活动;另一层是以社区教育委员会为组织形式,以社区生活为主要基地,以社区服务性公益活动为基础,开展各种形式的教育活动,如社区服务、社区建设等。在江苏省未成年人思想道德建设创新案例中,社区承担了重要的教育作用。如亭湖区新洋街道办事处在未成年人中开展"社区小楼长"活动,他们与"小楼长"一起制订工作制度,开展法律知识学习、书画展、小型运动会、帮助孤寡老人、读好书、看好电影、社区环境大清洁等活动,找到了家庭、学校、社区三位一体的教育结合点。

作为班主任,应主动与社区联系,担任社区教育顾问,一方面结合中学生特点开展喜闻乐见的活动;另一方面,针对学生容易出现的问题,以社区为主阵地开展针对性的指导。这样,班主任以参与者、教育者结合的角色拉近与学生的距离,增进彼此的理解,增强教育效果,从而延伸教育平台,构建家庭—学校—社会"三位一体"教育体系,形成大教育格局。

三、形成班级教育合力的模式

(一)"以校为本"的模式

所谓"以校为本"的模式,就是指根据每所学校本身的特性和需要制订合作的形式和层次。如果把学校设想为一个轮子的轴心,有许多辐条以家校合作的项目、资源、家庭中心和其他支持系统的形式,向学校所在社会的各家庭辐射。为了有效地推行"以校为本"的模式,班主任可以参照如下的实施步骤:

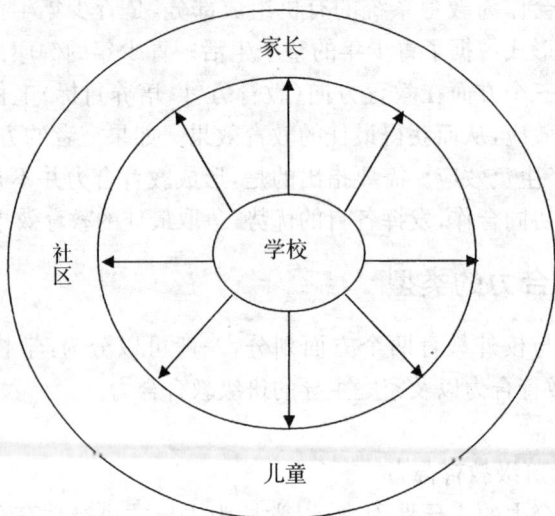

"以校为本"模式

第一,校内外环境分析。在具体推行这一模式前,班主任要分析学校内外环境因素。校外因素包括:社会环境,政府政策和办学宗旨,家长的能力、需要和态度等;校内因素包括:教师的态度和交际能力,学校文化,学校政策,管理形式以及人力、财力组成等。通过这些因素的分析,可以确定如何引导家长参与学校活动或提高活动层次。

第二,策划和组织。根据对校内外环境因素的分析,确定学校推行"以校为本"模式的有利因素和不利因素,然后有针对性地制订合作的目标和政策。

第三,分工和指导。制订计划后,为确保这些计划能够顺利地进行,必须进行合理分工。班主任作为主要负责人,同时要发挥其他教师的作用,使他们积极参与到活动中来。

第四,执行。在此阶段,班主任要确保活动能得到社区和家长的有效支持,如活动场地的安排、所需经费的筹措等。

第五，评估。本阶段是对前面过程的检验和评价，目的是衡量活动的目标是否切合实际、班主任和教师是否有效地执行各项政策，并对活动各阶段及时作出反馈，从而改进不足，使有关措施得到调节和控制。"以校为本"的模式是一个不断循环的过程，见下图。

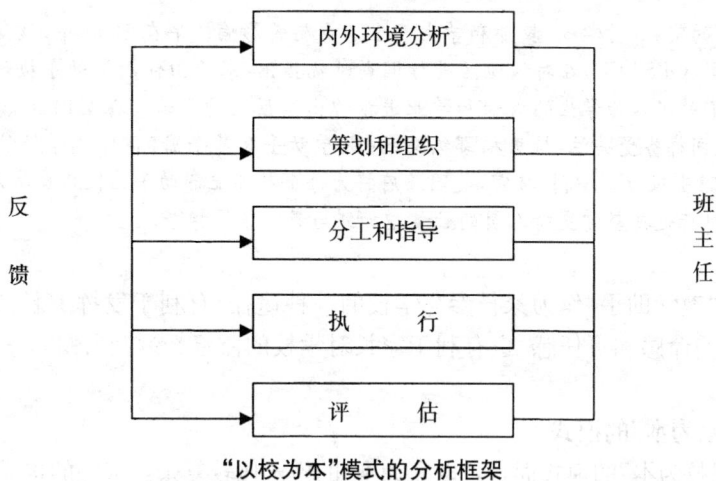

"以校为本"模式的分析框架

案例 8－12

家长担任"教学助手"[①]

这里是"以校为本"模式的一个实施案例。这是英国家长担任"教学助手"的实施过程，其具体做法是：

1. 内外环境分析

赫里福郡位于英格兰西部，辖区内大部分是偏僻的农村。这里，传统的低技术含量的农业经济面临城镇化的挑战，农民失业人数日益增多，加之交通不便，人均收入较低。教育上突出的问题是：学生出勤率低，厌学、逃学现象严重，部分中学的出勤率仅为80％左右；学生参加校外活动的机会少，图书室、体育设施和其他服务设施的利用率低；各学段学生达标率低。该地区学校管理层在调查中发现，学生学业表现不佳的另一个重要原因是师资短缺，教师的工作负担过重。

调查反映，家长参与教育的愿望迫切，一些家长希望能帮助孩子提高学业成绩，使孩子在校的表现更好。为了支持和帮助孩子学习，家长要求参加包括课程辅导、家庭教育信息及联合开展活动方面的培训与教育；还有一些家长希望加强与学校教师的交流，更多地了解孩子的学习进展，同时希望获得关于家庭危机的帮助和建议；也有一些家长认识到教师负担过重，学校需要在这些方面提供支持。

2. 策划和组织

在广泛调查和征求意见的基础上，该郡决定加强家长参与的力度，充分调动家长的积极性。该郡从经常参与学校事务的家长志愿者中招聘了一部分工作人员，由他们负责学校与家长的联系工作，包括配合学校开展一系列的活动，如举办"学校活动周"等，鼓励家长积极参与学校教育，加强学校和家庭之间的交流和理解，为家长提供教育支持。

3. 分工、指导和执行

在管理上，该郡将教学助手划归各校教研室（或学部），由教研室主任负责他们的日常管理工作，

---

① 王艳玲：《英国家校合作的新形式——家长担任"教学助手"现象述评》，《比较教育研究》2004年第7期。

地方教育局则对他们的调动、培训、招聘和评估负责。与专任教师不同的是，虽然编制上归各教研室，但教学助手不需要具备学科完整的知识体系和特殊才能，如美术教研室的教学助手不需具备绘画方面的特长。教学助手主要是帮助传达和理解学习任务，而不是代替师生完成这些任务。

4. 评估

"教学助手"的实施，对学校、教师和学生产生了重要的影响。早在1999年，该活动开始后仅仅一年，学校质量司（OFSTED）在对该地区进行调查时就指出：家长担任教学助手极好地支持了所有学生的学习，他们的工作为学生的成长和学业进步作出了巨大的贡献。在全国性会议上，家长担任教学助手的方案同样备受关注，赫里福郡编写的《教学助手人员手册》在许多学校被采用。2002年10月18日，《泰晤士报教育增刊》披露，英国政府将为每个教师配备助手，到2006年为学校增加5万名助手，最终的目标是把教学支持人员的数量增加到与教师数量相等。

家长担任"教学助手"作为家长参与学校的一种途径，有利于发挥家长的智慧，培养他们教育子女的使命感和责任感，也有利于家长对学校的监督、参与和评价。

（二）"以家为本"的模式

相对于"以校为本"的模式而言，"以家为本"的模式比较复杂。家庭的构成、经济状况、周围环境不同，家长的受教育程度、职业、教养方式不同等等，都会影响到"以家为本"模式的实施。所谓"以家为本"的模式，就是指以家庭为中心，根据每个家庭的特性和需要制订合作的形式和层次，因家而异。设想你的家庭是一个轮子的轴心，有许多辐条以家校合作或社会与家庭合作项目、资源、家庭教育人员和其他支持系统的形式，向家庭聚拢，见下图。

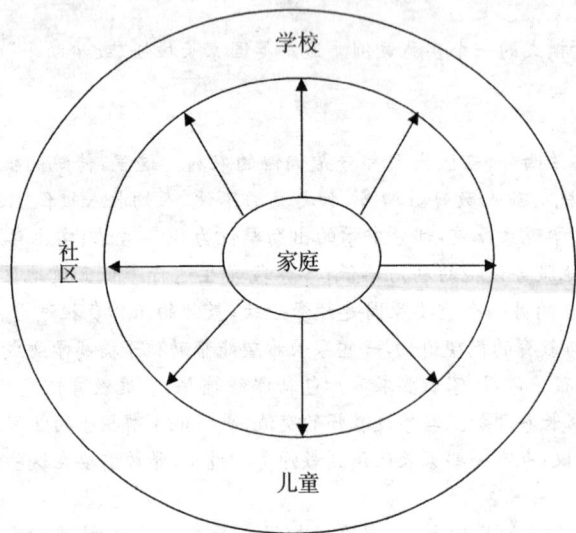

"以家为本"模式

推行"以家为本"的模式，可以参照"以校为本"模式的分析框架，步骤如下：

第一，家庭内外环境分析。对家庭内外环境分析就是熟悉和了解每个家庭，这是制订班主任"以家为本"活动计划的首要环节。家庭内部环境因素包括：家长的受教育程度、教育素养、健康状况、年龄、职业、兴趣、需求、特长，家庭的构成、经济状况，以及儿童的年龄、健康状况、智力水平、兴趣爱好等。家庭外部环境因素主要包括：亲戚邻里、社区的自然和

新编班主任工作技能训练（第2版）

文化环境等。

第二,策划和组织。通过对家庭内外环境的分析,班主任可以确定哪些因素是有利的,哪些因素是不利的,然后对它们加以利用或纠正。

第三,分工和指导。"以家为本"的活动是由学校或社区指导,由专职工作人员推行,班主任也要参与。首先,由学校和社区进行合理分工,明确职责;其次,由班主任对他们进行一定的培训。

第四,执行。由班主任按活动计划对家长进行指导和培训,控制活动进度和类型。活动的地点可以在社区,也可以在学校。

第五,评估和反馈。班主任要对每次活动作出评估,从而有效地调整活动的内容、方式、进度和类型。

"以家为本"的活动模式也是一个不断循环的过程,其分析框架如下图所示。

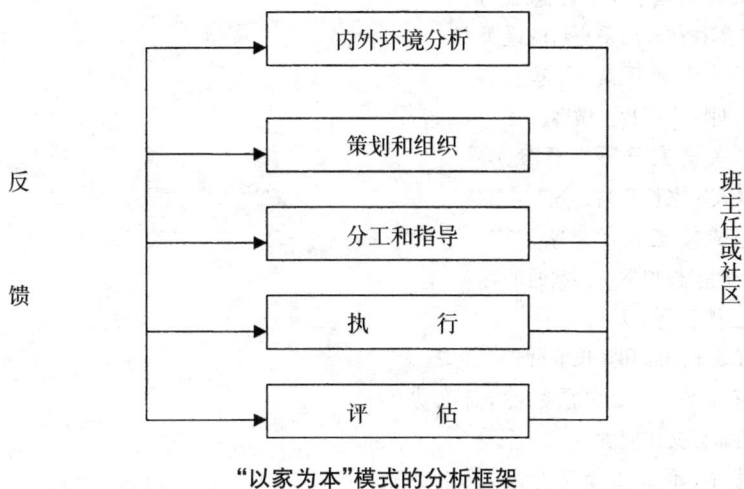

"以家为本"模式的分析框架

思考与训练

一、名词解释

1. 班级教育合力　　2. 家校合作

二、简答题

1. 班主任应如何协调校外教育力量?

2. 如何形成班级的教育合力?

三、实践操练

在某校,很多教师认为,我们的学生很多是"问题孩子",拉帮结派的比较多,与家长的沟通很少,而且很多不好的习惯都是受父母的影响,上梁不正下梁歪。

很多家长则认为,教育孩子是老师的事情,做父母的主要是让孩子吃饱、喝足。有的家长甚至不能保证自己的孩子每天正常到校。他们只提供物质上的满足,而无法与孩子进行深入的沟通与交流。

班主任说,我们这里的学生经过两轮筛选,基本上是同龄人中的落后者,我所带的平行班几乎全是差的学生。有的时候,通知家长也达不到预期的效果。后来我干脆不把家长请到学校。

如果你是班主任,面对这样的家长和学生,会如何做?

【相关链接】

家长工作 12 招[①]

● 家长把自己的工作压力转嫁给孩子,怎么办?

——解放家长的思想比解除孩子的包袱更重要。

● 与富爸爸、富妈妈访谈有障碍,怎么办?

——只做你要做的事情。

● 学生家长有偏见,家访怎么办?

——真情流露往往有出乎意料的说服力。

● 学生不愿意老师家访,怎么办?

——这个星期谁欢迎我去做客。

● 哪些家长会家长不愿意参加?

——别老拿人家家长开涮。

● 家长不希望班主任来家访,怎么办?

——做一个让家长和学生都欢迎的客人。

● 家长袒护孩子,怎么办?

——不当着孩子的面和家长争辩。

● 要开家长会了,心中很茫然,怎么办?

——坦诚地做好交往使者。

● 要家访了,不知道如何开展,怎么办?

——家访也要提前"备好课"。

● 学生不听话,要请家长了,怎么办?

——真的一定要请家长吗?

● 家长对孩子的成长漠不关心,怎么办?

——不要一味地迁就家长。

● 如何和家长成为朋友?

——孩子和家长订一个共同成长的计划。

① 郑学志主编:《班主任工作招招鲜》,湖南师范大学出版社 2005 年版,第 3 页。

新编班主任工作技能训练(第2版)

第九章
建立科学合理的
评价机制

案例 9-1

评比"星级学生"①

评选"三好学生"是我国长期以来施行的学生评价制度,而在 2004 年,北师大著名教授、中国教育学会会长顾明远发出了停止评选"三好学生"的呼吁,众多学校不断探索新的学生评价制度,当前,对学生进行星级评价倍受青睐。以下就是某校"星级学生"评价办法。

一、"星级学生"的评价内容

把学校德育目标分解成:仁义、责任、学习、勤劳、健康五个方面,每一方面称为一"星",为一级评价指标,在一级评价指标下又制定出二级指标:仁义二级指标有仪容雅正、尊敬师长、正直守信、感恩意识、人际和谐;责任二级指标有国家意识、遵纪守法、关心集体;学习二级指标有勤奋进取、习惯良好、善于反思、探究实践、艺术修养;勤劳二级指标有社会实践、劳动意识、勤俭节约、环保意识;健康二级指标有善待自己、健康技能、心理健康、生活习惯、审美情趣。(具体见"星级学生"评价指标)

二、评价方法与步骤

1. 制定评比细则。在学校"星级学生"评价一、二级指标的基础上,根据各班级学生的不同特点,在广泛征求任课老师和同学意见的基础上,结合该校学生一日常规要求,制定出"星级学生"评比的三级指标要素,即具体评价细则,并进行量化评比。

2. 做好动员发动。由各班班主任老师对本班学生作动员,引导学生自订成长目标,自析成长环境,自寻成长动力,自开成长渠道,自研成长方法,并把评比标准上墙,让学生时时都能对照、检查,人人争做"五星级学生"。

3. 每学期初,各班级组织学生根据个人实际情况,制订个人的星级发展目标和实施计划,班主任做好汇总后,可在班内张榜公示。

4. 定期评比检查。评比检查重在平时,重在过程。收集学生行为表现方面的信息,平时由班委干部和小组长做好记录,每两星期进行一次评比。每双周周六,各班级利用下午自习课时间,进行各项评比检查。评比以小组为单位,先由学生自评。每个学生都要对自己这一阶段情况作一小结,看看哪些方面进步了,哪些方面已达"星级"要求,哪些方面还有待改进;在此基础上进行同学互评。自评和互评的结果最后要传达给本人,使其了解近期自己所取得的成绩以及所存在的问题。同时,班级要将评比结果留档存底,以备期中与期末的星级评估。

5. 期中、期末,各班级在前期周评比的基础上进行总评,对班内每一位同学的星级发展情况作出评估,在自评、互评的基础上,征求班主任与任课老师的意见,最终对每一位同学形成星级认定意见。所有评估结果要在班内张榜公示。

6. 在评比中坚持从小事入手,就事论理,以事明理,寻找载体,知情意行,强化意识,注重操

---

① 选自 http://www.cztjb.com.cn/xiaoyuanwenhua/。

作,榜样引导,情景感染,使"星级学生"的评价成为班级德育工作很好的抓手。

"星级学生"评价指标

目标	一级指标	二级指标	二级指标说明
自强不息和谐发展	仁义	仪容雅正	注重自己的仪容修饰,重视内心修养,质朴大方,言谈举止文明。
		尊敬师长	对老师有礼貌,正确对待师长的教育,尊重老师的劳动。关心父母,主动与父母沟通。
		正直守信	遵守社会公共秩序和规范,真诚守信,勇于对他人的不良行为开展批评。
		感恩意识	感知父母之恩,体贴父母,敬爱双亲,爱护自己,使亲无忧。显亲扬亲。凡事谢恩,感谢爱自己、帮助自己的人。
		人际和谐	学会替他人着想,自己有错敢于道歉,别人有错宽容相待。团结同学,乐于助人。善于表达自己的思想和观点,善于倾听他人观点,善于与他人交流和分享。与家人、同学、老师的关系很融洽。不侵犯他人的利益,不做妨碍他人的事情。
	责任	国家意识	尊重国旗、国徽、国歌,关心国内外大事,维护国家统一,关心家乡发展,有为民族振兴和社会进步作贡献的志向和愿望。
		遵纪守法	知纪、知法;懂纪、懂法;守纪、守法;用纪、用法;护纪、护法。具有判断是非的能力,自觉抵制不良诱惑,运用法律保护他人和自身的合法权益。
		关心集体	珍惜集体荣誉,维护集体利益,积极参加集体活动,认真履行职责。团队意识强,能处理好集体和个人的关系,善于与他人合作共同完成任务。
	学习	勤奋进取	有学习的愿望与兴趣,有强烈的求知欲和好奇心,学习态度端正,按时、认真、独立地完成各项学习任务。学习成绩有进步。
		习惯良好	能合理安排自己的学习生活,能制订有效的学习计划,克服学习中的困难,独立完成作业。
		善于反思	有对自己的学习过程和学习结果进行反思的习惯,不断提高学习水平,乐于听取他人的建议,不断改进自己的学习方法。
		探究实践	能完成规定的物理、化学、生物等学科的实验操作,能够独立思考,善于提出问题并努力尝试多种途径解决问题。
		艺术修养	喜欢上艺术课,认真完成艺术课作业,认真欣赏或参加艺术展演活动,能用某种艺术形式表达自己的情感和思想。
	勤劳	社会实践	积极参加社会实践活动,认真完成实践任务,形成较强的社会适应、实践、动手能力。
		劳动意识	能自觉参加自我服务劳动、家务劳动、公益劳动。主动做好值日卫生工作。做到自己的事情自己做。
		勤俭节约	一饭一粥,当思来之不易;半丝半缕,恒念物力维艰。不盲目花钱、不随便浪费、不盲目攀比,节水、节电,学会重复利用。
		环保意识	具备环保意识,主动宣传环保意识,参加有关环保的社会活动。善待自然万物,热爱大自然,保护大自然。自觉维护教室、校区和其他公共场所的环境卫生。

目标	一级指标	二级指标	二级指标说明
自强不息和谐发展	健康	善待自己	自我接纳,正确对待自己与他人的差异。自信自强,珍惜自己在他人心目中的形象。
		健康技能	了解运动项目的基本知识和原理,掌握2—3项运动项目技术,在体育活动中具有一定的安全意识。体质健康考核为优良。
		心理健康	正直诚实,豁达乐观,与人为善,意志坚强,能正确认识自己,善于调节自己的情绪和心态,勇于面对困难和挫折。
		生活习惯	有良好的作息规律,有良好的卫生习惯,自己的事情自己做。养成体育锻炼的习惯,积极参加体育活动,精力充沛。
		审美情趣	掌握一定的审美知识,能感受生活、自然、艺术和科学中的美,具有一定的艺术鉴赏能力。

评价作为具有导向性的一项工程,对学生的品德修养、学业成就及行为习惯各方面有着指导性意义。而班主任作为与学生亲密接触的重要他人,在对学生实施评价时的认识观念、策略方法等都直接影响着学生的自我认识,制约着学生发展的空间及成长的轨迹。所以,班主任确立正确的教育评价观,并在此基础上建立科学合理的评价机制,在今天的学校教育中显得至关重要。

无论是评选"三好学生"还是评比"星级学生",都要求老师把学生当做人——一个完整的生命个体来评价,发挥评价所应该发挥的积极作用,从而促进学生全面发展。所以,作为班主任老师不仅要掌握一定的评价技术,更重要的是要确立正确的评价理念。

第一节　确立全面发展的评价理念

评价作为促进学生发展的一种有效机制,在学生的成长过程中起着举足轻重的作用。然而,今天的班主任在对学生实施评价的过程中,仍然存在这样或那样的问题,使评价不能发挥其应有的促进作用,有的甚至损害了学生的自尊心,打击了学生的积极性。因此,在探寻评价的理念时,对班主任在实施评价过程中存在的种种误区值得关注。

一、评价过程中的误区

(一) 评价以分定论

在应试教育的体制下,学校的评价内容并非全面考察学生的德、智、体、美、劳,以及非智力因素等各项内容,而是将评价内容窄化为其中某些方面,甚至某一方面。往往以分定论,以智代德,单一地追求学习成绩,偏重学生的学习和遵守纪律情况,仅仅把学习成绩好、遵守纪律、肯听话的学生看做是好学生;以考试分数为标尺,将学生分为"好、中、差"三等,认为优等生就是"理想的、有希望"的学生,而分数低的学生就是所谓的"差生",即没有前途与希望的学生。

（二）评价存在主观主义

有些班主任对学生的评价往往主观臆断，使评价失去客观性。如存在第一印象、晕轮效应等，导致以偏概全、以点带面。这与班主任自身的认识水平、文化素质、品质修养和对学生的了解程度是紧密相连的。因而在对学生的评价中存在主观主义的成分。

（三）评价缺乏针对性和指导性

班主任评价效力不足的主要原因在于缺乏针对性和指导性，反映不出学生的个性特点。习惯的做法是将政治思想、道德品质、学习情况、守纪情况等方面简单相加来评价学生的优缺点。这种评价的内容单一，大同小异，忽视学生的个性。评价工作往往是公式化的走过场，千人一面，缺乏深度，不能做到因人而异。评价所用的词汇大多笼统，大而化之，缺乏针对性，因而难以起到激励学生的作用。

（四）评价成为奖罚

评价不是目的，而是促进学生发展的手段，具有诊断、鉴别功能。因此，更要针对评价提供一些可发展性的针对性策略。但是，在评价过程中往往容易本末倒置，奖罚成了评价的目的，总是在评某些奖学金或是荣誉称号时使用评价，而评价又自然而然地与奖罚连为一体。这种评价观念忽略了评价所具有的促进学生发展的功能，不但不能给学生发展带来任何动力，反而更容易让学生产生唯奖是从、唯荣誉是从的心态。这严重地阻碍了学生潜能的开发，同时也异化了教育目的。

（五）评价缺少发展性

班主任如果对学生了解不深入，容易用固定不变的眼光评价学生，只重视学生的历史、现实表现，而不注重对学生潜力和发展过程的分析，评价总是停留在以往的认识中。这种评价实质上只注意了学生的静态表现，而忽视了学生的动态发展。学生某一段时间的表现只是整个教育过程中的一个片断，而不是全部。因此，这种静态的成见式的评价是十分有害的。

二、确立全面发展评价理念的意义

（一）有利于推进班级的可持续发展

学生的发展性与差异性已经越来越被人们所认识并给予极大的重视。班级是由一个个活生生的学生个体组成的，也是各种差异与个性的集合体，这容易给班级管理带来一定的难度。所以，以怎样的眼光评价与看待学生，是班主任工作成功与否的基础，也是影响班级可持续发展的前提条件。确立全面发展的评价理念，可以使班主任多角度、多层次地认识学生，将智力因素与非智力因素结合起来，关注学生的整体性而非片面性。这样，有利于班主任调动全班的力量形成优势合力，促成班级的可持续发展；同时，在良好的环境氛围影响下，使每个学生在自己的优势区域获得充分的自信和发展。这是一个优秀的班集体良性互动的最好体现。

（二）有利于促进学生全面和谐地成长

一切教育工作的出发点都是学生，促进学生全面和谐成长是每个教育工作者孜孜以求的目标。处于青春期的学生在自我认识、自我调控及自我意识上缺乏自主能力，一般都以他人的观点与意见来勾勒自己。在这种情况下，获得怎样的评价很可能直接决定着学生看待自己的方式及选择人生的轨迹。作为学生的"重要他人"，班主任更是以强大的力量影响着学生。而评价本身具有导向、诊断与交流等重要功能，所以更好地运用评价，用发展的目标来彰显评价的意义尤为重要。确立全面发展的评价理念，其实就是以宽容的态度对待学生，以广阔的视角审视学生，以足够的耐性等待其成长，关注学生的方方面面，从而最大限度地促进学生全面和谐的成长，这就是评价的意义所在。

三、如何确立全面发展的评价理念

（一）注重学业评价与非学业评价相结合

长期以来，对学生的评价只局限在学业成绩上。这是因为，一方面，学校是以传递先进文化、传承人类文明为职责而建立起来的，学生在学校中首先是读书、识字、获取知识，因而应当获得学业上的肯定；另一方面，学业上的考评具有很强的可操作性，通过考试与考查可以给学生客观的分数或等级。这种学业成绩决定论的评价标准占据着学生评价的主要位置，而且一直延续到现在。这是确立全面发展的评价理念最大的障碍物，影响着全面评价的实施与推进。

随着教育改革的不断深入，全面而多元的教育观念不断地渗透到教育教学的过程中。把学业成绩作为学生受教育过程中一项重要的内容确实必不可少，但我们千万不能忽视对学生发展状况、学习态度、知识掌握、身心健康、品德修养、意志情感等方面的关注，必须把学业评价与非学业评价结合起来。班主任只有把学生置于一定的环境中，联系学生的家庭、学生的个性特点，把偶然的发现和经常的观察、书面的资料和现实的表现综合起来，经过"去粗取精，去伪存真，由此及彼，由表及里"的分析，才能摒弃以学业为主的一元评价观，实现对一个完整的人的评价。

（二）注重评价形式的多样化

在很长一段时间内，学校教育中的评价往往等同于考试，评价的结果就是考试后的结果，评价形式的单一已经到了苍白无力的程度。事实上，知识性的内容可以通过考试进行考量，但学生的行为习惯、个性品质等绝非一张试卷能够得出结论，分数之间的差异也不能代表学生之间的差别。所以，班主任应该在评价内容多元化的基础上寻求形式的多样化，以准确而全面地对学生进行评价。我们可以采用等级制与分数制、特长评价与评语评价相结合的形式，改变书面测试的单一评价方法。具体来说，第一，既要有形成性评价，在工作中随时发现问题，随时纠正；又要有总结性评价，工作一阶段结束后加以总结。第二，既要有分析性评价，又要有综合性评价。第三，既要有考查评价，又要有调查评价等。第四，既要注重对学生的定量分析，又要注重对学生的定性分析，即通过档案袋评定、素质报告单反馈、情境化测试、综合能力测查和观察等多种定性评价形式，真正关注学生的个体差异并有针对性地实施评价。这样不仅能够增强评价的效力，更有利于促进学生的最优发展。下面介绍在班主任评价中经常用到的两种重要载体。

1. 成长记录袋

成长记录袋，英文是 portfolio。在国外，成长记录袋评价有多年的历史，其做法相对成熟。在中国，随着新课改带来的学生评价方式的改革，成长记录袋的评价方式逐渐移植到基础教育评价领域。但是，目前尚未形成统一的定义。对于成长记录袋评价的性质与功能，国内学者达成的共识是：成长记录袋的基本成分是学生的作品，作品的收集是有目的的而不是随机的；学生是成长记录袋评价的主体，教师是评价的参与者；成长记录袋应关注学生学习与发展的过程，尊重学生的个体差异。

案例 9 - 2

加拿大小学的成长记录袋[①]

加拿大小学的成绩册内容丰富，每个人都是厚厚的一本，老师会在成绩册中填写很多东西。成绩册的最前面是权利和义务，如"我有受教育的权利"、"我有被人尊重的权利"、"我有尊重别人的义务"等等。紧接着是成长记录，里面记录了对于孩子成长的一些鼓励性评语。比如对一个学生的评语："Lee 来到我们班里，能很快地融入班集体中。他很尊重别人，也很自尊。他的工作很有秩序，能克服困难，非常自信。我为 Lee 感到自豪！Lee，希望你继续努力！"对于每一门功课，老师都有描述性的评价语言，定性和定量相结合。比如对数学："本学期，我们学习了收集、整理、表达数据，认识万以内的数，用不同方式表达分数和小数。Lee 能收集数据，但不能用语言文字表达。他刚来，已经尽了最大的努力。Lee 会求平均值，认识了多位数，了解了统计图的结构，但有语言障碍，表达这些数据有困难。Lee 有很好的数的概念，能掌握估算的方法。在加减法单元测验中，他得了全班最好的成绩。继续努力，Lee！"

但是，我国在实施成长记录袋制度时遇到了这样或那样的一些问题。下面是一个班主任对成长记录袋实施过程中一些情况的反映。

案例 9 - 3

过去，我们学校一直使用学生成绩单，成绩单被当做评价学生的唯一手段。现在，我们为每个学生配置了一本成长记录册和一个成长记录袋。

成长记录册平时由老师保管，在期中、期末考试结束由学生带回家，以便家长了解孩子在校的学习情况。成长记录册上的各学科成绩采用等级制方式，班主任评语以"汉堡包式"（以表扬开始，以鼓励结束，中间指出问题）呈现给学生和家长，主要目的是发挥评价的后续激励作用和发展性功能。

成长记录袋起初是让学生自己保管的，目的是便于学生随时随地收集自己的作品，同时也使收集优秀作品成为学生自我反思、自我教育、自我发展的过程。但是，一段时间以后，我们发现了其中的问题：第一，有些学生不爱护记录袋，不到半个学期，记录袋就被"蹂躏"成破袋、烂袋了，弄得老师很是恼火。第二，学生之间存在着"谁先把袋子装满"的攀比之风，因此袋子里的东西乱七八糟，有些学生竟然把各学科的作业本全部装进去（后来干脆让班主任代管记录袋）。第三，让班主任管理学生成长记录袋，加大了班主任的工作量，弄得很多老师婉

[①] 胡光锑：《加拿大评价案例简介》，《校长阅刊》2004 年第 7 期。

言拒当班主任。[1]

以上案例所反映的问题在许多学校存在,有一定的代表性。所以,对于班主任怎样更好地发挥成长记录袋的作用,我们需要在实践中进一步摸索和探讨。

2. 素质报告单

素质报告单是学生评价的又一重要载体。新课改以来,素质报告单也在发生着变化。以往的报告单只是填满了考试分数的一张纸,现在却是关注学生的方方面面的一本小册子。这样的形式让学生兴致盎然,从而很好地在班主任与学生之间架起了一座沟通的桥梁。这里介绍目前在南京市小学使用的素质报告单中的一种,即我的成长脚印。

这份素质报告单包括:我的档案、我的品德、我的健康、我的学习和我的总结几个部分。"我的档案"中,有学生基本信息、学生喜欢的人及理想等内容;"我的品德"中,涉及爱国主义、珍惜粮食、虚心求教、文明礼貌等多方面的内容;"我的健康"有两块内容:一块是学生基本的健康状况,一块是心理健康状况,包括与人相处等;"我的学习"中,关注学生学习习惯及各课程基本状况;"我的总结"中,包含学生的自我总结和班主任及任课老师的评价。例如,《我的品德》和《我的总结》表格如下:

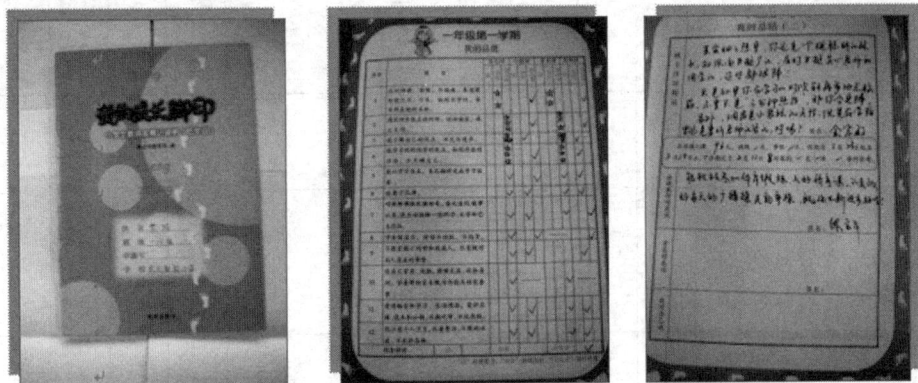

《我的品德》

序号	项　目	自己评			小组评			家长评			老师评		
		☆ ☆ ☆	☆ ☆ ☆	☆ ☆ ☆	☆	☆ ☆	☆ ☆ ☆	☆	☆ ☆	☆ ☆ ☆	☆	☆ ☆	☆ ☆ ☆
1	认识国旗、国徽,升国旗、奏国歌时能立正、行礼,能说出学校、家乡所在地的名称												
2	遇到师长能主动问好,说话诚实、举止文明												

---

[1] 胡平、周琴:《对话:新课程改革中的学生评价》,《基础教育》2005 年第 12 期。

序号	项　目	自己评			小组评			家长评			老师评		
		☆	☆☆	☆☆☆	☆	☆☆	☆☆☆	☆	☆☆	☆☆☆	☆	☆☆	☆☆☆
3	能了解自己的优点、不足与进步												
4	能学习别的同学的优点，和同学共同活动，不只顾自己												
5	能以学习为主，自己按时完成学习任务												
6	能遵守纪律												
7	对新鲜事物充满好奇，喜欢追问，做事认真，能主动接触一些科学、文学和艺术作品												
8	学会做值日，劳动不怕脏，不怕苦												
9	不欺负弱小同学和残疾人，乐意做对别人有益的事情												
10	能自己穿衣、洗漱、整理文具、收拾房间，学着帮助家长做力所能及的家务事												
11	爱惜粮食和学习、生活用品，爱护庄稼、花木和公物，不挑吃穿，不乱花钱												
12	能注意个人卫生，衣着整洁，不随地吐痰，不乱扔杂物												
	综合评价	☆			☆☆			☆☆☆					

班主任对我说	
	签名
任课老师对我说	
	签名
家长对我说	
	签名
我对自己说	

　　整个素质报告单看起来生动充实,对学生生活、学习的细节基本都照顾到了。应该说,这是班主任实施评价时的一个有效工具,对促进学生发展很有好处。素质报告单在学生中有着怎样的影响呢? 我们可以从下面学生的一段话语中获得一些信息。

案例 9 - 4

　　【老师、妈妈,我该怎么办?】 我真恨这小小的报告单,它让我尝尽了酸甜苦辣。一年级时,当我把写有"上课精神不集中,经常搞小动作"的报告单交给妈妈时,妈妈爱抚地摸着我的头,告诉我:"儿子,你摊上了负责的老师,好好学啊!"二年级时,老师在报告单上说:"你很聪明,如果能用心听讲……"妈妈对我吼道:"怎么这毛病还没改?"为此,我挨了打,还失去了一个愉快的假期。四年级时,老师又写了一番语重心长的话:"习惯是影响人一生的东西,相信你会通过自己的努力养成听讲的好习惯。"妈妈看后,把报告单摔在地上:"怎么,你老师不会写别的话啊? 告诉老师,我不管你了,家长意见我不签!"

　　【老师看不上咱】 我手握报告单认真地读起来:"改掉毛躁的毛病……多读书……"看完后,我的眉头立刻拧成一个大疙瘩:怎么表扬的话这么少呢? 以前我的评语可全是表扬呀! 同桌说:"估计是这位老师看不上咱们。"

　　【迟来的教训】 看着报告单,我的心里像打翻了五味瓶,往事浮现在眼前……这件事过后,老师并没有找我,我还暗中偷着乐呢? 谁知,老师竟将这件事写在了报告单上。我真是羞愧难当,后悔当初不该那样狂妄自大。我将它贴在了墙上,作为刻骨铭心的教训。

　　【像雾像雨又像风】 "天也大,地也大,平日做啥都不怕,老师不会写坏话。"亲爱的老师,面对这样一首打油诗,难道不会引起您的深思吗?平日我们犯一丁点的错,您都会严厉地批评,为什么拿回家的评语却这样呢?难道您怕家长吗?①

从学生的真情流露中可以看出,无论是学生本人还是家长,都非常重视教师的评价。换句话说,教师的评价在学生发展中具有举足轻重的作用。

3. 彩虹卡或小奖状

案例 9 - 5

有些班主任为了及时表扬和鼓励学生,为小学生特别制作了像名片一样的"小奖状",为初中生制作了七色的"彩虹卡",每种不同颜色的卡片代表着不同的意义。老师可根据一段时间学生的表现情况,适时、适量地亲笔写好"小奖状"或"彩虹卡",对学生进行评价与鼓励。有时还将这些"小奖状"或"彩虹卡"的颜色数和张数与学期结束的评优挂起钩来,学生们平时可在意这些"命根子"了!

(南京市外国语学校仙林分校韦成旗提供)

(三) 注重评价内容的多元化

人的发展是多方面的,每一个学生都是一个完整的人,因此,评价一个学生应该从多个方面出发,充分肯定每一个学生的个性特长、进步与发展,激发学生的自信和自主发展的欲望,引导学生更加客观全面地评价自己,明确自我发展的目标与方向,使每一个学生都能在不同的方面得到肯定和鼓励,促进学生的全面发展和个性特长发挥。

案例 9 - 6

人人都有奖

某中学建立学生综合素质多元评价体系,确保人人都有奖,不是校级奖就是年级奖,或者自报项目年级审核后发奖。整个评价体系共分为六个维度:道德品质、公民素养、学习品质、交流合作、运动健康、审美表现,各维度分为若干个二级指标,取名为"××学子",每个二级指标列出相应的评价标准。具体评价时分自我评价、小组评价、班级教育小组(由班主任、科任老师、学生代表和家长代表共同组成的班级教育集体)评价、学校终审。在这种评价体系下,每位学生都会被肯定,其中,综合素质高的学生可获得校级彩虹综合奖,占班级人数的20%,在某些单项上比较突出的学生可获得校级彩虹单项奖,占班级人数的20%,其余60%的学生也会得到一份年级彩虹奖,如果二级指标中都没有适合自己的项目,可以自报一个项目,参与评选。事实上,每个孩子都有自己的优点和长处,都应该得到肯定和鼓励,或许有些孩子的长处只是在现在的集体里显得不够突出,只是暂时体现得不够充分而已。"彩虹奖"的寓意:美丽的彩虹是由多种色彩组成的,它象征着生命的多彩,青春的绚烂;象征着学生个性发展的多元。彩虹犹如一条学生通往理想的七彩之路,引导着他们快乐、幸福地成长。具体表格如下:

① 杨楣:《从考场作文看小学生评价改革》,《辽宁教育》2002年第9期。

新编班主任工作技能训练(第2版)

维度	内容	评价标准	自评	组评	终评		
					组级	校级综合	校级单项
道德品质	爱国学子	① 热爱祖国,关心国家大事,严肃认真地参加升旗仪式,仪表端庄,唱国歌时声音洪亮。 ② 自觉维护祖国的尊严,敢于并善于向恶意攻击国家的言行作斗争。不做有损国家形象的事,不说不利于民族利益的话,一切从祖国的荣誉和利益出发。 ③ 在出国交流、求学及旅游等外事活动中,自觉遵守所在国的法规,尊重所在国的风情民俗,没有有损于国家的言行。					
	浩然学子	① 有正义感,坚持原则而又不苛求他人。 ② 发现有不正当行为能及时制止,做事光明磊落。 ③ 积极向上,不断进取。					
	勤俭学子	① 珍惜他人的劳动成果,不浪费,不攀比。 ② 自觉节约水电等公共资源并能带动他人,注重能源、学习用品的再利用,爱护公共财物。					
	孝敬学子	① 在家庭,体贴父母,能与长辈多沟通交流。 ② 在学校,尊重老师,虚心听取意见,主动问好。 ③ 在社会,尊重并能主动帮助年老体弱的长辈。					
	诚信学子	① 重情重义,诚实守信,敢于承担责任,不欺骗他人。 ② 表里如一,言行一致。 ③ 拾金不昧,在同学中有较高的诚信度和影响力。					
公民素养	"三自"学子	① 自觉遵守校内外的各项法规制度,自我约束力强。 ② 善于独立思考,有较强的上进心,对自己的成长有目标、有规划、有行动。 ③ 能科学自主安排时间,做事讲究效率。 ④ 有较强的民主意识,能够依法维护自身权益。 ⑤ 生活充实,学习高效,乐观自信。					
	儒雅学子	① 具有较高的文明素养,谈吐优雅,在与他人的交往中,能做到尊重、宽容。 ② 言行规范得体,有较深的文化内涵和人格魅力。					
	爱心学子	① 对人友善,爱父母,爱老师,爱同学,爱护小动物,爱护花草。 ② 热心公益活动,表现突出。					
	环保学子	① 环保意识强,能积极参加环保公益活动,注重节约。 ② 认真做好值日工作和保洁工作。					

维度	内容	评价标准	自评	组评	终评		
					组级	校级综合	校级单项
学习品质	善学学子	① 有良好的学习习惯和方法,勤学好问,善于总结学习经验,与同学分享学习成果。 ② 学习成绩优秀。 ③ 在全国、省、市或区组织的各项竞赛中成绩优异。					
	勤奋学子	① 学习态度认真,有毅力,不怕挫折。 ② 学习成绩有进步。					
	创新学子	① 善于打破常规思维,有创新意识与勇气。 ② 不迷权威,具有批判意识,在学习上不拘泥书本知识,学习方法独特,在活动中有创意。					
	雄辩学子	① 积极参与相关活动,善于演说,敢于陈述自己的观点,与他人论辩时有理有据,以理服人。 ② 在阐述自己的观点时冷静理性,善于控制自己的情绪,思维清晰敏捷,尊重对方。					
交流合作	合作学子	① 积极参与活动,在活动中有团队意识。 ② 具有较强的协调组织能力,能尊重并悦纳与自己意见不同、性格不同的人。					
	实践学子	① 积极参与学校组织的各项活动。 ② 在活动中动手能力强,在实践中善于体验、探究、总结经验。					
	领袖学子	① 有一定的号召力、影响力和组织能力,在工作中善于说服他人,有主见。 ② 工作目标明确,有感召力,能以身作则,起带头作用。 ③ 处处以团队利益为重,有全局观念。					
运动健康	阳光学子	① 身心健康,积极参加锻炼。 ② 认真上好体育课,做操认真,动作规范。					
	"五环"学子	① 有一定的竞技技巧,积极参加校内外各项体育活动。 ② 在各类体育比赛中有突出的成绩。					
审美表现	艺术学子	① 有一定的艺术特长,较高的艺术素养。 ② 在各项艺术活动中,积极参与,表现突出。					
	自报项目						

（南京市外国语学校仙林分校韦成旗提供）

(四) 注重评价主体的多元化

班主任是评价的主体。因为这样的压力,班主任在评价中,有时候心有余而力不足,即便关注到全体学生,也难以顾及学生的各个方面。因此,班主任要充分利用身边的资源,整合多方的力量,将家长、任课老师、学生都团结到评价的阵营中来,形成评价的多元主体。

任课教师几乎每天都与学生接触,虽然只负责教学,并不涉及班级管理,但对学生还是有所了解的,容易站在教师的立场上审视学生。所以,他们的意见可以成为班主任在评价中参照的重要依据。

在班主任的评价工作中,让家长参与进来,可以畅通学校与家庭之间的信息渠道,增进彼此间的理解与合作,从而形成巨大的教育合力。通过评价,家长与老师更了解学生,对学生所实施的教育影响将更加深刻,评价的力量也得以彰显。以往教师是评价的绝对权威,教师一人说了算,学生只是被动地接受评价。如今,评价的主体正在发生变化:除教师评价、家长参评外,学生自评也被列入重要环节。自我评价实际上是学生的自我认识与自我反省的有效途径。学生对自身的评价不仅在于获得自我认识,更重要的是在认识的过程中不断反省自身,这也是学生成长的一项重要内容。自我评价有利于学生对自己的学习、纪律和行为习惯进行反思,有助于培养学生的独立性、自主性和自我发展、自我成长的能力。同时,还应当鼓励学生之间的互评,这有助于学生通过对比,找出差距,更清楚地认识自己。当然,学生在自评与互评的过程中会遇到这样或那样的问题,班主任应该扮演指导者的角色,不断地创设机会让学生对他人和自己进行评价。例如,学生在评价时会产生思维定势,以学习成绩为唯一标准进行判断。这时候,班主任要指导学生多角度、全方位地挖掘自身,发现他人。这也是学生成长的必修课。

案例 9-7

学 生 自 评[①]

经过一段时间的磨合,初一(3)班的班级气氛比较和谐了,多数学生表现较好,同学之间很少闹矛盾。但是,学生的课余时间较少,缺少展示自我、互相交流的机会。因此,利用期末"综合素质评价"的机会,正好可以弥补这个不足。郑老师让每个同学向大家介绍自己的优点,展示自己的风采,并且对自己的不足之处提出改进的措施。

小强的发言很有个性:"大家好!我先来小结一下自己一个学期来的表现。其实,经过这么长时间,大家都已经了解我了。我很聪明,智商比较高,学习也很努力,成绩是大家有目共睹的。我的人缘也很好,对学习有困难的同学能够给予帮助,对寝室长的工作也很负责任,所在寝室多次被评为'优秀寝室'。我的缺点是有时贪玩,对自己要求不够严。我想,我正在努力改变,比刚进学校时已有了很大进步。我相信,在这个良好的环境里,我会有更大的进步……我希望大家给我打分时,能给我评A,谢谢各位。"经过半年的集体生活,他学会了正确地评价自己,能够发现自己的缺点了。

小刚平时在同学心目中是个学习不够认真、纪律较散漫的学生。他说:"我觉得自己没为班集体

---

① 王宁主编:《今天,我们如何做班主任(中学卷)》,华东师范大学出版社 2006 年版,第 96 页。

作过什么贡献,只是在运动会上得过一些奖。不过,大家对我一直很好,特别是我学习几何时有不懂的地方,大家都耐心地帮助我,从来没有看不起我……"说到这里,他一下子就动情了,眼中滚动着泪珠,哽咽得说不出话来。这个平时大大咧咧的男孩子竟这样激动地、毫不掩饰地望着大家,班里很多同学的眼中也泛起了泪光。同学们的情感在这一刹那间融合在一起,心灵在这一时刻撞击出了理解。大家不由自主地鼓起掌来。同学们说真话抒真情,彼此之间坦诚相待,在真情表露中学会了正确认识自我、了解他人。

"班主任主评+家长、任课教师参评+学生自评、互评"的多元主体评价模式在形式上保证了评价的全面性与多样性,能够从不同角度为学生提供有关自己学习、生活、情感、精神状态及发展状况等的信息,有助于学生更全面地认识自我、发展自我。

总之,在确立全面发展的评价理念的过程中,要始终坚持以学生为本,既关注学生的当前发展,又关注学生的未来发展。我们应当遵循全面性和发展性原则,坚持一个"变"字,即变单一的评价要素为综合的评价要素,变单一的试卷考核为多种方法的综合考核,变单一的百分制量化为百分制与等级制并用、定量评定与定性描述相结合,变单一的终结性评价为以形成性评价为主的综合评价,变单一的教师评价为多方评价,变单一角色的评价为多种角色的评价。

第二节 掌握科学规范的评价技术

确立全面发展的评价理念固然重要,但掌握科学规范的评价技术将帮助班主任更好地实施评价。科学规范的评价技术要求摆脱在评价中容易产生的心理负效应,将质与量的评价方式结合起来,以保证全面发展人格的培养,真正使评价成为促进学生和谐发展的有效途径。

一、评价中应克服的几种心理负效应[①]

(一) 趋中效应

这是指评价者对评价对象既不愿对优者给太高的评价,也不愿给劣者以太低的评价,尽量缩小差距,向中间状态集中的心理现象。班主任在对学生实施评价时很容易产生这样的心理状态,这主要缘于几种情况:一是对班级同学并无全面而深刻的认识,对学生的个性特点、行为习惯等没有形成应有的概念,这就使得评价缺乏针对性,只能模糊处理,一般用套话敷衍了事;二是平均主义思想作祟,不愿意承认差别,容易对优者严,对劣者宽,填平补齐,皆大欢喜。这既失去了评价的意义,也容易使学生对自身认识产生模糊感,对老师产生不信任,从而难以发挥评价的导向与激励功能。下面的案例是一位同学在接到素质报告单后的一番感慨。班主任自以为高明的趋中策略在学生心目中显得那么不屑一顾。如果班主任一直这样对学生实施评价,那么评价将毫无意义。

---

① 吴钢著:《现代教育评价基础》,学林出版社 1996 年版,第 65 页。

老 生 常 谈

小明是初三(1)班一名普通的学生。说他普通,是因为他的学习成绩在班里处于中等水平,不高不低,不上不下,而在其他方面也没有突出之处。老师对他极少给予评价,即便评价,也是一些他想都能想得出来的话。例如:小明同学能够遵守学校纪律,不迟到不早退,学习认真,与同学能够和睦相处等等。小明常常希望老师在对他的评价中能够提供一些建设性意见,但初中三年,他始终未能如愿以偿,以至于他慢慢地怀疑,老师是否知道他是班中的一员。在这种情况下,他十分迷茫。小明说:"虽然自己很普通,但希望自己能够优秀起来,却不知道该从何处下手。"这使他很苦恼,也很悲观。

(二) 参照效应

所谓参照效应,是指某些评价对象的"形象"影响着对另一些评价对象的印象的一种心理现象。其效应意义是指在某个较高"形象"的参照下,其他评价对象便黯然失色;相反,在某个较低"形象"的参照下,会反衬其他评价对象的熠熠生辉。这种效应也较普遍地存在于班主任对学生的评价工作中。产生参照效应,是班主任在评价中将学生分门别类,并单纯地以比较的方法给出评价的结果。在通常意义上,班级中的学生以正态分布,优秀及相对落后的学生占少数,集中在中段的学生占大多数。中段的学生在各方面表现得既不突出,也不惹什么乱子,所以他们是较少受到关注的一个群体,也是参照效应的受害者。参照优秀的学生,他们往往处于劣势;参照相对落后的学生,又略显优势。这使得评价对于他们而言,总是在他人中寻找自己,缺乏准确性与针对性。克服参照效应的关键点,在于班主任不但要将学生放在集体中加以评定,更要将其视为独立的个体,从个体的独特性上给予有针对性的反馈。

(三) 晕轮效应

所谓晕轮效应,是指在观察某个人时,由于他的某些品质或特征看来非常突出,从而掩盖了对其他特征、品质的知觉和评价。也就是说,这些突出的特征起着一种类似晕轮的作用,使观察者看不到他的其他品质,从而由一点作出对这个人整个面貌的判断。这个效应在判断一个人的道德品质或性格特征时表现得最明显。班主任评价学生,主要通过观察、交流及考察等手段。学生某些方面的突出表现,容易使老师失去对其其他方面的关注。最为明显的,就是以学习成绩的好坏来概括一个学生的整体,这也是学校德育工作推进艰难的一个重要因素。评价具有导向性,不但对被评价者,对被评价者周围的人也是一种有效的影响。如果班主任的晕轮效应是以成绩为标准而展开的,那么学生就会自然而然地接受这种以学习成绩论优劣的评价体系,不约而同地以学习为重,而忽略其他。学生在班主任对其评定中就会形成集体无意识,从而引起学生对自我认识的不全面,不利于学生全面和谐的发展。晕轮效应的影响不仅作用于某个个体,更多地会在学生全体中引起反应。所以,在评价学生的过程中,班主任一定要杜绝这种片面的评价观,在不带个人偏见的基础上给学生公正而准确的评价。

老师，他真的什么都好吗？

王兵是学校的学习标兵，也一直是老师心目中的好学生。他不但学习成绩优秀，而且在担任班长时工作踏实负责，诸多表现都很出色。班主任对他赞赏有加。在一次自习课上，班主任王老师给大家布置了一些作业后，便离开了教室。聪明的王兵用很短的时间就完成了作业。找不到事情干的他，开始拉着同桌李江聊天，时不时还发出"咯咯"的笑声，从而影响了全班的纪律。王老师回到班级发现这个情况后，首先对李江提出了批评，因为他认为王兵不可能做破坏纪律的事情，肯定是李江的问题。这使得李江很委屈，其他同学也都感到愤愤不平。王老师这次不适当的批评在学生中造成了不好的影响。大家都觉得，在老师心目中，好学生永远是好的，不会犯错误的，所以千万不要跟他们在一起。否则，只要犯错，老师总是认为是自己的不对。

二、评价中应遵循的几个基本原则

（一）发展性原则

教育是一项发展性的事业，教育事业的一切工作都围绕着发展这一主题来展开，而评价作为重要的教育机制，在促进学生发展方面有义不容辞的责任。学生由入校到学有所成离开学校，需要经历不同的发展阶段。随着年龄的增长，学生由低年级到高年级，知识结构由掌握基础知识到掌握一定的专业知识，成为服务社会的有生力量。学生的发展变化，要求班级的评价活动具备发展阶段性。分段进行的班级评价活动，既可以把握班级发展各个阶段的起点和基础，又为班级新一阶段的发展提供动力和目标，同时也为班主任的工作指明方向。

评价并非目的，不是区分出优、良、中、差就宣告结束。评价的目的也不在于说服他人对号入座，而是为了学生的不断发展。评价要为被评价者提供一个允许发展或者可能的发展空间，给予其朝着更优的方向发展的动力与信心。班主任作为学生发展过程中的重要他人，在评价时所提供的意见与建议都将成为学生成长的重要辅助。因此，评价更多的应该体现多元、包容、发展的积极态度。有了这样的态度，评价的压力就会相对减弱一些，同时也给予班主任相对自由的空间，可以真正地参与其中，真正有创造性地开展评价工作。

如今，学校的教育教学评价已经在悄悄地发生着变化。单一的终结性的评价模式渐渐地淡出了历史舞台，而成长记录袋、学生素质发展报告单等形式凸显着在评价过程中及时而适时的评价，体现着动态发展的主旨。

（二）及时性原则

评价必须具备及时性原则。评价要伴随不同的阶段不断地深入，学生身上的闪光点总是在瞬间展现，而这些闪光点很可能是个体最宝贵的品质的体现。班主任不能放弃对这些无法预料的情境的评价，这就要求在评价时注重及时性，即要及时地对学生的一些突发状况给予反馈，这样很容易抓住敏感点，评价也将收到意想不到的效果。

案例 9－10

一次运动会上,小明参加了 1500 米的比赛。在起跑线上做准备活动时,他觉得有点不舒服,但箭在弦上不得不发,他没有选择退出比赛。跑到第二圈的时候,小明明显地感到累得不行了,汗一个劲地往外冒,脸就像被凝固住一样。即使如此,他仍然坚持着。从后面赶上来的小涛,发现小明的脚步越来越慢,脸色煞白。于是,他立即劝小明停下,并且搀扶着他走下了赛场。

在场外为小涛呐喊助威的班主任吴老师顿觉奇怪:小涛为什么停了下来呢?她马上冲到场内,最终了解了事情的经过,赶紧帮忙送小明去医院。医生说,如果小明继续比赛的话,对他的身体会造成很大的伤害。

在运动会后的第二天,吴老师在晨会课上向全班同学提到了这件事。她说,小涛这次没在比赛中获得成绩,没能为集体争光,她感到很遗憾。但是,小涛却用热忱的心帮助了一个急需帮助的同学,她感到很骄傲。这样的放弃是值得的,她希望所有的同学在利益面前有一颗仁爱之心,就像小涛一样。在这之前,小涛觉得自己只是在无意识中做了一件好事,想不到会受到如此的肯定。这次评价在班级里形成了不小的影响。

班主任及时地捕捉到了学生身上的闪光点,并很好地将其作为重要的教育资源加以利用,这是班主任的教育智慧的表现,也是班主任的用心之处。

(三) 差异性原则

世界上没有两片完全相同的树叶,而教育的主体——学生也是一样。每个学生都是一个独立的生命体,有不同的行为习惯、生活态度及个性特征,在不同的方面或彰显着优势,或暴露出缺陷。这种差异是客观存在的。班主任要承认差异的合理存在,有差异才有活力,差异意味着丰富多彩,意味着兼容并包与优势互补。因此,班主任要善待差异,在评价中体现差异。评价要让学生觉得是对他说的,而不是对大家说的。一些大而化之的普遍性评价,例如该生热爱祖国、关心集体等,缺乏针对性,缺乏个体性,从而失去评价的效力。承认差异是一种良好的品质,而如果能够在更大程度上允许差异的存在,那对不同的学生而言,是一种莫大的鼓舞。这不仅可以使学生对自身的优势和劣势有清晰的认识,更能够增强学生的自信心与自尊心,在自己优势的方面不断地寻求发展,这才是教育面向全体的主旨之所在。

案例 9－11

双胞胎考生评语一字不差[①]

一对双胞胎兄弟被华中科技大学同时录取,而高中班主任给他们的评语竟然也完全相同。昨日,记者拿到两人的高考报名登记表仔细对比,发现 75 个字的评语一字不差。

毕业于湖北荆州市石首一中的这对双胞胎,哥哥叫鲁梦飞,弟弟叫鲁梦翔,今年高考理科分别考

① 《长江日报》2010 年 7 月 22 日。

出616分和625分。他们同时填报了华中科大，哥哥考上信息管理与信息系统专业，弟弟被金融学专业录取。

在他俩的高考报名登记表上，评语一栏都是这样写的："该生自觉遵纪守法，尊敬师长，团结同学，乐于助人。学习认真，勤思善问，成绩优秀。热爱体育活动，身体素质好。积极参加各种公益活动，是一名全面发展的好学生。"

昨日，记者分别连线了兄弟俩的家人、高中老师和同学。他们都认为，鲁梦飞和鲁梦翔在诸多方面均有差异。此前，哥哥曾获全国化学竞赛省一等奖，弟弟曾获全国物理竞赛省二等奖。今年高考，哥哥理科综合考得好，弟弟英语成绩好。

得知两人的评语一字不差后，鲁梦飞说："可能是老师当时写不过来。"鲁梦翔则说："说'身体素质好'与实际不太相符，我是个近视眼。"

从小学到大学，评语一直伴随学生左右。但双胞胎考生高考报名登记表上的评语"一字不差"背后，折射出的是在分数决定一切的选拔体制下，评语已经失去存在的意义，更不用谈评语"因人而异"了。

（四）激励性原则

评价作为一种信息反馈，对学生的行为有着重要的激励作用。在班级管理中，评价可以是多种多样的，有口头的与书面的、语言的和非语言的、定期的和随机的等等。总的来说，运用评价激励时应该强化刺激，及时给予，才有激励效能。同时，更要注意评价的具体性，在细节处入手，达成与被评价者的认同与共鸣。心理学研究表明，处于青少年期的学生在心理发展上尚不完善，他们乐于看到自身的闪光点被肯定。所以，班主任的评价要充满师情，体现爱心。要善于在学生身上发现湮灭在问题和缺点之中的闪光点和微小的进步，保护他们脆弱的自尊心，使他们重新点燃起自尊的火种，以获得前进的勇气和动力。

案例 9－12

爱心评语带来的神奇效果[①]

我班有个名叫巩强的复读生，由于父母外出打工，他住在外婆家，平时自制力较差。他上课注意力不集中，作业丢三落四，还不按时完成，不爱看书，却爱打架惹事。我多次做他的思想工作，但都收效不大。在写评语时，我尽量寻找他的闪光点，给他写下了这样的评语："巩强，多么好听的名字。强，坚强，奋发图强，要知道你的名字里寄托着父母多少期望啊！看你一副虎头虎脑的顽皮模样，自从你转到我班，老师就打心眼儿里喜欢你。同学们都称赞你讲的故事娓娓动听，引人入胜。你写的字真漂亮，如果那漂亮的作业能在规定的时间内完成，该多好啊！你一定想成为一个知识渊博的聪明人吧！那就从现在做起，管住自己，多看书学习，因为聪明来自勤奋。"看到这样的评语后，他高兴地笑了。新学期一开始，他的学习积极性明显提高了，上课认真听讲，积极举手回答问题，下课抢着擦黑板。他父母外出打工回来高兴地对我说："这孩子像变了个人似的，比以前懂事、听话多了，每天放学做完作业还能看看书或帮家里干活。"这不正是爱心评语带来的神奇效果吗？

班主任在工作中要摒弃那种静止的、僵化的、一成不变的思维定势，用变化的、发展

---

① 《河南教育（基教版）》2007年Z1期，第44页。

新编班主任工作技能训练（第2版）

的、进步的眼光去看待和研究学生,要看到学生的长处,看到学生的未来,相信每一个学生都有多种发展的可能性。只有坚持激励性原则,才能帮助学生认识自我,建立自信,促使学生健康成长。"教子十过,不如奖子一长",花费很多时间和精力去苛求学生,不如用一点心力去发现其优点,并以此鼓励他,让学生体验成功的滋味。学生在智力、品德、个性等方面往往存在着很大的差异,学生之所以为学生,主要在于他们的可塑性强,发展弹性大。作为班主任,要理解学生身上存在的缺点与不足,允许他们犯错误,不要因为学生犯了错误就大惊小怪,要摒弃那些急功近利、评价失当的做法。要倡导"四多四少"评价,即多一点赏识,少一点苛求;多一点表扬,少一点批评;多一点肯定,少一点否定;多一点信任,少一点怀疑。要善于发现学生身上的每一个"微不足道"的优点,以自然、真诚、恰当、温馨的语言予以赞美,让学生在激励的评价中受到鼓励,增强信心,明确方向,不断进步。

当然,激励性的评价不能过度,不能只报喜不报忧,否则容易引起评价的异化,使学生觉得评价只是走个形式而无实质性的内容,以至于轻视评价,对评价不以为然。

(五) 连续性原则

评价是一项长期的工程,是不断深入的持续性事业,是伴随着学生的变化而不断调整与修正的生成性活动。这就要求班主任以发展的眼光看待学生,以期待的心态迎接学生的成长。学生的成长是一个动态的发展过程。因而,对学生的评价应当在重视学生历史和现实表现的基础上,重视对学生潜能和素质发展趋势的科学分析,以确定教育的重点和方向。在评价过程中,应避免"重静态、轻动态"的做法,反对用老眼光看新问题。要注重学生的纵向提高,及时肯定学生的成绩,同时要坚持用发展的眼光看待学生的缺点和失误,科学地引导学生认识自己的发展潜力。

(六) 整体性原则

学生是一个完整的人,是知、情、意、行相结合的统一体。所以,对学生的评价只有把握住整体性,才是真正意义上对学生个体的认识与尊重。而很多情况下,班主任在对学生评价的过程中容易缺乏整体性,只在片面的层次上做文章,将整体的人等同于某个方面的人,从而使评价缺乏说服力和指导力。

当然,整体性的评价并不是简单地在各个方面罗列现象,而应该主次分明,有的放矢,体现针对性原则。在内容上应包括学生的思想品德、学习、劳动、社会生活、文体活动和人际关系等方面的表现以及发展情况。但是,具体到某个学生或是某个学生的某个阶段,则不必如此全面。如果能抓住一些实质性的、能体现学生特点的方面来写,则更有利于突出重点,更有利于学生发挥长处,弥补缺点。因此,对学生的评定切忌不分主次,面面俱到。

(七) 可行性原则

在确定评价内容、方案和方法时,要从实际出发,分析需要和可能、有利和不利条件,全面衡量,周密审定,确定其可行性。可行性是科学性的需要,是客观条件的需要。素质教育的可行性主要表现在"可比、可测、简易"六个字上。如对学生的思想品德的评价,不要仅仅定性地规定政治态度、道德品质、遵纪守法、学风等等,还要有具体的可测标准,并尽可能做到量化。对于那些难以直接量化的指标可先采用定性评价,然后采用模糊数学进行第二次量化的方法，不要因为直接量化有困难而舍弃某些重要项目，影响评价的科学性。

三、学生评语的写法

学生评语是班主任对学生实施评价的一种重要手段，是定性评价的具体体现。心理学家威廉·詹姆斯说过："人类本质最殷切的需要是渴望被肯定。"人人都有优点，教育中缺少的就是善于发现优点的眼睛。班主任要时刻关注学生的发展与变化，敏锐地发现学生身上的闪光点，这对激励学生发挥优势、避免劣势有着至关重要的作用。正如苏霍姆林斯基所说："教师要善于在每一个学生面前，甚至在最平庸的、在智力发展最感困难的学生面前，都向他打开他的精神发展的领域，并使他能在这一领域中达到一个高处，显示自己，宣告大写的'我'的存在，从人的自尊感的源泉中吸取力量，感到自己并不低人一等，而是一个精神丰富的人。"这就决定了班主任对学生的评语不可过于笼统，而要温馨化、细节化、个性化。这也是教师自身人格魅力和内在修养的表现，体现了教师对人性的解读、对生命的真爱、对学生的尊重。

(一) 温馨化评语

温馨化评语就是用真实的、贴近学生的话语来评价学生。这种植根于现实生活的温馨化评语，会使学生感受到老师对自己的关注和爱护，从而使学生感受到生活的可爱，进而对生活充满希望和理想。

案例 9 – 13

你有礼貌，能和同学们友好地相处。上课时，你总是认真听讲，积极举手回答问题。运动场上，你矫健的身姿、拼搏的精神、夺冠的斗志，感染着班级的每一个同学。劳动时，凡重活、累活，你总是抢着去干。可真正的强者不仅要有健壮的体魄，还应该有丰富的知识。相信你会把运动场上的拼搏精神用到学习上，给我们一个又一个的惊喜！

你虽然不爱说话，但你的内心世界好丰富、好多彩！我从你的作文中看到了你的才华。如果能大方地口头表达你的思想，那就更好了。你可以做得更出色的，试试你就知道了。

善良的孩子最让人欣赏，恰好你就是；乐观的孩子最惹人喜爱，恰好你也是；懂事的孩子最值得称赞，恰好你还是。课堂上，你总是专心致志。翻开你的作业本，字体那么有力、整洁，更是让人赞不绝口。你不喜欢表现自己，上课发言不多，老师希望你今后能够在这方面有所改进，上课大胆发言，锻炼语言表达能力，增强自信心。

看见你有条不紊地进行每天的学习、工作；看见你与同学热烈地争论问题或从球场上大汗淋漓地回到教室；看见你健康快乐地学习、生活着，真是有说不出的高兴与欣慰。你自己是否也体味到了目标明确而带来的充实的感觉，愿你保持目前良好的状态，为理想的实现继续努力。

温馨化评语是一种尊重生命的表现，是用一种尊重生命的语言揭示生命的可爱、可贵和可敬，同时也揭示生命成长、发展过程中所存在的问题，更是鼓励和引导学生勇敢地面对生活的挫折、压力和不尽如人意，以及勇敢面对生活的挑战。只有尊重生命，才能真正尊重学生的人格，才能使学生树立起自尊和自信。温馨化评语，一方面激发了学生的生命潜能,提升了生命的品质,捍卫了生命的尊严,使学生个体生命的价值得到了充分的体现;另一方面,认可了学生是一个个有血有肉、实实在在的个体,是有着生命理想、生命追求和生命憧憬的人,也是有着苦恼、烦闷和困惑的人。

(二) 细节化评语

实现对学生评价的细节化,要求班主任时刻关注学生,真正从细小处挖掘学生潜藏在内的特质。班主任要在每个学期对四五十名学生进行评语鉴定,繁重的工作量容易使人产生倦怠感。于是,许多评语按照模子来,大同小异,既没有针对性,更缺乏细节描述。这种评语很难获得学生的认可,在学生发展与成长中也收效甚微。而有的班主任在细节处的细致入微,常常能够感动学生,让学生觉得真正地受到关注。细节化评语容易获得学生的共鸣,容易实现与学生的沟通,同时会有效地获得学生的反馈,形成一个良性的互动系统,从而增强育人的效果。

案例 9-14

"你是一个很有思想的学生(但愿我们能成为真正的好朋友)。元旦前的一次长谈,使我深受启发。在此,我真诚地说一声:'谢谢!'你的学习一直不错,但不知为什么,总是不太冒尖。我们最好共同探讨一下,争取找出原因并加以解决。另外,你的体质不太好,要加强锻炼,寒假里别忘了坚持锻炼,好吗?

足球场上的你,飞一样的速度和左脚凌空射门真让人欢呼不已;晚会上的你,浑厚的歌喉引来雷鸣般的掌声。把足球场上的风采、晚会上的热情也放在学习上吧,老师相信你同样很棒!"

"原来我也被关爱?这不,又到期末了,我们班这学期换了班主任,30多岁已有了白发。这半学期,我班有了很大进步。与以前相比,真是天壤之别,这都是老师的功劳。可我总觉得我与老师之间隔着什么,老师对我好像有些冷淡。因此,对于素质报告单上的评语,我曾有很多猜想:老师会怎样写我呢?是平平淡淡地说两句,还是……原来,老师并不像我想的那样草草了事,连我的发言次数多了这样小小的变化都知道得这样详细。哦,老师,原来您在一个我并不知道的角落里,仔细地观察我的一举一动,真是……"

(三) 个性化评语

每个学生都有自己的个性特点,正如美国教育家古德莱德所说:"学生各不相同,其不同的程度远远超过了我们至今所能认识到的……学生是很难把握的。他们不会同样地成长起来。"个性化的评语能充分体现每个学生的个性,具有很强的针对性、感染力和鼓舞性。要求班主任的评语针对每个学生的性格特点、兴趣爱好和气质特点等,采用富有感情的、诗化的语言肯定学生的点滴进步和成就,并委婉地指出学生有待改进的问题,让学生感受到自己的独特,感受到老师对自己的关爱和殷切期望。

案例 9-15

你说:"我生活在郁闷的空气里。"但是,我从你的文章里读出来的是你冲天的才气。你不是挺喜欢那首《真心英雄》中"不经历风雨,怎么见彩虹"的歌词吗?人生处处都会有失败,关键在于失败后能否鼓起自信的风帆。只要你肯走出郁闷的天空，什么困难都会被你踩在脚下。"乘风破浪会有时，直挂云帆济沧海。"

老师欣赏你的灵活，你朗读课文的音色真棒！要是你为人处世时能对他人多一份宽容、多一份谦让，那你会更好。

在情感上，对于你受到学校的处分，我同情你，如同自己摔了一跤，但换个角度思考，这又何尝不是好事？依着你的个性，不知天高地厚，若没有碰到任何挫折，真到社会上，难免会吃大亏呢！这是你的宝贵财富，要多反思，吸取教训，成长为自律的好青年。

个性化评语是通过对学生闪光点的挖掘和鼓励，使学生树立对学习、对生活的信心和勇气。它针对不同的学生采用不同的方式，不以学生的成绩作为唯一的评价标准，更关注学生的个性特点及心理的健康成长等。

班主任在写个性化评语时，可以根据学生不同的个性特点和实际需要加以点拨，或鼓励，或希望，或委婉批评。一句平常话、一件平凡事、一个令人难忘的眼神、一次成败的经历等等，都可以作为评语的切入点。

对学生进行评价，是班主任工作的重要内容。正确评价学生，可以帮助学生正确地认识自己，看清自己的长处和短处，建立自信，发挥潜能，不断进步；可以帮助家长了解子女的在校情况，配合班主任共同搞好学生的教育管理工作。所以，在观念上确立全面发展的评价理念，在具体落实时贯彻科学规范的评价技术，将引领新时期班主任工作走上一个新台阶，从而培养出有思想、有个性、有创新精神的一代新人。

思考与训练

一、名词解释

1. 趋中效应　　2. 成长记录袋

二、简答题

1. 班主任在实施评价中应该克服哪些心理负效应？怎样克服？

2. 在中学，你的班主任对你们采用过哪些形式的评价？你对这些评价方式有何看法？

3. 班主任科学合理地对学生进行评价要遵循哪些原则？

4. 请简述班主任评语在学生成长与发展中的作用及意义。

三、实践操作

1. 用相关的评价理论评析下面的评语。

① 从你彬彬有礼的话语中，看出你是个有礼貌的好孩子；从你积极学习的态度上，知道你是个有上进心的好学生。课上，你思维敏捷，积极地回答问题，受到任课老师的好评；课下，你爱好广泛，勤学好钻。你是咱们班的运动健将，跑道上总能看见你矫健的身影。如果今后工作中你能再大胆一些地表现自己，相信你会是我们班最出色的一个。

② 希望该同学准时上课，提高完成作业的效率。他在线性关系、二次方程和函数方面取得了令人满意的成绩，但三次方程考试成绩令人失望。我认为他的考试成绩并不能反映他的真实能力。他不需要花太多的时间备考，但要充分利用提问的形式来提高自己。

③ 该同学热爱集体，关心同学，在学习上积极要求进步，谦虚谨慎，刻苦耐劳，学习成绩优良；在担任学习委员期间，工作认真负责，是老师的好帮手。希望该同学能继续保持

优点,克服缺点,争取在新的学期各方面再上一个台阶。

2. 在下面这个案例中,你读到了什么?你觉得班主任在对学生进行评价时应该注意些什么?

　　接到分班表不久,我就收到教导处的调生令,要求从初一(5)班调入一个学生,以弥补各班人数上的不均匀。作为班主任,我当然希望能接到一个品学兼优的学生。"调小琳吧,这女孩还是很不错的!"好心的同事提醒我,"她可一直当班长呢。""小琳?"我一愣,"听说她的数学成绩不好,不要!不要!"我急得直摇头,抬头间似乎看到一个学生急匆匆地跑过了窗前……后来,通过教导处的协调,小琳还是调入了我的班级。

　　新学期开始,望着一张张崭新的面孔,我感到无比的亲切。上课时,孩子们的目光都聚集在我的身上。每当我用亲切的目光收集学生的信息时,总感到小琳的一双眼睛在躲着我,让我有一种说不出的困惑。

　　为了解学生的心理情况,开学第三天,我让学生写自己新学期有什么想法。打开小琳的作文本,清秀的字迹映入眼帘:"老师,在五年级的时候我就听说过您的大名。您教学水平高,对待学生跟自己的孩子一样。我做梦都想六年级时进到您教的班级读书。开学的时候,我早早来到学校查看自己分到的班级。发现自己分在(5)班而不在您的班级,我的心凉透了。突然,我听到办公室的老师说要从(5)班调一个人去(1)班,我心里一动,心想这可是个好机会,便兴冲冲地去找您。可是,当我来到您的办公室时,听到您在说我的数学成绩不好,您不要。我惊呆了,泪水止不住地流了下来……虽然现在我已经如愿以偿,可是我总怕有一天您会嫌弃我。上课的时候,我也想像别的同学那样举手发言,得到您的赞扬,可又怕说错了您更加不喜欢我……老师,在新的学期里,我一定会努力,请相信我!"

　　合上小琳的作文本,深深的内疚涌上心头。作为一名班主任,我怎么在不经意间犯了这么一个大的错误,而这个"不经意的错误"正是每个教育工作者都不能饶恕的错误。孩子的心灵是脆弱的,那一句"不要"给小琳带来了伤害,而我只能用加倍的爱去抚平她心灵的创伤。亲爱的老师们,你是否在不经意间也犯过同样的错误,也许是一个眼神,也许是一个手势。

【相关链接】

一、情商测验 EQ 量表(摘自《中国心理学家》网)

(1—10:自我情绪认知)

1. 对自己的性格类型有比较清晰的了解?
　　A总是　　　　B有时　　　　　　C从不

2. 无法确知自己是在为何生气、高兴、伤心或妒忌?
　　A总是　　　　B有时　　　　　　C从不

3. 知道自己在什么样的情况下容易发生情绪波动?
　　A总是　　　　B有时　　　　　　C从不

4. 即使有生气、高兴、伤心或妒忌的事也不愿或不能表达出来?
　　A总是　　　　B有时　　　　　　C从不

5. 懂得从他人的言谈与表情中发现自己的情绪变化?

A总是　　　　　　B有时　　　　　　C从不

6. 情绪起伏很大,自己都不了解自己是为什么?
A总是　　　　　　B有时　　　　　　C从不

7. 有扪心自问的反思习惯?
A总是　　　　　　B有时　　　　　　C从不

8. 不知道自己的感情是脆弱还是坚强?
A总是　　　　　　B有时　　　　　　C从不

9. 性情不够开朗,很少展露笑容?
A总是　　　　　　B有时　　　　　　C从不

10. 很难找到表达情绪的适当方式,要么表示愤怒,要么隐忍或委屈?
A总是　　　　　　B有时　　　　　　C从不

(11—20:情绪调控)

11. 遇到不顺心的事能够抑制自己的烦恼?
A总是　　　　　　B有时　　　　　　C从不

12. 情绪波动的起伏,往往不能自控?
A总是　　　　　　B有时　　　　　　C从不

13. 遇到意想不到的突发事件,能够冷静应对?
A总是　　　　　　B有时　　　　　　C从不

14. 精神处于紧张状态,不能自我放松?
A总是　　　　　　B有时　　　　　　C从不

15. 受到挫折或委屈,能够保持能屈能伸的乐观心态?
A总是　　　　　　B有时　　　　　　C从不

16. 对自己的期望很高,达不到标准会很生气或发脾气?
A总是　　　　　　B有时　　　　　　C从不

17. 出现感情冲动或发怒时,能够较快地"自我熄火"?
A总是　　　　　　B有时　　　　　　C从不

18. 做什么事都很急,觉得自己属于耐不住性子的人?
A总是　　　　　　B有时　　　　　　C从不

19. 听取批评意见,包括与实际情况不符的意见时,没有耿耿于怀或不乐意?
A总是　　　　　　B有时　　　　　　C从不

20. 对人对事不喜欢深思熟虑,主张"跟着感觉走"?
A总是　　　　　　B有时　　　　　　C从不

(21—30:自我激励)

21. 在人生道路上的拼搏中,相信自己能够成功?
A总是　　　　　　B有时　　　　　　C从不

22. 不愿尝试所谓的新事物,对自己不会的事情会感到无聊?
A总是　　　　　　B有时　　　　　　C从不

23. 决定了要做的事不轻言放弃？

    A 总是　　　　　　B 有时　　　　　　C 从不

24. 一次想做很多事，因此显得不够专心？

    A 总是　　　　　　B 有时　　　　　　C 从不

25. 工作或学习上遇到困难，能够自我鼓励克服困难？

    A 总是　　　　　　B 有时　　　　　　C 从不

26. 对于自己该做的事，很难主动地负责到底？

    A 总是　　　　　　B 有时　　　　　　C 从不

27. 相信"失败乃成功之母"？

    A 总是　　　　　　B 有时　　　　　　C 从不

28. 没有必要要求自己什么，觉得自己做不到的事不如干脆放弃？

    A 总是　　　　　　B 有时　　　　　　C 从不

29. 办事出了差错自己总结经验教训，不怨天尤人？

    A 总是　　　　　　B 有时　　　　　　C 从不

30. 不敢担任新的职责，因为怕自己会犯错？

    A 总是　　　　　　B 有时　　　　　　C 从不

（31—40：他人情绪认知）

31. 对同学、同事的脾气性格有一定的了解？

    A 总是　　　　　　B 有时　　　　　　C 从不

32. 在意别人对自己的看法，生活无法轻松自在？

    A 总是　　　　　　B 有时　　　　　　C 从不

33. 经常留意自己周围人们的情绪变化？

    A 总是　　　　　　B 有时　　　　　　C 从不

34. 别人提出问题时会不知怎样回答才让人满意？

    A 总是　　　　　　B 有时　　　　　　C 从不

35. 与人交往时知道怎样去了解和尊重他人的情感？

    A 总是　　　　　　B 有时　　　　　　C 从不

36. 与人相处时不善于了解对方的想法或怎样看待事物？

    A 总是　　　　　　B 有时　　　　　　C 从不

37. 能够说出亲人和朋友各自的一些优点和长处？

    A 总是　　　　　　B 有时　　　　　　C 从不

38. 触痛别人或伤及别人的感情时自己不能觉察？

    A 总是　　　　　　B 有时　　　　　　C 从不

39. 不认为参加社交活动是浪费时间？

    A 总是　　　　　　B 有时　　　　　　C 从不

40. 别人的感受是什么对我来说没有必要去考虑？

    A 总是　　　　　　B 有时　　　　　　C 从不

41. 没有不愿同别人合作的心态？

    A总是   B有时   C从不

42. 对单位、学校及家庭既定的制度规则不能照章行事？

    A总是   B有时   C从不

43. 见到他人的进步和成就没有不高兴的心情？

    A总是   B有时   C从不

44. 对有约定在先的事，无法履行兑现或草率了事？

    A总是   B有时   C从不

45. 与人共事懂得不能"争功于己，诿过于人"？

    A总是   B有时   C从不

46. 担心自己的意见或建议不好时，宁愿随声附和？

    A总是   B有时   C从不

47. 与人相处能够"严以律己，宽以待人"？

    A总是   B有时   C从不

48. 别人不同意自己的意见时就会表现出不满，或避而远之？

    A总是   B有时   C从不

49. 知道失信和欺骗是友谊的大敌？

    A总是   B有时   C从不

50. 觉得委屈求全是解决矛盾的好方法？

    A总是   B有时   C从不

解析：

81—100分：EQ水平较高，情绪稳定，乐观自信，客观冷静，人际交往、处理问题及社会适应能力较强，是一种积极健康的心理状态。

41—80分：EQ水平居中，尚需保持和发扬优势面，克服不足，不断提高。

40分以下：EQ水平偏低，情绪常波动起伏，人际交往、处理问题及社会适应能力欠缺。但也毋需恐惧，应当找出薄弱环节，有针对性地加强自我修养和锻炼，以不断提高自己的情商水平与综合素质。

二、中学生网络成瘾量表

（如果下列题项中描述的情形对你来说符合，则在其后的括号里填"Y"；若不符合则在其后的括号里填"N"）

1. 我曾尝试让自己花更少的时间在网络上，但无法做到。（   ）

2. 我只要有一段时间没有上网，就会觉得心里不舒服。（   ）

3. 由于上网，我和父母、老师及同学的交流、相处时间减少了。（   ）

4. 我曾不止一次因为上网的关系而睡眠不足五个小时。（   ）

5. 比起以前，我必须花更多的时间上网才能感到满足。（   ）

6. 我只要有一段时间没有上网，就会觉得自己好像错过了什么。（   ）

7. 由于上网,我花在以前喜欢的活动上的时间减少了。( )

8. 我经常上网。( )

9. 我常常因为熬夜上网而导致白天精神不振。( )

10. 我每次下网后,其实是要去做别的事,却又忍不住再次上网看看。( )

11. 我只要有一段时间没有上网,就会情绪低落。( )

12. 由于上网,我与周围其他人的关系不如以前好了,但我仍没有减少上网。( )

13. 我习惯减少睡眠时间,以便能有更多时间上网。( )

14. 从上学期以来,平均而言我每周上网的时间比以前增加了许多。( )

15. 我常常不能控制自己上网的行动。( )

16. 我非常喜欢上网。( )

17. 由于上网,我的学习成绩越来越不如以前了。( )

18. 我曾因为上网而没有按时吃饭。( )

19. 我每天一有空,想到的第一件事就是上网。( )

20. 没有网络,我的生活就毫无兴趣可言。( )

21. 上网使我的身体健康状况越来越不如以前了。( )

22. 我觉得自己花在网络上的时间比一般人少。( )

23. 其实我每次都只想上一会儿网,但常常一上网就很久下不来。( )

24. 每次只要一上网,我就有兴奋及满足的感觉。( )

25. 我从来没有上过网。( )

26. 别人曾不止一次说:"你花了太多时间在网络上。"( )

27. 我非常讨厌上网。( )

28. 我曾不止一次因为上网而逃课。( )

成瘾的判断标准:下列题项均以1分法记分,"Y"得1分,"N"为0分。28个题项中若有15及以上的题项为肯定回答(即总分大于等于15分),便可大体判定为其对网络的依赖已达成瘾程度。

1. 成瘾症状:包括耐受性和戒断反应两个维度。

a. 耐受性:耐受性的题项有1、5、10、14、19、23。

b. 戒断反应:戒断反应的题项有2、6、11、15、20、24。

2. 网络成瘾相关问题(影响):包括人际关系与健康及时间管理两个维度。

a. 人际关系与健康:人际关系与健康的题项有3、7、12、17、21。

b. 时间管理:时间管理的题项有4、8、9、13、18、22、26、28。

c. 测谎题:16、25、27。

三、中学生学习动机测验(摘自《心理咨询在线》网)

【指导语】本问卷用于了解中学生在学习动机、学习兴趣、学习目标制定上是否存在行为困扰,共由20个题目构成。测验时,请仔细阅读问卷中的每一个题目,并与自己的实际情况相对照。若觉得相符,请在题目后的括号里打个"√"号,不相符则打个"×"号。

1. 如果别人不督促你,你极少主动地学习。( )

2. 当你读书时,需要很长的时间才能提起精神来。(   )

3. 你一读书就觉得疲劳与厌倦,直想睡觉。(   )

4. 除了老师指定的作业外,你不想再多看书。(   )

5. 如有不懂的,你根本不想设法弄懂它。(   )

6. 你常想自己不用花太多的时间成绩也会超过别人。(   )

7. 你迫切希望自己在短时间内就大幅度提高自己的学习成绩。(   )

8. 你常为短时间内成绩没能提高而烦恼不已。(   )

9. 为了及时完成某项作业,你宁愿废寝忘食,通宵达旦。(   )

10. 为了把功课学好,你放弃了许多感兴趣的活动,如体育锻炼、看电影与郊游等。
(   )

11. 你觉得读书没意思,想去找个工作做。(   )

12. 你常认为课本的基础知识没啥好学,只有看高深的理论、读大部头作品才带劲。
(   )

13. 只在你喜欢的科目上狠下工夫,而对不喜欢的科目放任自流。(   )

14. 你花在课外读物上的时间比花在教科书上的时间要多得多。(   )

15. 你把自己的时间平均分配在各科上。(   )

16. 你给自己定下的学习目标,多数因做不到而不得不放弃。(   )

17. 你给自己定下的考试成绩,常常因达不到而灰心丧气。(   )

18. 你总是同时为实现几个学习目标忙得焦头烂额。(   )

19. 为了应付每天的学习任务,你已经感到力不从心。(   )

20. 为了实现一个大目标,你不再给自己制订循序渐进的小目标。(   )

【记分规则与结果解释】每个题目若打"√"记 1 分,若打"×"记 0 分。

上述 20 个题目可分成 4 组,它们分别测查学生在学习欲望上四个方面的困扰程度:1—5 题测查学习动机是不是太弱;6—10 题测查学习动机是不是太强;11—15 题测查学习兴趣是否存在困扰;16—20 题测查学习目标是否存在困扰。假如被试在某组(每组 5 题)中的得分在 3 分以上,则可认定他们在相应的学习欲望上存在一些不够正确的认识,或存在一定程度的困扰。

第十章
班主任专业化与
自我成长

案例 10 - 1

魏书生谈班主任的成长[①]

我属于愿意当班主任的那类教师。我总觉得,做教师而不当班主任,那真是失去了增长能力的机会,吃了大亏。"人生七十古来稀",这是古人的看法,现在咱们中国人的平均寿命已经到 70 岁了。咱们国家正在普及九年义务教育,一个人读 1 年学前班,再念完 9 年书,即使不上高中、大学,也有 10 年光阴是在班级中度过的。10 年,占了一般人生命的七分之一。这是人生筋骨血肉成长最快的 10 年,是人生喜怒哀乐感情最丰富的 10 年,是人生意志品质形成的 10 年,是人生智力才能发展最快的 10 年,是人生变化万千的 10 年,是决定一个人今后命运的 10 年。班级、班集体,人们生于斯,长于斯,变化于斯。在其中时,关心她,爱护她,为她吃苦,为她的荣誉奋斗。离开她后,留恋她,想念她,回忆她,魂牵梦绕见到她……这怀念的感情经过滚滚滔滔的时间长河的冲刷,非但没有消失,反倒经年累月,越积越深。许多人愈到老年、晚年,对其思之愈切,念之愈深。

班级和人生维系得这么紧密,班主任这一职业便具有了一定的诱惑力。

班级像一座长长的桥,通过它,人们跨向理想的彼岸。

班级像一条挺长的船,乘着它,人们越过江河湖海,奔向可以施展自己才能的高山、平原、乡村、城镇。

班级像一个大家庭,同学们如兄弟姐妹般互相关心着,帮助着;互相鼓舞着,照顾着,一起长大了,成熟了,便离开了这个家庭,走向了社会。

我常常觉得班级更像一个小社会,社会上有什么,一个班级便可能有什么。学生们走出家庭,通过在这个小社会实习,才具有了一定的适应大社会的能力。

既然是社会,就有一个管理问题。

管理得不好,就像"文革"运动期间那样,林江政客胡作非为,挑动同胞反目,兄弟为仇,空谈理论,不干实事;许多好人欲干不能,欲罢不忍,想有所为而不能为,以致在一片形势大好的颂扬声中,国家经济到了崩溃的边缘。

管理得合理,便能像党的十一届三中全会以来这样,神州大地,万物复苏;邻国和睦,人民互助;生产建设,热气腾腾;内陆沿海,到处是实干家施展才能的战场,只要有弄潮的本领,随时都能跃入市场经济的海洋。

社会如此,家庭如此,企业如此,机关如此,班级亦然,都有一个管理得是否合理的问题。管理得不好,大家在堡垒里拼命战斗,内部先在窝里斗得头破血流,何谈发展自己,何谈超越别人。管理得好,大家在集体中形成合力,互助协作,合力大于分力之和;每个人都发挥了潜力,多做了事,集体增强了实力,超越别的国家,超越别的集体才成为可能。

[①] 摘自 http://www.docin.com/p-60708887.html.

我教了近18年书，当了17年的班主任，可惜，我不能倾全部心力于班级工作，就支付给班级管理的时间而言，我是个不合格的班主任。这17年中，我当了7年多副教务主任，当了7年多书记兼校长。

除此之外，我还做了以下一些实事：

分别为我所任的30个社会兼职（例如，全国教育科学规划领导小组成员、全国中语会学术委员会副主任、全国中学学习研究会理事长等）尽一部分责任。

在国内外的海、陆、空中跑了40多万公里路，参加各种会议、讲学，办各种杂事。

在全国除台湾、澳门、青海以外的29个省、市做了550多场报告。

在全国26个省、市、自治区讲公开课480多次。

接待全国28个省、市、自治区的36000多人次来校听课、访问、指导。

处理了11000多封国内外来信。

写了210多万字的日记，发表了84篇文章，已出版了主编的3本书、3本论文集、1本专著。

我像个埋头种地的农民，我喜欢在自己班级的田地里耕作，但又不能不到别的地里去干活，这自然挤占了我本来可以用于班级管理的时间。

尽管如此，我的一届又一届的学生们都能够顾全大局，紧密团结，互相关心，互相帮助，没有在堡垒里战斗，而组成了一个战斗的堡垒，大家形成合力，取得了大于分力之和的效果。

不少青年教师问我："时间这么少，还能当得成班主任，您主要靠什么？"

我说："主要靠两大点，一小点。两大点，一是民主，二是科学；一小点就是引导学生练气功。"

"您能说详细一些吗？您写成一本书该多好！"许多青年教师这样向我建议。近10年来，先后有十几家出版社的同志催我把这本书写出来，我总觉得不成熟，便拖着。催的人越来越多，不好再拖了，半年前便开始写。

我想，自己写的是本记录自己怎么做的书，不是告诉人家怎么做的书。为了让青年班主任读起这本书来能够轻松一些，于是许多篇章便像同读者谈心似的，平时，怎么想了，怎么说了，怎么做了，也就怎么写出来了。

从现在起，还有2436天就到21世纪了，在这两千多天中，"文革"运动前参加工作的老班主任将陆续离开自己倾注了毕生心血的岗位，一批批青年人要走上这个神圣的位置。班主任工作归根结底要靠青年人来开创新局面，我愿把这本书献给刚刚走上或早已走上这一神圣岗位的青年班主任们，愿和大家一起来商量，探索提高班级管理效率的方法；大家一起来想办法，把这项许多人都感到又苦又累的工作，干得轻松，干得快乐，干得效果更好一些。

世界也许很小很小，心的领域却很大很大。班主任是在广阔的心灵世界中播种耕耘的职业，这一职业应该是神圣的。愿我们以神圣的态度，在这神圣的岗位上，把属于我们的那片园地管理得天清日朗，以使我们无愧于自己的学生，以使我们的学生无愧于生命长河中的这段历史。

魏书生
1993年3月31日

班主任专业化已成为时代发展的必然要求。作为一项专门工作，班主任应当具有更强的先进性和前沿性，承担更明确的责任，具备更为专业的素质和能力，拥有更专门的知识，运用更富技巧的方法。只有这样，才能履行好自己的职责。因此，班主任要走专业化之路，以适应社会发展的需求以及青少年身心发展的需要，更好地承担起"学生人生导师"的社会责任。

第一节　班主任专业化概述

专业化是社会文明与进步的表现，是社会发展的必然趋势和重要标志。班主任专业化是近年来对班主任工作提出的新要求，同时也体现了对班主任工作的重视。随着《中共中央国务院关于进一步加强和改进未成年人思想道德建设的若干意见》的颁布，班主任在学校教育工作中的骨干地位得到凸显。作为中小学生思想道德教育的重要力量，班主任自身的专业素质和道德素质建设也提上了议事日程。

一、班主任专业化的内涵

班主任专业化的内涵与教师专业化的内涵相近。教师专业化是指教师在获得国家规定的学历标准的基础上，建立现代教育理念，锤炼崇高的职业道德，并经过教师职业培训而获得必要的专业知识、专业能力和教师资格，确保专业地位的过程。班主任专业化与教师专业化具有共同性，优秀的班主任首先应该是优秀的教师。然而，班主任的专业角色与教师的专业角色是有所不同的。

班主任除了和任课教师一样要完成教学工作外，还要履行班主任的职责。1952年3月，教育部颁发的《中小学暂行规程（草案）》规定："每班设班主任一人。"这标志着我国中小学从级任制转向班主任制。1963年3月，中共中央颁布的《全日制中小学暂行工作条例（草案）》对班主任的职责作出了规定。到1997年11月，教育部、财政部、国家劳动总局发出《关于在普通中学和小学公办教师中试行班主任津贴的通知》，体现了党和政府对班主任工作作为一项专业性很强的复杂劳动的肯定，也标志着班主任专业地位的进一步提高和专业职责的进一步明确。1998年7月，原国家教委又制定了《中（小）学班主任工作的暂行条例》，提出了中学班主任的八条职责、小学班主任的七条职责，要求班主任对所辖班级学生的生活、学习、工作以及学生的素质和班集体形成与发展承担重要责任，对学生和班集体进行教育和管理。2006年6月，教育部又下达了《关于进一步加强中小学班主任工作的意见》，要求充分发挥中小学班主任教师在学校教育工作中的骨干作用，促进学生德智体美全面发展。班主任工作不再是人人都能从事的一份工作，而是需要经过一定的专业训练，由教师队伍中的优秀分子担当的一项崇高而伟大的事业。

因此，所谓班主任专业化，就是以教师专业化为基础，以专业的观念和要求对班主任进行选择、培养、培训、管理和使用的过程。主要包括：在职业道德上，从一般的道德要求向专业精神发展；在专业知识和能力上，从"单一型"向"复合型"发展；在劳动形态上，从"经验型"向"创造型"发展。

案例 10-2

班主任专业成长的三个阶段与五个层次

一、班主任专业成长的三个阶段①

一般而言，班主任的专业成长可分为三个阶段：规范化阶段、个性化阶段和特色化阶段。在不同的发展阶段，班主任面对的问题不同，工作的侧重点也有所不同。

规范化发展阶段，是一位教师从新手逐步成长为一名合格班主任的过程。这时他能够胜任班级

---

① 摘自 http://www.hubce.edu.cn/jpkc/instructors/do.php? int=section&id=44。

各项管理工作，能与学生建立良好的师生关系，懂得将基本的教育原理应用于班级工作之中，明确建立良好班集体的目标，知道如何向这个方向去努力。班主任在这一阶段可能遇到的问题是，缺少班级管理的经验，除了基本的理论知识学习外，还有着强烈的向老班主任、优秀班主任学习的渴望，并处处模仿别人，对自己的期望值很高。但由于理想与现实的差距、理论与实践的脱节，许多班主任容易因遇到问题而退缩，进而怀疑自己的能力。这一时期的班主任要加强基本功训练，提高将知识转化为能力的能力。

个性化发展阶段，是班主任开始在工作中逐渐形成自己特色的过程，并能在学校的各项活动中崭露头角，与学生建立起和谐的师生关系。此时的班主任能够游刃有余地完成班级的各项工作，在形成自己个性特色与优势的基础上，还能使所带的班集体有特色。班主任的个性特色在自己的班级管理、学生发展方面有了明显的印记。这一时期的班主任虽然有了一定的经验积累，却容易停留在班主任工作的高原期，难以前进，因而迫切需要进一步的学习与提升，以便能顺利走出高原期，走出对职业的厌倦与困惑，迈向新的层次。

特色化发展阶段，是班主任成长为有辐射影响力的班主任的过程。其标志是班主任能更多地关注学生的长远发展，班级管理也进入民主化、科学化阶段。这一时期的班主任善于反思自己，把自己的经验与成果加以归纳、总结并向外输出，能影响身边的人和远处的人，逐步成为学校及教育系统内有影响的班主任或教育专家。

班主任专业化发展重在"化"的过程，而不完全在结果，关键在于创新思路、创新举措、创新路径，创出品牌，"专"要提高，"化"上正道，探寻出一条具有中国特色的班主任专业化发展之路，真正实现班主任发展目标的转型：专业精神由蜡烛型(燃烧自己，照亮别人)向火箭型(照亮别人，升华自己)转变、专业境界由低层次管理型向高层次专家型转变、专业知识由单一型向复合型转变、专业能力由被动应付向应付自如转变、专业理论由消费者向创生者转变、教育研究由守望者向先行者转变、工作方法由班集体的管理者向经营者转变。这样的班主任，才是有潜力、有能力、有素质、有力量赢得地位和尊敬的专业化发展的班主任。

二、专业发展的新境界——由低层次管理型向高层次专家型转变，提高核心竞争力

班主任专业化是一种动态的发展过程。要成为一名成熟的教育专业人员，需要通过不断的学习与探究历程来拓展其专业内涵，提高专业水平，从而达到专业成熟的境界。班主任的专业境界由低层次管理型向高层次专家型转变需要经历五个阶段：

第一层境界——管理型班主任。认为班主任只是学校指示的传达者、执行者，是维持班级纪律的"特警"。这种班主任是在没有竞争、没有压力的环境下产生的，其特点是既不懂得关心学生，也很少去理会学生的感受，容不得学生有不同的思想见解。

第二层境界——知识型班主任。这类班主任学历高、教学好、知识面广，但担任班主任时间短、经验少、班主任工作艺术不精。知道一个好班是什么标准，但不知道用什么方法去实现这个标准，或者方法幼稚，达不到所期望的目标。这种班主任大都属于担任班主任不久的一线青年教师，是班主任走向成熟前的一个必然而艰难的阶段。如果这类班主任谦虚好学，接受能力强，性格大方外向，往往在短期内就可以突破这一境界，进入另一新的境界。

第三层境界——创新型班主任。这类班主任是好学上进的知识型班主任的能力升级版。随着工作经验的积累，自学和培训后的眼界开阔，加上善于思考、敢于实践、勇于探索，逐步脱颖而出，从而成长为班主任队伍中的一股新力量、新骨干。这类班主任敢于突破过去、突破前人、突破传统、突破原有的班主任工作模式，善于用反思的态度来审视一切，大胆地面对新情况，研究新问题，寻求新思路，采取新举措。后生可畏，难能可贵，不多羽翼尚未丰满，如戒骄戒躁，假以时日，即可再升高一段位。

第四层境界——成熟型班主任。这类班主任大都年富力强，或为年级组长、中层干部、中高级教师。与第二、三层境界的班主任不同的是，他们既有经验，又懂艺术，还有创新，更有成果。知道用什么最合适的方法去达到预期目标，他们采用班规去规范学生的行为，他们作风民主，知道借用舆论的

手段去批判班上的不良倾向,经常性地进行学习方法、管理理论、心理知识的介绍,让学生在学习书本知识的同时对自己的处境、心态有所了解,从而调整自己的行为。一般来说,目前的好班或素质高的学生就是由这样的班主任带出来的。这种班主任综合素质要求较高,既要有管理才能,又要会宣传鼓动;既要有充足的文本知识,又要有丰富的带班经验,且平时善于总结、提高。

最高境界——专家型班主任,是属于科研型、创造型的。这是一种理想境界,但并非没有达到的可能。这种班主任的主要特点是:(1)他不着力于整体的整齐划一,而着力于每位学生的不同个性,根据其个性而采取不同的教学和管理方法,接近于孔子所谓的"因材施教",但与之有明显不同的是,他着力于学生个性中最有创造性的成分,并与学生一起研究今后发展的方向,直至将学生引向成功之途。(2)他不刻意去讲什么纪律规则,而用心去引导学生爱好学习,引导他们以争抢每分每秒、努力上进为乐趣,引导他们以超越自我为最大的快乐;不是由抓班风促学风而是用学风带班风。(3)他不着眼于今天的考试、考核,而是乐于培养学生产生进行创造的兴趣与方法。这种班主任带出来的学生,有一种不同常人的自信乐观,有自己的见解、主张,不苟同权威;有一种异于常人的心理韧劲,不达目标誓不罢休;有自己以后发展的蓝图,并持之以恒地朝这个方向奋勇迈进。这种班主任的素质是最全面的,如果学生能碰上这样的班主任将是人生一大幸事。

专家型班主任不同于新手的三个基本方面:一是知识,专家不仅要有所教学科的知识,如何教的知识以及如何专门针对具体要教的内容施教的知识,而且还要具有从事科学研究方面的知识,尤其在专家擅长的领域内,他运用知识比新手更有效;二是效率,专家与新手相比,能在较短的时间内完成更多的工作;三是洞察力,专家比新手有更大的可能找到新颖和适当的解决问题的方法。[1]

（南京市建邺高级中学朱倩倩提供）

二、班主任专业化的意义

(一) 有助于提高班主任的社会地位

班主任社会地位和学术地位的提高,尽管与政府的重视和社会、家庭的信赖有关,但仅靠改善待遇和提高声誉是远远不够的。班主任只有自己行动起来,努力提高自身的专业知识和专业能力水平,使自己从经验型向研究型班主任发展,使自己的专业成熟程度不断提高,真正成为训练有素的、不可替代的角色。只有这样,才能从根本上改变班主任的职业形象,提高其社会地位和学术地位。就班主任个体来说,要时刻面对上级主管的审视,面对学生的期待,面对教师群体的关注。如果不练就开展班级工作的真本事,不但得不到上级主管的认可、同事的钦佩,而且得不到学生的拥戴。因此,班主任必须努力提高专业水平,不断提升自身修养,以成为专家型的班主任。

(二) 有助于适应教育自身发展的需要

随着知识的迅猛增长和教育改革的不断深化,社会对教育工作者专业发展的关注达到了前所未有的程度。可以说,世界各国每一份教育改革方案和每一份学校改进计划都强调教师专业发展的必要性。早在 1966 年,国际劳工组织和联合国教科文组织在《关于教师地位的建议》中就提出:"应把教育工作视为专门的职业,这种职业要求教师经过严格的、持续的学习,获得并保持专门的知识和特别的技术。"把教育工作视为专门职业,要求教师职业的专业化。班主任职业的专业化,其重要性甚至超过一般教师的专业化。

---

[1]　班华主编:《今天,我们怎样做班主任——职业高中卷》,华东师范大学出版社 2006 年版,第 195 页。

魏书生与李镇西①

魏书生重科学,李镇西重民主。

魏书生重法治,李镇西重人治。

魏书生在法治中建立秩序,李镇西在人治中走向和谐。

魏书生看重的是心灵的宁静,李镇西看重的是心灵的纯净。

宁静的,所以能致远;

纯净的,因而很透明。

魏书生的管理有着大上海的风采:精明而睿智;

李镇西的育人有着老北京的气息:从容而大气。

魏书生庄严,但庄严中透出亲切;

李镇西亲切,但亲切中透出庄严。

魏书生是一个宗教,李镇西是一个童话。

魏书生身上更多的是宗教家的执著和坚忍;

李镇西身上更多的是小孩子的热情和纯真。

是周恩来给了魏书生人格上的力量,他有着一颗感恩之心,终生不敢背叛的:是历史,是良心;

是苏霍姆林斯基净化了李镇西的心灵,他有着一颗赤子之心,终生不敢背叛的:是童年,是真诚。

从魏书生身上,我们懂得:人要学会感恩;

从李镇西身上,我们知道:感动无处不在。

魏书生"功夫在课外",教学,是管理的一个零件;

李镇西"功夫在课内",管理,是教学的一个配件。

魏书生、李镇西都有自己的"班规",而且都是在学生充分讨论的基础上制定的。

魏书生的"班规"如蜘蛛织的网,精妙之至,当然令人欣赏;

李镇西的"班规"如小孩子捏的橡皮泥,稚拙了些,同样惹人喜欢。

魏书生是包藏火焰的冰山,是"月亮代表我的心";

李镇西是通体透明的美玉,是"明明白白我的心"。

魏书生陪儿子玩"摔跤",培养的是刚劲和彪悍之气;

李镇西和女儿谈"爱情",造就的是细腻和温柔之心。

魏书生博大、严谨,李镇西厚实、凝重。

魏书生"春风放胆来梳柳",

李镇西"夜雨瞒人去润花"。

魏书生的存在,中国的教师们多了一个可效法的榜样;

李镇西的存在,中国的教师们多了一个可信赖的朋友。

感谢魏书生,他让我们懂得:教育不仅要传承,更要创新;

感谢李镇西,他让我们懂得:教育不仅是大智,更是大爱。

(三) 有助于强化班集体建设

班级是学校进行教育、教学工作的基本单位,是学生个体接受各种教育影响最重要的

---

① http://train.teacherclub.com.cn/dts/blog/blog! show.action? id＝103683&owner＝1028892&ec_p＝1。

社会化场所。所以,班集体建设水平的高低直接影响着学生品德的健康发展。而良好的班集体的形成,需要班主任精心地组织与培养。班主任既是班集体的建设者和指挥者,又是学生的严师、慈母和朋友,其所作所为直接影响和决定着班集体的精神面貌,乃至学生身心健康发展的趋向。正是因为班主任工作的特殊地位和作用,其专业化才有其独特的意义和价值。

班集体的建设是一项极其复杂、专业性很强的工作,它不仅需要班主任具有先进的教育理念和崇高的人格魅力,而且更需要丰富的教育实践智慧和厚实的专业基础与能力。虽然影响班级德育和班集体建设水平的因素很多,如校风、学生自身素质、师生沟通的程度等,但班主任自身的素质水平是最关键的因素。班主任只有不断地提高自身的专业水平,认真处理好教师主体和学生主体、刚性管理和柔性管理、物化环境和心理环境的关系,才能使学生的道德品质和班集体发展水平迅速提升,促进学生身心的健康成长。实践证明,班主任的专业化程度越高,学生思想素质提高的速度就越快,班集体建设的水平就越高。

(四) 有助于促进学生人格的健康发展

班主任工作是以心育心、以德育德的精神劳动,这就需要班主任以高尚的人格魅力去影响感化学生。在实际工作中,班主任要比其他任课教师更加需要具备诲人不倦的工作作风和严于律己的工作态度。对于学生尤其是后进生,班主任不仅不能厌恶、排斥,而要更加关照他们,以极大的热情和耐心教育和感化他们。为此,班主任必须在练好教学基本功的基础上,努力强化个人的道德修养,尊重信任学生,关心热爱学生,建立民主平等的师生关系。同时,班主任工作又是一门艺术性很强的学问。无论是主题班会的召开,还是良好氛围的营造,都需要高超的教育艺术;学生心灵的净化与精神的健康,更需要高超艺术的铸就。没有班主任的专业化,就不可能实现上述目标。

第二节　班主任在反思中自我成长

对于班主任专业化来说,反思具有十分重要的意义。从班主任职业角度看,集体性的反思能促进班主任理论体系的完备和实践操作的规范,有利于把班主任工作由职业提升到专业的层面;从班主任个体角度来看,反思能不断提高班主任自身的专业意识和工作能力,是班主任专业化成长的有效途径;从工作对象角度来看,班主任的思维品质和习惯会对学生产生直接的影响,班主任的反思有助于学生反思性思维品质和习惯的养成。

一、反思的内涵

所谓反思,就是班主任把自己作为研究的对象,研究自己的教育理念和实践,反省自己的教育实践、教育观念、教育行为及教育效果,以便对自己的教育行为进行及时的调整。通过反思,教师在自己的教育实践过程中,批判地考察自己的行为,或给予肯定与强化,或给予否定与修正,从而不断提高其效能。反思具有如下特点:

第一，反思目的的超越性。一个人如果对现实和自我十分满意，一般倾向于维持现状，很难产生反思的动机。反思源于对现实和自我的不满，其目的是要改变现状，超越自我，使一切朝着更好的方向发展。

第二，反思态度的批判性。批判的态度首先意味着要对反思的对象进行客观的、理性的分析，分清真理和谬误，把握问题的实质，以求有一个全面而深刻的认识。

第三，反思结果的建设性。反思的目的在于超越，在于改进。这决定了反思虽然持批判立场，但是其结果往往是建设性的。它主要体现在两个方面：一是引发深入思考；二是付诸改进行动。

二、反思的对象

反思的对象十分宽泛，但凡现实社会中出现的失误，无论是具体的还是抽象的，大多可以纳入到反思的范畴之内。班主任是一项特殊的职业，这就决定了班主任反思的内容在总体上呈现出一定的独特性。班主任的反思对象可分为：观念反思、角色反思、言行反思、方法反思。

（一）观念反思

雅斯贝尔斯说："教育是人的灵魂的教育，而非理智知识和认识的堆积。"也就是说，教育是培养人的活动，其重要特征就是它的人文性，而终极旨归是"培养人"。进入 21 世纪之后，世界各国的教育改革都十分注重对学生人文素质的培养，强化人才素质，以适应国际人才竞争的需要。为此，班主任要反思自己的教育观念及教育行为，牢固树立素质教育观，既要考虑培养满足社会需要的人才，更要考虑如何更好地实现人性的发展和完善，扎扎实实地推进素质教育，使学生的身心及个性得到健康发展，成为知识的主动建构者和社会主义建设的创新型人才。

（二）角色反思

由于时代发展与教育发展的需要，班主任对自身职业生命的认识逐步深入。班主任不仅是知识的传授者，而且是道德的引导者、思想的启迪者、心灵世界的开拓者。班主任的角色定位不同，教育期望也会不同。现代意义上的班主任，应该是真善美的追求者、自身职业生命内涵的提升者、走向自我终身发展的反思性实践者。因此，班主任必须把自己当做一个知识和思想的助产士，以尊重与平等的心态面对学生，宽容地理解他们，并给予积极的心理支持。与此同时，不断总结反思自身教育实践中的优劣得失，完善自身，提升班主任职业的生命内涵。

（三）言行反思

俗话说，榜样的力量是无穷的。现实中存在着许多学生不喜欢但又潜移默化地给学生负面影响的班主任言行。因此，班主任要担当起培养人的任务，必须自身是一个在各方面都值得推崇的模范。康德曾经说过："只有人能教育人，换言之，即自身受过教育的人才能教育人。"班主任应给学生树立一个良好的榜样，以自己良好的言行、高尚的人格来教育和塑造学生的人格形象。

案例 10－4

日本教师的10个反思[①]

1. 是不是做到对每个学生都一视同仁？
2. 课堂上叫学生发言时有没有偏袒某些学生？
3. 是否注意让每个学生一天都有一次发言的机会？
4. 有没有尽量和学生多聊天、多接触？
5. 休息的时间尽量和学生在一起玩了吗？
6. 有没有积极听取孩子们的意见？
7. 和学生谈话是否商量多于命令？
8. 是否注意随时随地表扬、肯定孩子的优点？
9. 是否对不应该的事果断地给予批评？
10. 班级的规定有没有和学生一起制订？

（四）方法反思

班主任除了必须转变教育观念外，还必须努力探索适应新的教育改革和发展形势的教育方法，时时对自身的教育实践和教育方法进行反思。在教育实践中，班主任要大力营造班级学习情境，创设学生学习生活的良好氛围，形成正确的舆论导向；要坚持激励赏识教育，让每个学生都能看到自己的闪光点，感受到自己被关注，享受到成功的喜悦；要坚持正面教育为主，宽容理解学生；要善于对学生的错误言行进行正确的引导，决不姑息迁就；要坚持集体教育和个别教育相结合，学校教育和家庭教育相协调，因材施教，正视差异，发展个性。其中，最关键的是要热爱学生，心中有学生。

三、反思的途径与方法

（一）反思的途径

在教师反思研究中，人们从不同的角度出发，提出了多种反思的途径。其基本途径有两种：基于日常工作的反思和基于研究的反思。

1. 基于日常工作的反思

班主任工作是一项实践性很强的工作，班主任要想提高自己的工作水平和工作效果，必须在日常工作中及时进行反思。班主任的工作千头万绪，班级里每天发生的事情都是班主任的工作对象。这些工作中蕴涵了丰富的反思资源，班主任应在第一时间进行反思，因为事情刚刚发生，细节历历在目，此时反思有利于全面把握事情的经过，清晰地梳理其中的功过得失。但是，趁热打铁式的反思有时会有"不识庐山真面目，只缘身在此山中"的不足。因此，班主任应在不同的时间、从不同的角度、以不同的角色对实践进行反思。

---

① 摘自 http://kljyyzy.blog.163.com/。

案例 10-5

修复挫伤班级的妙招(节选)

挫伤班级的转化是一件劳心劳力的工程,用心去对待那些"问题学生"你才能得到他们的尊重,坚持、坚持、再坚持是对于"问题学生"反复、反复、又反复最好的方法,所以,转化挫伤班级要有唐僧一样的善心与耐性,有孙悟空的能力,有猪八戒的乐观精神,有沙僧的吃苦精神,方可取到真经。我的成功之处可概括为以下方面:

1. 与其伤其十指,不如断其一指。对于受挫班级而言,往往是存在一批对班级构成不良影响的学生,要想一下转变到位,几乎不可能,而且一旦他们抱成一团,被动的只有学校和老师。真正要"制住"这批学生,还是要让他们精神上有压力,从内心产生危机感。我的办法是:"杀一儆百",就是盯住一个人,彻底根治他。我班王同学对老师没有礼貌,屡次与老师有言语冲突。有一次他上晚自习迟到,我严厉地批评了他,他指着我就骂,我当时压住自己的脾气,忍了下来。事后,我请他父亲到校,并没有把这件事告诉他,只是告诉他父亲综合考试快到了,如果通不过,不能参加高考,希望家长重视。他父亲当场表态,保证近期内每周都会到校与我联系,另外,我让王同学也写了保证:不干扰课堂纪律,上课记笔记,回家做作业等,并让他拿着保证书回家反省。庆幸的是,他父亲较守信用,真的做到每周来一次检查儿子的笔记,同时确定下一周的任务。这一方法产生了出人意料的作用。班上的课堂纪律好了,而且对大部分学生也起了"警示"作用,他们感觉到这个新来的班主任真能不厌其烦地找家长。但他们不知道这只是"全面整治"的开始。

2. 抓住机遇,改变被动局面。我班有一个旁听生,性格暴戾,屡次和我班任课教师、年级组长发生严重言语冲突,这样的局面如果得不到改善,正常的教学秩序得不到保证,教师的身心也会受到严重创伤。有一次,老师正常教育管理该生,该生又与老师发生口角,致使老师心脏病突发,回家休养。事后,我要求该生和班委主动到老师家道歉。出乎意料的是,老师的爱人不但没有责怪该学生,反而热情地接待了他们,还鼓励他们好好学习。这让那名学生非常感动,回来后表示再也不和老师发生冲突了。我就此事开了班会,分析了该生行为的严重后果:老师兢兢业业地为你们服务,却被你们气成这样,你们于心何忍? 同学们都表示以后要认真上好课,让老师开心而来,满意而归。

3. 榜样的力量是无穷的,让一部分人先好起来。光治理差生不是根本,关键是如何建立良好的学风与班风。邓小平的"让一部分人先富起来"的理念给了我启示:短时间内让二班所有学生变好是不现实的,只有先让一部分想学习的学生看到希望,恢复学习热情。经过一段时间的接触,我发现班上有一名李同学,勤奋好学,积极关心班级的各项工作,几次考试成绩位于年级前列。于是我决定将她培养成我班的楷模。只要一有机会,我就表扬她,这一举动不仅给了她希望,也使班上想学习的同学找到了目标,他们觉得,只要向李同学学习,就能考上大学,实现他们的人生梦想。之后,李同学转到了六班,班上学生情绪低落,认为学校放弃了他们,不管他们了。恰在此时,夏同学浮出水面,成为二班新的榜样。由于她爱好美术,我动员她家长让她考美术专业,经过三个月的集训,其美术考试成绩在全省一万多名考生中名列前茅,并顺利通过了南艺的单招,这对二班来说是一极大鼓舞。不仅她本人的学习热情更加高涨,也使一部分正准备打退堂鼓的同学重新恢复了学习的动力。

4. 班主任要树立威信。班主任只有在班上具有较高威信,才能让学生下决心跟着你走。威信的树立往往体现在一些小事上,有一次学校大扫除,我带着"社会型"学生去打扫包干区,让"学习型"学生打扫教室。可是,等我回来一看,教室几乎没人打扫,只剩劳动委员一人。我当即给学生打电话,要求立即返校打扫,不少学生极不乐意。我说:"就是等到晚上十点,我也要等到你们都到校。"其中,一女生家住江宁,其余学生都劝我不要叫她回来了,我说:"你们是一个集体,少一个也不行,让她打车我报销,今天一定要来。"结果,那女生真的打车来了,我二话没说,给了她20元打车费。我对学生

新编班主任工作技能训练(第2版)

说:"其实,你们回不回来打扫卫生并不重要,但是我既然要求所有学生返回,就不能随便放宽要求,这是老师的威信问题,老师的威信没有了,二班今后将无法管理。你们也要具备责任感,坚持诚信,既然留下打扫卫生,就要坚持到底,不能中途跑掉。

(南京市建邺高级中学袁子意提供)

2. 基于研究的反思

20世纪70年代中期,斯滕豪斯提出"教师即研究者"的观念,这对班主任专业化发展具有指导意义。提到研究,许多班主任会有畏难情绪,觉得研究是专家的事情,自己难以胜任。其实,这是对研究的误解。研究不一定要以建构一套系统的理论体系为目标,也不一定要以纯理性思考的方式进行。它可以是对一个教育案例客观而深入的剖析,可以是对一种教育现象冷静而理性的反思,也可以是对一条教育原则独辟蹊径的诘问……总而言之,在班主任工作中,研究的时机处处都有,反思的方式多种多样。

班主任的反思可分为行动研究中的反思和理论研究中的反思。行动研究,通俗地说,就是研究者为提高对所从事的实践活动的理性认识,以及加深对实践活动的理解,以提高实践活动的质量为目的而进行的研究。行动研究中的反思可以通过多种途径实现,如通过个案研究、调查研究、教育实践、教育叙事进行反思,等等。在实践中,我们可以对多种反思性研究方法进行有效的整合,取长补短,发挥其综合效应。研究与反思是相互促进的。人云亦云,亦步亦趋,不是研究应有的品质。研究贵在创新,贵在有研究者独到的见解。因此,研究者必须有良好的反思品质,在不断怀疑和追问中发现新问题,提出新观点。理论研究,则可以让班主任得以站在"巨人的肩膀上"来审视和反思自己的工作。因为起点较高,视野较广,这种审视和反思容易走向深入。

(二) 反思的方法

进行教育反思,对班主任提出了一定的理论要求和实践要求。班主任要掌握一些方法,才能更好地进行反思。比如通过阅读进行积淀,和同行、名师交流对话,参加专业培训吸收群体智慧,写好教育反思等等,这些都是进行反思的具体方法。

1. 阅读

"让阅读成为我们生活的必须,让书籍成为我们的精神伴侣",这是窦桂梅在她的文章《读书,我们必须的生活》中的核心话语。全国著名特级教师张万祥说,书籍是学校中的学校。对一个教师而言,读书就是最好的备课。

年轻的班主任没有经验,要想做好工作,有效的办法就是阅读一些班主任工作方面的书籍。这些书一般都是有经验的优秀班主任的工作总结。通过阅读,可以从他们的成功中吸取经验,从他们的失败中吸取教训,并把书中的教育教学方法、班级管理策略等在自己的工作中付诸实施,寻求适合自身的教育模式,并提升自己的理论修养,促进自身的专业成长。阅读人文社会科学书籍,可以开拓眼界,更新知识的储备,构建与学生交流的话语平台,并引领学生共同分享阅读的快乐,在潜移默化中促进学生的成长。

班主任还可以根据自身的兴趣爱好选择图书。爱好文学的班主任,能够体会文学带给生命的莫大欢愉,与学生一同分享诗意的人生;爱好科学的班主任,他班级里的学生往往更富有创新精神;而博古通今的班主任,则是学生眼里最有魅力的人。在这里,我们要强调,读书并不仅仅是为了储备知识,而是要将书籍里的精华内化为自身的品质。

案例 10－6

一个传奇班主任——王立华①

王立华:山东省临沂八中教师,优秀班主任。1979 年 7 月出生,1998 年参加工作。酷爱买书、读书,刚参加工作的六年间,买了 16000 多元的书,写了 500 多万字的教育日记。2006 年被《中国教育报》评为"全国推动读书十大人物"。他在《人民日报》、《中国青年报》、《中国教育报》、《班主任》等报刊发表的系列文章,累计达 80 万多字,出版了《回归生命——一位班主任的生命教育实践》等专著,并曾获山东省优质课评选一等奖,执教省级公开课。2002 年被评选为"山东省中小学优秀教师师德报告团"成员;2005 年被《辅导员》、《中国教师》、中国教师网评为"全国十佳班主任";2006 年被评为"山东省 2006 年度教育创新人物"……截止到 2006 年底,应邀到全国各地培训教师和班主任,就班级建设、师德建设、语文教育等专题做演讲近 160 场。

他认为,没有教育思想的智慧支持,教育实践走不远,而教育效果也会在学生离开学校不久就烟消云散。因此,作为当代教育的实践者,教师非常有必要从教育的基本问题出发探讨自己对教育的理解,并反思自己的教育实践范式是否符合教育本真规律的要求,这样,教师推进的教育才是真正的教育。因此,他追求在教育科学研究中寻找到教育现实问题的难题破解之道。为了解决班集体建设对学生个性化发展的束缚问题,他申请了山东省"十五"规划重点课题"自主化班级管理的实验与研究",该课题曾吸引山东省几百所学校前来参观考察;为了解决语文学习的"耗时、费力、低效"的问题,他申请了山东省"十一五"规划课题"初中语文个性化阅读教学的基本原理研究";等等。另外,他以教育创作为载体,探讨班主任工作,并对语文教育的来龙去脉进行考察,并追寻其存在理由。近几年出版的著作有《回归生命——一位班主任的生命教育实践》、《自主管理:创新教育的制度建构》等,在《中国教育报》等报刊发表《打动生命:让学校成为吸引人的地方》、《自主教育:个体发展的最佳选择》等 80 多万字的教育教学论文,《实践对接:班主任工作理论应用的范式转型》等多篇被中国人大复印报刊资料全文转载。

2. 与同行交流对话

萧伯纳说:"倘若你手中有一只苹果,我手中有一只苹果,彼此交换一下,那么你我手中仍然各有一只苹果;但倘若你有一种思想,我有一种思想,彼此交换一下,那么各人将有两种思想。"班主任的自我成长离不开同行之间的相互交流、切磋与合作。同行彼此之间共同分享教学经验,共同探讨班级管理的各种策略,交流在工作中的心得体会,可以使自身的教育教学经验日益丰富,在丰富的积累中突破创新,在专业化过程中共同成长。

案例 10－7

班主任也要集体备课

南京市建邺高中成立班主任集体备课组,备课主题有:

---

① 《教育文摘周报》2007 年 7 月 25 日第 30 期,一版人物王立华。

一、班级常规管理程序化操作规范

1. 起始班级工作流程。

2. 如何上好开学第一次班会课？

3. 班主任常规工作 ABC。

4. 如何召开主题家长会？

5. 学生综合素质学分评定方法。

6. 怎样写评语以及写评语的技巧。

7. 如何开展主题教育活动？

8. 如何调动家长参与班级管理？

9. 备课组班级基本目标制订。

10. 如何举办模拟招聘会？

11. 学生常见的行为习惯问题解决方法。

12. 如何培育独具魅力的班级文化？

……

二、班级管理常见病诊疗方案

1. 学生经常迟到、旷课怎么办？

2. 当你得知学生离家出走时如何应对？

3. 学生不能很好地管理自己的情绪怎么办？

4. 如何解决好学生的另类美与学校统一着装要求的矛盾？

5. 学生的早恋问题如何处理？

6. 学生不爱学习怎么办？

7. 如何处理学生的一些模仿成人的行为？

……

三、班主任培训

1. 班主任集体备课制度。

2. 班主任沙龙,如分享时光、体验班会课等。

3. 班主任素质拓展训练,如团队交响曲。

4. 班主任形体练功课。

5. 班主任成长记录卡。

6. 班主任任职资格培训证书。

(南京市建邺高级中学朱倩倩提供)

随着网络的发展,教育博客成为教师交流的新平台。通过博客这一社会性平台,用心灵书写日志,建立起跨越时空的网上头脑风暴群。班主任和各科教师在各个博客网中写下自己的教育理念、教育心得、教学方法、班级管理策略、心情小诗等等,成为教学研究的有效途径。如苏州教育博客网,它分为专家团队、教研员团队、研究型教师团队、平江区教师网志联盟、吴中教育网志、张家港教育博客、常熟市信息技术与课程整合博客、太仓教育博客、学校团队、跨省市团队、高校团队、天下同道(优秀教育博客);并按专题分为课程改革、教育叙事、文科教研、理科教研、综合教研、课程整合、考试研究、教育管理、班主任工作等等。在博客里,教育工作者记录着自己的随想,与同行探讨各种教育问题。这里不再是几个老师之间的交流,而是成千上万的教育工作者的交流。博客是个人性和公共性的结合体,其精神核心不是自娱自乐,而是经验、智慧的相互分享。

班主任网络学习的四个阶段①

《学习的革命》一书告诉我们："预测未来的最好方法,就是现在创造未来。"发挥网络优势,建构"班主任专业化网络培训平台",开辟班主任专业化发展的新时空。网络的学习方式是所有学习方式的整合,它可以跨越时空和地域的限制,使百忙中的班主任得到培训成为可能,也使我们建构外围专家队伍成为可能。我们所聘请的专家可以在世界任何一个角落,只要他能连通因特网就能够同步或者异步地对我们进行指导,这些强大的优势和功能是传统"教室培训"所无法企及的。"班主任专业化网络培训平台"是一个充分发挥网络"环境特性"的自主探究型平台,班主任们可以在平台里获取研究的问题,并能在线搜索问题、分析问题、交流问题、专家在线指导等等。

班主任专业化网络学习一般分为四个阶段:提出主题、研究实施、在线交流、总结反思。四个阶段中,都可以利用"现实"的教学环境和"班主任网络学习平台"的"虚拟"教学环境相互结合的模式,进行班主任专业化学习的教学活动。依托网络搭建班主任培训平台,为班主任们提供了大量便捷的学习机会,丰富了教学环境和教学资源,使班主任的学习活动更加自主化、个性化、生动化。每位班主任的困惑能及时得到回应,各自的经验能及时与同事分享。同时,使班主任能够与校外团体保持经常性的沟通和联系,使教育的适应性得到大大加强,网络"环境的特性"得到充分的展现。它不是班主任、计算机、网络的简单相加,而是学习策略、学习资源、学习过程与现代信息网络技术的有机融合,从而形成包括教育思想、教育内容、教育组织、教育模式、技术手段、教育评价的动态系统。

3. 向名师学习

牛顿说,他的成功是因为他站在巨人的肩膀上。年轻的班主任要想不断地提高自己的专业素养,尽快地成长为专家型的班主任,也必须站在巨人的肩膀上,即向优秀班主任学习,向名师学习。这是年轻班主任提高自我修养的一条重要途径。那么,向名师学习什么呢?名师之所以成为名师,是因为他们有优秀的人格修养、先进的教育思想、丰富的教育机智和教育经验,有高超的教育管理艺术和教育管理能力,有无私奉献的敬业精神。向名师学习,就是要学习他们无私奉献的敬业精神、先进的教育思想、充满智慧的教育经验、良好的学习和工作习惯,以及丰富的教育管理经验和教育管理能力。

向名师学习,可以通过聆听名师的讲座与报告;通过观摩优秀班主任的班级管理活动;通过与名师面对面直接交流;通过网络向名师学习。现在,很多优秀的班主任在网上建立了自己的主页,年轻的班主任可以通过登录这些网页与名师交流,向名师学习(见附录四)。

---

① 班华主编:《今天,我们怎样做班主任——职业高中卷》,华东师范大学出版社 2006 年版,第 198 页。

案例 10－9

<h1 style="text-align:center">我的成长得益于向名师学习①</h1>

在失败中反思　在反思中成长

激情＋蛮干＝失败

在参加工作的最初一段时间,凭着年轻人的激情和干劲,我全身心地投入工作,心想:一定要做个好老师,一定要干好工作。

那段时间,我真的是充满激情地在"干"。清晨七点钟准时到校,守着孩子们晨读、晨练、扫除;中午在办公室批改作业、备课;放学后把成绩差或不守纪律的孩子留下来,单独辅导、教育,时常忙到很晚……我干得很执著、很辛苦。应该说,我的付出有一定收获。同事都说我带的班进步不小,家长们也觉得我虽然缺乏工作经验,但很负责任,把孩子交给我还算放心。

然而,尽管我付出了全部的努力,却仍然得不到理想的结果,我慢慢体会到现实与理想之间的巨大差距。有时是个别学生的问题让我心烦意乱:脾气暴躁,动不动就出手打人的;不按时交作业,无论怎样教育引导都不见起色的;成绩优异却人缘不好的……有时是班级问题让我垂头丧气:自己守在班里的时候学生似乎都循规蹈矩,一旦暂离学校外出,班里简直就是"山中无老虎,猴子称霸王";自以为经过一系列有计划的教育活动后,攀比浪费现象已经杜绝时,它却又不知不觉地死灰复燃,只不过更隐蔽而已……

残酷的现实让我逐渐认识到,只有激情是远远不够的。亲身的实践经历让我悟出了一个道理:只有当教师能从工作中获得最大的满足和愉悦,学生也能因教师的付出获得最大的满足和愉悦的时候,教师的工作才算是干好了。

于是我开始思考一个问题:我只想着一定要做个好老师,一定要干好工作,但是怎样才能做一个好老师,怎样才能干好工作?

学习＋思考＝成长

是名师的指引把我从焦头烂额中拯救了出来。那个炎热的暑假,我有幸听了著名教育家李镇西老师的讲座,我被李老师的讲座震撼了:原来教师这个职业也可以如此活色生香。最令我兴奋的是,我从中明白了一个道理:教师每天都会遇到各种各样的教育问题,也会遇到让人头疼的孩子,尝试着换一种眼光去看待这一切,把每一个"难教儿童"、每一个教育困惑都当做一个研究对象,心态就平和了,教育也就从容了。

很长一段时间,我都在思考着李老师的话,换一种眼光,是什么样的眼光? 在不断思索中我渐渐领悟,这种眼光,应该是一种"科研"的眼光,我应该是一名"研究者",工作中遇到的问题都是我研究的对象。李老师的讲座使我开始跳出充满激情的"蛮干",尝到了"学习"和"思考"的甜头,开始更加积极主动地去学习、去思考。

实践证明,向经验丰富的优秀教师学习是一条行之有效的途径,但是学习必学其"神"而不能只学"形"。记得有一次我向一位全国优秀班主任请教关于促进学生个性发展的具体方法,她给我介绍了自己班上推行的"小博士制",也就是谁在某方面有特长,谁就能获得"班级小博士"称号。我如获至宝,立刻把"小博士制"克隆到自己班上,却发现学生只是在获得"小博士"称号时热情洋溢,过一阵子热情便烟消云散。克隆"小博士制"失败后,我再一次细品"博学、审问、慎思、明辨"的古训,寻找问题的根源。原来,"小博士制"的终级目标是最大限度地发挥教育的激励功能,而不是评"小博士"本身。在实施过程中,应该不断地激励学生的热情,并让这种热情和学生的学习、生活融为一体,化为

---

① 班主任网 http://www.banzhuren.com/article.asp? id＝500,作者为《班主任》杂志封面人物董晓宇。

第十章　班主任专业化与自我成长

一种健全的人格力量，评选"小博士"仅仅只是第一步。像我只注重具体做法，盲目照抄照搬，没有考虑到每个班的具体情况不一样，当然收不到效果。这件事让我对学习有了新的认识，学习应该更注重领会教育思想和教育艺术，即学其"神"而非"形"——这才是学习的真谛。

4. 写好教育反思

苏霍姆林斯基毕生躬行于教育一线，与孩子朝夕相处，坚持写了 32 年的教育日记。他在《给教师的 100 条建议》中写道："我建议每位教师都写教育日记。教育日记并不是在形式上有某些要求的正式文件，而是一种个人的随笔和札记。这种记载对日常工作颇有用处，它是进行思考和创造的源泉。每位善于思考的教师都有自己的体系、自己的教学素养。如果一位内行的、富有创造性的教师，在结束其一生的创造劳动时，把他长年劳动和探索中的一切成就都带进坟墓的话，那将失掉多少珍贵的教育财富啊！"他的话启发我们必须重视教育写作。

其实，教育写作是教育工作者一个古老而又年轻的行动。最早始于中国的《学记》，仅仅 1229 个字，却道出了教育思想的精华。后来，夸美纽斯的《大教学论》、赫尔巴特的《普通教育学》使得教育写作演绎成一种专业性质的著述。还有很多教育家以小说或诗歌的形式阐述自己的教育思想，如卢梭的《爱弥尔》、洛克的《教育漫话》等等。这些经典的教育著作为我们提供了丰富的教育资源。

随着教育科研的发展，很多一线的老师参与到教育写作的队伍中。如今，越来越多的学校对班主任和任课教师提出了一定的科研要求，并将其作为教师工作业绩的一项指标，从制度上规定了教科研的任务。与此同时，教育日志正在成为一种主要的教育科研方式。班主任将每天工作中遇到的问题和困惑记录下来进行反思，在反思中寻找解决问题的出路，并探寻建构具有自身特色的教育方法。我国一些著名的班主任用心书写教育工作，像魏书生的《班主任工作手记》、李镇西的《心灵写诗——李镇西班主任日记》等等，都是他们在长期的班主任工作中凝练出来的教育智慧。班主任还可以与学生分享自己的教育随笔，向学生敞开自己的心扉，让学生了解班主任工作的状态，实现心灵与心灵的沟通。这样做，其实十分有利于班级工作的顺利进行。

近几年的教育实践表明，博客特别适合班主任结合自己的工作撰写教育故事。首先，博客的技术性门槛低，只需要简单的操作就可以进行信息发布，具有很好的普及性。其次，班主任可以在任何时间、任何地点把自己的灵感记录下来。同时，博客是一个保存和整理教育叙事的场所。再次，博客使各种新的学习组织形成，实现了知识共享、经验共享、经历共享，突破了个人的小圈子，打破了地域和时间的限制。

案例 10 - 10

与 青 春 同 行①

取得博士学位后，我在成都市教科所工作了一年多。之后，我重新回到了校园，来到成都市盐道

---

① 摘自《天津教育》2006 年第 2 期，作者李镇西。

街中学外语学校任教。一到学校,我便提出要求:"我希望能够担任班主任!"很快,我如愿接手了高一年级的一个新班。日子一下回到了从前:我和学生一起早读,然后是备课、上课,找学生谈心,接待家长,批改学生作文,看学生随笔……每天的生活平凡、琐碎,忙碌而又充实。我每天都在实践着、思考着、感动着、幸福着,同时每天坚持写作。说实话,我是带着"新教育"之梦重返讲台的。"新教育"实验致力于造就反思型的教师,写作便是反思的形式之一。

从 2004 年 8 月 30 日新生入学的第一天起,我开始恢复了写班主任日记。我写的的确是"日记"——除了星期日,我每天晚上都把当天的教育过程忠实地记下来,少则三五千字,多则上万字。一个学期下来,竟然写了 60 多万字! 这 60 多万字所展示的,是我每天"原生态"的教育现场和真实的教育感受。我把这些日记命名为"心灵写诗"。按我的理解,理想的教育就是教育者用心灵在学生的心灵中写下心灵的诗篇。我一边写,一边贴到网上。于是,每天都有若干网友读我的"心灵写诗"。

曾有网友问我:"天天写这么长的日记,你是如何坚持下来的? 我真佩服你的毅力!"是的,在旁人看来,我似乎是很有"毅力"的。坚持读我日记的网友们可以作证,我的每一篇日记几乎都是在当天完成的。当然,不止一次是在午夜才写完的,上传到网上已经是次日凌晨。我不觉得这需要什么"毅力",因为这是我本身的"需要",而这种"需要"已经变成了习惯,就像每天再忙也要洗脸、刷牙一样。难道每天坚持洗脸、刷牙还需要毅力吗?

写这样的日记,并不像有的老师想象的那么"累"、那么"苦"和那么"坚忍不拔",因为用文字记录自己和学生每一天的成长,实在是一件非常有意思的事。注意,我在这里没有说"有意义",而是说"有意思"。"有意义"当然是不言而喻的,但首先要"有意思"。你可以想想,在夜深人静的时候,我一边回忆着当天发生的事,一边在键盘上一个字一个字地敲出来,此时,我会深切地感受到生命之河原来是这样有韵、有味、有声、有色地从指尖流过! 我和学生那"逝者如斯"的生命之水连同无数朵晶莹的生活浪花,会因为我的日记而永远地"凝固"下来。若干年后,我们共同品味这些文字,便会回到那一个个阳光灿烂的日子,学生会因此而青春永驻,我会因此而生命不老。这,难道不是一件很有意思的事吗?

如果说我的日记生动形象、"可读性强",那首先是因为教育过程本身充满了魅力。我在写日记的时候,一直遵循一个原则——绝对真实。无论是对班集体建设的宏观策划,还是对每一个学生的个别引导,我当然都有明确的教育意图和期待,但对于教育过程的客观走向,我不预设任何理想的结果。换句话说,我在写日记的时候,只看"当天"发生了什么,便记录什么。我绝不为了主观愿望达到什么教育效果,通过编造提前埋下什么"伏笔",或者作一些什么"铺垫";也不为了前面的"伏笔"或"铺垫",人为地在后面来个什么"呼应"。班集体的发展和学生的成长,是一个跌宕起伏甚至是惊心动魄的过程。比如,面对一个"后进生",无论多聪明的教育者也无法预料明天他会惹什么事。也正是在这个意义上,我说:"教育,每天都充满悬念!"这里的"悬念",就是我们通常所说的"教育的难题"。期待着每一天的"悬念",进而研究、解决不期而遇的"悬念",并享受解开"悬念"后的喜悦,然后又期待着下一个"悬念"……如此周而复始,这便是教育过程的无穷魅力。

我忠于每一天的教育现场——真实的人物、故事、情节、环境、气氛等,同时也忠于每一天的教育感悟——真诚的反思、剖析、体味、感动、喜悦、困惑、焦虑等。我这 60 多万字的日记所记录的 120 多个"生活横截面",成了一部波澜起伏、扣人心弦的"青春诗剧"。

大自然的季节继续有序地轮回,日月星辰继续默默地运行,青春的花朵会继续绽放在永远充满欢声笑语的校园,生命的翅膀会继续从容而磅礴地拍打着事业的天空。还有无数我预测不到的精彩或平淡的故事、欢乐或悲伤的细节、情理之中或意料之外的"奇迹"在前方的驿站等待着我。因此,我的日记会一篇一篇地写下去,去迎接一个又一个生命的精彩瞬间。班主任朋友们,用你手中的笔记录下身边的事吧,那样你会永远与青春同行!

随着教育改革的深入发展,班主任专业化日益成为必然趋势。班主任专业化是以教师专业化为基础，以专业的观念和要求对班主任进行选择、培养、培训、管理和使用的过程。班主任专业化与班主任的自我成长密切相关，是班主任有意识地吸取各种理念，努力塑造健全、完美的人格，不断自我建构的过程，是在和学生、家长、任课教师的交往中实现自身的生命成长的过程。班主任要在自我的不断学习与反思中走向成长、成熟。

第三节　班主任专业成长的外部环境与制度机制

我国教育事业不断发展的需要，以及中小学生自身全面主动发展的客观需求，对今天的学校教育工作者，尤其是中小学班主任提出了更高的要求，班主任专业化已经成为一个时代性话题，摆在广大教育工作者面前。近年来，国家出台了一系列重视和改善班主任工作条件的政策文件，各级教育主管部门和各级各类学校在班主任专业发展方面也采取了许多积极有效的措施，并取得了一定的成效，班主任专业成长的外部制度环境得到了一定的改善，但班主任专业发展还存在这样那样的问题，如相应的保障制度和工作机制还不健全，班主任自我发展的主动意识不强，激励制约机制尚不完善。教育主管部门行政力的一个重要标志在于为每位教师的专业化成长搭建科学有效的发展平台，创设优良的环境、条件和机制。如何推进中小学班主任专业发展，使班主任不断更新教育理念、丰富教育管理手段、提升育人水平，是摆在每一个教育工作者面前的重要问题。这里，将从学校和区域推进两个层面探索班主任专业成长的制度环境的营造与创建。

一、学校层面的选拔与培养

（一）建立开放参与机制

在全校范围内挑选年富力强、责任心强的优秀教师担任班主任工作。通过定期召开班主任工作汇报会、班会活动研讨会等，将班主任研究制度化、常规化；建立班主任集体备课组，组织大家互相交流、互相学习，及时发现问题、解决问题，使学校的共同愿望转化为班主任的个人愿望，并体现在学校与班主任行为的统一上。

（二）多种模式分层培养

对于新手班主任而言，不能完全依靠班主任自身的摸索，应尽力缩短班主任的适应期；对于班主任工作的熟练手而言，需要不断更新班级管理理念，克服班主任自我成长中的高原效应，做到与时俱进。将班主任培养制度纳入学校教师发展规划中，积极探索和实践班主任的多种培养模式，如师徒结对、讲座培训、经验交流、个别指导等，努力促进青年班主任自身素质和管理水平的提升。

（三）完善激励导向机制

1. 双向选聘

每学年工作结束前，下发新学期教师工作意向表，征求班主任工作岗位人选。挑选其中自愿承担班主任工作的优秀教师进行聘任。

2. 注重激励

方式有：津贴激励，根据考核结果，按月发放班主任岗位津贴；关爱激励，建立校长谈话制，积极为青年班主任提供进修的机会和成为名师名家的机会；考核激励，在评职、晋级等方面对青年班主任给予政策上的倾斜；推优激励，推出评选校"骨干班主任"、校"名班主任"等活动，对班主任实施精神与物质的双重奖励。

二、区域层面的选拔与培养[①]

2007 年 4 月，上海市教委颁布了《上海市教育委员会关于进一步加强上海市中小学班主任队伍建设的若干意见》（沪教委德〔2007〕17 号），确立了"提升班主任工作专业化水平，促进班主任队伍专业化发展"的建设思路，决定在上海市设立"班主任带头人"荣誉称号，将班主任纳入学科带头人评审系列，工作业绩突出的优秀班主任可破格晋升高一级职称。

（一）区域班主任带头人专业素养标准制定的主要原则

1. 导向性原则

通过专业素养标准的制定，使优秀班主任努力向标准靠拢，以适应时代发展的需要，全面提高班主任带头人的专业素养。

2. 科学性原则

标准的制定遵循班主任带头人的专业发展特点和规律，注意吸收当前班主任专业发展研究的新成果，依据区域优秀班主任的专业发展现状与需求，既有理论依据，又有现实基础。

3. 针对性原则

标准的制定是基于班主任专业素养的普遍性基础上，主要突出班主任带头人特有的专业要求，不求大而全。

（二）区域班主任带头人培养的主要原则

1. 自主性

班主任带头人是班主任队伍中的高层次人才，已经具备较高的专业素养，具有对自身职业生活的丰富体验和价值追求，并形成了相对稳定的专业发展的内在要求和动力。对他们的培养要充分尊重和发挥他们的自主性，丰富其专业自主发展的方法，进一步提升自主发展的能力。

2. 实践性

如上所述，班主任的专业发展是一个终身实践的过程，并且与各个教育环节和教育活动持续互动。对班主任带头人的培养基于其教育实践，要以解决实践问题为出发点，推动其专业的实践发展为价值目标。所以我们的培养围绕学员工作实际，通过自学、带教、案例分析、专家督导等多种途径，拓宽知识，增强学员的直接经验和亲身体验。

3. 研究性

班主任带头人是较高层次的人才，对其研究意识和研究能力的培养既是专业发展的

---

① 摘自 http://tpd. xhedu. sh. cn/cms/data/html/doc/2010 - 12/14/86185/。

现实需求,也是发展的必然要求。在培养过程中,要围绕其自身和工作实际中问题的提出和解决来组织学习活动,努力营造一种研究、探索、钻研的氛围。

4. 创新性

在操作上,学习、借鉴和反思已有的培养经验,探索、创新培养模式,切实提高培养的针对性和时效性,以学员建立工作室、校本培训中带团队等方式为学员提供实践平台。

(三) 区域班主任学科带头人作用发挥的保障机制

1. 搭建平台

为学科带头人的发展搭建各种有效的平台,包括借助上海市实训基地主持人、特级教师等组成的导师团,徐汇教育学会等力量,为学科带头人发挥作用提供帮助。

2. 经费保障

对于学科带头人的工作或研究项目,经评审,给予项目经费支持,帮助学科带头人开展学术活动,完成工作任务,为学科带头人的校本培训项目的开发提供经费支持。

3. 激励机制

教育系统"班主任带头人"每人每月享受一定的津贴;可优先参加各类学术活动、考察活动等。对于年度考核优秀的学科带头人,给予一定的奖励。每年评选优秀学科带头人10名,连续两次获此称号者,可自动连任下届学科带头人。对不能履行职责的"班主任带头人"给予警告或撤消资格的处罚,处罚和奖励名单在教育信息网上公布。

案例 10－11

一个优秀班主任等于一个优秀班集体①

从某种意义上说,一个好校长等于一所好学校;从某种意义上说,一个优秀班主任等于一个优秀班集体。"班主任是学校全面实施素质教育的直接承担者,是学生生命历程的忠实伙伴,是影响学生健康成长的重要他人,是学生精神发育的主要关怀者,是提升班级文化品质的主持人。"因此,班主任需要具备教育学、心理学、生理学、审美学、思维学、管理学等等科学理论,需要具备先进的教育理念、高尚的人格素养、高强的专业能力、扎实的专业知识、厚重的文化底蕴。当一个好校长不容易,当一个优秀班主任也不容易!

但是,当下班主任培养遭遇重重困难,一是专业否定的影响。有些省份取消了德育专业职称评审,取消了德育特级教师的评比,等于宣布德育工作和班主任工作不是一个专业,不能与语、数、外等专业相提并论。德育是学校工作的一个重要方面,应该有与之相适应的地位;班主任实际上是一个重要的专业,尽管它还没有形成一个学科。取消德育和班主任的职评和优评,是对于几乎占教师总数三分之一的班主任的一种客观上的否定,是对学校德育工作的沉重打击。二是学科第一的影响。无论是在教育行政的某些主管部门,还是在基层学校的一线教师中间,我们经常能听见这样的强音:向教学一线倾斜! 教学是学校的中心工作,这是不容置疑的;但是,教学并不是学校的唯一工作,这也是众所周知的。学校之中,教学工作、德育工作、管理工作是学校工作的三个方面,教学没有理由凌驾于其他工作之上。三是经济待遇的影响。班主任一个月数百元的津贴,却要担负非常繁重的管

---

① http://www.usors.cn/blog/yonghe/index.asp? page＝16。

理工作,且责任重大。也许正是因为这点津贴,让班主任成为德育工作的"孤家寡人"。因此,班主任的培养需要认真研究,需要加大力度。

南京市建邺区教育局高瞻远瞩,积极行动,以教育科研为引领,以队伍建设为目标,以班主任发展为导向,以激励评价为手段,建立"星级班主任"评选机制,取得很好的效果。区域性"星级班主任"评选是南京市德育工作一道亮丽的风景线,之所以亮丽,因为它有如下特征:一是全员性评选。评选是一种教育评价,而教育评价是教育改革和发展的杠杆和动力。"星级班主任"评选有别于"优秀班主任"评比,"优秀班主任"评比是一种如同"先进教师"的评比,是针对少数的评比,目的主要是激励先进;而建邺区"星级班主任"评选则是如同教师的职称评审,针对的是全体班主任,目的是促进班主任的有效发展。二是等级式评选。许许多多的评比是一次性评比,是终极性评比,评比完毕,实施奖励,工作也就结束,没有下文。这样的评比是一次性的,效果也是一次性的。而南京市建邺区的"星级班主任"评选则是等级式、台阶式的评选,为班主任设计了可以让班主任拾级而上、逐步攀登的进步阶梯。三是竞争性评选。从一星级班主任到五星级班主任,这是五个上升的台阶,是五个成长的阶段,是五种不同的要求,是五种认证标准,是一条班主任成长的路径。在五级班主任评选面前,勇者上,能者上,智者上,这就是一个竞争的机制。四是多元性评选。首先是班主任自评,班主任根据任职年限、班集体建设、心理健康教育资格、德育科研、指导青年教师等要求,自行对照,自我申报。其次是学校审核,学校根据班主任的表现,对照班主任星级标准进行资格审核,合格者在学校进行公示。再次是区教育局评审,区教育局制定了《建邺区"星级班主任"认定办法》和《建邺区"星级班主任"认定过渡办法》,组织专家对班主任进行星级认定。五是有效性评选。南京市建邺区从2008年开始进行"星级班主任"评选,先后两年评选了一星班主任204名、二星班主任218名、三星班主任13名、四星班主任3名,占全区班主任的74%,这些班主任享受星级班主任津贴,于是出现了"三多"现象:争当班主任的教师多了,参加心理健康教育培训的教师多了,开展德育科研、撰写德育论文、进行德育课题研究的教师多了。

"星级班主任"评选是一项很好的创意设计,具有深刻的研究意义和广泛的推广意义。希望建邺区教育局能够继续评选,继续试验,继续总结,不断完善,最终能够为全市乃至全国提供一个区域性的班主任管理的有效模型。

(作者刘永和,南京市教育科学研究所所长、江苏省特级教师)

案例 10 - 12

随园夜话——班主任的心灵家园

关于"班主任沙龙"答《中国教育报》记者问

问:为什么发起这个班主任沙龙?最初的设想是什么?

答:2008年上半年,南京师范大学教育科学学院齐学红教授参与了教育部重点课题《2008全国万名中小学班主任远程培训》教材编写,齐教授负责其中《班主任和每一个班级》一书的编写工作,她邀集了一批一线班主任撰写案例,这批班主任都是有思想有热情、潜心研究学生教育问题并有丰富实战经验的精英。他们因编写教材而经常晚上聚在一起研讨、交流,思想产生碰撞,经验得到分享。教材编写完成后,这支编写组的团队已经形成定期聚会的习惯,大家都觉得这种交流方式非常好,团队的每个成员都能从中受益匪浅。于是,在齐教授的发起之下,班主任沙龙正式成立。我也是这个沙龙的主要成员,当时我给班主任沙龙起了一个名字,叫"随园夜话"。随园,原来是《红楼梦》作者曹雪芹的父亲曹頫所建的一所园林,地点就在现在的南师大。清末著名诗人袁枚曾居住在随园,并著有《随园诗话》,现在一般把南师大在市区的本部校区就称为随园。夜话,是指举行沙龙的时间都是在晚上,是正常教学工作之后的一种探讨。

成立班主任沙龙最初是基于以下设想:

1. 为各级各类的学校,包括小学、初中、高中,重点学校与非重点学校的班主任们提供一个平等交流、对话的平台,以扩展班主任工作的视野,丰富班主任工作的阅历与经验。

2. 收集一线班主任教育实践中的经典案例和实战经验,交流、分享,不仅让每个参与者能受益,提高自己的业务水平,待条件成熟时,还可以整理出版相关的文字、影像,为每个参与者的专业化发展提供更好的条件和支持。

3. 班主任工作繁重而辛苦,个人的奋斗常常会产生职业倦怠感,班主任沙龙提供了一个宽松、自由的氛围,可以让一线班主任自由地抒发想法、宣泄情绪,更重要的是,沙龙的成员互相鼓励、分担苦恼、分享快乐。从某种意义上说,沙龙既是探讨教育问题的头脑风暴,也是热爱教育的同道中人互相做心理按摩的很好的方式。

问:沙龙中,班主任老师们有哪些活动?如何保证这样一个较为松散的组织的活动,并使之有效?

答:沙龙的程序和主要环节经过若干期的探索、调整,现在基本上已经相对固定,只是每一期的主题有所不同。一般来说,每一期沙龙有一个讨论的主题,比如:家校沟通、中学生上网、中学生的情感,等等;每一期有一个主持人,主持人会事先把讨论主题告知沙龙成员并事先做好准备。参与沙龙的班主任们分成若干个小组,每组四到六人,设定组长,以便于收集大家的意见。每次沙龙大约要进行两个多小时,由四到五个环节组成,比如:话题探讨、自由辩论、案例分享,等等。为提高效率,让沙龙更加紧凑,每进展到一个环节,每个小组都要把自己或组内成员的想法、建议简要地写在纸上,交给主持人,主持人把这些纸条贴在墙上或白板上,从中选出最具特色和闪光点的想法请原创者作重点阐述,然后大家讨论。每位老师发言时间原则上不超过5分钟,这样每次沙龙参与度就能提高,发言人数达到30人次左右。这些都是有准备的发言,避免了空洞的泛泛而谈。

这样一个松散的组织,成员包括来自小学、中学和各级各类学校的班主任,没有任何严格的规章制度约束大家,因为那样就背离了举办沙龙的初衷。参加沙龙都是在业余时间,并且没有任何报酬,连晚餐都要自理,但是每次沙龙都很成功,原因是:第一,参与者都是热爱教育的班主任或搞德育工作的领导,完全是自愿的,所以大家热情很高,自沙龙创办以来,已经拥有一批铁杆成员,如南京二十四中校长吴虹、南京六中副校长王蓉、十三中德育主任吴向军、建邺高中骨干班主任袁子意老师、南京仙林外国语学校韦成旗老师,等等,他们是沙龙的核心力量,也是每次沙龙能成功举办的重要保证。第二,经常有大家光临,提升了沙龙的规格,也让更多普通的班主任有了和大师们零距离接触、交流的机会。沙龙举办以来,著名的教育专家李镇西、班华、唐云增、杨瑞清、《班主任》杂志社社长赵福江等都曾参与,这也是"随园夜话"能吸引越来越多班主任参加的重要原因。第三,主持人高水平地调控着全场的气氛和沙龙的进展,每一位参与者积极表现,也是沙龙成功的重要保证。

问:对于未来的发展,您还有什么样的构想?或者,现在沙龙中有哪些问题?

答:南师大班主任沙龙《随园夜话》每月一期,时间固定在每个月的第一个星期四晚上,遇到特殊情况顺延至第二个星期。至今已经成功地举办了八期,第九、第十期的内容也都已经安排好,可以说,班主任沙龙正在进入佳境。这种纯粹走民间路线的活动现在已经得到越来越多学校或教育主管部门的重视和支持,作为一个明显的特点,沙龙的举办地点由原来的固定在南师大本部到由各会员单位轮流举办,学校和区教育局的主管领导也参与进来,影响力在逐渐扩大。重要的是,这种新颖的、专业性很强的交流方式得到了大量一线班主任的支持,不少班主任从每次沙龙的讨论中都大有收获;而一些学校已经沿用这种模式,开展了学校内部的班主任沙龙,南京市第六中学就是这样一个例子。

目前沙龙遭遇的最大问题可能是每次容纳的成员人数有限,但是参加的班主任越来越多,每次都爆满,最近在南京六中举办的一次沙龙出现了座位不够的现象。沙龙的人数过多会影响效果,但是设定门槛又会影响老师的积极性,这个矛盾目前正在积极想办法解决。

至于对未来的发展,我想一个是加紧整理每一期沙龙的文字、影像资料,集中精华以待出版,这是一个浩大的工程,但是我们一直在努力做;第二个是尽快开设班主任沙龙的网络平台,这是把沙龙做大做强的关键。再有,就是让每期沙龙的内容更加精彩更加实用,能为班主任们提供更好的服务和支持。

"随园夜话"班主任沙龙一览表

序号	时间	地点	主持人	主题	讨论内容
第1期	2008.9.4	南师大教科院	陈宇 (南京六中)	家校沟通 与合作	● 家校沟通新方法
第2期	2008.10.9	南师大教科院	袁子意 (建邺高中)	班主任的 个性化发展	● 何谓有个性的班主任? ● 个性化班主任的生存困境
第3期	2008.11.6	南师大教科院	赵和春 (南外仙林)	探寻真正教育	● 真正的教育是什么? ● 目标育人法——追求真正的教育
第4期	2008.12.4	南师大教科院	韦成旗 (南外仙林)	如何选择班干部	● 什么样的学生适合当班长? ● 班长如何产生?
第5期	2009.2.12	南师大教科院	郭文红 (芳草园小学)	如何面对班级中的失窃事件	● 失窃事件应不应该处理? ● 面对失窃,是把它作为教育资源还是关注破案?
第6期	2009.3.5	南师大教科院	陈宇 (南京六中)	中学生恋爱问题	● 对学生恋爱问题的基本态度与处理方式 ● 学生恋爱问题诊断
第7期	2009.4.2	南京市24中	陈宇 (南京六中)	班主任与任课教师的沟通与合作	● 班主任与课任老师相处的问题 ● 班主任如何与课任教师沟通
第8期	2009.5.7	南京市六中	陈宇 (南京六中)	青少年上网问题面面观	● 如何看待学生上网? ● 班主任如何正确引导学生上网?
第9期	2009.6.4	南师大教科院	袁子意 (建邺高中)	班级文化的营造	● 如何营造班级文化?
第10期	2009.9.24	南师大教科院	史菁 (南京24中)	想说爱你也容易	● 后进学生的管理与沟通 ● 尊重与理解
第11期	2009.10.29	南师大教科院	尹湘江(金陵汇文学校)	家长学校	● 家长学校是什么? ● 家长学校的现状分析 ● 家长学校的发展探讨

序号	时间	地点	主持人	主题	讨论内容
第12期	2009.11.5	南师大教科院	孙瑛、徐向明（南外仙林分校）	班主任的批评权	• 对《中小学班主任工作规定》中班主任批评教育权的看法 • 班主任能不能批评？ • 批评该如何开展？何谓适当方式？
第13期	2009.12.3	南师大教科院	顾伏林（南航附中）	主题班会的设计	• 主题班会从哪里来？ • 主题班会可采取哪些形式？ • "给生活一个主题"系列主题班会
第14期	2010.1.14	南师大教科院	吴申全（莫愁职业学校）	学生考试作弊	• 学生考试作弊是为了什么？ • 考试过后如何对待作弊学生？
第15期	2010.2.4	南师大教科院	袁子意（建邺高中）	班主任沙龙的发展定位	• 小组合作性课题研究 • 班主任专业化发展及成长规律
第16期	2010.4.1	南师大教科院	王千（南京六中）	班主任专业化成长初探	• 班主任专业化发展影响因素探讨 • 班主任专业化成长周期 • 关于班主任专业成长的问卷分析
第17期	2010.5.6	南师大教科院	潘旭东（南京市第十三中学）	班主任的角色与工作内容	• 班主任角色的主要特征 • 班主任的工作内容 • 学习型班集体建设的目标

思考与训练

一、名词解释

1. 班主任专业化　　2. 反思　　3. 行动研究

二、简答题

1. 班主任如何在反思中成长？

2. 作为未来的班主任，你准备如何规划自己的班主任工作生涯？

三、实践操作

作为沙龙的主持人，请以"音乐与教育"、"电影与教育"、"体验与教育"等为主题设计一次主题沙龙。

专业化——班主任持续发展的过程[①]

班　华(南京师范大学教育科学学院)

"处天外遥望地球很小,居体内细察心域极宽。"这是魏书生老师两句精彩的哲理诗句。一个学生就是一个世界。学生的心灵世界是极广阔的天地,我们老师,特别是班主任老师,在广阔的心灵世界里耕耘,其责任是重大的,其劳动是神圣的!优秀的班主任大多视工作为享受,他们的教育生活是愉快的,他们的人生是幸福的!优秀班主任窦桂梅老师说:"我深深地感谢15年的班主任实践,也深深地感谢我的班级和我的学生,因为我和孩子们一起成长着,我时时感受着这种成长的幸福和快乐。""我常常庆幸自己这辈子当了老师,庆幸遇上了这些可爱的孩子。因为有了他们,我的生活和生命才更加充实。"任小艾老师幸福地体验着"与学生在一起所获得的快乐"。李吉林老师享受着"如诗如画"的教育人生。魏书生老师深深体会到,教育是"给人以双倍精神幸福的劳动"。

但不是任何一个人都能胜任班主任的,也不是任何一个班主任都能体验到班主任劳动的快乐和幸福的。班主任的教育劳动是一种专业性的劳动,要胜任班主任的教育劳动,就需要逐渐地走向专业化;而只有经过努力,发挥了自己的教育智慧,创造性地劳动,感受到自己劳动的价值,感受到它的神圣性,才能享受班主任劳动的快乐和幸福,才能真正体验到人生的意义。

近年来,教师专业化问题成为教育研究的一个热点。在这里,我想和老师们讨论班主任的专业化问题。班主任专业化不是一般教师的专业化问题,而是一种特殊的教师专业化问题,班主任专业化有一定的目标要求和内容,也是班主任持续发展的过程。

一、班主任专业化的特殊性

1. 班主任的职责及其教育劳动具有特殊性

班主任是学校任命或委派并负责组织、教育、管理学生班级的主任教师。组织、管理班级是班主任的工作,班主任的教育劳动与班主任的组织、管理工作是相互联系、相互渗透的,但又是有区别的。班级的组织、管理是班务工作,组织、管理班级具有教育性,但不是直接的教育活动或教育过程本身。教育或直接的教育过程是文化—心理过程,是师生精神交往的过程,是教师与学生互动的过程。班主任教育劳动主要的、内在的目的就是育人,就是促进学生的精神发展,因此实质上是一种精神劳动。促进学生德、智、体全面发展,是所有教师包括班主任教师和非班主任教师的职责。但班主任作为班级教育的主任教师,他的角色地位决定了他的工作有着与非班主任教师教学工作不同的特殊性,即除了负责组织、管理班级工作外,还必须承担更多的教育责任。他是学校中主要进行道德教育的教师;在现实生活中,更多、更好地关心学生全面发展的是班主任,更多、更好地关心学生精神生活、精神发展的也是班主任;班主任是一个特殊类型的教师。

2. 班主任专业化是特殊类型的教师专业化

班主任是特殊类型的教师,班主任专业化是一种特殊类型的教师专业化,或者说是教师专业化的一个特殊方面。班主任专业化的要求与内容与非班主任教师专业化的要求与

---

① 《人民教育》2004 年第 8 期。

内容相比有共同的方面,同时又有其特殊的方面。共同的要求与内容包括:任教学科的专业化,教育知识、教育能力的专业化(含教育学理论、心理学理论、青少年心理发展理论等理论修养与教育艺术等)以及对教师道德的要求。关于任教学科的专业化,是所有教师都应当为之努力以求实现的目标,班主任也不例外。任何一门学科的教学,除传授与学习相关学科的知识外,还应该结合学科教学进行情感、态度、价值的教育,促进其精神素养的提升。这是对每个教师专业化的共同要求,当然也是对班主任的要求;对班主任来说,学科教学更应当成为自己实施班级教育的一种方式、一种操作系统。但我们要探索的不是班主任专业化相同的方面,而是要探讨不同于一般教师专业化的那些特殊的方面。

3. 精神关怀是班主任专业劳动的核心内容

班主任作为特殊类型的教师,班主任专业化成为教师专业化的特殊方面,主要是由其教育劳动的特殊性决定的。班主任的职责是组织、教育、管理班级,促进学生德、智、体全面发展。班主任教育劳动主要的、内在的目的是育人,教育劳动的主要内容,或者说实质上就是关怀学生的精神生活、促进学生的精神成长(至于班主任劳动的外在目的,可能有多种情况,这里不作讨论)。因此,精神关怀是班主任专业化的核心内容。从外在的、日常教育活动的层次看,班主任的工作是组织、教育、管理班级学生,班主任是学生班级的组织者、教育者、管理者;从内在的深层次看,班主任教育劳动,是促进学生精神发展的育人育德的精神劳动,班主任是学生的精神关怀者。班主任关心学生的全面发展,而关心学生的精神生活和精神发展,是其职责的核心部分。

哲学家雅斯贝尔斯认为"教育过程首先是一个精神成长过程"。班主任主要是从事以心育心、以德育德、以人格育人格的精神劳动。"精神关怀"更深刻、更准确地反映了班主任以人为本的教育精神,表达了对学生的情感和态度。而正因为这些方面,使班主任专业化成为一种特殊类型的教师专业化。

二、班主任专业化的主要内容

班主任专业化的要求和内容是多方面的,这里仅仅讨论其几个主要的方面。

1. 学会精神关怀

班主任是全面关心学生发展的老师,包括关心学生的生活、健康、学习、心理、道德,等等。学生是有血有肉的人,关怀学生就是关怀生命。班主任是全面关怀学生生命发展的主要的教师,即包括关怀学生的自然生命、精神生命(包括价值生命)。就教育是文化—心理过程而言,我们重点讨论的是对学生精神生命的关怀;班主任是学生主要的精神关怀者。精神关怀主要是关怀学生的心理生活、道德情操、审美情趣等方面及其成长与发展,即关怀他们的精神生活质量和精神成长;关怀他们当下精神生活状况和他们未来的精神发展。班主任最根本的教育理念、最重要的教育品质就是对学生的精神关怀;能与学生心灵沟通,如德国思想家布贝尔说的"我—你"对话。精神关怀内容是很广泛的,关心、理解、尊重、信任是关怀情感的基本表现,也是学生基本的精神需求,因而也是班主任专业劳动的基本内容;学会关心、理解、尊重、信任学生,是对班主任专业化的必然要求,而真正学会、学好也是一个过程。

关心

班主任的教育劳动是人性化的劳动,关心学生是班主任的天职。加拿大学者范海南认为,教育智慧主要体现在对学生的"关心取向上",关心是"人的崇高使命"。大家敬仰的斯霞老师是爱心育人的典范。关心是一种关系,也是一种品质,并非每个教师一开始工作就具有关心品质的,关心品质的获得、如何关心是需要学习的;学会关心实际上是一种道德学习,也是一种形成关心性关系的过程。学会关心和形成关心性关系,是同一过程的两个方面;人是在关心与被关心中学会关心的,而学会彼此关心,也就是形成了关心性关系。关心作为一种德行品质,是一个整体。从个体的学习说是一种"践行——体验——认知"结合的学习策略。首先要践行,即基于一定认识和带有一定情感的行动。这种关心的行动,不仅是道德践履的外在表现,也是关心的意识(知)和关心的情感(情)的载体。行动的过程就是学习关心品质的过程,行动负载着知和情,行动过程是体验相互的关心与被关心的过程,是整合知情行为统一体的过程,是学习关心品质的过程,是形成关心性关系的过程。关心以尊重为前提,学会关心必须学会尊重。学会关心,包括合乎理性的关爱,认识关爱与尊重、关爱与被关爱、关爱与严格要求的关系,辨明关爱与溺爱、关爱与恩赐的区别等。

理解

这里的理解是指对人的理解。对人的理解,主要指对人的心灵世界的理解,即在心理上体验他人心理、精神需求、人格特点,等等。因此,理解是以人的方式把握人,与对物的认知有根本的不同。窦桂梅老师说:"我常常阅读名著……我也天天阅读孩子,我强烈地感受到自己便是在阅读和欣赏人类最伟大的生命的杰作。"因此,理解就是对人的生命的把握。理解是双向的。教育的成功,不能没有理解。班主任要学会与学生相互理解、相互感悟、相互激励、相互涌动、相互发现、相互创造、共同成长、共同发展。学会理解不容易,成人世界与儿童世界不同。要相互理解就应当学会尊重,学会与学生平等交往,相互袒露胸怀。学会理解,就要如李吉林老师说的"用儿童的眼睛看世界",学会将心比心,学会换位思考,这样才能走进学生心灵,才能懂得学生,从而让学生走近自己、懂得自己。

尊重

尊重是对人的一种态度,是在实践上承认人的尊严。学生是人,是有思想、有感情、充满活力的生命。学会尊重,就是学会对人的生命的关注,要学会尊重人的自然生命,更要学会尊重人的人格,尊重人的精神生命。尊重他人是快乐的,被他人尊重也是快乐的。学会尊重,要处理好自尊与尊人的关系。只有尊重学生才能从学生那里得到尊重。如魏书生老师所说:"首先从自己做起,培养自己尊重人的品质,首先向对方输出尊重的信息。"要改变只重学生学科成绩分数,较少关注学生心理生活、道德发展的状态,而应多多给予人文关怀,关注他们在情感、价值观方面的发展。在日常生活中,应当重视尊重学生的隐私(不私拆学生信件,不翻看私人日记)。要尊重所有学生,包括学习困难、有弱点的学生。学会关心、理解学生,有助于学会尊重学生、学会欣赏学生,去感受尊重的美好。

信任

每个人的心理世界都有光明的、积极的一面。相信每个学生都有他的优点、长处;相信每个学生都有积极进取的愿望。教育人类学指明人是具有"明天性"的,儿童和青少年尤其是这样,他们总是希望认识新的事物,获得新的知识,向往新的学年的到来;他们是创造未来的生命体。班主任相信自己的学生渴望新知、天天向上的要求,是处理好师生关系、教育好学生、促进学生发展不可少的条件。因此,信任学生,是对学生应有的态度,是班主任专业化必须具备的品质。对学生的合理期望,有助于提高学生的自信,促进学生的进步。善于发现学生的闪光点,帮助他们长善救失。接纳每一个学生,相信每一个学生都能成材。相信学生的辨别能力,如李镇西老师所说的,相信"学生总是对的"。这是就面对学生的批评意见,教师应采取的态度而言的,即肯定学生能提意见这种精神、提意见的良好动机和积极的效果而言的。真的领悟到这一点,就会感到愉快。

关心、理解、尊重、信任是相互联系的,都是对人的认识和态度,也是教育的基础、教育的力量。关心与理解是紧密联系的,在关心中获得理解,理解学生才能善待学生。关心以尊重为前提,也是尊重的表现。当然,信任也是尊重的一种表现;对学生的尊重、期待与信任,会给学生带来愉快的体验。

精神关怀是双向的。作为精神关怀者,班主任掌握与学生的心灵沟通的艺术十分重要。但这是教育的艺术,也是教育的智慧,是一种缄默知识,需要我们在不断地学习教育理论、反思自己和他人的教育实践中,慢慢地去意会、去领悟。

2. 学会班级建设

组织、教育、管理班级的知识和能力,是班主任专业化特有的主要的要求。这里我们不多讨论组织能力与管理能力,主要讨论提高班级教育能力问题。

班主任对学生的教育的实施,除通过所任学科的教学外,主要是通过班级教育系统进行的。因此班级教育系统是班主任实施教育的特殊操作系统。我们把它称作"发展性班级教育系统"。这是旨在促进学生发展的教育体系,是以班主任为主导,由相互联系的班级教育目标、班级教学、班级学生集体、班级活动、班级文化、班级管理、班级教育合力、学生发展评价等各系统有机构成的班级教育整体。每个子系统都是班级教育系统整体的一个维度、一个侧面,都是具有整体性的、具有自己特有的教育功能的。其中班级教学是所有任课教师都参与的,因此我们不将其包括在班主任特殊操作系统中,不作为班主任专业化的专门要求。除班级教学外,其他各子系统的动作和教育功能的发挥都是班主任的特殊操作系统。如何进行班级建设,保证班级教育中各子系统的有效运作,充分发挥其教育功能,是班主任专业劳动的基本功,是班主任特有的专业化的主要内容,具体包括以下各方面能力的提高:

——形成适宜的班级教育目标的能力。善于调动学生积极性,共同讨论、制订班级教育目标;目标始终定位在学生的发展上,有针对性、体现班级特色、体现发展性要求。

——建设真的学生集体,促进学生个性发展的能力。真的集体应是一种学习共同体。它具有平等合作的结构关系、相互依赖的情感关系、共同的目标和利益关系,能尊重和促进学生个性发展。不以"集体利益"名义侵害个人利益和抑制个性发展。

——组织班级教育活动的能力。善于组织多种多样的班级教育活动,切实提高教育活动的实效性,防止形式主义。善于让学生在活动中展示自我、发展自我、实现自我。

——优化班级文化的能力。具有建设富有生命活力的班级文化的能力,发展积极的班级精神,形成有特色的班级文化。学会在班级文化创造中发展学生。

——人性化的班级管理能力。班级教育管理的特点是教育性,管理的过程应是教育的过程,应是为育人服务,最重要的是具有以人为本的管理理念,能充分发挥人的积极性,为学生的发展创造良好的条件。

——形成班级教育合力的能力。善于拓展班级育人空间,依靠学校领导、社区领导,使班级教育与学校教育、家庭教育、社会教育形成整合一致的教育合力。

——具有发展性评价的能力。发展性评价的目的是引导、激励、促进学生的发展。发展性评价内容主要是对学生德行发展、心理发展、能力发展的评价。善于根据不同的情境、不同的学生,运用多种方式(包括奖惩等方式)进行评价。给学生的操行评语是制度化的评价方式,宜人性化、个性化、审美化。

上述各方面能力相互联系,构成了完整的班级教育能力。这是班主任应具备的主要的教育能力,也是班主任主导班级教育的基本功。

3. 班主任的教育信条

以上我们从班级教育系统的角度讨论了班主任的教育能力,这里我们从更广泛的教育原理的角度来讨论班主任认可的一些教育指导思想、教育准则、教育规范。而这些教育思想准则不仅仅适用于班主任,而且具有更广泛的指导意义。我们做过一次问卷调查,调查范围是在天津、广州、桂林、南通、温州等地的有关会议和教师培训班上的全国各地中小学班主任。问卷列出19条教育指导思想、教育准则、教育规范,要求被调查者从中选出自己认为重要的10条。调查共发放问卷480余份,共收回问卷426份,其中有效问卷386份。我们把选择人数超过半数以上的当作教育信条和大家分享。

(1)尊重与信任学生;(2)了解学生心理,与学生沟通;(3)公正地对待学生;(4)营造良好班级文化氛围;(5)建设良好班级共同体;(6)关心、热爱学生;(7)言教与身教结合;(8)鼓励学生;(9)终身学习、持续发展;(10)形成班级教育合力;(11)喜欢、热爱班主任工作。

调查显示了选择各条的人数百分比不同,但未经过统计检验。百分比的大小是对调查情况的简单描述,并不表示真的有差别。如果调查的人数更多或更少,百分比也许会发生改变。这里我们只按现有资料,把选择各题人数超过半数以上的按百分比大小,从高到低地排序,共11条。多数人,即50%以上的班主任都相信这11条是班主任有效地工作须遵循的要求。我们称之为"班主任教育信条"。当然,是否应当有这些教育信条,是不是应当作为教育信条看待,是可以继续探讨的。但这11条的形成并非完全主观的,第一,它是直接来源于教育第一线的班主任的,不同程度反映了这些实际工作者的教育经验和教育智慧。第二,问卷设计、内容的选择,考虑了三个方面依据:

(1)教育理论:具体说是德育原则、班主任工作原则以及发展性班级教育系统的理论假设。

(2)班级教育实践经验,主要是优秀班主任的教育实践经验。

(3)教育行政部门有关教师规范、教师资格的文件。

上面的11条,是依据一定的教育理论和教育实践经验确定为问卷内容的,又是再一次经过班主任选择的。因此,所说的教育信条是可以作为对班主任专业化要求的,班主任可以充分利用我们调查所得的信息。例如,我们利用有关数据,帮助认识上文谈及的班级共同体、班级文化、班级教育合力等问题。班主任还可以在自己的教育实践中体验、反思、继续探讨、修订完善。这将是一个持续学习的过程,也是一个愉快的探索过程,特别是当有所发现、有所前进的时候,你会体验到一种快乐。那时,你就会想到魏书生老师说的,"做老师而不当班主任,那真是失去了增长能力的机会,吃了大亏"。

三、对班主任教师道德的要求

班主任的专业化发展应是学科性与教育性、学术性与师范性、学科专业知识能力与道德教育专业知识能力的统一。因此班主任专业化的内容应当包括对其教师道德的一定要求。学生道德品质的形成发展是受多方面因素制约的，班主任的教育影响是诸多因素中的一种。当然，任何一种职业都要求从业者具有相应的职业道德，但对教育劳动的从业者班主任来说，教师道德更有其特殊的意义。这也是由班主任专业劳动的特殊性决定的。

从班主任的劳动内容说，班主任的专业劳动主要是引导、帮助、促进学生德行成长和发展的。或者说班主任的专业劳动主要是对学生的道德教育；道德教育是师生共同参与的相互教育与自我教育、教学相长、品德共进的活动。因此要求班主任应掌握道德教育的原理、方法和具有必要的教师道德。这两方面是相关的，都应当是其专业化最重要的一个方面。范海南认为，不能脱离道德谈论教育学，"缺乏优秀品质的老师或父母实际上就缺乏教育的学问"。

班主任的教师道德是道德教育的资源，是直接参与教育过程的因素。各种专业劳动都有相应的职业道德，是顺利完成其专业劳动的道德保证，但不是该专业劳动中的因素。班主任的教育劳动，却是另一种情况，即道德教育过程，同时是班主任做人的过程，是班主任展现自己道德人格的过程；因而班主任自身的道德，是作为道德教育的资源、道德教育的内容和手段，参与到教育劳动中的，教育的内容和手段与班主任的道德是融为一体的。因此班主任专业化要求班主任具备一定的教师道德是理所当然的。

道德教育是一种道德生活方式，道德教育过程是师生共同的道德生活过程；道德生活过程，就是道德教育与道德学习的过程。无论从道德生活过程或是从道德教育过程来说，都是班主任做人的过程。班主任的道德人格总是这样或那样地影响着学生，不是自觉地给予影响，就是不自觉地发生着影响，不是给予积极的道德影响，就是给予消极的道德影响，这些都是客观存在的。正是基于这样的原理，我们说班主任专业，包括对班主任道德上的要求是完全合理的。我们调查的386人中，多数即61.7%的人都认为言教与身教结合的重要。许多教育事实也表明，班主任自身具有良好的道德品质，才能有效地培育学生的道德品质，否则教育的效果就受影响。而班主任不具备必需的道德品质，就不能从事道德教育，班主任的教师道德是班主任专业劳动必须具备的资格。

我们说班主任专业劳动要求必需的教师道德，并非要求班主任在道德上十全十美，没有缺陷。我们说教师道德应成为班主任专业化的要求，是基于班主任教育劳动的特殊性，丝毫不意味着要求班主任做一个道德上的"完人"。金无足赤，人无完人。世上没有"道德圣人"，没有"完美无缺"的道德范本，但应当有符合现实良好道德的，能够关心、理解、尊重、信任学生并对学生成长负责的教师。世上没有"道德权威"、"道德专家"，但应当有在道德上不断进取、严于自律、承认自己不足、保持真挚情感的教师；应当有能与学生心灵沟通、引导道德教育活动、与学生共同学习、相互教育与自我教育的教师。

我们没有更多地从正面论述班主任应具备的教师道德，上述这些权且作为我个人认为对班主任来说应具有的品质。另外，可以利用我们抽查所得的信息，帮助我们认识一些问题。例如，接受调查的386名班主任中，有91.79%的人肯定了"尊重"、"信任"学生的重要性，有73.3%的人认为要与学生"沟通"，而明显超过半数即64%的人认为班主任必须具备"关心"的品质。此外，我们前面没有提到的，但对班主任特别有意义的"公正"品质，被68.9%的教师所重视，占据了排序的第三位。

四、班主任的持续发展

班主任专业化是一种认识，更是一种自觉追求的目标，也是个体发展的过程。作为目标，班主任专业化引导、鼓励、激励着我们不懈地追求；专业化的发展又是一种过程性的，是一个需要永远追求的过程。德国教育人类学家博尔诺夫说，人始终需要教育，不仅要学习知识、技能，"而且也需要持续的、真正的即涉及人在其道德品格方面的教育"，"需要发展个性和职业能力"。

我们说班主任专业化过程是过程性的，并不意味着没有目标或者目标永远达不到。过程的某个阶段有具体目标，经过努力可以达到，但又有更新的目标、更新的发展阶段在等待着我们。随着时代的发展、教育改革的发展，我们对待教育的态度、价值、知识、技能和教育行为都需要不断地调整、修订。从个体发展来说，我们每个人都具有"未完成性"，为了自己更为成熟，教育智慧潜能得到更充分发挥，我们不断向自己提出新的、更高的专业化目标，需要不断学习。我们的调查表明，近60％的被调查者已经自觉认识到终身学习、持续发展的重要。终身学习、持续发展是班主任的权利，也是义务，是责任；是班主任自我提升、自我实现所必需的。

教育、教学本身是我们班主任生活的主题，其中有付出之乐，也有获得之乐，有助人之乐，也有创造之乐。只要不放弃对幸福的追求，就会把心融入其中，就会把情感和智慧融入其中，如苏霍姆林斯基所说，"把整个心灵献给孩子"。陶行知先生认为，"先生之最大的快乐，是创造出值得自己崇拜的学生"。祝愿班主任朋友们健康、快乐！

【参考文献】

1. 窦桂梅等著：《中国著名班主任德育思想录》，江苏教育出版社 2000 年版。
2. 班华等著：《发展性班级教育系统》，南京师范大学出版社 2000 年版。
3. ［德］O·F·博尔诺夫著：《教育人类学》，李其龙等译，华东师范大学出版社 1999 年版。

附录一

教育部关于进一步加强
中小学班主任工作的意见

各省、自治区、直辖市教育厅（教委），新疆生产建设兵团教育局：

为深入贯彻落实《中共中央国务院关于进一步加强和改进未成年人思想道德建设的若干意见》，充分发挥中小学班主任教师在学校教育工作中的骨干作用，促进学生德智体美全面发展，现就进一步加强中小学班主任工作提出如下意见。

一、充分认识加强中小学班主任工作的重要意义

中小学班主任是中小学教师队伍的重要组成部分，是班级工作的组织者、班集体建设的指导者、中小学生健康成长的引领者，是中小学思想道德教育的骨干，是沟通家长和社区的桥梁，是实施素质教育的重要力量。中小学班主任工作是学校教育中极其重要的育人工作，既是一门科学，也是一门艺术。在普遍要求全体教师都要努力承担育人工作的情况下，班主任的责任更重，要求更高。做班主任和授课一样都是中小学的主业，班主任队伍建设与任课教师队伍建设同等重要。加强中小学班主任工作，对于贯彻党的教育方针，全面推进素质教育，把加强和改进未成年人思想道德建设的各项任务落在实处，具有十分重要的意义。

长期以来，各地教育行政部门和中小学校重视班主任队伍建设，发挥班主任独特的教育作用，积累了丰富的经验，形成了有效的工作机制。广大中小学班主任兢兢业业、教书育人、无私奉献，做了大量教育和管理工作，为促进中小学生的健康成长做出了重要贡献。但是必须看到，中小学班主任工作面临许多新问题、新挑战。经济社会的深刻变化、教育改革的不断深化、中小学成长的新情况新特点，对中小学班主任工作提出了更高的要求，迫切需要制定更加有效的政策，保障和鼓励中小学教师愿意做班主任，努力做好班主任工作；迫切需要采取更加有力的措施，保障和鼓励班主任有更多的时间和精力了解学生、分析学生学习生活成长情况，以真挚的爱心和科学的方法教育、引导、帮助学生成长进步。

二、进一步明确中小学班主任的工作职责

中小学班主任与学生接触较多、沟通便利，影响深刻，肩负着育人的重要职责。

要做好中小学生的教育引导工作。认真落实学校德育工作的要求，积极主动地与其他任课教师一道，利用各种机会开展思想道德教育，引导学生明辨是非、善恶、美丑，从身边的小事做起，逐步树立社会主义荣辱观，确立远大志向、增强爱国情感、明确学习目的、端正生活态度，养成良好的行为习惯。

要做好班级的管理工作。加强班级的日常管理，维护班级良好的教学和生活秩序。坚持正面教育为主，对学生的点滴进步及时给予表扬鼓励，对有缺点错误的学生要晓之以理、动之以情，进行耐心诚恳的批评教育。做好学生的综合素质评价工作，科学公正地评价学生的操行，向学校提出奖惩建议。努力营造互助友爱、民主和谐、健康向上的集体氛围，形成有特色的充满活力的班级和团（队）文化。加强安全教育，增强学生的自护意识和能力。

要组织好班级集体活动。指导班委会、少先队中队、团支部开展工作，担任好少先队中队辅导员，组织开展丰富多彩的团队活动；积极组织开展班集体的社会实践活动、课外兴趣小组、社团活动和各种文化活动，充分发挥学生的积极性和主动性，培养学生的组织纪律观念和集体荣誉感。

要关注每一位学生的全面发展。教育学生明确学习目的，端正学习态度，掌握正确学习方法，养成良

新编班主任工作技能训练（第2版）

好学习习惯,增强创新意识和学习能力。了解和熟悉每一位学生的特点和潜能,善于分析和把握每一位学生的思想、学习、身体、心理的发展状况,科学、综合地看待学生的全面发展,及时发现并妥善处理可能出现不良后果的问题。注意倾听学生的声音,关注他们的烦恼,满足他们的合理需求,有针对性地进行教育和引导,为每一位学生的全面发展创造公平的发展机会。

班主任是学校教育第一线的骨干力量,是学校教育工作最基层的组织者和协调者。履行好班主任的职责,必须树立正确的教育理念,遵循中小学生身心发展的规律,运用科学的教育方法,善于利用各种教育资源。班主任老师不仅应该努力协调好各任课教师,做好班级的管理和建设工作、学生的教育和引导工作,积极支持少先队、共青团、班委会开展班级活动,还应该成为沟通学校、家庭、社会的纽带,及时了解学生在家庭和社区的表现,引导家长和社区配合学校共同做好学生的教育工作。

三、认真做好中小学班主任的选聘和培训工作

做好班主任的选聘和培训,是加强班主任工作的基础。班主任岗位是具有较高素质和人格要求的重要专业性岗位,应由取得教师资格、思想道德素质好、业务水平高、身心健康、乐于奉献的教师担任。每个班必须配备班主任。中小学班主任一般应由学校从任课教师中选聘,聘期由学校确定。

中小学班主任要忠诚党的教育事业,热爱学生,善于做学生的思想工作,具有符合素质教育要求的教育观和较强的教育教学和组织能力,掌握教育学、心理学的基本知识和方法,熟悉相关法律法规;品德高尚,为人师表,具有团结协作精神和较强的人际沟通能力。

各级教育行政部门应将中小学班主任培训纳入教师全员培训计划,学校也应制订班主任培训计划,有组织地开展岗前和岗位培训,定期交流班主任工作经验,组织班主任进行社会考察,提高班主任的政治素质、业务素质、心理素质和工作及研究能力。教师教育机构要承担班主任的培训任务。教育硕士学位教育中应开设中小学班主任工作方面研修,并优先招收在职优秀班主任。班主任培训所需经费在教师培训专项经费中列支。

班主任教师应把班主任工作作为主业,敬业爱岗,不断提高工作水平,力求工作实效。广大中小学教师要把担任班主任工作作为教书育人应尽的职责,积极主动承担这一光荣任务。

四、切实为中小学班主任工作提供保障

制订和完善促进班主任工作的政策措施,是加强班主任工作的基本保障。各地教育行政部门和中小学校要从基础教育全面贯彻落实树立科学发展观的战略高度,从全面推进素质教育的全局高度,落实"学校教育、育人为本、德智体美、德育为先"的要求,关心班主任教师的学习、工作和生活,促进他们的成长发展,充分发挥他们的作用。

要提高中小学班主任的地位和待遇。班主任工作是中小学教育中特殊重要的岗位,中小学校要在教师中营造以从事班主任工作为荣的氛围。要将班主任工作记入工作量,并提高班主任工作量的权重。各地要根据实际,努力改善班主任的待遇,完善津贴发放办法。要适当安排班主任的教学任务,使他们既能上好课又能做好班主任工作。

要完善班主任的奖励制度。各地教育行政部门和中小学校要将优秀班主任的表彰奖励纳入教师、教育工作者的表彰奖励体系之中,定期表彰优秀班主任。要树立一批班主任先进典型,宣传他们的先进事迹,充分肯定他们在学校教育中的贡献。中小学校应积极推荐优秀班主任加入党组织,优秀班主任应列入学校党政后备干部培养范围。在努力完善班主任奖励制度的同时,要加强对重视班主任工作学校的典型经验宣传,通过宣传和奖励,鼓励广大中小学校普遍重视和加强班主任队伍建设,充分发挥班主任在学校教育工作中的重要作用,使班主任工作成为广大学校老师踊跃担当的光荣而重要的岗位。

要加强班主任队伍的管理。学校领导要经常研究班主任工作,了解班主任的工作表现,规范班主任的行为。学校应建立班主任工作档案,定期考核班主任工作,考核结果作为班主任和教师聘任、奖励、职务晋升的重要依据。对不能履行班主任职责的,应调离班主任岗位。

要为班主任开展工作创造必要的条件。各地教育行政部门和中小学校应当为班主任开展工作提供支持,制定相关政策和制度,切实维护班主任教师的合法权益,减轻他们过重的精神压力和工作压力,保

障他们的身体健康。要及时了解他们在工作和生活中遇到的困难和问题,为他们排忧解难。

高等院校应该在思想政治教育专业中招收有班主任工作经历的老师,开设专门课程,为学生毕业以后从事班主任工作提供必要的理论和技能训练。各级各类教育机构应该加强班主任工作的理论研究,列入重点科研课题,组织专家、提供经费、保障条件,积极探索班主任工作的规律,不断丰富新时期班主任工作的理念和思路。

各地教育行政部门可根据本意见,结合实际,会同有关部门制订加强中小学班主任工作的具体实施意见或细则。

二〇〇六年六月四日

附录二

教育部关于印发《中小学班主任工作规定》的通知

教基一[2009]12号

各省、自治区、直辖市教育厅(教委),新疆生产建设兵团教育局:

为了进一步加强中小学班主任工作,发挥班主任在中小学教育中的重要作用,保障班主任的合法权益,全面推进素质教育,特制定《中小学班主任工作规定》,现印发给你们,请遵照执行。

附件:中小学班主任工作规定

二〇〇九年八月十二日

附件:

中小学班主任工作规定

第一章 总 则

第一条 为进一步推进未成年人思想道德建设,加强中小学班主任工作,充分发挥班主任在教育学生中的重要作用,制定本规定。

第二条 班主任是中小学日常思想道德教育和学生管理工作的主要实施者,是中小学生健康成长的引领者,班主任要努力成为中小学生的人生导师。

班主任是中小学的重要岗位,从事班主任工作是中小学教师的重要职责。教师担任班主任期间应将班主任工作作为主业。

第三条 加强班主任队伍建设是坚持育人为本、德育为先的重要体现。政府有关部门和学校应为班主任开展工作创造有利条件,保障其享有的待遇与权利。

第二章 配备与选聘

第四条 中小学每个班级应当配备一名班主任。

第五条 班主任由学校从班级任课教师中选聘。聘期由学校确定,担任一个班级的班主任时间一般应连续1学年以上。

第六条 教师初次担任班主任应接受岗前培训,符合选聘条件后学校方可聘用。

第七条 选聘班主任应当在教师任职条件的基础上突出考查以下条件:

(一)作风正派,心理健康,为人师表;

(二)热爱学生,善于与学生、学生家长及其他任课教师沟通;

(三)爱岗敬业,具有较强的教育引导和组织管理能力。

第三章 职责与任务

第八条 全面了解班级内每一个学生,深入分析学生思想、心理、学习、生活状况。关心爱护全体学生,平等对待每一个学生,尊重学生人格。采取多种方式与学生沟通,有针对性地进行思想道德教育,促进学生德智体美全面发展。

第九条　认真做好班级的日常管理工作，维护班级良好秩序，培养学生的规则意识、责任意识和集体荣誉感，营造民主和谐、团结互助、健康向上的集体氛围。指导班委会和团队工作。

第十条　组织、指导开展班会、团队会（日）、文体娱乐、社会实践、春（秋）游等形式多样的班级活动，注重调动学生的积极性和主动性，并做好安全防护工作。

第十一条　组织做好学生的综合素质评价工作，指导学生认真记载成长记录，实事求是地评定学生操行，向学校提出奖惩建议。

第十二条　经常与任课教师和其他教职员工沟通，主动与学生家长、学生所在社区联系，努力形成教育合力。

第四章　待遇与权利

第十三条　学校在教育管理工作中应充分发挥班主任的骨干作用，注重听取班主任意见。

第十四条　班主任工作量按当地教师标准课时工作量的一半计入教师基本工作量。各地要合理安排班主任的课时工作量，确保班主任做好班级管理工作。

第十五条　班主任津贴纳入绩效工资管理。在绩效工资分配中要向班主任倾斜。对于班主任承担超课时工作量的，以超课时补贴发放班主任津贴。

第十六条　班主任在日常教育教学管理中，有采取适当方式对学生进行批评教育的权利。

第五章　培养与培训

第十七条　教育行政部门和学校应制订班主任培养培训规划，有组织地开展班主任岗位培训。

第十八条　教师教育机构应承担班主任培训任务，教育硕士专业学位教育中应设立中小学班主任工作培养方向。

第六章　考核与奖惩

第十九条　教育行政部门建立科学的班主任工作评价体系和奖惩制度。对长期从事班主任工作或在班主任岗位上做出突出贡献的教师定期予以表彰奖励。选拔学校管理干部应优先考虑长期从事班主任工作的优秀班主任。

第二十条　学校建立班主任工作档案，定期组织对班主任的考核工作。考核结果作为教师聘任、奖励和职务晋升的重要依据。对不能履行班主任职责的，应调离班主任岗位。

第七章　附　则

第二十一条　各地可根据本规定，结合当地实际情况，制定中小学班主任工作的具体实施办法。

第二十二条　本规定自发布之日起施行。

附录三

中共中央国务院关于进一步加强和改进未成年人思想道德建设的若干意见

(2004 年 2 月 26 日)

为深入贯彻落实党的十六大精神,适应新形势、新任务的要求,全面提高未成年人的思想道德素质,现就进一步加强和改进未成年人思想道德建设,提出如下意见。

一、加强和改进未成年人思想道德建设是一项重大而紧迫的战略任务

(一)未成年人是祖国未来的建设者,是中国特色社会主义事业的接班人。目前,我国 18 岁以下的未成年人约有 3.67 亿。他们的思想道德状况如何,直接关系到中华民族的整体素质,关系到国家前途和民族命运。高度重视对下一代的教育培养,努力提高未成年人思想道德素质,是我们党的优良传统,是党和国家事业后继有人的重要保证。十三届四中全会以来,以江泽民同志为核心的第三代中央领导集体,坚持"两手抓、两手都要硬"的战略方针,采取一系列重大举措,在全面推进社会主义精神文明建设中,切实加强未成年人思想道德建设。十六大以来,以胡锦涛同志为总书记的党中央,从全面建设小康社会的战略高度,对新世纪新阶段进一步加强和改进未成年人思想道德建设提出了明确要求,作出了新的重要部署。各地区各部门认真贯彻中央要求,坚持以邓小平理论和"三个代表"重要思想指导未成年人思想道德建设,深入进行爱国主义、集体主义、社会主义和中华民族精神教育,大力加强公民道德教育,切实改进学校德育工作,广泛开展精神文明创建活动和形式多样的社会实践、道德实践活动,积极营造有利于未成年人健康成长的良好舆论氛围和社会环境,广大未成年人的综合素质不断提高。热爱祖国、积极向上、团结友爱、文明礼貌是当代中国未成年人精神世界的主流。

(二)面对国际国内形势的深刻变化,未成年人思想道德建设既面临新的机遇,也面临严峻挑战。我国对外开放的进一步扩大,为广大未成年人了解世界、增长知识、开阔视野提供了更加有利的条件。与此同时,国际敌对势力与我争夺接班人的斗争也日趋尖锐和复杂,他们利用各种途径加紧对我未成年人进行思想文化渗透,某些腐朽没落的生活方式对未成年人的影响不能低估。我国社会主义市场经济的深入发展,社会经济成分、组织形式、就业方式、利益关系和分配方式的日益多样化,为未成年人的全面发展创造了更加广阔的空间,与社会进步相适应的新思想新观念正在丰富着未成年人的精神世界。与此同时,一些领域道德失范,诚信缺失、假冒伪劣、欺骗欺诈活动有所蔓延;一些地方封建迷信、邪教和黄赌毒等社会丑恶现象沉渣泛起,成为社会公害;一些成年人价值观发生扭曲,拜金主义、享乐主义、极端个人主义滋长,以权谋私等消极腐败现象屡禁不止等等,也给未成年人的成长带来不可忽视的负面影响。互联网等新兴媒体的快速发展,给未成年人学习和娱乐开辟了新的渠道。与此同时,腐朽落后文化和有害信息也通过网络传播,腐蚀未成年人的心灵。在各种消极因素影响下,少数未成年人精神空虚、行为失范,有的甚至走上违法犯罪的歧途。这些新情况新问题的出现,使未成年人思想道德建设面临一系列新课题。

(三)面对新的形势和任务,未成年人思想道德建设工作还存在许多不适应的地方和亟待加强的薄弱环节。一些地方和部门的领导对这项工作认识不足,重视不够,没有真正担负起领导责任;全社会关心和支持未成年人思想道德建设的风气尚未全面形成,还存在种种不利于未成年人健康成长的社会环境和消极因素;学校教育中重智育轻德育、重课堂教学轻社会实践的现象依然存在,推进素质教育的任务艰巨,教师职业道德建设有待进一步加强;随着人员流动性加大,一些家庭放松了对子女的教育,一些家长在教育子女尤其是独生子女的观念和方法上存在误区,给未成年人教育带来新的问题;未成年人思想道德建设在体制机制、思想观念、内容形式、方法手段、队伍建设、经费投入、政策措施等方面还有许多与时代要求不相适应的地方。这些问题应当引起足够重视,并采取有效措施加以解决。

(四)实现中华民族的伟大复兴,需要一代又一代人的不懈努力。从未成年人抓起,培养和造就千千万万具有高尚思想品质和良好道德修养的合格建设者和接班人,既是一项长远的战略任务,又是一项紧迫的现实任务。我们要从确保党的事业后继有人和社会主义事业兴旺发达的战略高度,从全面建设小康社会和实现中华民族伟大复兴的全局高度,从树立和落实科学发展观,坚持以人为本,执政为民的高度,充分认识加强和改进未成年人思想道德建设的重要性和紧迫性,适应新形势新任务的要求,积极应对挑战,加强薄弱环节,在巩固已有成果的基础上,采取扎实措施,努力开创未成年人思想道德建设工作的新局面。

二、加强和改进未成年人思想道德建设的指导思想、基本原则和主要任务

(五)当前和今后一个时期,加强和改进未成年人思想道德建设的指导思想是:坚持以马克思列宁主义、毛泽东思想、邓小平理论和"三个代表"重要思想为指导,深入贯彻十六大精神,全面落实《爱国主义教育实施纲要》、《公民道德建设实施纲要》,紧密结合全面建设小康社会的实际,针对未成年人身心成长的特点,积极探索新世纪新阶段未成年人思想道德建设的规律,坚持以人为本,教育和引导未成年人树立中国特色社会主义的理想信念和正确的世界观、人生观、价值观,养成高尚的思想品质和良好的道德情操,努力培育有理想、有道德、有文化、有纪律的,德、智、体、美全面发展的中国特色社会主义事业建设者和接班人。

(六)加强和改进未成年人思想道德建设要遵循以下原则:(1)坚持与培育"四有"新人的目标相一致、与社会主义市场经济相适应、与社会主义法律规范相协调、与中华民族传统美德相承接的原则。既要体现优良传统,又要反映时代特点,始终保持生机与活力。(2)坚持贴近实际、贴近生活、贴近未成年人的原则。既要遵循思想道德建设的普遍规律,又要适应未成年人身心成长的特点和接受能力,从他们的思想实际和生活实际出发,深入浅出,寓教于乐,循序渐进。多用鲜活通俗的语言,多用生动典型的事例,多用喜闻乐见的形式,多用疏导的方法、参与的方法、讨论的方法,进一步增强工作的针对性和实效性,增强吸引力和感染力。(3)坚持知与行相统一的原则。既要重视课堂教育,更要注重实践教育、体验教育、养成教育,注重自觉实践、自主参与,引导未成年人在学习道德知识的同时,自觉遵循道德规范。(4)坚持教育与管理相结合的原则。不断完善思想道德教育与社会管理、自律与他律相互补充和促进的运行机制,综合运用教育、法律、行政、舆论等手段,更有效地引导未成年人的思想,规范他们的行为。

(七)未成年人思想道德建设的主要任务是:(1)从增强爱国情感做起,弘扬和培育以爱国主义为核心的伟大民族精神。深入进行中华民族优良传统教育和中国革命传统教育、中国历史特别是近现代史教育,引导广大未成年人认识中华民族的历史和传统,了解近代以来中华民族的深重灾难和中国人民进行的英勇斗争,从小树立民族自尊心、自信心和自豪感。(2)从确立远大志向做起,树立和培育正确的理想信念。进行中国革命、建设和改革开放的历史教育与国情教育,引导广大未成年人正确认识社会发展规律,正确认识国家的前途和命运,把个人的成长进步同中国特色社会主义伟大事业、同祖国的繁荣富强紧密联系在一起,为担负起建设祖国、振兴中华的光荣使命做好准备。(3)从规范行为习惯做起,培养良好道德品质和文明行为。大力普及"爱国守法、明礼诚信、团结友善、勤俭自强、敬业奉献"的基本道德规范,积极倡导集体主义精神和社会主义人道主义精神,引导广大未成年人牢固树立心中有祖国、心中有集体、心中有他人的意识,懂得为人做事的基本道理,具备文明生活的基本素养,学会处理人与人、人与社会、人与自然等基本关系。(4)从提高基本素质做起,促进未成年人的全面发展。努力培育未成年人的劳动意识、创造意识、效率意识、环境意识和进取精神、科学精神以及民主法制观念,增强他们的动手能力、自主能力和自我保护能力,引导未成年人保持蓬勃朝气、旺盛活力和昂扬向上的精神状态,激励他们勤奋学习、大胆实践、勇于创造,使他们的思想道德素质、科学文化素质和健康素质得到全面提高。

新编班主任工作技能训练(第2版)

三、扎实推进中小学思想道德教育

（八）学校是对未成年人进行思想道德教育的主渠道，必须按照党的教育方针，把德育工作摆在素质教育的首要位置，贯穿于教育教学的各个环节。要把弘扬和培育民族精神作为思想道德建设极为重要的任务，纳入中小学教育的全过程。

加快中小学思想品德、思想政治课的改进和建设，充分利用和整合各种德育资源，深入研究中小学生思想品德形成的规律和特点，把爱国主义教育、革命传统教育、中华传统美德教育和民主法制教育有机统一于教材之中，并保证占有适当分量，努力构建适应21世纪发展需要的中小学德育课程体系。积极改进中小学思想品德、思想政治课教学方法和形式，采用未成年人喜闻乐见、生动活泼的方式进行教学，把传授知识同陶冶情操、养成良好的行为习惯结合起来。要积极探索实践教学和学生参加社会实践、社区服务的有效机制，建立科学的学生思想道德行为综合考评制度。要因地制宜，积极开展各种富有趣味性的课外文化体育活动、怡情益智的课外兴趣小组活动和力所能及的公益性劳动，培养劳动观念和创新意识，丰富课外生活。要加强心理健康教育，培养学生良好的心理品质。要把思想品德教育与法制教育紧密结合起来，使二者有机统一，相辅相成。要在中小学生中广泛开展"珍惜生命、远离毒品"教育和崇尚科学文明、反对迷信邪教教育，坚决防止毒品、邪教进校园。要加强工读学校建设，对有不良行为的未成年人进行矫治和帮助。

要采取坚决措施，改革课程设置、教材和教学方法，切实减轻中小学生的课业负担，为加强学生思想道德建设，增强创新精神和实践能力，培育德、智、体、美全面发展的社会主义事业接班人创造良好条件。

（九）要依据不同年龄段学生的特点，抓紧修订和完善中小学生《守则》和日常行为规范。对小学生重点是规范其基本言行，培养良好习惯。对中学生重点是加强爱祖国、爱人民、爱劳动、爱科学、爱社会主义教育，引导他们树立正确的理想信念和世界观、人生观、价值观。制定和推行行为规范，要以促进学生全面发展为出发点和落脚点，反映时代和社会进步的要求，体现对学生的尊重与信任，引导学生自觉遵纪守法。

（十）切实加强教师职业道德建设。学校全体教职员工要树立育人为本的思想，认真贯彻《中华人民共和国教育法》、《中华人民共和国教师法》和《中小学教师职业道德规范》，热爱学生，言传身教，为人师表，教书育人，以高尚的情操引导学生德、智、体、美全面发展。教育行政部门和学校要制定和完善有关规章制度，调动全体教师的工作积极性与责任感，充分发挥广大教师在全面推进素质教育进程中的主力军作用。要完善学校的班主任制度，高度重视班主任工作，选派思想素质好、业务水平高、奉献精神强的优秀教师担任班主任。学校各项管理工作、服务工作也要明确育人职责，做到管理育人、服务育人。

四、充分发挥共青团和少先队在未成年人思想道德建设中的重要作用

（十一）加强中学团组织建设，把中学共青团工作纳入学校素质教育的总体布局，推荐优秀青年教师做团的工作。要办好中学生业余团校，配合学校党组织办好高中生业余党校，在确保质量、坚持标准的前提下，做好在高中生中择优培养发展党员的工作。加强对中学学生会工作的指导，更好地发挥他们的作用。

（十二）把少先队工作纳入教育发展规划，把对少先队工作的指导、检查、考核纳入教育行政部门的督导、评估范畴。各级共青团组织和教育行政部门的有关负责同志要参与同级少先队工作委员会工作。中小学校党组织和行政部门要积极支持少先队开展活动，并选派优秀青年教师担任少先队辅导员，把少先队辅导员培训纳入师资培训体系。要建立和完善校外辅导员制度，选聘热心少先队工作、有责任心、有能力、有经验的人士担任校外志愿辅导员。少先队小干部要实行民主选举，定期轮流任职。共青团组织和教育、民政等部门要密切协作，积极推进社区少工委建设，扩大少先队工作的覆盖面。

五、重视和发展家庭教育

（十三）家庭教育在未成年人思想道德建设中具有特殊重要的作用。要把家庭教育与社会教育、学校教育紧密结合起来。各级妇联组织、教育行政部门和中小学校要切实担负起指导和推进家庭教育的责任。要与社区密切合作，办好家长学校、家庭教育指导中心，并积极运用新闻媒体和互联网，面向社会广

泛开展家庭教育宣传,普及家庭教育知识,推广家庭教育的成功经验,帮助和引导家长树立正确的家庭教育观念,掌握科学的家庭教育方法,提高科学教育子女的能力。充分发挥各类家庭教育学术团体的作用,针对家庭教育中存在的突出问题,积极开展科学研究,为指导家庭教育工作提供理论支持和决策依据。

(十四)党政机关、企事业单位和社区、村镇等城乡基层单位,要关心职工、居民的家庭教育问题,教育引导职工、居民重视对子女特别是学龄前儿童的思想启蒙和道德品质培养,支持子女参与道德实践活动。注意加强对成年人的思想道德教育,引导家长以良好的思想道德修养为子女作表率。要把家庭教育的情况作为评选文明职工、文明家庭的重要内容。特别要关心单亲家庭、困难家庭、流动人口家庭的未成年子女教育,为他们提供指导和帮助。

要高度重视流动人口家庭子女的义务教育问题。进城务工就业农民流入地政府要建立和完善保障进城务工就业农民子女接受义务教育的工作制度和机制。流出地政府要积极配合做好各项服务工作。民政部门及其所属的儿童福利机构和流浪儿童救助保护机构,要按照《中华人民共和国未成年人保护法》等有关法律法规的要求,做好孤残儿童合法权益的保护工作和流浪儿童的救助保护工作。

六、广泛深入开展未成年人道德实践活动

(十五)思想道德建设是教育与实践相结合的过程。要按照实践育人的要求,以体验教育为基本途径,区分不同层次未成年人的特点,精心设计和组织开展内容鲜活、形式新颖、吸引力强的道德实践活动。各种道德实践活动都要突出思想内涵,强化道德要求,并与丰富多彩的兴趣活动和文体活动结合起来,注意寓教于乐,满足兴趣爱好,使未成年人在自觉参与中思想感情得到熏陶,精神生活得到充实,道德境界得到升华。

面向中小学生开展的活动,要经教育行政部门或学校党团队组织统一协调和部署,把学生安全和社会效益放在首位。要采取多种手段,支持中西部地区和农村开展未成年人道德实践活动。

(十六)各种法定节日,传统节日,革命领袖、民族英雄、杰出名人等历史人物的诞辰和逝世纪念日,建党纪念日、红军长征、辛亥革命等重大历史事件纪念日,"九·一八"、"南京大屠杀"等国耻纪念日,以及未成年人的入学、入队、入团、成人宣誓等有特殊意义的重要日子,都蕴藏着宝贵的思想道德教育资源。要抓住时机,整合资源,集中开展思想道德主题宣传教育活动。要组织丰富多彩的主题班会、队会、团会,举行各种庆祝、纪念活动和必要的仪式,引导未成年人弘扬民族精神,增进爱国情感,提高道德素养。每年的"公民道德宣传日",在面向社会公众开展道德教育的同时,要注意组织好面向未成年人的宣传教育活动。要丰富未成年人节假日参观、旅游活动的思想道德内涵,精心组织夏令营、冬令营、革命圣地游、红色旅游、绿色旅游以及各种参观、瞻仰和考察等活动,把深刻的教育内容融入到生动有趣的课外活动之中,用祖国大好风光、民族悠久历史、优良革命传统和现代化建设成就教育未成年人。

要运用各种方式向广大未成年人宣传介绍古今中外的杰出人物、道德楷模和先进典型,激励他们崇尚先进、学习先进。通过评选三好学生、优秀团员和少先队员、先进集体等活动,为未成年人树立可亲、可信、可敬、可学的榜样,让他们从榜样的感人事迹和优秀品质中受到鼓舞、汲取力量。

七、加强以爱国主义教育基地为重点的未成年人活动场所建设、使用和管理

(十七)充分发挥爱国主义教育基地对未成年人的教育作用。各类博物馆、纪念馆、展览馆、烈士陵园等爱国主义教育基地,要创造条件对全社会开放,对中小学生集体参观一律实行免票,对学生个人参观可实行半票。要采取聘请专业人才、招募志愿者等方式建立专兼职结合的辅导员队伍,为未成年人开展参观活动服务。

(十八)要加强青少年宫、儿童活动中心等未成年人专门活动场所建设和管理。已有的未成年人专门活动场所,要坚持把社会效益放在首位,坚持面向未成年人、服务未成年人的宗旨,积极开展教育、科技、文化、艺术、体育等未成年人喜闻乐见的活动,把思想道德建设内容融于其中,充分发挥对未成年人的教育引导功能。要深化内部改革,增强自身发展活力,不断提高社会服务水平。同时,各级政府要把未成年人活动场所建设纳入当地国民经济和社会事业发展总体规划。大城市要逐步建立布局合理、规模适当、功能配套的市、区、社区未成年人活动场所。中小城市要因地制宜重点建好市级未成年人活动场所。

有条件的城市要辟建少年儿童主题公园。经过3至5年的努力,要做到每个县都有一所综合性、多功能的未成年人活动场所。各地在城市建设、旧城改造、住宅新区建设中,要配套建设可向未成年人开放的基层活动场所,特别是社区活动场所。有关部门要对已建的未成年人活动场所进行认真清理整顿,名不副实的要限期改正,被挤占、挪用、租借的要限期退还。图书馆、文化馆(站)、体育场(馆)、科技馆、影剧院等场所,也要发挥教育阵地的作用,积极主动地为未成年人开展活动创造条件。

(十九)属于公益性文化事业的未成年人校外活动场所建设和运行所需资金,地方各级人民政府要予以保证,中央可酌情对全国重点爱国主义教育基地以及中西部地区和贫困地区的未成年人活动设施建设,予以一定补助。要在国家彩票公益金中安排一定数额资金,用于未成年人活动场所建设。国家有关部门和地方各级人民政府要制定优惠政策,吸纳社会资金,鼓励、支持社会力量兴办未成年人活动场所。

八、积极营造有利于未成年人思想道德建设的社会氛围

(二十)各类大众传媒都要增强社会责任感,把推动未成年人思想道德教育作为义不容辞的职责,为加强和改进未成年人思想道德建设创造良好舆论氛围。要发挥各自优势,积极制作、刊播有利于未成年人身心健康的公益广告,增加数量,提高质量,扩大影响。各级电台、电视台都要开设和办好少儿专栏或专题节目。中央电视台要进一步办好少儿频道,各地要切实抓好中央电视台少儿频道的落地、覆盖工作。省(区、市)和副省级城市电视台要创造条件逐步开设少儿频道。少儿节目要符合少年儿童的欣赏情趣,适应不同年龄层次少年儿童的欣赏需求,做到知识性、娱乐性、趣味性、教育性相统一。各类报刊要热心关注未成年人思想道德建设,加强宣传报道。面向未成年人的报纸、刊物和其他少儿读物,要把向未成年人提供更好的精神食粮作为自己的神圣职责,努力成为未成年人开阔眼界、提高素质的良师益友和陶冶情操、愉悦身心的精神园地。

加强少年儿童影视片的创作生产,积极扶持国产动画片的创作、拍摄、制作和播出,逐步形成具有民族特色、适合未成年人特点、展示中华民族优良传统的动画片系列。积极探索与社会主义市场经济发展相适应的少年儿童电影发行、放映工作新路子,形成少年儿童电影的发行放映院线。

(二十一)各类互联网站都要充分认识所肩负的社会责任,积极传播先进文化,倡导文明健康的网络风气。重点新闻网站和主要教育网站要发挥主力军作用,开设未成年人思想道德教育的网页、专栏,组织开展各种形式的网上思想道德教育活动。在有条件的校园和社区内,要有组织地建设一批非营业性的互联网上网服务场所,为未成年人提供健康有益的绿色网上空间。信息产业等有关部门要制定相关政策,积极推进这项工作。学校要加强对校园网站的管理,规范上网内容,充分发挥其思想道德教育的功能。要遵循网络特点和网上信息传播规律,充分考虑未成年人的兴趣爱好,加强网上正面宣传,唱响主旋律,打好主动仗,为广大未成年人创造良好的网络文化氛围。

(二十二)要充分考虑未成年人成长进步的需求,精心策划选题,创作、编辑、出版并积极推荐一批知识性、趣味性、科学性强的图书、报刊、音像制品和电子出版物等未成年人读物和视听产品。有关部门要继续做好面向未成年人的优秀影片、歌曲和图书的展演、展播、推介工作,使他们在学习娱乐中受到先进思想文化的熏陶。要积极鼓励、引导、扶持软件开发企业,开发和推广弘扬民族精神、反映时代特点、有益于未成年人健康成长的游戏软件产品。要积极推进全国文化信息资源共享工程建设,让健康的文化信息资源通过网络进入校园、社区、乡村、家庭,丰富广大未成年人的精神文化生活。

(二十三)要积极推动少儿文化艺术繁荣健康发展。加强少儿文艺创作、表演队伍建设,注重培养少儿文艺骨干力量。鼓励作家、艺术家肩负起培养和教育下一代的历史责任,多创作思想内容健康、富有艺术感染力的少儿作品。加大政府对少儿艺术演出的政策扶持力度,增强少儿艺术表演团体发展活力。文化、教育、共青团、妇联、文联、作协等有关职能部门和人民团体要认真履行各自的职责,党委宣传部门要加强指导协调,大力繁荣和发展少儿文化艺术。

九、净化未成年人的成长环境

(二十四)坚持不懈地开展"扫黄""打非"斗争,加强文化市场监管,坚决查处传播淫秽、色情、凶杀、暴力、封建迷信和伪科学的出版物。严格审查面向未成年人的游戏软件内容,查处含有诱发未成年人违

法犯罪行为和恐怖、残忍等有害内容的游戏软件产品。制定相关法规，加强对玩具、饰品制作销售的监管，坚决查处宣扬色情和暴力的玩具、饰品。严格未成年人精神文化产品的进口标准，严把进口关，既要有选择地把世界各国的优秀文化产品介绍进来，又要防止境外有害文化的侵入。

（二十五）加强对互联网上网服务营业场所和电子游戏经营场所的管理。严格执行《互联网上网服务营业场所管理条例》，要按照取缔非法、控制总量、加强监管、完善自律、创新体制的要求，切实加强对网吧的整治和管理。认真落实未成年人不得进入营业性网吧的规定，落实在网吧终端设备上安装封堵色情等不健康内容的过滤软件，有效打击违法行为。推广绿色上网软件，为家长监管未成年人在家庭中的上网行为提供有效技术手段。各有关部门要依法治理利用电子邮件、手机短信等远程通信工具和群发通信传播有害信息、危害未成年人身心健康的违法行为。

加强对营业性歌舞娱乐场所、电子游艺厅、录像厅等社会文化场所的管理。认真落实《互联网上网服务营业场所管理条例》和国务院办公厅转发文化部等部门《关于开展电子游戏经营场所专项治理意见的通知》、《关于开展网吧等互联网上网服务营业场所专项整治意见的通知》规定，进一步优化校园周边环境，中小学校园周边200米内不得有互联网上网服务营业场所和电子游戏经营场所，不得在可能干扰学校教学秩序的地方设立经营性娱乐场所。

十、切实加强对未成年人思想道德建设工作的领导

（二十六）各级党委和政府要把加强和改进未成年人思想道德建设作为一项事关全局的战略任务，纳入经济社会发展总体规划，列入重要议事日程，切实加强和改善领导。要形成党委统一领导、党政群齐抓共管、文明委组织协调、有关部门各负其责、全社会积极参与的领导体制和工作机制。地方各级党委主要负责同志要负起政治责任，经常分析未成年人思想道德状况，及时了解未成年人思想道德建设工作情况，认真研究解决重大问题。各级政府要把未成年人思想道德建设摆在重要位置，狠抓措施的落实；要给予必要的财力支持，并随着财政收入的增长逐步加大支持力度。

（二十七）中央精神文明建设指导委员会负责指导全国未成年人思想道德建设工作，督促检查各地区各部门贯彻落实中央关于加强和改进未成年人思想道德建设工作部署的情况，组织协调各有关部门和社会各方面共同做好未成年人思想道德建设工作。各地文明委要在同级党委领导下，担负起相应责任。要采取切实措施，充实和加强各级文明委的办事机构，搞好思想建设、组织建设和作风建设，使其更好地履行职能，发挥作用。各级宣传、教育、文化、体育、科技、广播影视、新闻出版、信息产业、民政、公安、海关、财政、税务等部门，共青团和工会、妇联等群团组织，在加强和改进未成年人思想道德建设中担负着重要责任，要结合业务工作，发挥各自优势，明确职责，密切配合，形成合力。要加强对未成年人成长规律的科学研究，为做好未成年人思想道德建设工作提供科学依据。要充分发挥民主党派、工商联和无党派人士在未成年人思想道德建设中的作用。

（二十八）要建立健全学校、家庭、社会相结合的未成年人思想道德教育体系，使学校教育、家庭教育和社会教育相互配合，相互促进。城市社区、农村乡镇和村民委员会，以及其他一切基层组织要切实担负起加强未成年人思想道德建设的社会责任，整合利用各种教育资源和活动场所，开展富有吸引力的思想教育和文体活动，真正把教育引导未成年人的工作落实到基层。要把为未成年人健康成长创造良好社会环境作为创建文明城市、文明社区、文明村镇、文明单位的重要内容。各级党委、政府和社会各界都要认真贯彻《中华人民共和国未成年人保护法》，切实维护未成年人的合法权益。要着力建设好中小学及幼儿园教师队伍，各类文化市场管理队伍，青少年宫、博物馆、爱国主义教育基地等各类文化教育设施辅导员队伍，老干部、老战士、老专家、老教师、老模范等"五老"队伍，形成一支专兼结合、素质较高、人数众多、覆盖面广的未成年人思想道德建设工作队伍。要重视关心下一代工作委员会的工作，支持他们为加强和改进未成年人思想道德建设贡献力量。

加强和改进未成年人思想道德建设，是全党全社会的共同任务。各有关部门和社会各有关方面，都要大力弘扬求真务实精神，大兴求真务实之风，根据各自担负的职责和任务，采取有效措施，狠抓贯彻落实，勇于开拓创新，注重工作实效，切实把加强和改进未成年人思想道德建设的各项工作落到实处。

附录四
推荐给班主任的
阅读书目及网站

推荐阅读书目①

《给教师的一百条建议》	（苏霍姆林斯基,天津人民出版社 1981 年版）
《班主任工作漫谈》	（魏书生,漓江出版社 2005 年版）
《我的教育理想》	（朱永新,南京师范大学出版社 2000 年版）
《心灵写诗——李镇西班主任日记》	（李镇西,北京科学出版社 2005 年版）
《成功教育》	（刘京海,福建教育出版社 1993 年版）
《给教师的一百条新建议》	（郑杰,华东师范大学出版社 2004 年版）
《重建学校的精神家园》	（易连云,教育科学出版社 2003 年版）
《赏识你的孩子》	（周　弘,广东科技出版社 2005 年版）
《教育的理想与信念》	（肖　川,岳麓书社 2002 年版）
《为生命奠基》	（窦桂梅,山西教育出版社 2005 年版）
《教育的视野》	（肖　川,岳麓书社 2002 年版）
《成功起跑线》	（刘永吉,中国档案出版社 2002 年版）
《教师礼仪》	（李兴国,华东师范大学出版社 2006 年版）
《班主任兵法》	（万　玮,华东师范大学出版社 2004 年版）
《教育走向生本》	（郭思乐,人民教育出版社 2001 年版）
《做成功的教师》	（张明霞,杭州出版社 2003 年版）
《教学机智——教育智慧的意蕴》	（马克斯·范梅南,教育科学出版社 2001 年版）
《赏识你的学生》	（孟繁华,海南出版社 2003 年版）
《教育就是培养习惯》	（关鸿羽,新世界出版社 2003 年版）
《细节决定成败》	（汪中求,新华出版社 2004 年版）
《知识管理》	（杜拉克等,中国人民大学出版社 2005 年版）
《第五项修炼》	（彼得·圣吉,上海三联书店 1998 年版）
《班主任工作手记》	（魏书生,漓江出版社 2005 年版）
《班主任创新工作 100 招》	（张万祥,江苏教育出版社 2004 年版）
《中国著名班主任德育思想录》	（朱永新主编,江苏教育出版社 2004 年版）
《班主任创新工作 100 招》	（张万祥,江苏教育出版社 2005 年版）
《教师心语——教育案例叙事集》	（杨显社,华东师范大学出版社 2006 年版）
《教师如何做研究》	（郑金洲,华东师范大学出版社 2005 年版）

---

① 齐学红主编:《今天,我们如何做班主任——优秀班主任的成长之路》,华东师范大学出版社 2006 年,第 152 页。

推荐网站①
新教育在线http://blog. eduol. cn/
李镇西之家http://lzx. eduol. cn/
唐晓勇教育网志http://61. 144. 246. 3/txy/blog/
南京白下教育叙事http://www. njbxjy. net/blog/
南京第二十四中教育博客http://www. njbxjy. net/blog/24z/
班主任研究中心http://202. 119. 104. 100/tree/

---

① 齐学红主编:《今天,我们如何做班主任——优秀班主任的成长之路》,华东师范大学出版社 2006 年版,第 183 页。

后　记

班主任工作技能训练是为即将从事班主任工作的师范生开设的一门必修课程。目前许多师范院校都开设这门集理论与实践于一体的课程。《新编班主任工作技能训练》自2007年5月出版以来，到目前为止，已第七次印刷，共发行七万余册，取得了较好的社会反响。

随着《中共中央国务院关于进一步加强和改进未成年人思想道德建设的若干意见》这一重要文件的出台，班主任作为一支实施学校德育的重要队伍，承担着全面育人的责任，其地位和作用正在受到社会各界的极大关注。在此基础上，《教育部关于进一步加强中小学班主任工作的意见》的颁布，以正式文件的形式，对班主任的地位、作用，以及班主任队伍的自身建设、队伍培养、培训等问题进行了阐述，班主任专业化培训已纳入学校的议事日程。师范院校开设班主任专业化的系列课程已势在必行。

本教材的特点：一是力图体现班主任工作内容的完整性、系统性。全书涉及班主任的角色定位、班级日常管理与学生行为规范养成、制订班级教育目标、建设班集体、开展班级活动、班级文化建设、班级心理教育、建立科学合理的评价机制等班级特殊操作系统的具体内容，同时，对于班主任专业化成长规律进行理论研究与实践探索。我们提倡班主任成为班级教育与管理的行家里手，把班级教育和学生身心发展规律的研究作为班主任的毕生追求。二是突出实践性。班主任工作是一门充满实践智慧的工作，任何照搬照抄书本知识或他人经验的做法，都不可能获得成功。只有在长期的工作实践中不断摸索、研究、反思，认真加以总结提炼，才能形成独特的班级管理风格和特色。书中选取了大量来自实践一线的鲜活的班主任工作案例，这些案例集现实中的教育问题和解决问题的对策、策略于一体，可以说，体现了广大中小学班主任的实践智慧。

本教材的主编齐学红系南京师范大学教育科学学院班主任研究中心主任。该中心成立于1994年10月，是国内为数不多的设在高校的班主任研究机构，长期致力于班主任专业化的理论研究与实践探索。该中心通过课题研究、教材编写、组织培训等多种方式，发挥其专业引领作用。其中，班华教授提出的"班主任作为学生的精神关怀者"的理论命题，以及班级特殊教育系统等概念，至今仍对班主任专业化的理论与实践发挥着重要的引领作用。其余作者既有来自高校的理论工作者，又有来自中小学的一线班主任。其中一些工作案例直接取材于班主任的个人博客，对于这一新的研究形态的采纳，体现了本教材对班主任工作的研究方式和表达方式的探索。

第一版作者分工情况如下：绪论，齐学红；第一章，张丽琴；第二章，孙启进、王咏慧；第三章，黄皓燕；第四章，刘艳、杨晴；第五章，黄慧；第六章，白雪洁；第七章，蔚艳楠；第八章，钱洁；第九章，宗锦莲；第十章，张雪、李菁。

第二版的新增班主任作者团队系南京师范大学班主任研究中心"随园夜话"班主任沙

龙的主要成员,他们作为南京市优秀班主任团队,已经在国内有一定影响,在各自的班主任工作中均已形成特色与风格,堪称个性化班主任。作者分工情况如下:第一章,南京市第六中学陈宇;第二章,南京市金陵中学汇文学校尹湘江;第三章,南京市第六中学王千;第四章,南京市建邺高级中学袁子意;第五章,南京市第二十四中学鲁真贞;第六章,南京市第十三中学潘旭东;第七章,南京市建邺高级中学袁子意;第八章,南京市第一中学张佳地;第九章,南京市外国语学校仙林分校韦成旗;第十章,南京市建邺高级中学朱倩倩。

南京市建邺高级中学的袁子意老师负责第二版全书的约稿、通稿工作,并为该书付出了大量心血。本教材在原有基础上增补了大量的班主任工作案例,也是高校教师与一线教师合作开展研究的成功范例。在此对所有作者表示衷心的感谢!书中难免有诸多疏漏或不完善之处,祈望专家学者和广大读者不吝赐教,予以批评指正。

齐学红

2011 年 7 月于南京